Le droit pénal en temps de crise

Comité International des Pénalistes Francophones

Collection dirigée par Jean-Paul Céré

La présente collection se destine à la publication des travaux du Comité des Pénalistes francophones. Elle comprend notamment les actes des congrès internationaux organisés par le Comité.

Dernières parutions

Les criminels dangereux, Jean-Paul Céré Piotr Stepniak, 2020.
Le financement du terrorisme, Delphine Brach-Thiel, 2019.
Corruption et Droit pénal, Jean-Paul Céré Carlos Eduardo Japiassu, 2019.
Le droit à la santé et la prison. Quelle protection, quels enjeux ?, Jean-Paul Céré, 2017.
Existe-t-il encore un seul "non bis in idem" aujourd'hui ?, Delphine Brach-Thiel, 2017.
Les combattants européens en Syrie, Ann Jacobs Daniel Flore, 2015.
Droit pénal et nouvelles technologies, Jean-Paul Céré, Joan Miquel Rascagnères, Etienne Vergès, 2015.
La responsabilité pénale de la personne morale. Enjeux et avenir, Ann Jacobs, Delphine Brach-Thiel, 2015.
La garde à vue. Regards croisés belges, français et européens, Ann Jacobs, François Fourment, 2014.
Les alternatives au procès pénal, Ann Jacobs, 2013.
La preuve pénale. Problèmes contemporains en droit comparé, Aurélie Bergeaud-Wetterwald, Jean-Christophe Saint-Pau, 2013.
Procédures pénales d'exception et Droits de l'homme, Jean-Paul Céré, 2011

Sous la direction de
Jean-Paul Céré et Alexandre Stylios

Le droit pénal en temps de crise

L'Harmattan

5-7, rue de l'Ecole-Polytechnique, 75005 Paris
http://www.editions-harmattan.fr
ISBN : 978-2-336-52054-4
EAN : 9782336520544

Les auteurs

Carlos Eduardo ADRIANO JAPIASSÚ
Professeur à l'UERJ, UFRJ et UNESA (Brésil)
Vice-président de l'Association internationale de droit pénal (AIDP)
Vice-président du Comité International des Pénalistes Francophones

Vincent ANGLEHART
Doctorant Université de Toulouse I Capitole et Université de Laval

Philippe BONFILS
Professeur à Aix-Marseille Université
Doyen honoraire de la faculté de droit et de science politique
Avocat au barreau de Marseille

Delphine BRACH-THIEL
Maître de conférences à l'Université de Lorraine, HDR

Thiphaine DOURGES
Docteure en droit des Universités de Bordeaux et de Sherbrooke

Muriel GIACOPELLI
Professeure à Aix-Marseille Université

Emmanuelle GINDRE
Maître de conférences HDR en droit privé et sciences criminelles à l'Université de la Polynésie française, GDI EA 4240, Punaauia, Tahiti
Membre associée du Centre de recherche sur la justice pénale et pénitentiaire (CRJ2P/IFTJ) de l'Université de Pau et des Pays de l'Adour

Jeanne HUBER
Docteure en droit de l'Université de Bordeaux et de Sherbrooke

Christian JÄGER
Professeur à l'Université Friedrich-Alexander d'Erlangen-Nuremberg

Béatrice LAPEROU-SCHENEIDER
Professeure de droit privé et de sciences criminelles à l'Université de Franche-Comté,
Co-directrice du master JPP Droit contentieux
Membre du Centre de recherches juridiques de l'université de Franche-Comté (EA 3225)

Bertrand PERRIN
Professeur de droit pénal à l'Université de Fribourg (Suisse)

Pierre RAINVILLE
Professeur titulaire, faculté de droit, Université Laval
Cotitulaire de la Chaire de recherche France-Québec sur les enjeux contemporains de la liberté d'expression (FRQ/ CNRS).

Jean-Christophe SAINT-PAU
Professeur à l'Université de Bordeaux
Directeur du collège Droit, science politique, économie, gestion

Piotr STEPNIAK
Professeur à l'Université Adama Mickiewicza de Poznań

Ugo Gilbert TREMBLAY
Professeur adjoint à l'Université de Montréal

Ana Lúcia TAVARES FERREIRA
Maître de Conférences à l'UNESA
Défenseur Public à Rio de Janeiro

Abdou THIAW
Avocat, ministère de la Justice du Québec

Avant-propos

Le mot crise est souvent utilisé pour décrire un moment de rupture, un état de dégradation ou de perturbation dans des secteurs variés comme le climat, la santé, l'économie et ses composantes (par exemple, les marchés financiers ou le marché immobilier), mais aussi pour caractériser des tensions politiques ou militaires. Un certain nombre de domaines de l'activité humaine ont été analysés à travers ce concept polymorphe de crise. La notion de crise est d'ailleurs régulièrement mobilisée par les pénalistes pour décrire l'état des institutions pénales, policières et pénitentiaires. Récemment, dans de nombreux pays, la crise du COVID-19 a conduit, en matière pénale et ce, très rapidement à la création de nouvelles incriminations ainsi qu'à de nouveaux pouvoirs policiers, sans pour autant présenter tous les caractères d'un « droit d'exception ». On a parlé d'un droit pénal de crise pour répondre à une situation d'urgence sanitaire, mais ce droit pénal de crise s'est voulu évolutif, en fonction de l'évolution de la pandémie, devenant ainsi tributaire des avis scientifiques, mais aussi de considérations politiques. Il était, en tout état de cause, destiné à devenir temporaire. À côté de ce droit pénal de crise, le droit pénal ordinaire a dû s'adapter, notamment ses institutions.

Plusieurs approches pouvaient être envisagées pour aborder le thème proposé lors du VIe Congrès du Comité International des Pénalistes Francophones, consacré au « droit pénal en temps de crise ». Le XXIe siècle est marqué par de nombreuses crises qui, directement ou indirectement, affectent les principes du droit pénal dans la plupart des juridictions : la guerre en Ukraine mobilisant les règles du droit pénal international, les attentats terroristes dont l'ampleur a conduit la chambre criminelle à assouplir les conditions de recevabilité de l'action civile des victimes, ou encore la crise sanitaire liée à la COVID-19. Ces attaques répétées, issues de contextes variés, semblent avoir fragilisé le pacte social à tel point que les législateurs de divers pays ont adopté des lois visant à restaurer la confiance dans l'institution judiciaire.

Il apparaît donc logique de constater que le droit pénal est mis à l'épreuve en temps de crise, notamment par les atteintes aux libertés individuelles qu'impliquent les réponses à ces situations exceptionnelles. Cela invite à examiner, avec le recul, la solidité des grands principes du droit pénal face aux crises. Tels ont été les principaux enseignements de ce congrès, dont le succès a été largement salué.

Le congrès qui s'est déroulé à la Faculté de droit de l'Université Laval les 28 et 29 septembre 2023 à Québec (Canada), a été, une fois de plus, l'occasion dans une perspective de droit comparé d'analyser cette adaptation du droit pénal à une situation de crise, quelle qu'elle soit, et d'essayer d'identifier les dénominateurs communs au concept de crise. Ce VIe congrès du CIPF a mobilisé l'intervention de 25 conférenciers internationaux et présidents de séance, en provenance de trois continents. Six grands thèmes y ont été abordés.

1) Crise et institutions pénales :

Les contributions de Monsieur Vincent Anglehart sur « Les effets de la pandémie de COVID-19 sur la procédure pénale canadienne », de Pauline de Gouville « Justice pénale et institution judiciaire » et de Monsieur Abdou Thiaw « La crise des délais judiciaires » illustrent non seulement la manière dont les institutions criminelles et pénales réagissent et s'adaptent face à une crise, mais également la fragilité et la vulnérabilité qu'elles peuvent révéler dans de telles circonstances.

2) Crise et détention

La situation des personnes en détention pendant la crise sanitaire a été traitée sous différents angles par les contributions de Muriel Giacopelli « Quels enseignements tirer de la gestion de la crise sanitaire pour les personnes détenues? », de Ana Lucia Tavares Ferreira « Les droits de la personne privée de liberté et la gestion de la pandémie de Covid dans le système pénitentiaire brésilien » de Philippe Bonfils « La prolongation gouvernementale des détentions provisoires » et de Christian Jeaeger « Le droit pénal allemand face à la crise de Covid-19 ». Le phénomène de la surreprésentation carcérale d'une catégorie de personnes a été abordé par Ugo Gilbert Tremblay « La crise de la surreprésentation carcérale des Autochtones : mesurer son ampleur 25 ans après Gladue ».

3) Crise et responsabilités politiques

La contribution de Jeanne Huber « Le droit pénal en temps de crise de l'autorité » souligne le délitement de la notion d'autorité étatique dont les institutions, notamment législatives, ont perdu en clarté et prévisibilité.

4) Crise et répression

Thème majeur de ce congrès, la répression en temps de crise ou la question de la crise de la répression ont fait l'objet de contributions de Thiphaine Dourges « Aperçu des manifestations du droit pénal en temps de crise par le prisme de la notion de répression : l'exemple des mesures prises dans le cadre de l'état d'urgence sanitaire au Québec lors de la pandémie de Covid-19 », de Béatrice Lapérou « Les évolutions du droit pénal français en matière de santé et de sécurité au travail en temps de crise », de Jean-Christophe Saint-Pau « Le délit de mise en danger d'autrui en temps de crise en France », de Bernard Perrin « La justice pénale et les militants climatiques » et de Pierre Rainville « Les crispations au sujet de l'émancipation de la parole en temps de crise: la résolution des enjeux entre liberté d'expression et fonction préventive du droit pénal ».

5) Crise et société

La crise et la société en matière pénale posent des défis cruciaux concernant l'équilibre entre la préservation de l'ordre public et le respect des libertés individuelles. Ces situations mettent souvent à rude épreuve les valeurs collectives et identitaires, qui peuvent être fragilisées. Les contributions d'Emmanuelle Gindre « Droit pénal et crise(s) identitaire(s) : la question de l'identité pénale dans les outre-mer français » et de Piotr Stępniak « Droit pénal - entre rationalisme et populisme » illustrent clairement ces dynamiques et en révèlent les implications profondes.

6) Crise et droit pénal international

À l'instar des droits internes, le droit pénal international n'est pas exempt de perturbations comme le démontrent les analyses de Delphine Brach-Thiel « La figure du complice en droit pénal international — vers un changement de paradigme » et de Carlos Eduardo Adriano Japiassú « Les allégations de crime de génocide dans le conflit armé en Ukraine : analyse selon le droit pénal international ».

Le droit pénal en temps de crise peut effectivement être une occasion de s'adapter et de se renouveler, bien que cela soulève des enjeux complexes. Les crises – qu'elles soient sanitaires, économiques, politiques ou sécuritaires – mettent à l'épreuve les systèmes juridiques, exposant leurs forces et leurs faiblesses. Cette mise sous tension offre une opportunité de réflexion, d'innovation et de transformation. Le droit pénal est capable de s'adapter pour relever les défis immédiats tout en se transformant pour gagner en résilience et en équité. Cependant, cette évolution doit impérativement s'accompagner d'une vigilance soutenue afin de préserver les principes démocratiques et l'équilibre essentiel entre sécurité et libertés individuelles.

Jean-Paul Céré et Alexandre Stylios

1. Crise et institution pénale

Justice pénale et crise de l'institution judiciaire

Pauline LE MONNIER DE GOUVILLE

Maître de conférences en droit privé et sciences criminelles
Université Paris Panthéon-Assas

« L'institution judiciaire se porte mal. Tous les professionnels qui concourent à son fonctionnement font part de leur profond malaise. De leur côté, les justiciables ne lui accordent qu'un crédit limité. L'institution paraît grippée. Pour beaucoup, elle serait en lambeaux ». Tels sont les premiers mots du Rapport Sauvé publié à la suite des États généraux de la justice[1]. Et le rapport d'aborder d'emblée le terme de « crise majeure de la justice »[2], en offrant une véritable photographie de l'institution judiciaire. Cette crise s'inscrit dans le contexte d'une société en plein bouleversement et qui, en droit pénal, porte en elle de nouveaux risques, comme le terrorisme, ou de nouveaux enjeux, comme la lutte renforcée contre les violences sexuelles[3]. Ces évolutions s'accompagnent d'une attente très forte de la part des justiciables qui, dans le même temps et paradoxalement, remettent en cause les fondements de l'État de droit.

La crise de l'institution n'est en réalité guère nouvelle. En 1973, déjà, une note du Service d'études pénales et criminologiques, rattaché au ministère de la Justice, était consacrée à *La crise de la justice pénale* et soulignait « *La crise de la justice pénale est un clignotant d'un problème social plus global* »[4]. Un demi-siècle plus tard, cette crise se manifeste à deux égards : une crise du service public de la justice, d'abord, qui peine à répondre aux demandes des citoyens dans des conditions de délai et de qualité acceptables ; une crise de l'autorité judiciaire, ensuite, que connaissent de nombreux pays en raison des tensions liées aux mutations du juge et de son rapport à la loi.

Lors de son discours prononcé à l'occasion du lancement des États généraux de la justice, en 2021, le Président de la République Emmanuel Macron précisait les deux grands enjeux poursuivis : la restauration du pacte civique entre la nation et la justice, la réhabilitation du service public de la justice[5].

Au demeurant, la lenteur est le premier reproche adressé à la justice, par 93 % des Français. 67 % d'entre eux la jugent opaque, 68 % la dénoncent comme étant

---

[1] J.-M. Sauvé (prés.), *Rapp. du Comité des États généraux de la justice, Rendre justice aux citoyens*, avr. 2022, p. 9.
[2] *Ibid.*, pp. 9 et 17.
[3] *Ibid.*, p. 9.
[4] P. Robert, P. Lascoumes, « La crise de la justice pénale et de sa réforme », SEPC, Études et données pénales, 1973, n° 14 : www.cesdip.fr.
[5] Élysée, « Discours du Président de la République à l'occasion du lancement des États généraux de la justice », 18 oct. 2021.

laxiste[6]. Ainsi, 53% des personnes sondées indiquent avoir peu ou pas du tout confiance en la justice : une justice pas assez humaine, pas assez munie, pas assez rapide.

Crise du service public de la justice, crise de l'autorité judiciaire, les ressorts de la crise tiennent à deux aspects qu'il est possible de vérifier tout particulièrement à travers la justice pénale. Parce que les justiciables voient leurs attentes insatisfaites, la confiance, d'abord, paraît rompue (I). Mais parce que le recours même au juge judiciaire est parfois contourné, la question de la légitimité de l'institution et de l'autorité judiciaire est également posée (II).

I. Une crise de confiance

La crise de l'institution judiciaire est liée, d'une part, aux insuffisances de la justice qui entravent l'exercice professionnel (A). Elle résulte, d'autre part, d'un contexte politique de défiance généralisé (B). Ces tensions ont des répercussions majeures puisqu'elles atteignent le moral des acteurs de la justice. Elles détériorent les relations de la justice pénale avec les avocats et les parties. Elles fragilisent, enfin, la place de l'institution judiciaire au sein de la société.

A. Les insuffisances de l'institution judiciaire

Asphyxie du système judiciaire. Le premier facteur de crise tient aux conditions de travail dans lesquelles la justice est exercée : des conditions intenables selon les personnels judiciaires qui expriment une « *perte de sens* » de leur fonction[7]. Rythme effréné, charge psychologique, porosité des vies professionnelle et personnelle, complexification et intensification des contentieux : l'urgence rythme la vie judiciaire alors même que la justice n'a pas les moyens d'être rendue dans des délais raisonnables. Ce phénomène entraîne une asphyxie de l'institution qui accroît les stocks et suscite un « *sentiment de honte* » et de désespoir[8]. Dans le même sens, la « Tribune des 3 000 magistrats » publiée à la suite du suicide d'une jeune magistrate[9], peu après le lancement des États généraux de la justice, dresse un tableau de délabrement de l'institution. Le constat n'est en réalité guère nouveau, établi par plusieurs rapports depuis plus de quarante ans[10]. Malheureusement, les solutions proposées sont souvent des « *rustines visant à colmater des brèches* »[11]. Certes, le budget de la justice connaît ces dernières années, comme pour l'avenir,

---

[6] Sondage CSA Research réalisé par questionnaire auto-administré en ligne du 30 août 2021 au 2 septembre 2021 auprès d'un échantillon national représentatif de 1016 Français âgés de 18 ans et plus, cité par J.-M. Sauvé (prés.), *Rapp. du Comité des États généraux de la justice, Rendre justice aux citoyens*, p. 69.

[7] *Ibid.*, p. 63.

[8] *Ibid.*, p. 13.

[9] « L'appel de 3 000 magistrats et d'une centaine de greffier », *Le Monde*, 23 nov. 2021.

[10] V. par ex. : Commission Justice pénale et Droits de l'Homme, M. Delmas-Marty (prés.), *La mise en état des affaires pénales*, 1991.

[11] *Rapport Sauvé*, préc., p. 31.

une hausse historique[12]. Mais le retard est considérable, ce que souligne depuis vingt ans la Commission européenne pour l'efficacité de la justice. Le nombre indiqué de juges est de 11,3 pour 100 000 habitants en France, contre 12,2 en Italie, 14 en Belgique, 24,17 en Allemagne[13]. Corrélativement, les délais de procédure s'allongent et ont un impact sur l'acte de juger. En définitive, sont en jeu la qualité de la réponse pénale, la sécurité juridique et la satisfaction des justiciables, autrement dit la confiance que ceux-ci placent en l'institution judiciaire. À cette lenteur s'ajoute une sévérité des juridictions, puisque le *quantum* moyen d'emprisonnement augmente ces dernières années, et ce, malgré le phénomène de surpopulation carcérale, pointé du doigt par la Cour européenne des droits de l'homme[14]. La responsabilité de l'État est ainsi de plus en plus engagée à raison des délais excessifs de jugement ou des conditions de détention indignes.

Illisibilité de la norme pénale. Le second facteur de crise tient à l'inflation normative, qui alourdit la charge de travail de l'institution judiciaire. La matière pénale est marquée par des réformes en cascade qui complexifient le droit et les procédures. Les magistrats doivent défricher, déchiffrer, absorber ; les avocats se spécialisent, leurs écritures s'allongent, ce qui génère des tensions entre acteurs de la justice et augmente le risque d'erreurs de droit et d'insécurité juridique. Entre 2009 et 2020, 544 lois et décrets ont modifié le Code pénal et les textes de droit pénal, tandis que 596 lois et décrets, dont 132 lois, ont modifié le Code et les textes de procédure pénale (70 textes de procédure ayant été adoptés au cours de l'année 2016)[15]. Entre 2008 et 2022, le nombre d'articles législatifs de ce code est passé de 1722 à 2403[16]. La stratification des règles et l'illisibilité du Code de procédure pénale sont telles qu'elles ont rendu la réécriture de l'ouvrage nécessaire[17], par voie d'ordonnance et le biais de la codification à droit constant, dont le résultat final devrait voir le jour en 2027 - un code décrit par le *rapport Sauvé comme « illisible » et « peu praticable »*[18].

---

[12] En 2024, le budget du ministère de la Justice atteint le montant inédit de 10,1 milliards d'euros. Cela représente une augmentation de 5,3 % par rapport à 2023. La loi d'orientation et de programmation 2023-2027 du ministère de la Justice du 20 novembre 2023 pérennise les hausses de moyens pour renforcer le service public de la justice.

[13] *Systèmes judiciaires européens, Rapport d'évaluation de la CEPEJ*, 2024.

[14] CEDH, 30 janv. 2020, n° 9671/15 et 31 autres, *J.M.B. c/ France* ; CEDH, 6 juill. 2023, n° 84187/17 et 5 a., *B.M. et a. c/ France*.

[15] *Rapport Sauvé*, préc., p. 97.

[16] *Ibid.* p. 195.

[17] *Ibid.*, p. 196 ; L. n° 2023-1059, 20 nov. 2023, art. 2. V. R. Parizot, La réécriture du Code de procédure pénale, *Lexbase pén*. 30 mai 2024, n° 71 ; P. Le Monnier de Gouville, « La refonte du Code de procédure pénale : (ré)écrire pour simplifier ? », in *Écrire la règle pénale au XXIe siècle*, P. Cazalbou (dir.), Mare et Martin, à paraître.

[18] *Rapport Sauvé*, préc., p. 195.

B. La défiance vis-à-vis de l'institution judiciaire

La défiance provient en particulier des soupçons de dépendance et de partialité de l'institution judiciaire, liées à l'ingérence du pouvoir politique dans l'exercice de la justice pénale.

L'immixtion du pouvoir politique. D'après l'article 64 de la Constitution, l'indépendance judiciaire est garantie par le Président de la République, assisté du Conseil supérieur de la magistrature, tandis que de nombreux textes de droit international proclament ce principe[19]. Ainsi, et pour reprendre les mots de Carcassonne, « *l'indépendance est la première dette de la Justice* »[20]. Or la défiance naît de polémiques liées aux « affaires » pénales et d'une instrumentalisation dénoncée du procès par le ministère public. Elle résulte, encore, de l'ambivalence liée au statut du parquet : alors que la Cour européenne des droits de l'homme lui dénie à celui-ci la qualité d'autorité judiciaire[21], le Conseil constitutionnel désigne le ministère public comme appartenant à l'autorité judiciaire, mais aussi comme correspondant du pouvoir exécutif auprès de la justice[22]. Le ministère public serait donc à la fois agent de la Justice et un relais de l'exécutif – une institution parfois qualifiée d'« être hybride », par référence à Napoléon qui le décrivait comme une « chauve-souris judiciaire » : « *Je suis juge, oiseau voyez mes ailes, car je fais partie du même corps que les juges. Je suis souris, voyez mes pattes d'accusateur puisque je représente l'action publique* »[23].

Outre les conditions de nomination des magistrats du parquet, qui reposent sur une proposition du garde des Sceaux, un décret du Président de la République, et un avis simplement consultatif du Conseil supérieur de la magistrature, l'immixtion du pouvoir politique dans l'exercice de la justice pénale se manifeste par l'autorité hiérarchique du garde des Sceaux vis-à-vis des magistrats du parquet, consacrée par l'article 5 de l'ordonnance n° 58-1270 du 22 décembre 1958. L'article 20 de la Constitution française prévoit quant à lui que le « *Le Gouvernement détermine et conduit la politique de la Nation* ». Tel est l'objet des circulaires de politique générale, dont la finalité n'a, en soi, rien de contestable dès lors qu'il s'agit de privilégier la cohésion de l'action publique sur tout le territoire. Le parquet serait ainsi l'exécutant

---

[19] Not. : DUDH, art. 10 ; Pacte international relatif aux droits civils et politiques, art. 14.1 ; Convention EDH, art. 6§1 ; Charte des droits fondamentaux de l'UE, art. 47. V. aussi *Les principes fondamentaux relatifs à l'indépendance de la magistrature* adoptés par le septième Congrès des Nations unies pour la prévention du crime et le traitement des délinquants qui s'est tenu à milan du 26 août au 6 septembre 1985 et confirmés par l'assemblée générale dans ses résolutions 40/32 du 29 nov. 1985 et 40/146 du 13 déc. 1985 ; les *principes directeurs applicables au rôle des magistrats du parquet* adoptés par le huitième Congrès des nations unies pour la prévention du crime et le traitement des délinquants qui s'est tenu à la Havane du 27 août au 7 sept. 1990 ; Cons de l'Europe, Recommandation CM/Rec(2010)12 du Comité des ministres aux États-membres sur les juges, 17 nov. 2010 : indépendance, efficacité et responsabilités.

[20] G. Carcassonne, « Rapport introductif », in *L'indépendance de la justice, actes du deuxième congrès de l'AHJUCAF*, Dakar, 7 et 8 nov. 2007, p. 33 : *«"la justice", écrivait Portalis, "est la première dette de la souveraineté". La proposition appelle son corollaire : l'indépendance est la première dette de la justice »*.

[21] CEDH, 29 mars 2010, n° 3394/03, *Medvedyev et a. c/ France*, §124 et 23 nov. 2010, n° 37104/06, *Moulin c/ France*, §57.

[22] Cons. const., 8 déc. 2017, n° 2017-680 QPC.

[23] Cité par D. Soulez-Larivière, *in* « Le problème du ministère public français », *AJ pén.* 2011, p. 112.

du gouvernement et celui-ci, en quelque sorte, le gouvernail. La difficulté provient en réalité de la possibilité pour le ministre de la Justice de solliciter les procureurs afin de lui établir des « *rapports particuliers* »[24], non communicables aux justiciables concernés[25]. Le but de ce dispositif, affirme le Conseil constitutionnel, est de permettre au garde des Sceaux de disposer d'une « *information fiable et complète sur le fonctionnement de la justice* » en vue d'assurer sur le territoire l'égalité des citoyens devant la loi[26]. Une circulaire de l'ancien garde des Sceaux, M. Éric Dupond-Moretti, indique qu'il s'agit d'« *un acte démocratique essentiel* » en vue « *très concrètement d'expliquer le fonctionnement de la justice* »[27]. Or le mécanisme pose difficulté, ne serait-ce qu'au regard de la pression que l'on imagine ressentie par un magistrat ainsi sollicité. L'on peine en outre à comprendre qu'un tel dispositif ait été maintenu alors même que le ministre de la Justice n'est plus autorisé, depuis la loi n° 2013-669 du 25 juillet 2013, à délivrer des instructions individuelles aux magistrats du parquet. Certes, une circulaire du 31 janvier 2014[28] précise les modalités de transmission de ces rapports ainsi que les critères de signalement - qui tiennent, notamment, à la gravité et à la nature des infractions, à la personnalité de l'auteur ou de la victime. Mais ces critères ne visent que les rapports particuliers transmis par les procureurs généraux de leur propre initiative, non ceux qui seraient demandés par le garde des Sceaux[29]. La circulaire prévoit en outre la possibilité de transmettre, grâce à ces remontées d'informations, des « *demandes d'analyse* », qui appellent une réponse de la part de la Chancellerie. Or quels peuvent, quels doivent être le contenu, la fréquence de ces rapports particuliers ? Comment distinguer l'analyse du gouvernement, autorisée, et l'instruction individuelle, prohibée ? Pourquoi apprécier la mise en œuvre de ce dispositif en fonction de la personnalité de l'auteur et de la victime (l'égalité des citoyens est-elle garantie)[30] ? Quels sont, en outre, les garde-fous ? La difficulté résulte en effet de l'absence de contrôle de ces transmissions. Pourquoi ne pas confier un tel pouvoir à un juge du siège tiers et indépendant que pourrait être celui des libertés et de la détention ?

L'intrusion du pouvoir politique dans l'exercice de la justice pénale. La défiance vis-à-vis de l'institution judiciaire résulte, par ailleurs, des tensions liées aux interférences de la classe politique dont l'effet est de stigmatiser l'activité des magistrats. On se souvient de propos malvenus émis par d'anciens Présidents de la République, ayant comparé ces derniers à des « *petits pois* » sans saveur[31] ou qualifié l'institution judiciaire d'« *institution de lâcheté* », « *où l'on se planque* », où « *l'on*

---

[24] CPP, art. 35.

[25] CE, 9e-10e ch. réunies, 31 mars 2017, n° 408348.

[26] Cons. const., 14 sept. 2021, n° 2021-927 QPC.

[27] Circ., 1er oct. 2020, JUSD2025423C.

[28] Circ., 31 janv. 2014, JUSD1402885C.

[29] Il est seulement écrit qu'« *en tout état de cause, les parquets généraux doivent répondre avec diligence, conformément aux dispositions de l'article 35, aux demandes d'information ponctuelles du garde des Sceaux* ».

[30] CSM plén., avis, 15 sept. 2020.

[31] N. Sarkozy, lors de l'émission *Vivement dimanche prochain*, oct. 2007 : « *je n'ai pas envie d'avoir le même moule, les mêmes personnes, tout le monde qui se ressemble aligné comme des petits pois, la même couleur, même gabarit, même absence de saveur* ».

n'aime pas la politique »[32] - ce qui vaudra à l'un d'entre eux d'être convoqué par les premier Président et Procureur général près la Cour de cassation pour dénoncer la défaillance dans le rôle de garant de l'indépendance et la façon dont le chef de l'État contribue « *à diffuser une vision dégradante de leur Justice* »[33]. Au-delà, ces interférences sont liées aux commentaires d'affaires en cours et aux mises en cause de décisions de justice, qui, aux yeux de certains, ne relèveraient pas de l'office des juges, mais de « *la décision politique, seule légitime, car soumise à un contrôle démocratique* »[34]. À l'avenir, la première réforme devrait sans doute consister à abandonner au sein de la Constitution la référence archaïque au Président de la République comme garant de l'indépendance judiciaire. Selon les bons mots de Carcassonne, « *autant proclamer que le loup est garant de la sécurité dans la bergerie* »[35].

II. Une crise d'autorité judiciaire

La crise de la justice pénale est également une crise d'autorité et de reconnaissance de la légitimité de l'institution, qui atteint celle-ci au sein de l'enceinte judiciaire (A), mais aussi hors les murs de la justice (B).

A. Entre les murs de la justice

Au cœur de cette crise se trouve le juge du siège, dont l'office est concurrencé par le rôle du procureur de la République, mais aussi par le juge administratif.

Concurrence entre acteurs judiciaires. Deux phénomènes, en particulier, peuvent être soulignés. Le premier tient au mouvement de déjudiciarisation qui conduit à sortir de la sphère judiciaire certains contentieux pour lesquels l'intervention d'un juge du siège ne s'imposait pas. Différents modèles de déjudiciarisation sont possibles[36], parfois qualifiés de « modes dégradés de justice »[37] : le plus radical est celui qui évince le juge, comme le font les mesures de l'article 41-1 du Code de procédure pénale. Il y a ensuite la « déjudiciarisation *avec* juge », son rôle étant allégé puisqu'il ne s'agit pour lui que d'homologuer ou de valider le procédé – ainsi de la composition pénale et de la comparution sur reconnaissance préalable de culpabilité. Enfin, il existe une déjudiciarisation hybride, avec ou sans juge. Tel est le cas de la composition pénale qui permet de déroger à l'intervention du juge lorsque certaines mesures sont envisagées par le parquet[38]. Ces trois modèles ont ainsi permis de confier au ministère public un pouvoir de

---

[32] Propos de M. Hollande rapportés par MM. Davet et Lhomme, *in Un président ne devrait pas dire ça...*, Stock, 2016.

[33] M. B. Louvel, J.-Cl. Marin, « Un président ne devrait pas dire ça... : allocution suite à la publication du livre de confidences du président de la république », 13 oct. 2016 : « *Il n'est pas concevable que la charge de Président* [...] *puisse être utilisée* [...] *pour contribuer à diffuser parmi les Français une vision aussi dégradante de leur Justice* ».

[34] *Rapport Sauvé*, préc., p. 69.

[35] G. Carcassonne, *La Constitution*, Seuil, 2013, p. 308.

[36] V. S. Cimamonti, J.-B. Perrier, *Les enjeux de la déjudiciarisation*, LGDJ 2019.

[37] L. Heinich, *La justice contre les hommes*, Flammarion, 2023, p. 123.

[38] CPP, art. 41-2.

sanction autonome. Ce pouvoir emporte une perte de repère dans le prononcé de celle-ci et éloigne le parquet de son rôle historique de direction de l'enquête et de poursuite. Ce pouvoir ébrèche surtout, par effet de miroir, la figure et le rôle du juge du siège. Or le mouvement atteint ses limites puisqu'avec 3 procureurs pour 100 000 habitants, la France figure parmi les États ayant le plus faible nombre de procureurs[39].

Le second point de tension entre acteurs judiciaires tient en particulier au rôle du juge judiciaire face au procureur de la République au sein de la phase préparatoire du procès. L'instruction occupe une place résiduelle (3 à 4 % des affaires seulement font l'objet d'une information judiciaire), tandis que le magistrat du ministère public bénéficie de pouvoirs d'investigations similaires à ceux dont est doté le juge. Comme le juge, le procureur est désormais impartial et enquête à charge, mais aussi à décharge[40] - ce qui est paradoxal pour une autorité de poursuite. Comme le juge, le procureur est progressivement investi d'un pouvoir de sanction. Or ces évolutions s'affirment dans le même temps que se confirme l'ambivalence des magistrats du parquet liée à leur qualité d'autorité judiciaire. Certes, en tant que directeur de l'enquête, le ministère public représente un « *premier niveau de protection de la liberté individuelle* »[41] et son contrôle suffit à valider les actes moins contraignants, d'après le Conseil constitutionnel[42]. Il ne revêt cependant pas la qualité d'autorité judiciaire selon la Cour européenne[43], tandis que plusieurs décisions nationales remettent en cause la possibilité pour lui de contrôler certains actes intrusifs[44]. Le deuxième niveau de contrôle est en effet incarné par le juge du siège, celui des libertés et de la détention, le réflexe du législateur étant de faire appel à lui dès qu'une mesure attentatoire aux libertés se trouve en jeu. Or, derrière le truisme d'un contrôle de l'autorité judiciaire se cache, parfois, l'opportunité d'introduire de nouvelles mesures coercitives : le juge deviendrait « caution légale » de la coercition[45]. Cela étant précisé, les évolutions récentes laissent, pourtant, entrevoir un changement de paradigme. En effet, la prévision de nouveaux pouvoirs du JLD ne se traduit pas toujours par l'introduction de nouvelles mesures d'investigation attentatoires aux libertés, mais par un renforcement du contrôle, par l'autorité judiciaire, de mesures préexistantes. Par exemple, des dispositions issues de la loi n° 2021-1729 du 22 décembre 2021 : le législateur introduit l'exigence d'une autorisation délivrée par le JLD pour la mise en œuvre des mesures de réquisitions des données de connexion émises par un avocat[46], de perquisitions[47], d'écoutes

[39] *Rapport d'évaluation de la CEPEJ*, préc.
[40] CPP, art. 31 et 39-3.
[41] J. Beaume (prés.), *Rapport sur la procédure pénale*, juill. 2014, p. 27.
[42] V. par ex. : Cons. const., 23 sept 2021, n° 2021-930 QPC.
[43] CEDH, 29 mars 2010, n° 3394/03, *Medvedyev et a. c/ France*, §124 et 23 nov. 2010, n° 37104/06, *Moulin c/ France*, §57.
[44] Crim., 12 juill. 2022, n°s 21-83710, 21-83820, 21-84096, 20-86652 ; Crim., 27 févr. 2024, n° 23-81061.
[45] P. Le Monnier de Gouville, *Le juge des libertés et de la détention, Entre présent et avenir*, D. Rebut (dir.), Paris Panthéon-Assas, 2011.
[46] CPP, art. 60-1-1.
[47] CPP, art. 56-1.

téléphoniques[48] visant le cabinet ou le domicile d'un avocat. C'est au nom d'un enjeu de protection du secret professionnel qu'il s'est agi de renforcer les garanties entourant ces mesures. Dans le cadre des réquisitions de données informatiques, c'est peut-être le JLD qui serait également amené, demain, à en contrôler la mise en œuvre, en vue de mettre en conformité notre dispositif avec le droit de l'Union européenne au service de la protection des droits fondamentaux[49] - sous réserve, cependant, des contraintes économiques qu'une telle évolution supposerait.

C'est poser là la question de la mutation identitaire du juge pénal[50]. L'argument convoqué est souvent celui du défaut d'indépendance du ministère public, dont le statut garantirait corrélativement la survie du juge d'instruction. Cela revient donc à se contenter, dans 96 % des affaires environ, d'un système judiciaire sans garantie d'indépendance. En réalité, si cette réforme du ministère public est nécessaire, ce n'est pas le levier majeur d'une éventuelle refonte de la phrase préparatoire du procès. Plus déterminants sont en effet le double regard sur la procédure, et aussi l'impartialité, qui constitue l'essence de la fonction juridictionnelle – ce que rappelait la Commission Justice pénale et droits de l'homme présidée par Mme Delmas-Marty[51]. Or ce principe ne peut être pleinement garanti lorsque le juge, le contrôleur de la légalité des actes, est aussi l'enquêteur. L'enjeu à venir réside ainsi non pas tant dans le choix de l'institution compétente pour mener les investigations que dans celui des moyens mis en place pour la *contrôler* et articuler les compétences entre les acteurs de l'enquête, garantir l'effectivité du contrôle en l'adaptant aux cadres d'investigations[52].

Concurrence entre juges judiciaire et administratif. La seconde manifestation de la crise de légitimité du juge judiciaire tient à la concurrence dont celui-ci souffre avec le juge administratif. Cela se vérifie en particulier dans le cadre du contrôle de mesures de sécurité intérieure[53], lequel donne lieu à une curieuse mosaïque processuelle : le juge judiciaire se trouve évincé des dispositifs consacrés à la sortie de l'État d'urgence, sauf s'agissant des mesures de visites et saisies[54]. Concernant

---

[48] CPP, art. 100.

[49] La CJUE exige que l'accès aux données soit soumis à un contrôle préalable émanant d'une entité administrative indépendante ou une juridiction indépendante et impartiale (CJUE, 2 mars 2021, C-746/18, H. *K. c/ Prokuratuur*, pt 51). Au sujet des réquisitions de données de connexion informatiques, v. Cons. const., 3 déc. 2021, n° 2021-952 QPC ; Cons. const., 20 mai 2022, n° 2022-993 QPC et, concernant l'instruction, Cons. const., 17 juin 2022, n° 2022-1000 QPC). La loi n° 2022-299 du 2 mars 2022 encadre ces opérations, mais sans les soumettre au contrôle du JLD. La Cour de cassation (Crim., 12 juill. 2022, préc.) juge le dispositif contraire au droit de l'Union européenne dès lors que nul contrôle préalable par une juridiction ou une entité administrative indépendante n'est prévu.

[50] V. M. Ruellan, *Les mutations identitaires du juge pénal*, Y. Mayaud (dir), Paris Panthéon-Assas, 2021.

[51] Commission Justice pénale et Droits de l'Homme, M. Delmas-Marty (prés.), *op. cit.* p. 127. V. Colloque en hommage à M. Delmas-Marty, spéc. 3e Table ronde, Cour de cass., 13 oct. 2022, en ligne.

[52] Pour aller plus loin, v. P. Le Monnier de Gouville, « Le déclin du juge pénal », *in Le droit pénal de l'avenir*, P. Beauvais, D. Chilstein, E. Dreyer (dir.), Dalloz, coll. Thèmes et commentaires, p.265 et « Réflexions sur le contrôle des actes d'investigation par le JLD », in *La réforme de la procédure pénale*, *Lexbase Le Quotidien* août 2022.

[53] Rappr. X. Pin, « Le Code de sécurité intérieure substitut du Code de procédure pénale ? », *in ibid.*, p. 205.

[54] CSI, art. L229-1.

ces dernières est prévue une association originale de la police administrative et du juge judiciaire, qui fait du JLD une sorte de juge « *trans-ordres-juridictionnels* »[55]. Or, pourquoi n'avoir introduit un tel contrôle que pour ces mesures, et non pour d'autres, pourtant attentatoires aux libertés ? Une restriction à la liberté d'aller et venir, *via* l'assignation à résidence, est-elle moins grave qu'une atteinte aux droits au respect de sa vie privée et à l'inviolabilité du domicile ? Le Professeur Mayaud évoque un « *court-circuitage* » du magistrat de l'ordre judiciaire[56]. La compétence du JLD avait pourtant été envisagée par le Sénat afin de renforcer « *les garanties de la personne concernée, mais aussi l'efficacité* » du contrôle[57].

Par ailleurs, les évolutions sociétales de ces dernières années conduisent à souligner une défiance populaire vis-à-vis de la justice, les justiciables usant de la voix médiatique pour faire porter leurs voies, au détriment de l'institution judiciaire.

B. Hors les murs de la justice

Un plaidoyer pour une exigence de justice. Le mouvement de libération de la parole des victimes d'infractions sexuelles et sexistes a traversé les frontières géographiques, professionnelles, sociales, au point qu'il est possible de l'analyser comme un véritable « séisme sociétal »[58]. Son originalité a été d'étendre la question des violences commises contre les femmes à tous les comportements sexistes subis au quotidien, mais aussi de revêtir plusieurs visages, ceux des femmes, puis des hommes, des homosexuels, des victimes d'inceste. Sa singularité tient également à ce qu'il dépasse la seule vertu thérapeutique de la parole pour porter une revendication : celle d'un besoin de justice et de moyens de lutte. À la suite de la révélation des affaires ayant provoqué, en 2017, l'émergence des hashtags *Metoo* et *Balance ton porc*, de nombreux articles, reportages, ont dénoncé les défaillances de la justice et de ses moyens. Le mouvement de la libération de la parole, pour nécessaire qu'il soit, bouleverse notre conception de la justice et repose sur un paradoxe : la parole formule une exigence de justice, mais passe hors les murs de celle-ci. On se souvient du témoignage de l'actrice *Adèle Haënel* diffusé sur les réseaux sociaux[59] et du refus exprimé, dans le même temps, de saisir la justice au nom d'une violence systémique faite aux femmes dans le système judiciaire[60]. Ce besoin de justice, au demeurant, naît d'un constat d'échec : les infractions sexuelles,

---

[55] F. Fourment, « La visite de sécurité intérieure, substitut de la perquisition pénale », *Gaz. Pal.* 2018, n°3, p. 82 ; Y. Laidé et P. Le Monnier de Gouville, « Le contrôle de la contrainte : Point de vue sur les compétences du juge judiciaire », *in* A. Cappello, C. Dubois, *Les mutations du droit applicable à la contrainte*, L'Harmattan 2020, p. 127.

[56] Y. Mayaud, « La simplification de la procédure pénale applicable au terrorisme », *in* Y. Carpentier, *La simplification de la procédure pénale, Lexbase pén.* 2018, n° 7.

[57] Sénat, Rapp. n° 629, 12 juill. 2017, p. 61 s.

[58] V. Jérome, « Violences sexuelles & ripostes partisanes », in *Mouvements : des idées et des luttes*, La découverte, 2019, 3 (99), p. 38.

[59] M. Turchi, « #MeToo dans le cinéma : l'actrice Adèle Haënel brise un nouveau taboo », *Mediapart*, 3 nov. 2019.

[60] En ce sens : D. Salas, « #MeToo : « Le procès pénal n'est pas construit pour être un lieu d'écoute de la seule victime », *Le Monde*, 25 nov. 2019.

pour lesquelles 96% des personnes mises en cause sont des hommes[61], sont rarement réprimées. En matière de viol, le taux de condamnation ne représente que 1 à 2% des cas estimés[62]. De telles données s'expliquent avant tout par le faible taux (de 12 à 19 %) - de dénonciation des faits aux autorités[63] - même s'il faut relever qu'il augmente en continu depuis 2017[64]. En outre, les comportements ne seront punis que s'ils ne sont pas prescrits, si l'auteur est identifié et si la preuve est apportée, celle, difficile, de l'absence de consentement[65]. Ainsi, le ministère public estime environ deux fois plus souvent que pour la moyenne des autres infractions que l'infraction n'est pas suffisamment caractérisée, à défaut de preuve suffisante[66]. Le taux de classement sans suite s'élève à 86% dans les affaires de violences sexuelles, et notamment à 94 % pour les viols[67]. À cet égard, le rapport remis par le Groupe d'experts sur la lutte contre la violence à l'égard des femmes et la violence domestique est édifiant[68]. Sont relevés un certain nombre d'obstacles auxquels se heurtent les victimes : manque de services spécialisés, de structures de prise en charge, de formation des professionnels de police et de justice, définitions légales inadaptées, obstacles procéduraux, etc.

Un défi pour le procès pénal. Reste que ce cri populaire, face à l'omerta et à l'intime, représente un défi pour l'institution judiciaire. Peut-on faire de la dénonciation une pratique d'intérêt général ? Verse-t-on dans une « *société de délation* », comme l'a craint le Président de la République E. Macron en novembre 2017[69]? Lorsque l'enceinte judiciaire laisse place au « tribunal médiatique »[70] et aux « audiences » des réseaux sociaux, ce sont les fondements du droit à un procès équitable, en particulier les principes directeurs du procès pénal, qui se trouvent

---

[61] Min. de l'Intérieur, *Info rapide n°33 : Les violences sexuelles hors cadre familial enregistrées par les services de sécurité en 2023*, 7 mars 2024.

[62] GREVIO, Conseil de l'Europe, *Rapport d'évaluation France,* 2019.

[63] Min. de l'Intérieur, *Insécurité et délinquance en 2021 : une première photographie – Interstats. Analyse n°41*, 27 janv. 2022, spéc. p. 6.

[64] Min. de l'Intérieur, *Info rapide n°33 : Les violences sexuelles hors cadre familial enregistrées par les services de sécurité en 2023*, 7 mars 2024.

[65] En ce sens : J.-E. Schoettl, « De Balance ton porc au « juridiquement correct » », *Commentaire* 2020/2, n° 170, p. 351.

[66] V. Collectif de femmes juristes, « La protection de l'État de droit pour tou.te.s », *D. Actualité*, 11 mars 2020.

[67] « Violences sexuelles : 86 % de classements sans suite », *Le Monde*, 3 avr. 2024, d'après une étude de l'Institut des politiques publiques pour la période 2012-2021. En ce sens, v. Haut Conseil à l'Égalité entre les femmes et les hommes, « 5 ans après #MeToo, passons à l'acte II : les violences ne peuvent pas rester impunies », 5 oct. 2022 ; L. Heinich, « Violences sexuelles : pas d'enquête pour ces dames », *Nouvel Obs.*, 13 mars 2024.

[68] GREVIO, préc. V. également *Rapport soumis par la France donnant effet aux dispositions de la Convention du Conseil de l'Europe sur la prévention et la lutte contre la violence à l'égard des femmes et la violence domestique conformément à l'article 68, paragraphe 1 (Premier cycle d'évaluation thématique)*, rapport remis par la France au GREVIO, 30 juin 2024.

[69] E. Macron, Discours du 25 nov. 2017 prononcé à l'occasion de la journée internationale pour l'élimination de la violence à l'égard des femmes.

[70] V. G. Cerqueira, « Le tribunal médiatique », *in Mélanges en l'honneur de J.-F. Renucci, Liber amicorum*, LGDJ 2024.

ébranlés[71]. En réalité, si le mouvement de libération de la parole est nécessaire à la prise de conscience collective - ce que la jurisprudence, en 2021, laisse transparaître[72] - les dérives proviennent de certaines méthodes employées, qu'elles passent par des injonctions ou attaques personnelles. L'embarras des juges est manifeste, affirmant que « *l'appel à la dénonciation de ces agressions* [...] – *qui ne se confond pas avec la délation, inspirée par des motifs méprisables – demeure légitime* »[73]. Dérive populiste ? Lynchage médiatique ? Retour à la vengeance privée et porcs à l'abattoir ? Telles sont les alertes que l'on voit fleurir ici et là au sein d'une partie de l'opinion publique, et notamment de la communauté des juristes[74], encore que la question divise même les professionnels du droit. On voit ainsi se multiplier des tribunes de magistrats, avocats criant à la débâcle[75]. Le tribunal populaire, comme le nomme Denis Salas, est certes salutaire lorsque la cause est juste[76]. S'agissant des violences sexuelles et sexistes, nul ne conteste la légitimité de la cause poursuivie. L'on perçoit toutefois les limites à la « *temporalité brève* »[77], immédiate, de la libération de la parole. Il ne s'agit pas de nier la nécessité du travail journalistique et du relais médiatique, qui permettent de révéler des affaires et à la justice de s'en saisir. Le risque est cependant de voir la vérité judiciaire s'effacer devant la vérité médiatique.

Le principe le plus éprouvé par les dérives constatées est celui de la présomption d'innocence[78], encore que l'idée même d'une violation est parfois réfutée dans la mesure où ce principe se limite à la sphère pénale de l'enquête et de l'instruction[79]. L'impact d'une mise en cause publique n'est pourtant pas négligeable : le public reste marqué par la première information et la forte médiatisation d'un dossier est susceptible de peser sur la décision du juge – on garde en tête les dérives de l'*affaire d'Outreau*, qui conduiront le législateur à proscrire la mise en détention provisoire sur le seul fondement d'un trouble causé par le retentissement médiatique d'une affaire[80]. La présomption d'innocence est un rempart nécessaire contre le risque

[71] Sur le sujet, v. G. Beaussonie, « L'accusation médiatique : libération de la parole et exigences du procès équitable », *in* A. Gogorza (dir.), *Les dynamiques pénales du sentiment d'injustice, Cahiers Jean Monnet*, Toulouse 1 Capitole, 2022, p. 29.

[72] CA Paris, 31 mars 2021, n° 19/19081. : « *les mouvements #balancetonporc et #MeToo ont été* (...) *salués par diverses autorités ou personnalités et ont contribué à libérer la parole des femmes de façon positive* ».

[73] CA Paris, 31 mars 2021, préc.

[74] V. not. Y. Mayaud, « Le « name and shame », bûcher des temps modernes », *Le Club des juristes*, 25 avr. 2021.

[75] Par ex. : Collectif de six avocats (M. Dosé, C. Lasek, D. Meillet, C. Saint-Palais, D. Soulez-Larivière, H. Temime), « Violences sexuelles : « Le tribunal médiatique a fini par contaminer l'ordre judiciaire », *Le Monde*, 14 févr. 2021 ; R. Boulet, K. Bourdié, « « La présomption d'innocence ne s'oppose pas à la parole des victimes », *Le Monde*, 29 mars 2024. Pour une critique de l'entreprise de délégitimation du travail des journalistes, v. A. Levrier, « L'expression "tribunal médiatique" est un piège », *Le Monde*, 25 nov. 2019.

[76] R. Amsellem, D. Salas, « Un hashtag peut-il faire justice ? », *Vie publique*, 31 déc. 2019.

[77] *Ibid.*

[78] P. Le Monnier de Gouville, « Pourquoi la présomption d'innocence continue-t-elle de faire débat ? », *The Conversation*, 8 janv. 2023.

[79] C. civ., art. 9-1.

[80] CPP, art. 144.

d'erreur, ce que la réhabilitation de M. F. El Haïry[81] rappelle, condamné à tort en 2003 pour viol aggravé sur le fondement des révélations faites par une jeune femme, laquelle a avoué avoir menti des années plus tard.

Au-delà, les principes du secret de l'enquête et de l'instruction[82], du contradictoire, les droits de la défense ou la règle de la prescription sont également fragilisés. L'opportunité pour le ministère public d'ouvrir une enquête malgré la prescription manifeste des faits révélés retient l'attention. Certes, l'objectif consiste à vérifier que les faits sont prescrits, à apporter une réponse pénale au sein d'un mouvement populaire, à rechercher, encore, d'autres victimes et provoquer le cas échéant un « réveil de mémoires ». Pour autant, cette pratique est-elle conforme à nos principes de droit ? Bien souvent, la personne mise en cause, jamais jugée, se verra imputer les faits au regard de la communication réalisée par le parquet (il arrive que celui-ci explique que si les faits n'étaient prescrits, l'auteur serait poursuivi), mais en outre elle sera fautive, aux yeux du public, d'avoir bénéficié du jeu de la prescription. Or à aucun moment elle n'aura pu exercer ses droits de la défense ni bénéficier du droit d'accès à un juge indépendant et impartial. En définitive, l'intervention du ministère public conduit à instaurer une culpabilité en dehors de tout procès[83] et il nous semble que cet « angle mort » de procédure mériterait d'être pensé afin de construire un espace d'échanges, où chacun a le sentiment de pouvoir s'exprimer. Par ailleurs, les dérives liées au « tribunal médiatique » menacent la sanction pénale et le principe de proportionnalité, la sanction populaire requise consistant souvent en un bannissement professionnel immédiat. De même, l'égalité des justiciables se trouve affectée dès lors que tous ne disposent pas d'un égal accès aux médias. Qu'en est-il des victimes ne bénéficiant pas de contacts médiatiques, éditoriaux, ni d'une communauté suffisante de *followers* ? Certaines paroles « portent », d'autres non, sans que l'on comprenne toujours les ressorts du phénomène d'« amplification sociale ».

L'idée est en définitive celle d'un *renouveau* nécessaire de la justice pénale. Deux axes sont à privilégier. Le premier est lié au *sentiment de justice*, autrement dit à la *confiance* que la justice doit inspirer aux justiciables. L'ancien procureur général près la Cour de cassation M. François Molins et un collectif de magistrats ont rappelé qu'il existe une magistrature en action pour incarner une justice qui progresse pour mériter la confiance, et que l'enceinte judiciaire est le seul lieu de débat équitable où se joue la culpabilité ou l'innocence d'un homme[84]. Il est impératif de réaffirmer l'impartialité de la justice, du côté de l'auteur et de la victime. Sous l'angle de la

---

[81] P. Robert-Diard, « La cour de révision annule la condamnation pour viol de Farid El Haïry», *Le Monde*, 15 déc. 2022.

[82] V. P. Le Monnier de Gouville, « Secret de l'instruction, Droit à l'information et présomption d'innocence », *in Information, numérique et innovations, Mélanges de l'école doctorale de droit privé*, T. Bonneau, A. Lepage (dir.), Panthéon-Assas, 2020, p. 397.

[83] En ce sens, v. Collectif de six avocats, « Violences sexuelles : « Le tribunal médiatique a fini par contaminer l'ordre judiciaire », préc. ; *Contra*, v. W. Bourdon, V. Brengarth, « Violences sexuelles : Sans les médias, la justice serait restée silencieuse », *Le Monde*, 26 févr. 2021.

[84] Collectif, « En matière d'agressions sexuelles, l'impartialité de la justice n'est pas de l'indifférence », *Le Monde*, 25 nov. 2019.

justice, outre l'octroi de moyens matériels et humains, la priorité est d'adapter nos structures et de former davantage les professionnels, d'accompagner les individus dans l'épreuve que représente le dépôt de plainte grâce, notamment, aux avocats, associations, éducateurs. Un tel objectif passe par la reconnaissance de leur état de victime, par la nomination, en droit, de la faute et de l'auteur, par la sanction et la réparation[85]. S'agissant des institutions pénales, Antoine Garapon évoque très justement le renouvellement nécessaire de la justice, une « *justice de l'intime* »[86], afin d'appréhender les violences invisibles ou longtemps tues. À la justice formelle s'ajoutent, selon lui, d'autres justices, restaurative (mise en lumière par le film de Jeanne Henry, *Je verrai toujours vos visages*), transformative, reconstructive : ces nouvelles formes de justice ont vocation non à se substituer, mais à enrichir la justice ordinaire[87]. Au-delà, la réponse apportée par les institutions doit correspondre à une politique pénale, mais aussi globale - préventive, de soins, de lutte contre la précarité, d'accès au logement et à l'emploi, etc.

Le second axe est lié à la *communication* relative aux affaires et à la justice. Il s'agirait, d'abord, d'améliorer la communication des acteurs de justice et des institutions, comme y exhorte le groupe de travail présidé par Mme É. Guigou sur la présomption d'innocence[88]. Pédagogie, transmission, diffusion du savoir sont autant d'enjeux qui doivent dépasser les bancs des facultés de droit afin de rendre la justice plus compréhensible. S'agissant de la communication autour d'affaires en cours, l'article 11, al. 3, du Code de procédure pénale permet, sous conditions, au procureur de la République de rendre publics des éléments objectifs tirés de la procédure et une circulaire de 2022 confirme le souhait du ministère de la Justice de faire de la communication un axe essentiel de la politique pénale[89]. En tant qu'autorité de poursuite, le procureur est-il seulement le mieux placé pour communiquer ? Pourquoi ne pas faire appel à un acteur tiers et indépendant, tel que le JLD ou à un communicant, « porte-parole » spécialement désigné ? Ensuite, que vise la notion, au sein de ce texte, de « *personnes mises en cause* »[90] ? Cela renvoie-t-il aux définitions juridiques – suspect, personne visée par un réquisitoire introductif, par une plainte avec constitution de partie civile, mis en examen – ou également aux personnes mises en cause par les médias ? Enfin, le parquet est libre de choisir les informations qu'il transmet, sans qu'aucun recours, contradiction, ni respect des droits de la défense ne soient prévus[91]. Partant, l'enjeu consiste à professionnaliser la communication judiciaire et l'on peut se réjouir, de ce point de

---

[85] En ce sens, v. R. Cario, « Qui a peur des victimes ? », *AJ pén.* 2004, p. 434 ; J. Danet, « Le traitement processuel de la « parole » dans le procès d'agressions sexuelles », *Droit et cultures* 2008, n°55, p. 137.

[86] A. Garapon, « Enjeux d'une justice de l'intime », *Esprit* 2021/1-2, p. 139.

[87] A. Garapon, « D'autres justices », *Esprit* 2024, n°307.

[88] É. Guigou (prés.), *La présomption d'innocence : un défi pour l'État de droit*, p. 49 s.

[89] V. Dervieux, « La nouvelle communication en opportunité du procureur de la République », actu-juridique.fr, 1 févr. 2023.

[90] V. V. Peltier, « Le traitement de l'information pendant l'instruction préparatoire », *Dr. pén.* 2008, n°9, ét. 16.

[91] V. J. Francillon, « Liberté d'expression, dignité de la personne et présomption d'innocence », *Revue pénit.* 2000, n°1, p. 195 s. ; H. Leclerc, « Présomption d'innocence et droits des victimes, *Légipresse* 2000, n°174, IV, p. 87 s.

vue, qu'un pôle communication notamment ait été créé au sein de l'École Nationale de la Magistrature. L'autre défi est également celui de la communication des journalistes et des médias, de la qualité de l'information diffusée et pour cela de la formation des journalistes, ce que préconisait déjà le rapport *Viout* établi à la suite de l'affaire *d'Outreau*[92]. Pourquoi ne pas revoir, également, le vocabulaire juridique ? Le comité piloté par la ministre É. Guigou recommandait un travail de réflexion autour de la sémantique afin de cibler les marqueurs de culpabilité[93]. Il en est de même du rapport remis à la suite des États généraux de la justice, qui propose la réécriture du Code de procédure pénale[94]. Il reviendra ainsi au comité de réécriture dudit code de cibler les dispositions de nature à porter atteinte à la présomption d'innocence.

En définitive, et dans le droit chemin du rapport *Sauvé*, la réponse pénale doit correspondre à une politique globale - préventive, de lutte, de refondation. Une justice plus compréhensible, notamment grâce à l'éducation au droit dès le jeune âge. Une justice davantage à l'écoute et accessible, proche du citoyen. Une justice efficace, par un meilleur accompagnement de la victime et un projet personnalisé pour le détenu. Une justice renforcée, avec plus de moyens et une organisation rationalisée[95]. Une justice, enfin, qui protège.

C'est un dialogue qu'il faut aujourd'hui construire, *entre* les institutions, *avec* les institutions. Car comme le relève le magistrat Alexandre Stobinsky, la justice ne peut être traitée de sourde si l'on ne tente de lui parler[96].

---

[92] *Rapport du Groupe de travail chargé de tirer les enseignements du traitement judiciaire de l'affaire dite d'Outreau*, 8 févr. 2005, précon. n° 56 et 57 (not. « *confier à un membre du ministère public les fonctions de magistrat référent-presse* »).

[93] É. Guigou (prés.), p. 55. Rappr. S. Detraz, « La prétendue présomption d'innocence », *Dr. pén.* 2004, n°3, chron. 3 ; C. Ambroise-Castérot, « Présomption d'innocence », *Rép. pén.* Dalloz, n°13 ; R. Parizot, « Présomption d'innocence versus marqueurs de culpabilité : quel équilibre ? », *RSC* 2019, p. 127.

[94] *Rapport Sauvé*, préc. p. 194.

[95] *Rapport Sauvé*, préc., p. 72 s.

[96] A. Stobinsky, « Violences sexuelles : Le procès pénal est le seul lieu en démocratie où se joue la culpabilité ou l'innocence d'un homme », *Le Monde*, 25 févr. 2020.

Les effets de la pandémie COVID-19 sur la procédure pénale canadienne

Vincent ANGLEHART

Doctorant Université de Toulouse I Capitole et de Laval

Lorsque nous sommes confrontés à une crise, notre réflexe est généralement d'en étudier les effets négatifs et les moyens pour y remédier. Toutefois, s'il faut retenir une chose, c'est l'à-propos de la citation, attribuée à Winston Churchill, nous intimant de « never let a good crisis go to waste » ou en français de « ne jamais gaspiller une bonne crise ». Pour ce faire, il importe de s'intéresser aux effets positifs réels et potentiels du passage de la crise, de façon à les maximiser. C'est ce que nous ferons dans ce texte, en exposant certains impacts favorables de la crise sanitaire liée à la pandémie de COVID-19 sur la procédure pénale au Canada. En définitive, nous entendons démontrer qu'au-delà de ses impacts négatifs, la crise sanitaire est une source d'occasions à saisir pour améliorer notre procédure pénale.

Au début de la pandémie, certains ont rapidement fait preuve d'espoir quant à la possibilité que la crise l'accompagnant ait des retombées positives sur le système de justice criminelle et pénale canadien[1]. Entre autres, et pour faire écho à certaines contributions entendues dans le cadre du Congrès, il a été avancé que la pandémie de COVID-19 pourrait forcer le système de justice canadien à revoir sa relation avec l'incarcération, que ce soit au stade de la détention préventive ou au stade de la peine[2]. L'impact à ce niveau n'ayant pas été celui qui avait été espéré – la crise sanitaire n'ayant pas réellement permis de reconsidérer notre recours à l'emprisonnement[3] – il serait facile d'adopter une attitude pessimiste, en laissant la fin de la crise marquer la fin de nos espoirs.

Nous préférons une approche optimiste. La période trouble que nous venons de traverser a indéniablement eu des retombées positives sur le système de justice criminelle et pénale canadien. En ajoutant un peu de travail sur les problématiques mises en lumière par le passage de la crise, ces retombées favorables sont susceptibles de se multiplier. Considérant l'espace imparti, notre réflexion à ce sujet portera sur deux éléments précis. Dans un premier temps, nous traiterons d'un effet positif réel de la crise sanitaire sur la procédure pénale canadienne, soit sa modernisation forcée. Dans un second temps, nous nous intéresserons à l'un de ses effets positifs potentiels, soit la possibilité d'une gestion plus cohérente des pouvoirs policiers au Canada.

---

[1] Voir notamment Terry Skolnik, « Criminal Law During (and After) COVID-19 » (2020) 43:4 Man LJ 145, à la p 148.

[2] *Ibid* à la p 179; Sarah Burningham, « Reflections on COVID-19 and Criminal Law: How Does Judicial Doctrine Function in a Crisis » (2022) 59:3 Alta L Rev 587, à la p 588.

[3] Burningham, *supra* note 2 à la p 588; Wayne K Gorman, « Judging in the Time of a Pandemic: The Impact of COVID-19 on Bail and Sentencing in Canada » (2021) 57:1 Ct Rev 22, aux pp 27, 28, 32.

I. La modernisation de la procédure pénale canadienne

La nécessité d'améliorer l'efficacité du système de justice criminelle et pénale est une préoccupation centrale au Canada, et ce, depuis plusieurs années. L'attention reçue par l'arrêt *Jordan*[4], et ses multiples répercussions, en est une démonstration marquante. Dans ce contexte, l'utilisation des nouvelles technologies pour contribuer à cette nécessaire recherche d'efficacité semble naturelle, voire inévitable. Il est ainsi peu surprenant de constater qu'avant 2020, le besoin de moderniser le système de justice criminelle et pénale était déjà un important sujet de discussion et que des mesures étaient adoptées en ce sens[5]. Toutefois, ces discussions et mesures ne menaient pas à un réel changement de paradigme, notamment parce qu'il existait une réticence – forte chez certains intervenants – au sujet de l'utilisation de la technologie dans ce domaine du droit[6].

La crise sanitaire a fondamentalement modifié l'équation. Il ne s'agissait plus de choisir entre une *justice physique* et une *justice virtuelle*. L'alternative à la justice virtuelle était l'impossibilité quasi totale de rendre la justice[7], une option inacceptable. Ainsi, dans un contraste saisissant avec la lenteur de la transition technologique pré-COVID-19, « la pandémie a propulsé le système dans un processus de modernisation »[8]. Comme l'indiquait récemment un juge de la Cour du Québec, « [e]n quelques mois, au printemps 2020, les tribunaux ont implanté des façons de faire qui auraient sans doute, en d'autres circonstances, nécessité des années, voire des décennies à être mises en place »[9]. Ce processus a d'ailleurs été soutenu par une collaboration intergouvernementale sans précédent en la matière[10].

Ce virage forcé a été l'occasion de tester le fondement des réticences au sujet de l'utilisation de la technologie en matière criminelle et pénale, réticences qui se sont transformées en espoir pour plusieurs intervenants y voyant une occasion d'améliorer l'efficacité d'un système qui en a grandement besoin.

Sur le plan jurisprudentiel, les passages soulignant l'utilité des moyens technologiques pour rendre efficacement la justice se sont multipliés à travers le

---

[4] *R c Jordan*, 2016 CSC 27.

[5] Voir par exemple la *Loi modifiant le Code criminel, la Loi sur le système de justice pénale pour les adolescents et d'autres lois et apportant des modifications corrélatives à certaines lois*, L.C. 2019, ch. 25.

[6] Shanna Hickey et Susan McDonald, « La justice réparatrice : le vécu des victimes et des survivants », Recueil des recherches sur les victimes d'actes criminels, no 12, 2019, aux pp 5-13; Le Comité sénatorial permanent des affaires juridiques et constitutionnelles, *Justice différée, justice refusée : L'urgence de réduire les longs délais dans le système judiciaire au Canada (rapport final)*, juin 2017, aux pp 14, 105.

[7] Shawn Singh & Brandon Trask, « Part A - Setting the Stage: Recognizing the Importance of the Open Court Principle and Access to Justice in Manitoba During the COVID-19 Pandemic » (2022) 45:5 Man LJ 171, aux pp 194, 207.

[8] *Point de non-retour : Rapport du groupe de travail de l'ABC sur les enjeux juridiques liés à la COVID-19*, par Groupe de travail de l'ABC sur les enjeux juridiques liés à la COVID-19, 2021, Association du Barreau canadien, Ottawa à la p 26.

[9] *R c Michaud*, 2023 QCCQ 2136 au para 50.

[10] Singh & Trask, *supra* note 7 à la p 205.

pays[11]. Certaines cours d'appel ont d'ailleurs envoyé des messages forts, invitant les tribunaux d'instance à ne pas balayer du revers de la main l'utilisation des moyens technologiques sur la base d'une crainte générale qu'il en découle invariablement un préjudice pour la défense. Dès septembre 2020, dans l'arrêt *Thomas*, la Cour d'appel du Manitoba s'exprimait dans les termes suivants :

> [28] [...] During the Covid-19 pandemic, this Court has used videoconferencing successfully for several months to conduct criminal appeals without complaint or difficulty to an accused's interests. *Due process is possible in the digital world; courts should not assume that is not the case.*[12] [Nos italiques]

L'application régulière de la loi et l'équité procédurale sont possibles dans le monde numérique, et les tribunaux ne doivent pas tenir pour acquis que ce n'est pas le cas[13]. Le message est fort et comme nous le verrons, il a été entendu par plusieurs. Plus récemment, dans l'arrêt *JLK*, la Cour d'appel de la Colombie-Britannique envoyait un message similaire en refusant d'appliquer un test plus strict avant de permettre le témoignage par vidéoconférence lorsque des questions de crédibilité sont en jeu ou dans des types de dossiers particuliers, comme ceux en matière d'agression sexuelle[14]. Pour la Cour, la technologie est suffisamment développée pour permettre aux parties et décideurs de mettre à l'épreuve et d'apprécier la crédibilité de témoins entendus par le biais de la vidéoconférence[15].

Bien que certains décideurs conservent des réticences quant à l'utilisation des moyens technologiques en matière criminelle et pénale[16], il semble que pour plusieurs, la crise sanitaire a allégé les craintes. Nombreux sont les juges qui ont souligné que l'utilisation forcée des moyens technologiques pendant la crise sanitaire a eu pour effet de convaincre la magistrature et les Barreaux qu'il est possible de tenir des audiences virtuelles sans sacrifier la qualité et l'aisance qui doivent caractériser notre procédure pénale[17]. Rejoignant en ce sens les propos de la Cour d'appel du Manitoba dans *Thomas*, les juges d'instance canadiens ont souligné à plusieurs reprises que l'utilisation de moyens technologiques, par exemple pour permettre un témoignage à distance, ne porte pas en soi atteinte au droit de l'accusé à un procès équitable, et ce, même lorsque la crédibilité du témoin est une question importante[18]. Tout en demeurant attentifs aux risques d'atteintes

---

[11] Voir notamment *R c Michaud*, *supra* note 9 aux para 49-59; *R v Haaima*, 2023 ONCJ 180 aux para 18-19; *R v Walsh*, 2023 MBPC 2 au para 19; *R v KZ*, 2021 ONCJ 321 aux para 6, 11-18; *R c Camara*, 2021 QCCQ 1167 aux para 20-22; *R v Jeffries*, 2021 ONCJ 98 aux para 24, 25, 27, 31, 32; *R v SLC*, 2020 ABQB 515 aux para 31-33, 56, 119.
[12] *R v Thomas*, 2020 MBCA 84 au para 28.
[13] Traduction libre.
[14] *R v JLK*, 2023 BCCA 87 au para 51.
[15] *Ibid*.
[16] Voir par exemple *Kauki c R*, 2023 QCCQ 5257 aux para 28-36; *R v VOS*, 2022 BCPC 47.
[17] *R v Mapp-Farouk*, 2020 ONSC 5040 au para 15. Voir aussi *R v Pogachar*, 2022 ONSC 6675 au para 39; *R v McLaughlin*, 2022 YKSC 17 aux para 14-15; *R c Lachance*, 2021 QCCM 93 aux para 7-12.
[18] Voir notamment *R c Michaud*, *supra* note 9 au para 52; *R v Pogachar*, *supra* note 17 au para 38; *R c Lachance*, *supra* note 17; *R v KZ*, *supra* note 11 au para 24; *R v KN*, 2021 BCPC 126 aux para 109-111; *R v Jeffries*, *supra* note 11 aux para 28, 29, 33, 37-43; *R v SLC*, *supra* note 11 au para 56.

aux droits de l'accusé, certains ont ainsi jugé que l'expérience acquise pendant la crise sanitaire permet de nuancer le « consensus jurisprudentiel voulant que le témoignage à distance d'un témoin dont la crédibilité est en jeu soit l'exception et que l'analyse des facteurs reliés aux témoins doive être plus convaincante pour justifier l'ordonnance »[19]. Nous l'avons vu, la Cour d'appel de la Colombie-Britannique a récemment adopté une telle approche[20].

Comme nous l'indiquions plus haut, la pandémie n'a pas fait qu'alléger les réticences des tribunaux quant à la modernisation de la procédure criminelle et pénale. Elle leur a également permis de mettre l'accent sur l'utilité des moyens technologiques pour accroître l'efficacité de cette procédure. Par exemple, de nombreux avantages associés à l'utilisation de la vidéoconférence ont été soulignés par les juges. Sans prétendre à l'exhaustivité, nous pouvons identifier les principaux. Premièrement, ayant à l'esprit l'arrêt *Jordan*, les tribunaux ont insisté sur la possibilité d'éviter les délais supplémentaires causés par une remise de l'audience[21], notamment lorsqu'un intervenant n'est pas en mesure de se déplacer[22], n'a pas les ressources pour le faire ou est malade[23]. Au-delà des délais qui s'accumuleront dans le dossier spécifique qui sera remis, les juges ont précisé que les remises d'audiences ajoutent du poids sur le système de justice criminelle et pénale, en gaspillant du temps de cour. Ainsi, plusieurs étaient d'avis que le recours à la vidéoconférence pour éviter une remise peut avoir un effet positif sur le système dans son ensemble[24]. Deuxièmement, il a été signalé que l'utilisation de la vidéoconférence pour permettre l'audition de certains témoins permet de gérer plus adéquatement les ressources financières limitées dont dispose notre système de justice, alimenté par les fonds publics[25]. Dans bien des cas, le déplacement de témoins, aux frais de l'État, peut s'avérer coûteux. À ce sujet, un juge manitobain a récemment conclu que l'économie des ressources du système de justice est un facteur pertinent dans la décision de permettre ou non le recours à la vidéoconférence[26]. Le temps n'est donc pas la seule ressource limitée dont le virage technologique permet une utilisation plus efficace. Troisièmement, divers intervenants ont souligné les gains sur le plan de l'accès à la justice qui découle de l'utilisation des moyens technologiques[27]. Entre autres, les personnes qui, pour diverses raisons, ne peuvent pas être physiquement

---

[19] *R c Lachance*, *supra* note 17 aux para 7-12; *R c Michaud*, *supra* note 9 au para 56; *R v McLaughlin*, *supra* note 17 aux para 14-15. Tel que souligné plus haut, d'autres décideurs sont plus réticents à un tel assouplissement de la jurisprudence. Voir par exemple *Kauki c R*, *supra* note 16 aux para 28-36; *R v VOS*, *supra* note 16 au para 70.

[20] *R v JLK*, *supra* note 14 au para 51.

[21] *R v KN*, *supra* note 18 aux para 120-123; *R c Camara*, *supra* note 11 aux para 20-22; *R v Hunt*, 2020 ONCJ 627 au para 10.

[22] *R v KZ*, *supra* note 11 au para 24.

[23] *R v Haaima*, *supra* note 11 au para 19.

[24] *R v KN*, *supra* note 18 aux para 120-123; *R v Jeffries*, *supra* note 11 au para 24; *R v Mapp-Farouk*, *supra* note 17 au para 31.

[25] *R v Walsh*, *supra* note 11 au para 19.

[26] *Ibid*.

[27] *R v Haaima*, *supra* note 11 aux para 18-19; *R v SLC*, *supra* note 11 au para 119; Singh & Trask, *supra* note 7 à la p 191.

présentes devant le tribunal pourront néanmoins être entendues[28]. Dans le même ordre d'idées, il a été avancé que l'utilisation de la technologie peut contribuer à l'objectif de recherche de la vérité du système de justice criminelle et pénale, en permettant d'entendre des témoins qui, autrement, auraient été indisponibles[29]. Quatrièmement et finalement, ce virage technologique améliore la capacité du système à s'adapter à des crises ou situations exceptionnelles futures[30], d'où l'importance de pérenniser l'évolution qu'a entraînée la crise sanitaire.

À ce sujet, notons que la nécessaire adaptation de la procédure criminelle et pénale à l'utilisation des nouvelles technologiques s'est traduite par plusieurs modifications législatives, directives et autres mesures, visant non seulement à encadrer et à faciliter le recours à ces outils, mais également à le pérenniser. Pour les fins de notre propos, la *Loi modifiant le Code criminel et la Loi sur l'identification des criminels et apportant des modifications connexes à d'autres lois (réponse à la COVID-19 et autres mesures)*[31] est un exemple intéressant. Avant l'entrée en vigueur de cette loi, le ministre de la Justice a souligné que « [l]es modifications proposées visent à faire face aux répercussions que la pandémie de COVID-19 a eues sur les tribunaux de juridiction pénale, tout en améliorant la souplesse et l'efficacité du système de justice pénale »[32]. Il s'agit donc d'une intervention directe du législateur fédéral en matière de modernisation de la procédure pénale, en réponse à la pandémie de COVID-19, qui démontre une volonté de pérenniser le virage technologique que nous a forcés à prendre cette crise.

Parmi les modifications engendrées par cette loi, nous pouvons noter les deux plus marquantes[33] en ce qui a trait à la procédure pénale.

D'une part, la loi élargit l'accès à la procédure de télémandat. Rappelons que cette procédure permet à l'agent de la paix d'obtenir un mandat en présentant une demande par le biais d'un moyen de télécommunication, plutôt qu'en se présentant physiquement devant un juge[34]. Historiquement, l'agent de la paix ne pouvait avoir recours à cette procédure que s'il « consid[érait] qu'il serait peu commode de se présenter en personne devant un juge de paix pour demander un mandat »[35]. Le télémandat était ainsi une exception à la règle générale voulant que le mandat soit obtenu à la suite d'une demande présentée en personne, devant le juge[36]. La loi

---

[28] *R v Haaima*, *supra* note 11 au para 19.
[29] *Ibid.*
[30] *Ibid* au para 18.
[31] L.C. 2022, ch. 17 (ci-après « la Loi »).
[32] MINISTÈRE DE LA JUSTICE DU CANADA, *Énoncé concernant la Charte. Projet de loi S-4*, 30 mars 2022, en ligne : https://www.justice.gc.ca/fra/sjc-csj/pl/charte-charter/s4_1.html [Énoncé concernant la Charte].
[33] D'autres modifications auraient pu être présentées. Par exemple, la loi facilite également le recours aux moyens technologiques dans le cadre de la constitution du jury. Voir à ce sujet BIBLIOTHÈQUE DU PARLEMENT, *Résumé législatif du projet de loi S-4 : Loi modifiant le Code criminel et la Loi sur l'identification des criminels et apportant des modifications connexes à d'autres lois (réponse à la COVID-19 et autres mesures)*, Publication no 44-1-S4-F, Ottawa, Bibliothèque du Parlement, 2023 aux pp 11-12 [Résumé législatif].
[34] Voir par exemple *Code criminel*, LRC 1985, c C-46, par. 487.1(1) [C.cr.].
[35] Voir par exemple la version antérieure du paragraphe 487.1(1).
[36] *R v Lao*, 2013 ONCA 285 au para 68.

supprime cette exigence dans bien des cas, lorsque le moyen de télécommunication utilisé rend la communication sous forme écrite[37]. Ainsi, la loi retire au télémandat son étiquette d'option procédurale secondaire, pour en faire un équivalent fonctionnel du mandat obtenu en se présentant devant le juge[38]. Puisque l'exigence du « peu commode » était davantage motivée par des considérations techniques que constitutionnelles[39], cette modification permet *a priori* à la procédure de gagner en efficacité, sans mettre en péril les droits et libertés individuels.

D'autre part, la loi clarifie le cadre juridique régissant l'utilisation de la vidéo et de l'audioconférence dans une procédure criminelle[40]. Entre autres, les dispositions relatives à la comparution à distance de l'accusé sont regroupées dans une même section, les règles applicables aux différentes étapes de la procédure étant précisées[41]. Les situations où il est possible de recourir à la vidéo et à l'audioconférence sont également élargies. Par exemple, sauf dans un procès devant jury, le *Code criminel* prévoit maintenant clairement que l'accusé peut assister à distance à son procès, même lorsque la preuve testimoniale est présentée[42]. Cette extension de la comparution à distance s'accompagne d'une extension des remparts destinés à protéger les droits de l'accusé susceptible de comparaître de cette manière. Entre autres, le nouvel article 715.242 C.cr. prévoit qu'avant de permettre à l'accusé qui n'a pas accès à des conseils juridiques de comparaître à distance, le tribunal doit être convaincu que ce dernier comprendra la nature de la procédure et que ses décisions seront volontaires. Sous l'ancien droit, ces conditions ne s'appliquaient qu'à l'accusé détenu[43]. Toujours relativement à la protection des droits de l'accusé, notons le parti pris évident du législateur pour l'obtention de son consentement, dans la majorité des cas, avant de prévoir sa comparution à distance[44].

---

[37] Voir par exemple le par. 487.1(1) C.cr.

[38] Résumé législatif, *supra* note 33 à la p 3.

[39] La lecture du rapport de la Commission de réforme du droit du Canada sur la question permet de croire que l'ajout de cette condition n'était pas lié à des considérations constitutionnelles. Il s'agissait plutôt d'un juste milieu entre les solutions restrictives et les solutions souples retenues dans d'autres juridictions, la Commission hésitant à proposer une approche souple sans avoir davantage d'information sur les ressources disponibles au pays pour supporter de telles demandes par le biais de moyens de télécommunication. En fait, selon la Commission, la procédure de télémandat ne présente pas de risque substantiel de diminution des garanties associées à l'émission de mandats par la procédure classique : Commission de réforme du droit du Canada, *Les pouvoirs de la police : les fouilles, les perquisitions et les saisies en droit pénal*, Document de travail 30, Ottawa, ministère des Approvisionnements et services, 1983 aux pp 82, 102. D'ailleurs, l'attitude des tribunaux au sujet de cette condition portait également à croire qu'ils n'y voyaient pas une importante garantie constitutionnelle. Voir par exemple *R v Lao*, 2013 ONCA 285 au para 75.

[40] Voir principalement la Partie XXII.01 du C.cr. (art. 715.21 et suivants).

[41] Art. 715.23 à 715.243 C.cr.

[42] Par. 650(1) et art. 715.233 C.cr; Résumé législatif, *supra* note 33 à la p 10. Au sujet des difficultés d'interprétation causées, au cours de la pandémie, par le fait que cette possibilité n'était pas expressément prévue par le *Code criminel*, voir notamment *R v Colegrove*, 2022 NSSC 9.

[43] Voir l'ancien article 715.24 C.cr; Résumé législatif, *supra* note 33 à la p 10.

[44] Énoncé concernant la Charte, *supra* note 32.

Il est aisé de faire le lien entre de telles modifications législatives et les gains en matière d'efficacité qu'ont associés les tribunaux à l'utilisation des moyens technologiques en matière criminelle et pénale. Tant l'élargissement de l'accès à la procédure de télémandat que l'utilisation accrue de la vidéo et de l'audioconférence dans le cadre de la procédure pénale permettent notamment de gérer plus adéquatement les ressources limitées dont dispose notre système de justice, alimenté par les fonds publics[45]. Le déplacement des policiers et des témoins devant le juge peut s'avérer coûteux, en temps et en ressources, sans toujours être réellement utile. Autre avantage non négligeable dans le contexte actuel, l'utilisation de l'audio et de la vidéoconférence permet d'éviter les délais supplémentaires causés par certaines remises d'audiences, délais qui affectent tant le dossier directement touché que le système de justice criminelle et pénale dans son ensemble.

En résumé, les mesures mises en place par cette loi sont des exemples, parmi d'autres, qui démontrent une volonté claire d'accroître et de pérenniser le recours à la technologie dans le cadre des procès criminels et pénaux, mais de façon encadrée.

De façon encadrée, puisque bien entendu, ce virage technologie à la vitesse grand V est susceptible d'engendrer certaines problématiques. Entre autres, soulignons que tous n'ont pas le même accès aux nouvelles technologies ou la même aisance dans leur utilisation[46]. Nous ne pouvons également pas ignorer que plusieurs intervenants soulèvent encore des inquiétudes quant à certaines limites de l'utilisation des moyens technologiques – comme la vidéoconférence – dans le cadre du procès criminel ou pénal. C'est notamment le cas pour ce qui est de l'administration de la preuve dans certains types de procès[47]. Ces problématiques potentielles ne doivent pas être vues comme des effets négatifs de la crise sanitaire. Au contraire, elles étaient autant de freins à la mise en branle assumée d'un inévitable virage technologique. L'effet positif de la crise sanitaire a été de fournir l'impulsion nécessaire pour se lancer de façon assumée dans ce virage et d'alléger les réticences à ce sujet. Maintenant, il appartient aux praticiens et aux chercheurs du droit d'être conscients des enjeux potentiels que peut soulever la modernisation de la procédure pénale, et de contribuer à trouver des solutions permettant de concilier les différents intérêts en présence.

Ainsi, bien qu'il reste indéniablement du travail à faire, la modernisation de la procédure pénale canadienne est à notre avis un effet positif de la crise sanitaire, cette dernière ayant forcé un changement de mentalité et la prise de mesures susceptibles d'améliorer l'efficacité de notre système de justice criminelle et pénale, ce dont nous avons grandement besoin. La réponse coordonnée des différents intervenants du système judiciaire ayant permis de concrétiser cette modernisation

---

[45] *R v Walsh*, *supra* note 11 au para 19.

[46] Singh & Trask, *supra* note 7 à la p 199; Groupe de travail de l'ABC sur les enjeux juridiques liés à la COVID-19, *supra* note 8 à la p 21.

[47] À ce sujet, nous avons notamment référé plus haut aux affaires *Kauki c R*, *supra* note 16 aux para 28-32; *R v VOS*, *supra* note 16. Voir aussi Luka Théo Sanchez, « La vidéoconférence lors des audiences » (2023) 101:2 R B Can 269, aux pp 292-294.

ne doit toutefois pas se limiter à cette question, sans quoi la crise sanitaire aura été une occasion manquée de s'attaquer à des problématiques fondamentales affectant notre procédure pénale. C'est ce dont nous traiterons maintenant.

II. La définition des pouvoirs policiers au Canada

À côté des retombées positives réelles de la crise sanitaire sur la procédure pénale canadienne se trouvent ses retombées positives potentielles. Les crises ont une capacité inégalée de mettre en lumière ce qui ne fonctionne pas, en nous confrontant aux conséquences réelles des imperfections de notre système. C'est ensuite la volonté des intervenants – comme les législateurs et les tribunaux – de régler les problématiques mises en lumière qui déterminera si des effets positifs réels découleront du passage de la crise ou si nous devrons plutôt parler d'un rendez-vous manqué. Nous développerons sur ce point en nous intéressant à la question de la définition des pouvoirs policiers au Canada.

À ce sujet, une mise en contexte s'impose. Au Canada, les pouvoirs policiers ne sont pas tous définis par la loi ou par d'autres sources de droit écrit[48]. En effet, en marge du droit écrit, la Cour suprême permet « aux tribunaux de reconnaître de nouveaux pouvoirs policiers en common law »[49], en vertu de la *doctrine des pouvoirs accessoires*. Lorsque l'État se fonde sur cette doctrine pour prétendre qu'une conduite policière est permise par la common law, le tribunal chargé de trancher la question doit mener une analyse en deux étapes. Dans un premier temps, il doit déterminer « si la conduite s'inscrit dans le cadre général d'un devoir incombant aux policiers aux termes d'un texte de loi ou de la common law »[50]. Parmi ces devoirs se trouvent ceux « de maintenir la paix, de prévenir le crime et de protéger la vie des personnes et les biens »[51]. Si la conduite policière ne s'inscrit pas dans l'accomplissement d'un tel devoir, l'analyse prend fin et il n'existe pas de pouvoir de common law permettant au policier de l'adopter. Dans le cas contraire, l'analyse se poursuit. Dans un second temps, « le tribunal doit se demander si la conduite des policiers est raisonnablement nécessaire pour accomplir le devoir »[52]. Cette étape de l'analyse nécessite de mettre en balance, d'une part, l'importance de la réalisation du devoir pour l'intérêt public et, d'autre part, l'ampleur et la nécessité de l'atteinte aux droits et libertés individuels qui en découle[53]. Si cette mise en balance mène le tribunal à conclure que la conduite des policiers était raisonnablement nécessaire pour accomplir le devoir identifié, il conclura qu'il existe un pouvoir en common law permettant aux policiers d'adopter la conduite contestée. Ainsi, bien qu'aucune base législative ne permettait initialement aux policiers d'agir comme ils l'ont fait, leur conduite est légalement justifiée en vertu de

---

[48] *Fleming c Ontario*, 2019 CSC 45 au para 3.
[49] *Ibid* au para 43.
[50] *R c MacDonald*, 2014 CSC 3 au para 35.
[51] *Fleming c Ontario*, *supra* note 48 au para 69.
[52] *Ibid* au para 47.
[53] *Ibid*.

ce pouvoir nouvellement forgé par le tribunal sur le fondement de la common law[54]. Ce pouvoir continuera ensuite d'exister et pourra être utilisé par les policiers dans le futur[55].

Cette création de pouvoirs policiers par les tribunaux a fait l'objet de nombreuses critiques, tant par des auteurs que par des juges. Deux reproches sont particulièrement importants. D'une part, il est avancé que cette pratique s'accorde mal avec les rôles respectifs des trois branches de l'État canadien que sont le législatif, l'exécutif et le judiciaire. Plusieurs juristes ont souligné la confusion des rôles découlant du fait que les tribunaux, gardiens de la Constitution et des droits et libertés qui y sont enchâssés, créent eux-mêmes des restrictions à ces droits au profit de l'État, là où le législateur n'est pas intervenu[56]. D'autre part, des critiques soulignent les difficultés sur le plan de la prévisibilité et de la certitude du droit – et plus généralement de la primauté du droit – qui découlent de la création rétroactive de pouvoirs policiers par les tribunaux[57]. En effet, lorsqu'un tribunal applique la doctrine des pouvoirs accessoires, il crée un nouveau pouvoir policier *après* les faits. Ainsi, lors de leur interaction, le policier et le citoyen ne sont pas en mesure de juger adéquatement de la portée des droits et obligations de chacun, le droit n'étant fixé qu'*a posteriori*. Dans le même ordre d'idées, puisque les pouvoirs policiers de common law sont disséminés dans diverses décisions complexes qui ont chacune leur contexte factuel particulier, il est difficile d'identifier avec précision ces pouvoirs et d'évaluer leur portée[58]. Tout cela explique que pour plusieurs critiques, c'est le législateur qui doit se charger de la création et de la définition des pouvoirs policiers, alors que le rôle des tribunaux est de s'assurer que le travail accompli à ce niveau respecte nos impératifs constitutionnels[59]. Pour le moment, à bien des égards, les

---

[54] Terry Skolnik, « Racial Profiling and the Perils of Ancillary Police Powers » (2021) 99:2 Can Bar Rev 429, à la p 430.

[55] Terry Skolnik & Vanessa MacDonnell, « Policing Arbitrariness: Fleming v. Ontario and the Ancillary Powers Doctrine » (2021) 100 The Supreme Court Law Review 187, à la p 196.

[56] Voir notamment *R c Wong*, [1990] 3 RCS 36 à la p 57; *R c Kang-Brown*, 2008 CSC 18 au para 12; Skolnik, *supra* note 54 à la p 434; Richard Jochelson, « Ancillary Issues with Oakes: The Development of the Waterfield Test and the Problem of Fundamental Constitutional Theory » (2012) 43:3 Ottawa L Rev 355, aux pp 370-373; Jane Bailey, « Across the Rubicon and into the Appennines: Privacy and Common Law Police Powers after A.M. and Kang-Brown » (2009) 55:1-2 Crim LQ 239, à la p 276; James Stribopoulos, « In Search of Dialogue: The Supreme Court, Police Powers and the Charter » (2005) 31:1 Queen's Law Journal 1, à la p 55.

[57] Voir notamment Skolnik & MacDonnell, *supra* note 55 à la p 203; Skolnik, *supra* note 54 à la p 434; Richard Jochelson et al, « Generation and Deployment of Common Law Police Powers by Canadian Courts and the Double-Edged Charter » (2020) 28:1 Critical Criminology 107, à la p 122; Steve Coughlan, « The Need for Clarity in Creating Common Law Police Powers » (2014) 7 CR-ART 263; Jochelson, *supra* note 56 aux pp 373, 374, 376; Steve Coughlan, « Common Law Police Powers and the Rule of Law » (2007) 47 CR-ART 266; Stribopoulos, *supra* note 56 aux pp 25, 54.

[58] Steve Coughlan, « *R. v. McKenzie*: Continuing Confusion on Common Law Powers » (2022) 77 CR-ART 330; Coughlan, *supra* note 57; Stribopoulos, *supra* note 56 à la p 74.

[59] Skolnik & MacDonnell, *supra* note 55 à la p 204; Skolnik, *supra* note 54 aux pp 459-462; Steven Penney, « Police Questioning in the Charter Era: Adjudicative versus Regulatory Rule-making and the Problem of False Confessions » (2012) 57 SCLR 263, aux pp 263, 264, 269-272; Stribopoulos, *supra* note 56 à la p 70,74.

tribunaux exercent les deux rôles[60], ce qui crée les problématiques évoquées ci-dessus.

La gestion de la crise sanitaire a confirmé le bien-fondé de ces critiques et la nécessité d'une intervention en cette matière. Il est apparu évident que la création de pouvoirs policiers par les tribunaux est une source d'imprévisibilité et d'incertitude et mène ces derniers à délaisser leur rôle en matière d'application de la Constitution. Pour l'illustrer, nous utiliserons l'exemple de la mise en application des mesures sanitaires au Québec.

Le Québec a été identifié par plusieurs observateurs comme étant l'une des provinces ayant eu le plus recours aux mesures restrictives de liberté et à la répression pour combattre la pandémie de COVID-19[61]. En vertu de la *Loi sur la santé publique*[62] (ci-après « LSP »), le gouvernement et le ministre de la Santé et des Services sociaux ont adopté divers décrets et arrêtés ministériels contenant des mesures restrictives de liberté. Le non-respect de ces mesures constituait une infraction pénale[63]. De ce fait, les policiers allaient devoir jouer un rôle de premier plan dans la mise en application des mesures sanitaires.

Un enjeu est rapidement apparu à ce niveau. Puisque certaines interdictions visaient des activités se déroulant en privé, notamment les interdictions de se rassembler dans les domiciles[64], il était important de déterminer les pouvoirs dont disposaient les policiers pour assurer leur mise en application. À ce sujet, une question a occupé beaucoup d'espace, soit celle de la possibilité pour les policiers d'entrer sans mandat dans un lieu privé pour enquêter sur un potentiel rassemblement interdit par les mesures gouvernementales et y mettre fin, le cas échéant.

Sur le plan législatif, il était au mieux incertain que les policiers disposaient d'un tel pouvoir. D'une part, la LSP ne contient pas de disposition permettant une telle entrée sans mandat dans un domicile. Au contraire, « [l]es pouvoirs [que la *LSP*] confère au directeur de la santé publique notamment dans le cadre d'une enquête épidémiologique, dont certains peuvent être exercés par l'entremise d'agents de la paix, ne peuvent l'être pour entrer dans une résidence privée sans le consentement de l'occupant ou sans être muni d'un ordre de la Cour »[65]. D'autre part, le *Code de procédure pénale* prévoit un pouvoir très limité permettant aux policiers d'entrer sans mandat dans un lieu privé, nécessitant « des motifs raisonnables de croire

---

[60] Jochelson et al, *supra* note 57 à la p 110; Jochelson, *supra* note 56 aux pp 371-373.

[61] A Wayne MacKay, « The Rule of Law in Pandemic Times » (2022) 43 Nat'l J Const L 35, à la p 46; Alexander McClelland & Alex Luscombe, « Policing the Pandemic: Counter-mapping Police Responses to COVID-19 Across Canada » (2021) 10 The Annual Rev of Interdisciplinary J Research 195, à la p 207; *COVID-19 and Law Enforcement in Canada: The Second Wave*, par Canadian Civil Liberties Association, Toronto, 2021 aux pp 28-33.

[62] RLRQ c s-2.2, art. 123.

[63] Art. 139 LSP. Voir à ce sujet *Bricka c Procureur général du Québec*, 2022 QCCA 85, autorisation de pourvoi à la CSC refusée, 40102 (28 juillet 2022).

[64] Voir par exemple l'interdiction prévue par le décret numéro 222-2020 du 20 mars 2020.

[65] *Directeur des poursuites criminelles et pénales c Vernhes*, 2021 QCCQ 7996 au para 46.

qu'une personne est en train d'y commettre une infraction qui risque de mettre en danger la vie ou la santé des personnes ou la sécurité des personnes ou des biens et que l'arrestation de cette personne est le seul moyen raisonnable à sa disposition pour mettre un terme à la perpétration de l'infraction »[66]. Considérant ces conditions strictes, et la jurisprudence de la Cour suprême du Canada en matière de protection du domicile[67], il était loin d'être clair que cette disposition s'appliquait à l'entrée dans un domicile pour s'assurer du respect des consignes sanitaires[68].

Vu cette incertitude, il a rapidement été question, dans la sphère politique, de la possibilité et de l'opportunité d'octroyer expressément un tel pouvoir aux policiers. En septembre 2020, le ministre de la Santé et des Services sociaux et le directeur national de santé publique ont évoqué la possibilité « de donner les moyens aux policiers d'entrer dans les résidences privées sans mandat pour faire respecter les consignes de la Santé publique »[69]. Or, le gouvernement n'a finalement jamais adopté de mesure en ce sens[70]. Au contraire, quelques jours plus tard, il s'en est plutôt remis à l'utilisation, par les policiers, de télémandats généraux pour entrer dans les résidences privées en présence de motifs raisonnables de croire qu'une infraction aux mesures sanitaires y est commise[71]. Cette façon de procéder, qui repose sur l'obtention d'une autorisation judiciaire préalable, est plus respectueuse des droits et libertés individuels qu'une entrée sans mandat[72].

Dans ce contexte, il est peu surprenant que des juges aient conclu à la violation de l'article 8 de la *Charte canadienne des droits et libertés*[73] (ci-après « Charte »), qui offre une protection contre les fouilles, perquisitions et saisies abusives, dans des dossiers où les policiers sont entrés sans mandat chez des citoyens pour veiller au respect des mesures sanitaires[74]. Rappelons qu'en vertu de cette disposition

---

[66] *Code de procédure pénale*, RLRQ c c-25.1, art. 84.

[67] Voir à ce sujet Denis Gallant, « Les pouvoirs policiers dans le contexte de la COVID-19 », 4 mai 2019, en ligne : <https://unik.caij.qc.ca/recherche#q=%22les%20pouvoirs%20policiers%20dans%20le%20contexte%20de%20la%20COVID-19%22&t=unik&sort=relevancy&f:caij-unik-checkboxes=[Doctrine]&m=detailed&bp=results>

[68] *Ibid.*; *Directeur des poursuites criminelles et pénales c Vernhes*, *supra* note 65 au para 57.

[69] Journal de Québec, « Les policiers dans vos maisons ? Québec pourrait avoir recours à cette « dernière solution » pour faire respecter les mesures sanitaires », 22 septembre 2020, en ligne : <https://www.journaldequebec.com/2020/09/22/covid-19-et-regles-sanitaires-les-policiers-pourront-ils-entrer-dans-les-maisons >.

[70] *Directeur des poursuites criminelles et pénales c Vernhes*, *supra* note 65 au para 47; *Directeur des poursuites criminelles et pénales c Vella*, 2022 QCCQ 8842 au para 32.

[71] La Presse, « Télémandat. Québec s'appuie sur une nouvelle règle », 1er octobre 2020, en ligne : <https://www.lapresse.ca/actualites/covid-19/2020-10-01/telemandat/quebec-s-appuie-sur-une-nouvelle-regle.php# >; Radio-Canada, « Télémandat au Québec : « Pas un chèque en blanc donné aux policiers », dit le DPCP », 1er octobre 2020, en ligne : <https://ici.radio-canada.ca/nouvelle/1737981/quebec-covid-19-mandat-police-infraction-amende-maison-gallant-guilbault>.

[72] *Hunter et autres c Southam Inc*, [1984] 2 RCS 145.

[73] Partie I de la *Loi constitutionnelle de 1982*, constituant l'annexe B de la *Loi de 1982 sur le Canada* (R-U), 1982, c 11.

[74] Voir par exemple *Directeur des poursuites criminelles et pénales c Vernhes*, *supra* note 65; *Directeur des poursuites criminelles et pénales c Michon*, 2022 QCCQ 1229.

constitutionnelle, pour repousser la présomption voulant qu'une fouille sans mandat soit abusive, l'État doit démontrer que la fouille est autorisée par une loi, que cette loi n'est pas abusive et que la fouille n'a pas été effectuée de manière abusive[75]. La décision du gouvernement de ne pas intervenir pour permettre les entrées sans mandat dans les domiciles, s'en remettant plutôt à l'obtention de télémandats par les policiers, militait fortement en faveur de la conclusion que ces entrées n'étaient pas autorisées par la loi.

Malgré cela, au moins un juge a adopté une position contraire, concluant qu'une entrée sans mandat dans un domicile pour identifier les individus s'y trouvant et ainsi, s'assurer du respect des interdictions de rassemblements, ne portait pas atteinte à l'article 8 de la Charte[76]. Dans l'affaire *Vella*, la Cour du Québec conclut, dans un *obiter dictum*, que les policiers disposaient du pouvoir, en vertu de la common law, d'entrer sans mandat dans un domicile pour identifier les individus s'y trouvant à la suite d'un appel 911 dénonçant un rassemblement intérieur, potentiellement interdit par les mesures gouvernementales[77]. Essentiellement, pour le tribunal, la conduite des policiers s'inscrivait dans leur devoir de protéger la vie et d'assurer la sécurité de la population, considérant qu'ils avaient « les soupçons raisonnables requis que la sécurité des occupants était en jeu »[78]. Toujours selon le tribunal, il n'était pas possible d'avoir recours à des solutions alternatives, comme l'obtention d'un mandat, puisque l'attente que ces solutions impliquent « aurait continué d'exposer inutilement les occupants [...] au virus »[79]. Cela pousse le tribunal à reconnaître aux policiers un nouveau pouvoir en common law, permettant de justifier la conduite policière au regard de l'article 8 de la Charte[80].

Il s'agit là d'un exemple parfait de l'imprévisibilité, de l'incertitude, et de l'inversement des rôles découlant de la création de pouvoirs policiers en common law. De l'imprévisibilité et de l'incertitude, d'abord, puisque malgré une renonciation claire du gouvernement à l'idée de fournir aux policiers le pouvoir d'entrer sans mandat dans le domicile des citoyens, misant plutôt sur l'obtention de télémandats, les tribunaux ont pu parvenir à des conclusions divergentes au sujet de l'existence même de ce pouvoir. Les affaires *Vernhes*[81] et *Vella*[82] sont frappantes à cet égard puisqu'elles visent le même rassemblement, où plusieurs individus ont reçu des constats d'infraction. Les dossiers ont été jugés de façon séparée et dans les deux cas, il est clair que les juges concluent à l'absence d'une disposition législative justifiant la conduite policière litigieuse[83]. S'ils avaient arrêté leur analyse à ce moment, les juges auraient atteint un résultat commun, soit que la conduite

---

[75] *R c Collins*, [1987] 1 RCS 265 au para 23.
[76] *Directeur des poursuites criminelles et pénales c Vella*, *supra* note 70 au para 19.
[77] *Ibid* aux para 19-33.
[78] *Ibid* aux para 21, 27.
[79] *Ibid* au para 29.
[80] *Ibid* au para 19.
[81] *Directeur des poursuites criminelles et pénales c Vernhes*, *supra* note 65.
[82] *Directeur des poursuites criminelles et pénales c Vella*, *supra* note 70.
[83] *Directeur des poursuites criminelles et pénales c Vernhes*, *supra* note 65 au para 65; *Directeur des poursuites criminelles et pénales c Vella*, *supra* note 70 au para 32.

policière n'est pas permise par la loi et ainsi, est abusive au sens de l'article 8 de la Charte. C'est alors au législateur (ou au gouvernement) que serait revenu le rôle d'intervenir pour octroyer ce pouvoir aux policiers s'il le jugeait nécessaire[84]. Nos propos antérieurs démontrent que ce n'était pas le cas en l'espèce, le gouvernement ayant renoncé à cette avenue. Mais ce n'est pas ce que les juges font. Sur le fondement de la doctrine des pouvoirs accessoires, ils s'interrogent sur l'existence d'un pouvoir de common law justifiant la conduite policière. La juge saisie de l'affaire *Vernhes* conclut à l'absence d'un tel pouvoir[85], alors que le juge saisi de l'affaire *Vella* retient la conclusion contraire[86]. Ainsi, pour un même rassemblement, les policiers avaient le pouvoir d'adopter une conduite qu'en même temps, ils n'avaient pas le pouvoir d'adopter. Si, malgré l'absence d'une disposition législative claire octroyant le pouvoir aux policiers d'entrer sans mandat chez des citoyens, les tribunaux peuvent en venir à des conclusions diamétralement opposées sur l'existence même de ce pouvoir, il était impossible pour les policiers et les citoyens, lors de leur interaction initiale, de définir avec un minimum de certitude les droits et obligations de chacun[87]. Le déficit sur le plan de la prévisibilité et de la certitude est flagrant.

Sur la question de l'inversement des rôles, le jugement dans l'affaire *Vella* démontre comment la doctrine des pouvoirs accessoires mène le pouvoir judiciaire à agir à la place du législatif et de l'exécutif, et à délaisser du même coup ses propres responsabilités en matière d'application de la Constitution. Dans l'arrêt *Wong*, la Cour suprême précisait qu'« il n'est pas du ressort des tribunaux, à titre de protecteurs de nos droits fondamentaux, d'élargir la possibilité de porter atteinte à ces libertés personnelles. Il appartient au législateur de porter atteinte aux droits fondamentaux s'il estime que cela est nécessaire pour la protection du public dans un système pénal bien équilibré »[88]. Ces propos résonnent avec une force particulière dans un contexte de crise, où d'importantes limites doivent être imposées aux droits et libertés par le biais de mesures gouvernementales. Plus que jamais, les citoyens doivent alors pouvoir compter sur les tribunaux pour agir à titre de gardiens de la Constitution, en s'assurant que ces limites sont justifiées et qu'il n'y a pas d'abus[89]. Les tribunaux délaissent complètement ce rôle lorsqu'ils mobilisent la doctrine des pouvoirs accessoires pour créer un nouveau pouvoir policier. Alors que le gouvernement juge qu'il n'est pas justifié de porter une atteinte supplémentaire aux droits et libertés constitutionnels des citoyens – par exemple en permettant des entrées sans mandat dans les domiciles – le tribunal fournit lui-

[84] Stribopoulos, *supra* note 56 aux pp 65-66.

[85] *Directeur des poursuites criminelles et pénales c Vernhes*, *supra* note 65 au para 65.

[86] *Directeur des poursuites criminelles et pénales c Vella*, *supra* note 70 au para 32. Certes, la conclusion dans cette seconde affaire est un *obiter dictum* puisque M. Vella était un invité et ainsi, il n'avait pas l'intérêt requis pour entreprendre une contestation fondée sur l'article 8 de la Charte. Voir *ibid* aux pp 11-18. Mais l'incertitude et l'imprévisibilité mises en lumière par le raisonnement du juge dans cette affaire demeure, puisque si M. Vernhes et M. Vella avaient été des colocataires, le juge aurait conclu que la conduite policière ne portait pas atteinte à l'article 8 de la Charte.

[87] Coughlan, *supra* note 57.

[88] *R c Wong*, *supra* note 56 à la p 57. Voir aussi *Fleming c Ontario*, *supra* note 48 au para 4.

[89] Sur la tendance des tribunaux à délaisser ce rôle en période de crise, voir Burningham, *supra* note 2 à la p 609.

même une justification pour une telle atteinte. Ainsi, non seulement le pouvoir judiciaire ne remplit pas son rôle de *protecteur de nos droits fondamentaux*, mais il empiète lui-même sur ces droits pour des motifs d'intérêt public, comme le ferait un législateur (ou un gouvernement en période de crise). L'inversement des rôles est évident, et il joue au détriment de la protection des droits et libertés.

Considérant ce qui précède, nous estimons que la mise en application des mesures sanitaires au Québec a mis en lumière les problématiques découlant de la création de pouvoirs policiers par les tribunaux et la nécessité d'y remédier. La solution proposée n'est pas nouvelle[90]. Elle doit prendre la forme d'un dialogue entre le législateur et les tribunaux, ce même dialogue que la doctrine des pouvoirs accessoires a transformé en monologue des tribunaux[91]. D'abord, la Cour suprême doit envoyer un message clair au législateur en renonçant ouvertement à l'utilisation de cette doctrine pour créer des pouvoirs policiers[92]. Ensuite, le législateur doit saisir le message qu'en l'absence d'intervention de sa part, la conduite des policiers ne sera plus justifiée *a posteriori* par les tribunaux. Cela devrait pousser le législateur à se saisir de ses responsabilités en la matière, comme il l'a déjà fait dans le passé[93]. En effet, c'est souvent en réaction au refus de la Cour suprême de valider des conduites policières non fondées sur la loi que le législateur canadien est intervenu en matière de définition des pouvoirs policiers[94]. Finalement, les tribunaux devraient aller jusqu'au bout de l'exercice en refusant de combler ce qu'ils perçoivent comme étant des vides législatifs. Puisqu'ils ont envoyé au législateur le signal qu'il doit intervenir s'il désire fournir des pouvoirs précis aux policiers, les tribunaux devraient considérer l'absence d'intervention comme étant volontaire, et permettre aux citoyens de bénéficier de leur liberté dans les silences de la loi. Les tribunaux pourraient alors se concentrer sur leur rôle de gardiens de la Constitution, en s'assurant que le travail du législateur répond à nos impératifs constitutionnels[95].

Le cas du Québec n'est qu'un exemple parmi d'autres démontrant comment la crise sanitaire a confirmé le bien-fondé des critiques de la doctrine des pouvoirs accessoires. Nous aurions également pu traiter en détail de la gestion du Convoi de la liberté, ces importantes manifestations tenues à Ottawa contre les mesures restrictives de liberté prises pour combattre la pandémie de COVID-19. Rappelons que l'ampleur de ces manifestations, ainsi que leurs conséquences réelles et anticipées, ont forcé le gouvernement fédéral à invoquer la *Loi sur les mesures*

---

[90] Voir notamment Skolnik, *supra* note 54 aux pp 459-462; Tim Quigley, « The Impact of the Charter on the Law of Search and Seizure » (2008) 40 The Supreme Court Law Review 117, à la p 141; Stribopoulos, *supra* note 56 aux pp 70-71.

[91] Stribopoulos, *supra* note 56 aux pp 69-70.

[92] Skolnik, *supra* note 54 à la p 459; Quigley, *supra* note 90 à la p 141; Stribopoulos, *supra* note 56 à la p. 70.

[93] Skolnik, *supra* note 54 à la p 459; Quigley, *supra* note 90 à la p 141; Stribopoulos, *supra* note 56 à la p. 71.

[94] Quigley, *supra* note 90 aux pp 130 et 131; James Stribopoulos, « The Limits of Judicially Created Police Powers: Investigative Detention after Mann » (2007) 52 Criminal Law Quarterly 299, à la p 316; Penney, *supra* note 59 à la p 268; Skolnik, *supra* note 54 à la p 456.

[95] Skolnik, *supra* note 54 à la p 461; Quigley, *supra* note 90 à la p 141; Stribopoulos, *supra* note 56 à la p. 71.

d'urgence[96] (ci-après « LMU »). Dans le *Rapport de l'Enquête publique sur l'état d'urgence déclaré en 2022*, l'honorable Paul S. Rouleau conclut que « [l]e manque de compréhension des pouvoirs de police en common law » a contribué, avec d'autres éléments, à une réponse policière inadéquate au début des manifestations d'Ottawa et, à terme, à la nécessité d'invoquer la LMU[97]. Face à un besoin urgent en la matière, le Commissaire Rouleau recommande de préciser les pouvoirs policiers en contexte d'activités de protestation, potentiellement dans un cadre législatif[98]. Cet exemple supplémentaire nous permet d'insister sur le fait que les difficultés entraînées par la création de pouvoirs policiers en common law ne sont pas que théoriques. Elles ont des conséquences importantes sur notre capacité de répondre efficacement à diverses situations, notamment en période de crise, dans le meilleur respect des intérêts des parties impliquées.

Il découle de ce qui précède que la crise sanitaire a mis en lumière une problématique fondamentale dans la procédure pénale canadienne, soit des lacunes importantes au niveau de la définition des pouvoirs policiers. Ces lacunes entraînent notamment un recul des principes de séparation des pouvoirs et de primauté du droit. Une réponse coordonnée des différents intervenants du système judiciaire – comme celle observée en matière de modernisation de la procédure – permettrait d'apporter une solution à ce problème. Au moment d'écrire ces lignes, nous n'avons pas assisté à une telle réponse du législateur et des tribunaux. Toutefois, pour poursuivre dans l'optimisme qui est le thème de cette contribution, il importe de rappeler que nous sommes tout juste à la sortie de la crise sanitaire et qu'ainsi, il n'est pas exclu que la problématique soit adressée dans le futur, une fois tous les bilans effectués. Le cas échéant, il s'agira d'une trace éminemment positive laissée dans notre procédure pénale qui nous permettra de dire que nous n'avons pas gaspillé cette crise. Est-ce que cela arrivera ? L'avenir nous le dira.

---

[96] LRC 1985, c 22 (4e supp).

[97] Hon. Paul S. Rouleau, *Rapport de l'Enquête publique sur l'état d'urgence déclaré en 2022*, vol. 3, Ottawa, Sa Majesté le Roi du chef du Canada, 2023 à la p 206.

[98] Hon. Paul S. Rouleau, *Rapport de l'Enquête publique sur l'état d'urgence déclaré en 2022*, vol. 3, Ottawa, Sa Majesté le Roi du chef du Canada, 2023 à la p 340.

Le traitement des délais judiciaires en matière pénale par la Cour suprême du Canada

Me Abdou THIAW, LL.D[1]

Ministère de la justice du Québec

Le droit de l'accusé d'être jugé dans un délai raisonnable est protégé par plusieurs conventions internationales, parmi lesquelles le *PIDCP* de l'ONU[2], la *Convention européenne de sauvegarde des droits de l'homme*[3], la *Charte africaine des droits de l'homme et des peuples*[4] et la *Convention américaine relative aux droits de l'homme*[5]. Ce droit est également enchâssé dans les constitutions d'un nombre très important d'États à travers le monde, des États qui ont des systèmes juridiques différents tels que les États-Unis, le Japon, l'Afrique du Sud, l'Inde ou encore le Canada[6]. La protection constitutionnelle du droit d'être jugé dans un délai raisonnable au Canada se trouve d'ailleurs à l'al. 11b) de la Charte canadienne des droits et libertés[7].

Malgré la consécration de ce droit à la plus haute dignité juridique, la raisonnabilité de la durée des procès pénaux reste un sujet de préoccupation dans plusieurs pays démocratiques, pays où l'État de droit, la *rule of law*, est bien implanté.

Cette problématique est régulièrement véhiculée dans les décisions judiciaires, dans les débats parlementaires, dans les médias et dans les discussions privées.

---

[1] Les propos contenus dans le présent texte sont personnels à l'auteur et n'engagent pas son employeur, le ministère de la Justice du Québec.

[2] *Pacte international relatif aux droits civils et politiques*, 16 décembre 1966, 999 R.T.N.U. 171 (entrée en vigueur : 23 mars 1976, accession du Canada 19 mai 1976) [PIDCP], art 14(3)c).

[3] *Convention de sauvegarde des droits de l'homme et des libertés fondamentales*, 4 novembre 1950, 213 RTNU 221 à la p 233 (entrée en vigueur : 3 septembre 1953) [Convention européenne des droits de l'homme], art 6(1).

[4] *Charte africaine des droits de l'homme et des peuples,* 1er juin 1981, (entrée en vigueur : 21 octobre 1986), art 7(1)d)
Art. 7(1)d)

[5] *Convention américaine relative aux droits de l'homme*, 22 novembre 1969, (entrée en vigueur: 18 juillet 1978), art. 8

[6] *The Sixth Amendment*, U.S. Const. am. 6; *Constitution de l'État du Japon*, art. 37(1); *Constitution of the Republic of South Africa*, 1996, Chapter 2: Bill of Rights, art. 35(3)d. La Cour suprême indienne a conclu que ce droit est un des éléments garantis par l'art. 21 de la *Constitution of India 1949* : *Hussainara Khatoon & Ors* vs *Home Secretary, State Of Bihar*, 1979 AIR 1360, par. 2; *Abdul Rehman Antulay & Ors* vs *R.S. Nayak & Anr*, 1992 AIR 1701, par. 1.

[7] *Charte canadienne des droits et libertés* (ci-après Charte Canadienne), art 11b), partie I de la Loi constitutionnelle de 1982, constituant l'annexe B de la Loi de 1982 sur le Canada (R-U), 1982, c11

Il s'agit aussi d'une préoccupation qui transcende les différences de traditions juridiques puisqu'elle concerne autant des pays de tradition juridique romano-civiliste que des pays dont la tradition juridique est issue de la *common law*. Par exemple, la Cour européenne des droits de l'homme condamne régulièrement des États membres du Conseil de l'Europe, notamment la France, pour la longueur excessive de la durée de leurs procès pénaux[8]. Autre exemple, au Canada, il s'agit d'une préoccupation constante, au moins tout au long des dernières années, depuis que, en juillet 2016, la Cour suprême a rendu l'arrêt *Jordan*[9], décision qui impose des plafonds de 18 ou de 30 mois pour que les accusations soient plaidées, au risque de voir ces accusations rejetées du seul fait du dépassement de ces plafonds qui ne répond pas à des circonstances jugées exceptionnelles[10].

Après une présentation succincte de la jurisprudence de l'arrêt *Jordan* (A), nous verrons que celle-ci, bien que novatrice, soulève néanmoins plusieurs réflexions, surtout lorsqu'elle est comparée à celles d'autres ressorts prévoyant la même protection contre les délais déraisonnables en matière pénale. D'une part, l'imposition de plafonds numériques fixes se distingue nettement de la jurisprudence de la Cour suprême américaine et de celle de la Cour européenne (B). D'autre part, l'arrêt des procédures pénales comme réparation automatique du délai déraisonnable constitue une solution qui se trouve aux antipodes de la jurisprudence de la Cour de cassation française, laquelle exclut complètement cette réparation (C).

I. Présentation succincte du cadre jurisprudentiel issu de l'arrêt *Jordan*

L'arrêt *Jordan* est intervenu dans un contexte teinté par un paradoxe saisissant : d'une part, la diminution constante du nombre d'accusations et de dossiers criminels, et d'autre part, l'allongement constant de la durée des procès criminels[11].

Le jugement commence par mentionner le fait que le droit de l'accusé d'être jugé dans un délai raisonnable est important à la fois pour les individus et pour la société dans son ensemble. La longueur excessive de la durée des procès génère de nombreuses conséquences négatives : conséquences sur les inculpés (qui demeurent dans l'incertitude et sont parfois détenus), conséquences sur les victimes et leurs familles (qui ne peuvent pas tourner la page dans un délai raisonnable et qui peuvent donc être découragées à participer au procès) et, finalement, conséquences sur le public (dont la confiance envers l'administration de la justice peut s'éroder)[12].

La Cour reconnaît par la suite que sa jurisprudence antérieure, celle des arrêts *Askov*[13] et *Morin*[14] rendus en 1990 et 1992, qui établissait les règles que les juges de

---

[8] Voir not. CEDH 8 févr. 2018, Goetschy c. France, req. n° 63323/12.

[9] *R.* c. *Jordan*, [2016] 1 R.C.S. 631.

[10] La Presse, *Arrêt Jordan « L'effet domino ne peut pas continuer indéfiniment »*, 7 août 2023.

[11] Abdou Thiaw, Le rôle du législateur dans la mise en œuvre efficace et équitable du droit de l'inculpé d'être jugé dans un délai raisonnable, Thèse de doctorat en droit, Université Laval (Québec), 2022, p. 16-21.

[12] R. c. Jordan, [2016] 1 R.C.S. 631, § 2, 20-28.

[13] *R.* c. *Askov*, [1990] 2 R.C.S. 1199.

[14] *R.* c. *Morin*, [1992] 1 R.C.S. 771.

première instance devaient suivre lorsqu'un accusé se plaignait de la durée des procédures pénales, connaissait des failles importantes qui, au fil du temps, ont engendré des problèmes sur les plans théorique et pratique, concourant alors à une culture des délais et de complaisance à l'endroit de cette culture[15].

C'est alors que la Cour présente une nouvelle méthode d'analyse lorsqu'un accusé souhaite obtenir une réparation fondée sur l'al. 11b) de la *Charte canadienne* en raison de la longueur excessive de la durée de son procès[16].

En résumé, l'accusé présente au juge de première instance une requête fondée sur la violation de son droit d'être jugé dans un délai raisonnable protégé par l'al. 11b) de la *Charte canadienne*. On calcule alors la durée totale du procès, entre le dépôt des accusations devant le tribunal et la fin réelle ou anticipée de la présentation de la preuve et des plaidoiries sur l'accusation. Ce calcul ne prend pas en compte les jours pendant lesquels le tribunal délibère ni les étapes postérieures à la déclaration de culpabilité (comme la durée de la procédure de détermination de la peine)[17].

De cette durée totale du procès, on soustrait tout délai attribuable à la défense, c'est-à-dire le délai que l'accusé renonce à invoquer, ainsi que le délai qui résulte de sa conduite. La durée nette du procès est ainsi obtenue.

Si cette durée nette atteint ou dépasse 18 mois[18] ou 30 mois[19], elle est présumée déraisonnable et donc contraire à la protection constitutionnelle.

Le ministère public peut néanmoins tenter de renverser cette présomption en démontrant que le délai reproché est généré par des circonstances exceptionnelles, c'est-à-dire des circonstances indépendantes de la volonté du ministère public. Autrement dit, il s'agit de circonstances qui sont raisonnablement imprévues ou inévitables et à l'égard desquelles le représentant du ministère public ne peut raisonnablement remédier aux délais qu'elles occasionnent. Si la présomption est renversée, la requête de l'accusé est rejetée. Dans le cas contraire, le tribunal conclut à la violation de l'al. 11b) de la *Charte canadienne* et, jusqu'à présent, il est entendu que le tribunal libère alors l'accusé et arrête les procédures[20].

Si, par contre, la durée nette n'atteint pas le plafond de 18 ou de 30 mois applicable, l'accusé peut tenter de faire arrêter l'accusation en démontrant qu'il a pris des mesures utiles qui font la preuve d'un effort soutenu pour accélérer l'instance, et que le procès a malgré tout été nettement plus long qu'il aurait dû raisonnablement l'être.

Les jugements de la Cour suprême laissent néanmoins en suspens plusieurs questions importantes. Il est possible de citer la question du traitement qui devrait

---

[15] R. c. Jordan, [2016] 1 R.C.S. 631, § 29-42.
[16] Id. § 46-48.
[17] *R.* c. *J.F.*, 2022 CSC 17, § 27.
[18] Lorsque le procès a lieu devant un juge de cour provinciale en l'absence d'enquête préliminaire.
[19] Lorsque le procès se tient en cour provinciale avec enquête préliminaire ou en cour supérieure.
[20] R. c. Jordan, [2016] 1 R.C.S. 631. § 47, 76, 80, 85, 98, 114, 135.

être réservé à la période des délibérés interlocutoires[21]. Devrait-elle être incluse ou non dans le calcul du plafond applicable ? Une telle question n'est pas encore tranchée par la Cour suprême.

II. Quelques particularités de l'arrêt *Jordan* par rapport à la jurisprudence de la Cour européenne et de la Cour suprême des États-Unis

La jurisprudence de la Cour suprême des États-Unis en matière de délai raisonnable pour juger les accusés est fondée sur le VIe amendement de la Constitution américaine[22]. Celle de la Cour européenne est fondée sur l'art. 6(1) de la *Convention européenne des droits de l'homme*[23]. Ces deux textes prévoient une protection similaire à celle de l'al. 11b) de la *Charte canadienne*.

Or, le cadre canadien d'analyse de la violation du droit de l'accusé d'être jugé dans un délai raisonnable est particulièrement novateur lorsque comparé à la façon dont la Cour suprême des États-Unis et la Cour européenne traitent les requêtes fondées sur la violation de ce droit au sein de leurs propres juridictions.

D'une part, l'imposition judiciaire de plafonds numériques fixes dont le dépassement injustifié emporte automatiquement une conclusion de violation du droit d'être jugé dans un délai raisonnable. Les jurisprudences américaine et européenne ont expressément refusé d'imposer des lignes directrices numériques pour mesurer la raisonnabilité de la durée des procès, que ce soit sous la forme de fourchettes ou encore sous la forme de plafonds fixes. Elles sont plutôt d'avis que la durée du procès ne peut, à elle seule, démontrer ni présumer de son caractère raisonnable ou non, des étapes supplémentaires de mise en balance avec d'autres facteurs étant jugées indispensables, comme le préjudice subi par l'accusé ou encore l'enjeu du litige[24].

D'autre part, l'imposition de plafonds numériques prédéterminés pour tous les accusés, qu'ils soient ou non en détention préventive, qu'ils aient ou non, du fait des délais, subi un préjudice lié notamment à l'équité du procès, sans égard à la gravité de l'infraction reprochée, sans égard au fait que cette infraction peut être de nature criminelle ou pénale réglementaire et sans égard à la peine encourue par l'accusé.

III. Quelques questions soulevées par l'arrêt des procédures comme réparation de la violation du droit d'être jugé dans un délai raisonnable

La question de la réparation appropriée en cas de délais déraisonnables mérite une attention particulière. Depuis l'arrêt *Jordan*, la Cour suprême du Canada a laissé entendre, indirectement, qu'elle pourrait reconsidérer la question de l'automaticité de l'arrêt des procédures comme réparation de la violation de l'al. 11b) de la *Charte*

---

[21] Cette période est différente de celle qui avait été exclue du calcul dans l'arrêt *R.* c. *Safdar*, (2022) CSC 21, par. 3, puisque, dans cet arrêt, la question interlocutoire dont le tribunal devait traiter avait été posée après que le tribunal eût pris la cause finale en délibéré (sur l'accusation).

[22] *Betterman* v.*Montana* , 578 U.S. 437.

[23] *König* c. *Allemagne*, 1936/63, CEDH, 27 juin 1968.

[24] *Barker* v. *Wingo*, 407 US 514 (1972), p. 523; *Scordino* c. *Italie* (n°1), 36813/97, 29 mars 2006, CEDH, par. 157, 173, 177. Voir aussi: *Sanderson* v. *Attorney-General, Eastern Cape*, [1997] ZACC 18, par. 34; *Jago* v. *District Court (NSW)*, [1989] HCA 46.

canadienne[25]. Toutefois, dans les faits, jusqu'à présent, elle impose automatiquement cette réparation à chaque fois qu'elle conclut au caractère déraisonnable des délais[26].

Or, le fait d'imposer automatiquement l'arrêt des procédures comme réparation du caractère déraisonnable des délais soulève quelques questions auxquelles la Cour suprême risque d'être confrontée à l'avenir.

Premièrement, lorsque tout autre droit ou liberté de la *Charte canadienne* est violée, le tribunal n'arrête les procédures pénales que s'il procède à une analyse supplémentaire répondant à trois critères : (1) la violation a porté une atteinte au droit de l'accusé à un procès équitable ou à l'intégrité du système de justice qui sera révélée, perpétuée ou aggravée par le déroulement du procès ou par son issue; (2) aucune autre réparation n'est susceptible de corriger l'atteinte; (3) il ne subsiste aucune incertitude quant à l'opportunité de l'arrêt des procédures[27]. Cette étape supplémentaire est effectuée en vertu de l'art. 24(1) de la *Charte canadienne*, qui constitue la disposition réparatrice[28]. Ainsi, comment concilier l'automaticité de l'arrêt des procédures en cas de violation de l'al. 11b) de la *Charte canadienne* avec la jurisprudence de l'art. 24(1) ?

Deuxièmement, l'absence d'une analyse supplémentaire autonome, effectuée en vertu de l'art. 24(1), ne risque-t-elle pas d'être perçue comme accordant à l'al. 11b) de la *Charte canadienne* un traitement particulier qui le mettrait au-dessus de celui réservé aux violations des autres droits et libertés fondamentaux ?

Troisièmement, l'art. 24(1) prévoit que, en cas de violation d'un droit ou d'une liberté prévue par la *Charte canadienne*, le tribunal accorde la réparation qu'il estime « convenable et juste eu égard aux circonstances ». Ainsi, alors que l'art. 24(1) est libellé d'une façon telle que le tribunal doit avoir une certaine flexibilité dans l'octroi des réparations, le traitement réservé à la violation de l'al. 11b) ne pourrait-il pas empêcher les juges de première instance d'octroyer des réparations plus efficaces et parfois plus compatibles avec les intérêts de l'accusé en cause ?

Quatrièmement, la réouverture, par la Cour suprême, du débat sur la réparation ne serait-elle pas l'occasion de revoir les plafonds numériques de 18 ou 30 mois ? Dans l'arrêt *Jordan*, la Cour suprême écrit que les plafonds en cause « reflètent les réalités auxquelles nous devons faire face » et qu'elle aura « peut-être un jour à revoir ces chiffres et les considérations qui les sous-tendent »[29]. La question de

---

[25] *R.* c. *Jordan*, [2016] 1 R.C.S. 631, n.b.p. 1; *Yusuf*, par. 4.

[26] *R.* c. *Hanan*, 2023 CSC 12, par. 10; *R.* c. *Boulanger*, 2022 CSC 2, par. 13; *R.* c. *Thanabalasingham*, 2020 CSC 18, par. 4; *R.* c. *Cody*, 2017 CSC 31, par. 75; *R.* c. *Williamson*, 2016 CSC 28, par. 17, 39; *R.* c. *Jordan*, 2016 CSC 27, par. 135.

[27] *R.* c. *Babos*, [2014] 1 R.C.S. 309, par. 32-33.

[28] Charte Canadienne, supra note 7, art 24(1). « Toute personne, victime de violation ou de négation des droits ou libertés qui lui sont garantis par la présente charte, peut s'adresser à un tribunal compétent pour obtenir la réparation que le tribunal estime convenable et juste eu égard aux circonstances. »

[29] *R.* c. *Jordan*, [2016] 1 R.C.S. 63, par. 57.

l'arrêt des procédures ne serait-elle pas une de ces considérations qui sous-tendaient l'arrêt *Jordan* ?

Bien que la Cour suprême américaine accorde la même réparation, cette dernière n'intervient qu'après un exercice de pondération de la longueur excessive de cette durée avec plusieurs autres facteurs. Quant à la Cour européenne, elle accorde des réparations pécuniaires. En guise de comparaison, dans les jurisprudences australienne et britannique, l'arrêt des procédures ne peut être ordonné que si le délai déraisonnable rendait le procès inéquitable. Même dans ce cas, une telle réparation ne sera ordonnée qu'en ultime recours, lorsqu'aucune autre mesure ne constituera une réparation suffisante[30].

C'est surtout la comparaison avec la jurisprudence de la Cour de cassation française qui permet de mieux mesurer la particularité de l'arrêt des procédures en tant que réparation automatique de la violation du droit de l'accusé d'être jugé dans un délai raisonnable.

Le 9 novembre 2022, la Cour de cassation réaffirmait sa jurisprudence dans l'affaire dite de la Chaufferie de la Défense, une affaire qui dure pourtant depuis une vingtaine d'années[31]. Le plus haut tribunal en matière pénale y martelait avec force que « le dépassement du délai raisonnable défini à l'article 6, § 1, de la *Convention européenne* [...] est sans incidence sur la validité de la procédure. Il ne saurait conduire à son annulation et [...] il ne constitue pas une cause d'extinction de l'action publique »[32].

La Cour de cassation ajoute que la méconnaissance de ce droit ne constitue pas la violation d'une règle d'ordre public, ni la violation d'une règle de forme prescrite par la loi à peine de nullité, ni l'inobservation d'une formalité substantielle.

Elle conclut finalement qu'une telle violation ne compromet pas en elle-même les droits de la défense, les éventuelles conséquences sur l'exercice de ces droits pouvant en revanche être prises en compte au stade du jugement au fond[33].

Tout au plus, le caractère excessif de la durée de la procédure, qui ne peut donc dispenser le juge d'examiner l'affaire sur le fond, pourrait être pertinent pour obtenir une décision de relaxe fondée sur le dépérissement des preuves (427 *CPP*), ou une décision de suspension de l'action publique fondée sur l'impossibilité de la comparution d'un accusé dont l'état mental ou physique ne permet plus d'exercer sa défense (art. 10 al. 4 *CPP*), ou encore une dispense de peine fondée sur les éventuelles conséquences du dépassement du délai raisonnable (art. 132-1 *CPP*)[34]. Autrement dit, aucune réparation de nature pénale n'est possible pour la seule raison que les délais observés dans le dossier sont déraisonnables. Il ne peut y avoir

---

[30] *Jago*, supra note 24, au para 24.; *Attorney General's Reference No 2 of 2001*, [2003] UKHL 68, par. 24.
[31] Cour de cassation, criminelle, Chambre criminelle, 9 novembre 2022, 21-85.655. En cassation du jugement de la Cour d'appel de Versailles, 15 septembre 2021, n° 21/3005.
[32] Id. § 11.
[33] Id. § 12, 17, 22.
[34] Par. 23-26.

de réparation de nature pénale que si, sur le fondement du *CPP* (et non pas de l'art. 6 § 1 de la Convention européenne de sauvegarde des droits de l'homme, ces délais entraînent des conséquences sanctionnées par le Code de procédure pénale.

Ainsi, alors que la jurisprudence canadienne laisserait croire que l'al. 11b) de la *Charte canadienne* créerait un « super-droit fondamental », la jurisprudence française laisse, par contre, croire que la protection accordée par l'art. 6(1) de la *Convention européenne* serait un « sous-droit fondamental ». En effet, alors qu'en France, la violation d'autres droits protégés par la *Convention européenne* peut, en soi, être sanctionnée par le rejet de l'accusation, aucune réelle conséquence ne semble être attachée à la seule violation du droit d'être jugé dans un délai raisonnable.

Comme on le voit, autant au Canada qu'en France, à tout le moins, le débat sur le traitement judiciaire des délais déraisonnables soulève plusieurs questions juridiques, des questions importantes d'orientation constitutionnelle, notamment en lien avec la réparation qu'un tribunal devrait accorder en cas de violation de ce droit.

2. Crise et détention

Quels enseignements tirer de la gestion de la crise sanitaire pour les personnes détenues ?

Muriel GIACOPELLI

Professeur à Aix-Marseille Université

Le thème proposé par les organisateurs du VIe Congrès international des pénalistes francophones relatif au « droit pénal en temps de crise » entre en résonance avec ces vingt dernières années qui ont été malheureusement un terreau fertile pour les crises en tout genre. La « société » mondiale a vécu et vit encore de nombreuses tensions économiques, guerrières, politiques et sanitaires qui affectent directement ou indirectement les principes de notre droit pénal : la guerre en Ukraine mobilisant les règles de droit pénal international, les attentats terroristes et l'adoption d'un état d'urgence sécuritaire jusqu'à la sidération de la crise sanitaire liée à la Covid 19 qui s'est accompagnée d'un nouveau régime d'exception, créé *ad hoc*, d'état d'urgence sanitaire. La loi n° 2020-290 du 23 mars 2020 d'urgence pour faire face à l'épidémie de Covid-19[1] a adopté des mesures exceptionnelles dans le Code de la santé publique obligeant les français à rester confinés[2] et a, pour le surplus, habilité le gouvernement à adapter par voie d'ordonnances les règles nécessaires et essentielles, tous domaines confondus, au maintien de l'ordre public.

La Covid 19 ne s'étant pas arrêtée à la porte des prisons, ces dernières ont subi de plein fouet la crise sanitaire. Identiquement lié par les préoccupations mondiale et nationale de préserver l'Humain, le gouvernement a adopté en urgence des dispositions se voulant protectrices de la santé des personnes détenues et prévenir le risque particulièrement élevé de contamination, tant des personnes détenues que des personnels. Mais l'isolement engendré par le confinement, et avec lui l'adoption de mesures restrictives pour les détenus, majeurs comme mineurs, ont eu pour conséquences de priver plus qu'à l'accoutumée les personnes détenues des liens avec l'extérieur par la suppression des activités, rapidement suivie de la suppression des parloirs familles puis avocats. De l'avis général et plus particulièrement celui des autorités administratives indépendantes - CGLPL, défenseur des droits, CNCDH - la situation sanitaire exigeait l'adoption de mesures supplémentaires, notamment pour *« atteindre l'encellulement individuel, seul à même de protéger les personnes détenues et nécessaires pour qu'elles puissent être confinées dans des conditions dignes »*. Conscient du caractère illusoire de l'observance des gestes barrières dans un contexte extrêmement dégradé de surpopulation carcérale et de tensions

---

[1] L. n°2020-290 du 23 mars 2020 d'urgence pour faire face à l'épidémie de Covid-19, JO 24 mars 2020, texte 2.

[2] L. 3135-5 du CSP.

sociales, de difficultés liées à l'accès aux soins, le gouvernement s'est engagé ***dans une réduction massive de la population pénale***[3].

Durant cette période, « un (le) droit pénal de crise »[4] s'est écrit, distinct « du droit pénal du danger[5] » que la France a connu en réponse aux attentats terroristes[6]. Certes les deux législations « d'état d'urgence » ont pour point commun, la fragilisation de l'État de droit, propre aux périodes troublées, la montée des mesures de police administrative et le recul préoccupant des libertés individuelles. Mais le caractère dérogatoire de la réponse a été exacerbé par l'inédit de la situation. Une littérature abondante a ainsi mis en exergue le rapport liberticide entretenu entre le droit pénal et la crise sanitaire, les auteurs évoquant un « État de droit mutilé[7] », « un contenu préoccupant[8] », « le risque du Far West »[9], le « talweg gouvernemental [10]». Il est alors logique de considérer que le droit pénal est fragilisé en temps de crise par les atteintes aux libertés individuelles que la réponse à la crise engendre et de vérifier rétrospectivement la solidité de grands principes du droit pénal à l'épreuve des crises. Aussi, à bien des égards, la crise sanitaire a-t-elle été associée à une crise des normes[11] où même la digue des droits fondamentaux a pu céder, s'agissant de l'imbroglio des textes relatifs à la prolongation de la détention provisoire de plein droit « sans contrôle de l'autorité judiciaire »[12] et de leur interprétation mouvementée.

Un tel constat alarmiste d'atteinte aux principes du droit pénal n'a pas été dressé en droit carcéral. Assurément l'expérience carcérale au temps de la Covid 19 a représenté un enjeu important pour les institutions du système pénal accueillant des populations vulnérables[13], mais contre toute attente, l'on a assisté à une amélioration de la situation carcérale par la baisse de sa population. Au 1er janvier 2020, la situation est revenue à l'équilibre, comparable à celle du 1er janvier 2001, avec une mise en adéquation du nombre des détenus et celui des places disponibles[14]. Paradoxalement avec ses 12 500 détenus en moins, en sept semaines, la crise sanitaire et les mesures subséquentes ont été porteuses d'espoir : celui d'une politique volontariste de déflation de la population carcérale.

Certes, après la crise, rien ne peut être pareil, en ce que la crise marque une rupture. Ainsi, « la crise contient à la fois les erreurs du passé, les drames du présent

---

[3] Ord. n° 2020-303 du 25 mars 2020 Chap. IV.

[4] P. Conte, le droit pénal de crise : l'exemple du virus Covid 19, *Dr pén.* mai 2020, Dossier.

[5] J-B Perrier, Le droit pénal du danger, *D.* 2020, p. 937.

[6] Loi n° 55-385 du 3 avril 1955 d'état d'urgence.

[7] A. Jacquin et E. Daoud, « L'état d'urgence sanitaire ou l'État de droit mutilé », in Covid-19 Sécurité publique et droit pénal, Dalloz 2020, Grand Angle, p. 207, AJ pénal 2020, p. 191.

[8] M. Touillier, *ibid*, p. 225.

[9] N. Molfessis, Coronavirus, le risque du far west, *JCP* G 2020, 443.

[10] S. Slama, Privations de liberté en temps de confinement : Le Conseil d'État dans le talweg gouvernemental, AJ pénal 2020, p. 235.

[11] Covid 19, sécurité publique et droit pénal, Dalloz Grand angle, 2020, p. 155.

[12] V. Intervention du Professeur P. Bonfils.

[13] V. Les impacts de la Covid-19 sur les populations judiciarisées et vulnérables et sur les institutions de prise en charge, numéro spécial dir. B. Quirion et V. Gautron, Criminologie, vol. 55, n°2 (2022).

[14] Stat. Trimestrielles des établissements 200-2020 _Infostat.

et les possibilités du futur. Rétrospectivement elle éclaire son processus d'incubation et ses espoirs de recomposition »[15]. La crise a ainsi été porteuse d'un espoir de faire chuter drastiquement la surpopulation carcérale, *a fortiori* après la condamnation sévère de la France par la CEDH dans l'arrêt JMB c/ France du 30 janvier 2020 pour le caractère endémique de sa surpopulation carcérale, au double visa des articles 3 et 13 Conv. EDH[16]. Alors qu'un nouveau recours préventif judiciaire destiné à faire cesser le caractère indigne de la détention a été créé par la loi n° 2021-403 du 8 avril 2021[17] sur le modèle conçu *ad hoc* par la chambre criminelle de la Cour de cassation dans un arrêt du 8 juillet 2020[18], comment expliquer que la France atteigne à ce jour de nouveaux records de surpopulation carcérale nonobstant la mobilisation des outils lors de la gestion de crise sanitaire ayant témoigné de leur réussite ? Quels enseignements la France doit-elle tirer de la crise sanitaire pour les personnes détenues ?

Pour décrypter l'expérience carcérale à l'épreuve de la Covid 19 afin d'en tirer les enseignements pour les personnes détenues à l'aune du droit pénal nous aborderons : 1. L'anatomie de la crise en matière carcérale, 2. La crise comme accélérateur du changement de la norme pénale, 33 Être et durer » ou l'inertie des politiques publiques.

I. L'anatomie de la crise en matière carcérale

Le 16 mars 2020 au journal télévisé de 20 heures, le président de la République française annonçait le confinement du pays en lien avec la pandémie de la Covid 19, avec pour seul mot d'ordre « Restez chez vous ». Rapidement la prison est devenue « métaphore » du confinement à travers des articles de presse relayant les témoignages des citoyens assimilant leur nouvelle vie à « la vie derrière les barreaux ». La prison est devenue une caisse de résonance des difficultés nées de la crise, exacerbées pour les personnes détenues, par la promiscuité induite du caractère total de l'institution en mode dégradé à raison de l'état de surpeuplement des prisons françaises. Comment répondre à cette injonction sanitaire pour tous, qui impose d'éloigner les individus les uns des autres pour contenir une maladie infectieuse, lorsqu'elle s'applique à des personnes détenues pouvant le cas échéant être entassées à trois ou quatre dans une cellule[19] ? Dans un communiqué de presse le CGLPL dénonçait la situation des prisons françaises et le risque sévère de contamination et préconisait de réduire la capacité d'accueil « *des établissements en*

---

[15] T. Portal et C. Roux-Dufort, « la possibilité d'une crise », Cahiers de la sécurité, n°24, Dossier Affronter les crises, vingt ans de réflexion, la documentation française, p. 9.

[16] CEDH 5° sect., 30 janv. 2020, n°9671/15, JMB c/France , *Gaz pal.* 10 mars 2020, n° 10, p. 20 obs. E. Senna.

[17] M. Giacopelli, « La garantie du droit au respect de la dignité en détention : vers un recours effectif ? », JCP G 2021, Aperçu rapide, n°458.

[18] Cass. crim. 8 juill. 2020, n°20-81.739 ; JCP G 2020, 1075 note V. Peltier, D. 2020, p.1774, note J. Falxa; AJ pénal 2020, p. 404 note J. Frinchaboy.

[19] V. pour la problématique : M. Giacopelli, « Prévenir et traiter le risque sanitaire lié au Covid 19 en prison », *in* le droit face au Coronavirus, Ouvr. Collectif, LexisNexis 2021, 30 mars, p. 152.

proposant, réduisant ou suscitant toute mesure utile pour favoriser les sorties de prison et limiter les entrées »[20].

Dès lors, l'ordonnance n°2020-303 du 25 mars 2020 prise en application de l'habilitation prévue par l'article 11 de la loi n°2020-290 du 23 mars 2020 adaptait la procédure pénale ainsi que le droit de l'exécution des peines[21] pour « *prendre en compte la situation des établissements pénitentiaires qui sont fortement impactés par la crise sanitaire liée à la propagation du virus covid-19*[22] ». Le chapitre VI, plus spécifiquement, édictait les dispositions dérogatoires relatives à l'affectation des détenus et à l'exécution des peines privatives de liberté[23]. Le gouvernement choisissait dans un contexte fortement marqué par la surpopulation carcérale d'agir dans deux directions.

A l'intérieur, l'ordonnance a autorisé des dérogations aux règles d'affectation des personnes détenues qui tracent en principe une frontière hermétique entre les types d'établissements pénitentiaires : les personnes détenues en détention provisoire et, à titre exceptionnel, les personnes condamnées à de courtes peines sont orientées vers les maisons d'arrêt tandis que les condamnés sont détenus dans les établissements pour peine. Par dérogation aux dispositions du dernier alinéa de l'article 714 du CPP, les personnes mises en examen, prévenues et accusées, ont pu être affectées dans un établissement pour peines. Par dérogation au dernier alinéa de l'article 717 du CPP, les condamnés ont pu être incarcérés en maison d'arrêt, « quel que soit le quantum de peine à subir ». Il s'agit pour le gouvernement de limiter l'accueil de nouveaux détenus dans des établissements surpeuplés afin de freiner la circulation du virus en prenant en compte la capacité d'accueil -*réelle*- des établissements et éviter ainsi une promiscuité insoutenable liée à la surpopulation carcérale. C'était aussi une invitation faite aux autorités judiciaires et à l'administration pénitentiaire de désengorger les maisons d'arrêt et limiter ainsi les va-et-vient propres à ce type d'établissements.

Vers l'extérieur, la période de confinement de la population s'est accompagnée de la nécessité d'une libération d'urgence de certains détenus. Le dispositif de promotion du milieu ouvert au soutien des objectifs sanitaires a eu également pour support la simplification des procédures attenantes aux aménagements de peine. Au-delà desdites adaptations procédurales, l'ordonnance a assoupli les conditions d'octroi de certains aménagements de peine comme la suspension de peine pour raison médicale[24], a élargi l'accès au régime particulier de la conversion de peine[25] qui autorise le JAP à modifier la peine privative de liberté inférieure ou égale à six

---

[20] Communiqué CGLPL, Coronavirus.

[21] E. Bonis et V. Peltier, « le droit de la peine et la lutte contre le Covid 19 en milieu carcéral », Dr. pén., 2020, étude 4.

[22] Rapport du président de la République relatif à l'ordonnance n° 2020-303 du 25 mars 2020 portant adaptation des règles de procédure pénale sur le fondement de la loi n°2020-290 du 23 mars 2020 d'urgence pour faire face à l'épidémie de covid 19, JORF n°0074 du 26 mars 2020, texte n°2.

[23] M. Giacopelli, « le sort des personnes détenues à l'épreuve de la crise sanitaire. Commentaire du chapitre VI de l'Ordonnance n°2020-303 du 25 mars 2020 », JCP G 2020, aperçu rapide 688.

[24] CPP art. 720-1-1

[25] CPP art. 747-1

mois en une peine de milieu ouvert effectuée sous la forme d'un Travail d'Intérêt Général, d'une peine de détention à domicile sous surveillance électronique, d'une peine de jour-amende ou d'un emprisonnement assorti d'un sursis probatoire renforcé et simplifier les libérations sous contrainte de fin de peine sous forme de libération conditionnelle. La promotion du milieu ouvert a également été envisagée avec effet différé par la création d'une réduction de peine supplémentaire d'un quantum maximum de deux mois au bénéfice limité pendant la période d'urgence sanitaire. La mesure la plus emblématique issue de l'article 28 de l'ordonnance a consisté dans la possibilité pour une certaine catégorie de condamnés en fin de peine, d'exécuter le reliquat de leur peine inférieur ou égal à deux mois en étant assigné à domicile. « Ce confinement carcéral à domicile[26] » qui permet d'anticiper la libération de certains détenus, à l'exception cependant des détenus les plus dangereux, était accordé sur proposition du SPIP par le ministère public.

L'anatomie de la gestion de la crise sanitaire en milieu carcéral a témoigné d'une diminution spectaculaire de la population carcérale ayant stoppé net une progression inflationniste. Dans son rapport au droit pénal, la crise a donc joué comme un accélérateur du changement de la norme pénale.

II. la crise comme accélérateur du changement de la norme pénale

Pour mieux comprendre les mécanismes de cette chute spectaculaire du nombre de détenus, il faut revenir sur l'enchaînement des événements dans un temps très court. Si comme dans tout processus décisionnaire en temps de crise, le pouvoir réglementaire s'est résigné à des créations exceptionnelles, le droit de l'exécution des peines a bénéficié d'un socle législatif préexistant que le pouvoir réglementaire a, pour l'essentiel, aménagé. En effet, la promotion du milieu ouvert en temps de crise sanitaire n'a pas été un impératif propre à celle-ci, puisque ladite promotion constitue une préoccupation récurrente des politiques pénales depuis 2004[27].

Aussi les décisions des magistrats dès le début de l'épidémie se sont-elles trouvées renforcées par de nouvelles dispositions législatives en vigueur dès la fin du mois de mars 2020 issue de la loi n° 2019-222 du 23 mars 2019 et ses décrets d'application. Le « bloc peine » a été retravaillé par le législateur du 23 mars 2019 pour sortir du réflexe carcéral en renouvelant la réflexion sur les alternatives à l'emprisonnement par le déploiement de la surveillance électronique et l'introduction d'une nouvelle peine de détention à domicile sous surveillance électronique (DDSE), en intégrant les apports de la criminologie à la probation par la création du sursis probatoire renforcé, en confiant au juge correctionnel le principe du prononcé des aménagements de la courte peine d'emprisonnement ferme[28] au seuil désormais fixé à un an au lieu de deux, en favorisant la conversion de la peine privative de liberté aux fins d'insertion et de réinsertion et en complétant le dispositif

---

[26] Pour cette expression, V. Bonis et Peltier, *op.cit.*

[27] M. Giacopelli, La promotion du milieu ouvert, *AJ pén.* 2005, p. 89.

[28] Spéc. Cass. crim., 11 mai 2021, n° 20-85.576, § 34 : *JCP G* 2021, p. 902, note É. Dreyer ; *JCP G* 2021, p. 774, note L. de Gentili ; *AJ pén.* 2021, p. 360, note J. Frinchaboy.

de lutte contre les sorties sèches de libération sous contrainte. Cette conjonction a permis à l'ensemble des acteurs de la chaîne pénale, malgré des pratiques hétérogènes constatées au sein des juridictions de l'application des peines lors de la crise sanitaire[29], de jouer le jeu. Alors que d'ordinaire 75% des entrées en maison d'arrêt concernent la détention provisoire via la procédure de comparution immédiate[30] ou la décision du JLD de placement en DP, le pouvoir réglementaire s'est concentré sur les extrémités de la chaîne. La baisse des entrées a porté essentiellement sur des prévenus faisant rapidement baisser le stock, tandis que les condamnés ont bénéficié de sorties progressives en fonction du quantum de peine restant à exécuter[31]. Aussi une politique différenciée des diminutions a-t-elle pu être mise en œuvre selon la situation pénale des intéressés.

Dès lors, pour parer à la crise sanitaire, le milieu carcéral a servi de laboratoire propice à l'accélération du changement normatif. Le sillon creusé par la loi du 23 mars 2019 a été labouré par les mesures mises en place lors de la crise sanitaire à titre expérimental. Si certaines, nécessairement provisoires comme les réductions de peine « Covid », ont été abandonnées lors de la sortie de crise, d'autres mesures se sont enracinées dans le droit positif notamment par la promulgation de la loi n° 2021-1729 du 22 décembre 2021, dite loi de confiance en l'institution judiciaire. Cette dernière a complété la libération sous contrainte (LSC), d'un nouveau cas de libération sous contrainte de plein droit, à la parenté certaine avec « le confinement carcéral à domicile ». En libérant d'office les personnes condamnées à une peine inférieure ou égale à deux ans à qui il reste moins de trois mois à exécuter, sauf impossibilité matérielle résultant de l'absence d'hébergement, le législateur s'est éloigné des mesures en aménagement de peine classiques pour se rapprocher sensiblement d'un mécanisme de régulation des flux carcéraux[32]. De même, le tout jeune Code pénitentiaire, entré en vigueur le 1er mai 2022 a repris à son compte les dérogations aux règles d'affectation permettant notamment à certains établissements de servir, en quelque sorte, d'établissements de « délestage ».

Et même si l'on ose à peine le formuler, tant les conséquences de la crise sanitaire ont pu être dramatiques à titre personnel et individuel, la crise sanitaire en prison a été un facteur de progrès en permettant de réintroduire de la dignité dans les conditions matérielles de détention. Mais il ne suffit pas « d'être » encore faut-il « durer » conformément à la devise du troisième régiment de parachutistes d'infanterie de marine. Or, au 1er juillet 2023, la France atteignait un nouveau record avec 74 513 personnes incarcérées et où le taux moyen d'occupation dépasse les 146%.

---

29 V. Bianchi, « La prison à l'épreuve de la crise sanitaire. Situation des établissements pénitentiaires et rôle des juges de l'application des peines », Dalloz grand angle 2020, p. 99.

30 S. Raoult, Justice pénale et confinement : une étude de 177 affaires de comparution immédiate à Marseille, *AJ pén.*, 2021, p. 382.

31 V. pour une étude statistique plus approfondie : A. Kensey et JP Jean, « une diminution volontariste de la surpopulation carcérale », Dalloz Grand Angle 2020, p.111 et s.

32 V. en ce sens : C. Margaine, « la (nouvelle ?) libération sous contrainte, in Le volet répressif de la loi pour la confiance en l'institution judiciaire, (dir. Y. carpentier), LexisNexis 2023, p. 155 et s.

III. « être et durer » ou l'inertie des politiques publiques

Alors qu'était débattu à l'Assemblée nationale le projet de loi de programmation de la justice 2023/27, la France a de nouveau été sanctionnée par la CEDH dans un arrêt de condamnation du 6 juillet 2023[33]. Ce rappel à l'ordre par la Cour sur l'anormalité de la situation carcérale française est d'autant plus cuisant, que les ambitions affichées dans le projet de réforme pour améliorer la condition carcérale ont eu raison des derniers amendements pour ne retenir qu'une politique du chiffre teintée d'illusion[34], de projection de 3000 places supplémentaires au plan 15 000 pour 2027. Cet écran de fumée a eu raison des velléités d'introduire une politique publique de régulation carcérale. Un amendement avait été déposé par deux députées chargées par la commission des lois, dans la foulée du rapport sur les États généraux de la justice, de poursuivre la réflexion en ce sens[35]. Prétextant du climat social tendu à la suite des émeutes que la France a connues durant l'été 2023, l'amendement a été rejeté. Les appels convergents à instaurer une régulation raisonnée ont été ignorés. Et, devant la surpopulation carcérale endémique, loin de se stabiliser, le CGLPL a de nouveau sonné l'alerte pour ne pas dire le tocsin - en publiant un avis en date du 14 septembre dernier[36].

Or à rebours de ces voisins, la France est le pays où l'on incarcère le plus. Les différents plans immobiliers, pas plus que les politiques mises en place depuis 20 ans n'ont permis d'enrayer la situation, aggravée par la refonte du régime des réductions de peine en 2021 par la suppression de l'octroi automatique des peines, dites CRP et le moratoire, voté dans l'indifférence générale repoussant jusqu'au 31 décembre 2027 l'encellulement individuel dans les maisons d'arrêt[37]. Depuis l'exception COVID qui a ouvert la voie, le législateur n'a pas eu le courage politique de sauter le pas, alors même que la ligne blanche a été franchie dans certains établissements qui ont expérimenté le « stop écrou »[38]. Si le législateur est sur une ligne de crête, le juge administratif s'est quant à lui retranché derrière la ligne Maginot de son office pour écarter le prononcé de telles injonctions, qui en tant que mesures structurelles n'entreraient pas dans la compétence du juge des référés[39], « l'administration pénitentiaire ne disposant par ailleurs d'aucun pouvoir de décision en matière de mises sous écrou, lesquelles relèvent exclusivement du juge judiciaire »[40]. L'argument de repli relatif à la séparation des pouvoirs a tenté d'être dépassé par l'offensive de certaines associations militantes, comme l'OIP, dénonçant la carence de l'administration pénitentiaire dans l'exécution des injonctions prononcées par le

---

[33] CEDH 6 juill. 2023, B.M et autres c/ France, Req. n°84187/17

[34] V. déjà en ce sens à propos de la réforme pénitentiaire de 2018/19 : L. Leturmy, « La (prétendue) réforme pénitentiaire », *in* Quelles mutations pour la justice du XXIème siècle, Dalloz, Thèmes et commentaires, 2020, p. 263.

[35] V. Assemblée Nationale, Rapport d'information n°1539 sur « les alternatives à la détention et l'éventuelle création d'un mécanisme de régulation carcérale », C. Abadie et E. Faucillon.

[36] CGLPL, Avis du 25 juill. 2023 relatif à la surpopulation et à la régulation carcérales, JORF 14 sept. 2023, texte n° 89.

[37] Loi de finance pour 2023.

[38] E. Senna, « États des lieux à mi-mandat du CGLPL », AJ pénal 2023, p. 333.

[39] CE 15 mars 2023, n°472994, AJ pénal 2023, p. 302, obs. J. Chapelle

[40] TA Montpellier 22 août 2023, n°2304698, Dalloz act. 11 sept. 2023, M. Dominati.

juge des référés (dans la limite de son office) non suivies d'effet. Or, par arrêt du 27 mars 2023, le Conseil d'État a validé le concept de mesures « équivalentes » en lieu et place des mesures ordonnées par le juge du référé[41]. Quant à la réponse du juge judiciaire (JLD ou JAP) par la création d'un nouveau recours créé en 2021, elle n'est que la réponse à une requête individuelle en cessation des conditions indignes de détention et ne saurait en l'état répondre à la question endémique de la surpopulation carcérale. Il est désormais urgent d'explorer l'ensemble des voies, y compris celle de la régulation carcérale.

[41] CE 27 mars 2023, n°452354, Dalloz act. 31 mars 2023, obs. M. Dominati.

La Répercussion de la gestion de la crise Covid sur le climat des établissements pénitentiaires de Rio de Janeiro : entretiens avec les détenus dans la prison Evaristo de Moraes

Ana Lúcia TAVARES FERREIRA

Maître de Conférences à l'UNESA
Défenseur Public à Rio de Janeiro

Introduction

Le système pénitentiaire brésilien présente actuellement la troisième plus grande population carcérale du monde, avec 670 714 personnes privées de liberté, selon le Département Pénitentiaire Nationale (DEPEN)[1].

Même si les chiffres ne paraissent pas absurdes, puisqu'il s'agit d'un pays qui compte environ 215 millions d'habitants, les taux de détention brésiliens (318,58 détenus par 100.000 habitants) sont bien plus élevés par rapport à d'autres pays d'Amérique du Sud, comme l'Argentine (235), la Colombie (191) ou la Bolivie (175), par exemple[2].

Les taux d'incarcération des trois dernières années ont présenté une diminution (de 359,40 en 2019 à 318,58 en 2021), signalant que le pays a réussi à faire fléchir une forte tendance à la hausse qui s'imposait depuis le début les années 2000. Pourtant, le parc pénitentiaire brésilien compte 466 529 places d'accueil, présentant un déficit de 212 008 places. Les taux d'occupation restent préoccupants.

Par conséquent, le surpeuplement carcéral constitue le plus grand défi du système pénal brésilien aujourd'hui. En effet, le déficit de places d'accueil et, par conséquent, le traitement inhumain et dégradant des détenus sont des sujets fréquents dans les arrêts de la Cour Interaméricaine de Droits de l'homme concernant le Brésil.

---

[1] Pour les chiffres du système pénitentiaire brésilien on consultera le site du Département Pénitentiaire Fédéral (DEPEN) (https://app.powerbi.com/view?r=eyJrIjoiOWYwMDdlNmItMDNkOC00Y2RmLWEyNjQtMmQ0OTUwYTUwNDk5IiwidCI6ImViMDkwNDIwLTQ0NGMtNDNmNy05MWYyLTRiOGRhNmJmZThlMSJ9).

[2] Cf. données du site du World Prison Brief (https://www.prisonstudies.org/highest-to-lowest/prison_population_rate?field_region_taxonomy_tid=24).

Dans ce cadre d'atteinte aux droits des détenus, le Brésil connaît un grave problème d'accès aux soins de santé au sein des établissements de privation de liberté [3].

Étant donné la précarité des soins de santé dans les prisons brésiliennes, les autorités ont décidé de contrôler la crise sanitaire en imposant des restrictions, jusqu'à supprimer des droits des détenus.

Dans ce contexte, la mise en place d'un régime de détention exceptionnel pour répondre à la crise sanitaire, marquée par la suspension des visites et des multiples activités comme le travail et l'enseignement, entre autres, a probablement produit un impact négatif sur les détenus.

L'objectif de cet article est de présenter les mesures mises en place par les autorités envers les détenus dans le système pénitentiaire de l'état de Rio de Janeiro pour répondre à la crise du Covid-19 et essayer de mesurer leurs impacts sur les droits des détenus.

Initialement, nous présenterons le système pénitentiaire brésilien, signalant la base normative concernant la privation de liberté, notamment par rapport au droit à l'accès aux soins de santé.

Ensuite, nous aborderons les mesures mises en place par les autorités brésiliennes pour faire face à la crise sanitaire, en présentant les différentes réponses adoptées dans plusieurs états brésiliens.

Enfin, le système pénitentiaire de Rio de Janeiro et les réponses des autorités dans le contexte spécifique de cet État seront analysés, selon le cadre normatif adopté par les pouvoirs exécutif et judiciaire, mais aussi depuis le point de vue des détenus, en présentant les entretiens réalisés avec ceux de la Prison Evaristo de Moraes, à Rio de Janeiro, à ce sujet.

I. Le système pénitentiaire brésilien et les soins de santé aux détenus

En ce qui concerne la base légale, l'exécution des peines au Brésil s'organise à partir de la Constitution de la République Fédérative du Brésil (CF), conjointement à d'autres dispositifs tels que le Code pénal (CP), le Code de procédure pénale (CPP) et la Loi d'Exécution des Peines (Loi nº 7.210/84 - LEP).

La réglementation générale du système pénitentiaire et des droits des détenus est établie par la LEP, par la Résolution du Conseil National de Politique Pénale et Pénitentiaire (CNPCP)[4] n° 14/1994, qui a fixé les règles minima pour le traitement des détenus, et par quelques autres dispositifs légaux ou de source constitutionnelle.

---

[3] Japiassú, C. E. A. (2014). Desafios contemporâneos da execução penal no Brasil. *Revista Eletrônica de Direito Penal*, *2*(1).

[4] Il s'agit d'une agence subordonnée au ministère de la Justice, à qui revient la compétence de proposer des directives, de suggérer des objectifs et des priorités de la politique pénale et pénitentiaire, entre d'autres attributions prévues dans l'art. 64 Loi d'Exécution Pénal (LEP).

Il existe des prisons étatiques, des prisons fédérales (qui accueillent les détenus en régime disciplinaire différencié ou dont la permanence dans une prison locale constitue un danger pour la sécurité publique, selon la Loi 11.671/08) et des prisons avec gestion déléguée. Les prisons étatiques et les prisons avec gestion déléguée accueillent tous les autres détenus, qu'ils soient condamnés ou prévenus, dans des établissements de détention, séparés selon le type de peine privative de liberté et le régime[5].

L'article 38 du Code pénal garantit ainsi aux détenus la conservation de tous les droits qui ne sont pas atteints par la perte de liberté. En autre, la Constitution brésilienne consacre le respect à l'intégrité physique et morale des détenus (art. 5°, XLIX.)

La LEP établit également différents droits des détenus (art. 41) parmi lesquels figurent l'alimentation, l'attribution de travail, le droit de contacts avec leurs proches (visites et correspondances), l'entrevue personnelle avec l'avocat et l'audience spéciale avec le directeur de l'établissement. La LEP prévoit, en outre, un dispositif d'assistance aux détenus, ce qui inclut l'assistance matérielle, juridique[6], la santé, le droit à l'éducation, l'aide sociale et la liberté de culte (art, 41, VII et arts. 10 à 27 LEP).

Par rapport aux soins de santé, il est important d'indiquer que les enjeux de santé pour la population carcérale sont spécifiques. Le confinement d'un grand nombre des personnes pendant de longs séjours implique toujours, quoiqu'en soient les conditions d'accueil, une haute probabilité de dissémination des maladies infectieuses. Dans les établissements de détention, où des centaines des personnes sont confinées pendant des années, cette probabilité est encore plus élevée.

En effet, la justice pénale cible en grande partie les populations plus modestes de la société, de façon à ce que la majorité des personnes détenues présentent une santé dégradée, à raison d'une rare fréquentation de lieux de soins et d'une faible protection sociale.

---

[5] Le Code Pénal Brésilien, dans son article 32, consacre deux types de peines privatives de liberté : la réclusion et la détention qui répondent toutes deux à un critère de gravité du crime commis. La peine de réclusion, la plus grave, peut être exécutée sous la forme de trois régimes : fermé, semi-ouvert et ouvert. La peine de détention, quant à elle, est exécutée en régime semi-ouvert ou ouvert. Il convient de souligner qu'actuellement un courant d'opinion défend l'unification des peines privatives de liberté en une seule, dénommée prison. Les peines privatives de liberté peuvent être accomplies en régime fermé, semi- ouvert ou ouvert. Dans le premier cas, elles sont effectuées dans un pénitencier ou dans des colonies agricoles, industrielles ou autres (art. 87 à 92 LEP). Dans le deuxième cas, elles sont effectuées dans des auberges, caractérisées par l'absence d'obstacles pour effectuer une évasion (art. 93 et 94 LEP).

[6] La LEP exige la création par les états de services d'assistance juridique dans le lieu de privation de liberté pour les détenus sans ressources économique suffisantes pour payer an avocat (art. 15 LEP). C'est donc obligatoire que chaque établissement ait des installations réservées au défenseur public. L'administration pénitentiaire, à son tour, doit lui apporter des ressources personnelles ad administrative et fournir des informations et documents sur les détenus (art. 16 LEP). Ces dispositifs ont été insérés dans les lois pour apporte une cadre législative aux programmes institutionnelles déjà existantes au sein de la structure organisationnelle des bureaux de défenseur public des Etats.

Les mauvaises conditions de détentions et la précarité des soins de santé au sein des prisons, à leur tour, peuvent provoquer la propagation des maladies contagieuses, en aggravant, donc, les maladies préexistantes.

Par conséquent, le droit des détenus aux soins de santé a été le sujet de plusieurs documents dans le cadre du Droit International des Droits de L'homme, et aussi dans la jurisprudence des Cours Européenne et Interaméricaine des Droits de l'Homme.

Concernant le droit brésilien, la LEP (Loi nº 7.210/84 - LEP) consacre une section entière aux soins de santé, au sein du chapitre relatif aux droits de la personne détenue, imposant à l'administration le devoir d'assurer aux détenus les soins de santé préventifs et curatifs, y compris les services de médecins et les soins dentaires (art. 10, 14 et 41 LEP).

Selon le Plan National de Santé dans le Système Pénitentiaire (Portaria Interministériel MS/MJ 628 de 02/04/2002), mis en œuvre en 2003, il doit y avoir une équipe médicale (composée de médecins, d'infirmières, de dentistes, de psychologues, d'assistants sociaux, d'infirmières auxiliaires et d'assistants dentaires) pour chaque 500 détenus/prévenus.

En 2014, la Politique nationale de soins de santé complets pour les personnes privées de liberté dans le système pénitentiaire (PNAISP) a été mise en place, en incluant la population carcérale dans la couverture formelle du Système Universel de Santé (SUS).

Malgré ce cadre normatif, conformément à une enquête réalisée en 2021, les soins de santé au sein des établissements pénitentiaires brésiliens sont précaires, comme l'indiquent les tableaux ci-dessous :[7]

Soins de santé au sein des prisons brésiliennes - 2021	
Médecins généralistes	895
Infirmières et auxiliaires	2.555
Psychologues	1.199
Psychiatres	261
Dentistes	438
Autres spécialités	59

[7] Sur ce sujet, Voy. le site du DEPEN (https://app.powerbi.com/view?r=eyJrIjoiODlkMzIyYTQtODA1YS00MDBmLWExYTgtMThhZjJjMWMxNjEyIiwidCI6ImViMDkwNDIwLTQ0NGMtNDNmNy05MWYyLTRiOGRhNmJmZThlMSJ9&pageName=ReportSection).

Soins de santé au sein des prisons à Rio de Janeiro - 2021	
Médecins généralistes	38
Infirmières et auxiliaires	265
Psychologues	29
Psychiatres	14
Dentistes	10
Autres spécialités	21

En effet, la Cour Interaméricaine des Droits de l'Homme a condamné le Brésil pour traitements inhumain ou dégradant envers les personnes privées de liberté à Rio de Janeiro, en 2017, dans le cas concernant la précarité des soins de santé au sein de l'Institut Pénal Plácido de Sá Carvalho.

Étant donné l'atteinte au droit à la vie et à l'intégrité personnelle des détenus, la Cour a déterminé, comme mesure de réparation, l'aménagement de la peine des détenus accueillis dans l'Instituto Penal Plácido de Sá Carvalho, réduisant d'un jour la peine pour chaque jour de traitement inhumain et dégradant[8].

II. Les réponses à la Covid-19 dans les établissements de privation de liberté brésiliens

Le gouvernement brésilien a démarré le contrôle de la Covid-19 dans le système pénitentiaire brésilien avec l'Ordre interministériel 07 de 18 mars 2020. Pour répondre à l'épidémie de Covid-19, ledit ordre a établi les mesures prophylactiques à adopter au sein des établissements de détention bien que des mesures pour réduire au maximum les contacts entre la prison et le monde extérieur aient été prises.

L'Ordre interministériel a donc déterminé l'identification des détenus avec symptômes de grippe au moment où ils arrivent dans les établissements, particulièrement ceux âgés de plus de 60 ans ou présentant des maladies chroniques ou respiratoires. Sont également visées par cet ordre les personnes obèses, enceintes ou puerpérales jusqu'à deux semaines après l'accouchement. Les mesures suivantes peuvent alors être prises comme l'isolement et surveillance des cas suspects et confirmés ; le renvoi à l'hôpital des cas graves, notamment les cas de détresse respiratoire ; les contrôles des points d'accès aux établissements de détention pour empêcher l'inclusion de détenus avec symptômes ; la suspension des fonctionnaires de l'administration pénitentiaire présentant des symptômes de

[8] FERREIRA, Ana Lúcia Tavares. LOPES, Ana Flávia Szuchmacher; MORGADO, Helena; MAMEDE, Thainá. A Defensoria Pública e a Proteção dos Direitos das Pessoas Privadas de Liberdade no Sistema Interamericano de Direitos Humanos: Desafios e Perspectivas. In Defensoria Pública Geral do Estado do Rio de Janeiro, Cadernos Estratégicos II. Análise Estratégica de Decisões dos Órgãos Internacionais de Proteção dos Direitos Humanos. CEJUR : Rio de Janeiro, 2021, p. 118

grippe ; la réduction ou suppression du contact avec le monde extérieur, voire avec les visites ou personnes en dehors des cadres pénitentiaires ; l'adoption de mesures pour stimuler la prise de conscience sur la prévention et le contrôle de la Covid-19.

Bien que l'Ordre interministériel 07 ait recommandé l'isolement en cellule individuelle des détenus présentant des symptômes de Covid-19, ce règlement a prévu aussi la possibilité d'isolement dans les cellules collectives, avec l'aide de rideaux ou des marques dessinées sur le sol, dans les cas où l'administration pénitentiaire n'aurait pas de cellules individuelles disponibles.

Ainsi, 26 états, dont Rio de Janeiro, ont adopté les mesures recommandées par l'Ordre interministériel 07, en supprimant durant plusieurs mois les visites en prison et l'entrée de personnes à l'exception de celles faisant partie du cadre pénitentiaire comme les avocats, les défenseurs publics, les représentants d'organisations religieuses, ou encore le personnel d'ONG. Indépendamment des visites, dans 12 états l'administration pénitentiaire a interdit aux familles d'envoyer des aliments aux détenus.

Plusieurs activités ont aussi été supprimées :[9]

Activité	**Nombre d'états qui ont supprimés**
Travail	4 totalement, 17 juste dans les officines
Éducation	26
Assistance religieuse	26
Assistance juridique	6

Le Conseil National de Justice (CNJ) à son tour, a adopté la Recommandation 62 qui visait à faire baisser la pression sur les prisons en diminuant le nombre de personnes incarcérées, en accélérant les sorties de prison par des mesures de remise en liberté temporaire ou de libération anticipée.

La majorité des états du Brésil ont mis en place ces catégories de mesures pour réduire la population carcérale, conformément à la Recommandation 62 du CNJ, comme indiqué dans le tableau suivant :[10]

[9] Voy. le site du CNJ (https://www.cnj.jus.br/wp-content/uploads/2020/09/Relatorio_II_Covid_web_0909.pdf)

[10] Les états d'Amapá, Ceará, Espírito Santo et Rio de Janeiro n'ont pas fourni des informations sur le nombre de détenus mise en liberté.

État	**Détenus Libertés**	**Population carcérale**	**Détenus libertés %**
Alagoas	409	9.382	4,36
Amazonas	294	12.069	2,44
Bahia	3.153	16.727	18,85
Distrito Federal	1.616	16.823	9,60
Goiás	0	25.950	____
Maranhão	3.740	12.387	30,19
Minas Gerais	9.452	74.844	12,63
Mato Grosso do Sul	717	17.989	3,98
Mato Grosso	318	12.562	2,53
Pará	292	21.279	1,37
Paraíba	2.323	13.361	17,39
Pernambuco	1.485	33.706	4,41
Piauí	1.338	4.516	29,63
Paraná	1.081	29.908	3,61
Rondônia	533	13.611	3,91
Rio Grande do Norte	199	10.315	1,92
Roraima	0	3,711	___
Rio Grande do Sul	2.261	41.272	5,48
Santa Catarina	2.025	23.483	8,62
Sergipe	99	6.360	1,56
São Paulo	3.626	233.089	1,56
Tocantins	65	4.491	1,45
TOTAL	35.026	540.789,711	18,67

Ces États ont surtout mis en liberté les personnes avec comorbidité, les femmes enceintes et allaitantes ou des personnes ayant à charge des enfants de moins de 12 ans, les personnes handicapées, les membres des peuples autochtones et handicapés. Dans ces cas, la détention a été substituée par la prison domiciliaire avec ou sans surveillance électronique.

La population carcérale brésilienne a effectivement présenté une réduction entre 2019 et 2020, suivi par une faible croissance en 2021, comme l'indique le graphique ci-dessous [11] :

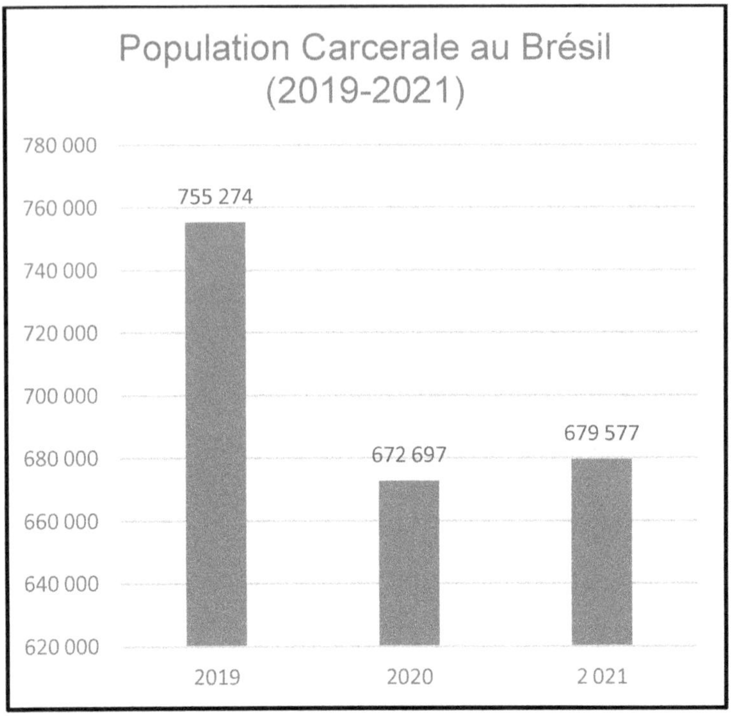

Néanmoins, il faut que les chiffres soient mieux analysés pour que l'on puisse affirmer qu'il y a vraiment une relation de cause à effet entre les mesures adoptées et la baisse de la population.

Par rapport aux chiffres concernant le nombre de cas et de décès, il paraît que les mesures adoptées pour contrôler la Covid au sein des établissements pénitentiaires ont effectivement produit des résultats positifs[12].

[11] Voy. le site du CNJ (https://www.cnj.jus.br/wp-content/uploads/2020/09/Relatorio_II_Covid_web_0909.pdf)
[12] Voir. le site du CNJ (https://www.cnj.jus.br/wp-content/uploads/2020/09/Relatorio_II_Covid_web_0909.pdf)

Année	Détenus confirmés	Détenus décédés	Personnels confirmés	Personnels décédés
2020	41.971	129	12.836	93
2021	67.391	297	26.051	339
2022 (jan-mars)	2.166	4	727	1
TOTAL	111.528	430	39.614	433

Pourtant, les mesures adoptées par la majorité des États brésiliens pour répondre à la crise de la Covid 19 ont impliqué la suppression des droits des détenus, spécialement le droit de visite.

III. Les réponses à la crise de la Covid-19 au sein des établissements de privation de liberté de Rio de Janeiro

La population carcérale de l'État de Rio de Janeiro est une des plus importante du pays, avec 60 825 détenus, selon le Rapport annuel du DEPEN de 2021, dans 54 établissements de privation de liberté, dont 33 présentent une situation de surpopulation carcérale grave[13].

Initialement, l'accès des personnes en dehors du cadre pénitentiaire, y compris les visites aux détenus, a été supprimé dans l'État de Rio de Janeiro conformément au Décret 46.973/2020, complété par la Résolution 736 de 16 mars 2020 de l'Administration Pénitentiaire (SEAPRJ) et le Secrétariat de Santé de L'État (SES), pendant quinze jours.

Les effets de ce décret ont été prolongés jusqu'au 4 septembre 2020 où le Décret 47.250 a autorisé l'entrée des visites dans les prisons. Malgré cette libération, la Résolution de la SEAPRJ 845 du 17 décembre 2020 a établi de nombreuses restrictions concernant quelques catégories spécifiques de personnes privées de liberté, la quantité de personnes par détenus et la fréquence des visites. Ainsi, la suppression des visites a continué pour les personnes enceintes, les mineurs de moins de 18 ans, et les personnes avec comorbidité. Les visites entre détenus de régime fermé ou semi-ouvert et les visites conjugales sont aussi restés interdites.

L'administration pénitentiaire de l'État de Rio de Janeiro n'a pas supprimé l'entrée des avocats dans la prison pendant la pandémie. Néanmoins, le Bureau du défenseur Public,[14] a supprimé les entretiens présentiels dans les prisons, en

---

[13] Voir le site du DEPEN (https://www.gov.br/depen/pt-br/servicos/sisdepen/mais-informacoes/relatorios-infopen/relatorios-analiticos/rj/rj-dez-2021.pdf)

[14] Le Bureau du Défenseur Public est un organe du gouvernement qui est en charge de l'assistance juridique aux personnes qui n'ont pas les moyens pour payer un avocat privé. Le Défenseur est un fonctionnaire public qui joue le rôle d'un avocat, en exerçant les fonctions propres de ce métier, comme la représentation devant une cour ou tribunal, la consultation etc.

adoptant la communication par vidéo. Ce changement a impliqué une réduction drastique du nombre d'entretiens et, par conséquent, une restriction très grave au droit d'accès à la justice.

Par ailleurs, en plus de cette privation à l'assistance juridique, pendant la crise de la Covid-19 les détenus n'avaient plus accès à l'éducation. À l'exclusion des écoles en général, les activités scolaires ont été complètement supprimées, puisque l'administration n'a pas offert les leçons en ligne.

Par rapport aux soins médicaux, même si l'administration pénitentiaire ne les a pas complètement supprimés, ils ont été limités strictement au cas d'urgence.

Concernant les mesures pour faire baisser la population carcérale, le 18 mars 2022, le pouvoir judiciaire de Rio de Janeiro a donné la permission aux détenus du régime ouvert ou semi-ouvert qui avaient déjà une permission pour sortir temporairement pour visiter leur famille, travailler ou faire des études, ou pour rester en régime de prison domiciliaire pendant la Crise du Covid-19, conformément à la Recommandation 62 du CNJ, à rester en régime domiciliaire.

Ainsi, les juges d'application de peines ont mis en régime de prison domiciliaire 7700 détenus, qui sont encore sous ce régime aujourd'hui. Pourtant, la règle générale n'a pas changé : les détenus ayant obtenu une permission de sortie après la fin de la crise sanitaire doivent revenir en prison après chaque sortie.

Le taux d'incarcération de Rio de Janeiro (nombre de détenus pour 100.000 habitants) a connu une baisse les trois dernières années, baissant de 309 en 2018 à 296 en 2021 après une augmentation à 323 en 2020, selon les données du Département Pénitentiaire National (DEPEN). Néanmoins, les chiffres disponibles ne présentent pas une relation évidente de cause à effet entre ces deux variables[15].

---

[15] Voy le site du DEPEN (https://www.gov.br/depen/pt-br/servicos/sisdepen/mais-informacoes/relatorios-infopen/RJ)

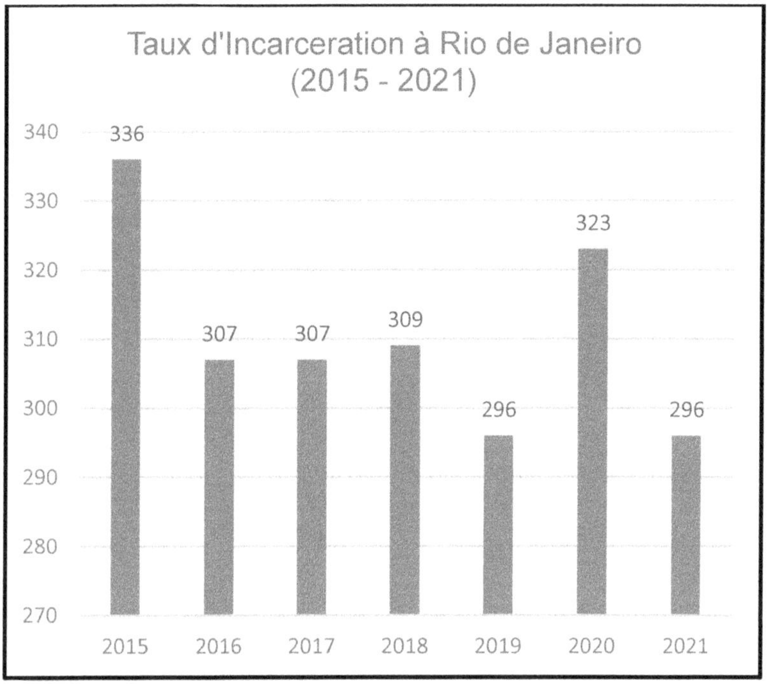
Taux d'Incarceration à Rio de Janeiro
(2015 - 2021)
340
330
320
310
300
290
280
270
336
307
307
309
296
323
296
2015
2016
2017
2018
2019
2020
2021

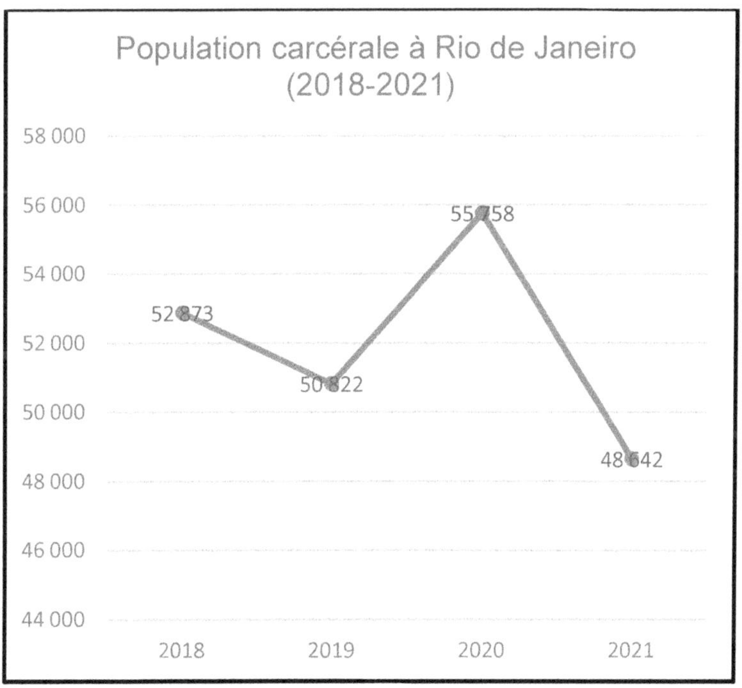
Population carcérale à Rio de Janeiro
(2018-2021)
58 000
56 000
54 000
52 000
50 000
48 000
46 000
44 000
52 873
50 822
55 758
48 642
2018
2019
2020
2021

Les chiffres par rapport aux nombres de cas confirmés de Covid-19 et de décès liés à la Covid-19 au sein du système pénitentiaire de Rio de Janeiro indiquent que les mesures adoptées par l'état ont eu un effet préventif[16].

Année	Détenus confirmés	Détenus décédés	Personnels confirmés	Personnels décédés	Population carcérale
2020	484	16 (0.03%)	216	4	55.758
2021	623	25 (0.05%)	273	47	48.642
TOTAL	1107	41	489	51	

Rio de Janeiro	Cas par 100.000 habitants	Décès par 100.000 habitants[17]
2019 – 2022	14.619	438,8

IV. Entretiens avec les détenus dans la prison Evaristo de Moraes

Les répercussions des mesures prophylactiques adoptées pour répondre à la crise sanitaire sur le régime pénitentiaire sont assez connues dans une perspective quantitative. Néanmoins, la manière dont les détenus (notamment ceux qui sont restés en prison) ont perçu les restrictions de leurs droits reste un sujet qui n'a pas encore fait l'objet d'enquêtes dans les prisons.

C'est dans le but de combler ces lacunes que nous avons décidé de mettre en place une recherche, à échelle réduite, en conduisant des entretiens individuels avec 82 détenus de la Prison Evaristo de Moraes[18]

Les réponses aux questions sont indiquées dans le tableau ci-dessous :

[16] https://www.cnj.jus.br/sistema-carcerario/covid-19/registros-de-contagios-obitos/

[17] Voy. le site du Secrétariat de la Santé de Rio de Janeiro. (Https://www.data.rio/apps/painel-rio-covid-19/explore)

[18] Il s'agit d'un établissement de privation de liberté destiné aux détenus en régime fermé, avec une capacité de 1497 détenus, qui en compte actuellement 2493, selon le dernier rapport d'inspection réalisé par le CNJ, le 26 septembre 2022.

<table>
<tr><th>Questions</th><th colspan="4">Réponses/Nombres de détenus</th></tr>
<tr><td>Le détenu recevait-il des visites avant la crise de la Covid 19 ?</td><td colspan="2">Oui - 48</td><td colspan="2">Non - 36</td></tr>
<tr><td>Pendant la suppression des visites, le détenu a-t-il eu des contacts avec sa famille?</td><td colspan="2">Oui - 40</td><td colspan="2">Non - 42</td></tr>
<tr><td>Recevait-il de la nourriture, des produits d'hygiène, des vêtements... de la part de sa famille pendant la crise sanitaire?</td><td colspan="2">Oui - 54</td><td colspan="2">Non - 28</td></tr>
<tr><td>Le détenu bénéficiait-il d'activités scolaires ou d'un travail, lesquels ont été supprimés durant la crise de la Covid-19?</td><td colspan="2">Oui – 3
Travail – 2
Études - 1</td><td colspan="2">Non - 79</td></tr>
<tr><td>Quelle est l'assistance qui a le plus manqué durant la</td><td>Juridique
50</td><td>Religieuse</td><td>Social
4</td><td>Santé
11</td></tr>
</table>

crise de la Covid-19?				
Le détenu a-t-il été testé positif au Covid-19?	Oui - 4			
Quelle suppression de droits a été la plus dure ?	Visite 74	Travail 4	Études	Autres 16

Cette brève étude montre que la majorité des détenus (51%) n'a eu aucun type de contact avec leurs familles, c'est à dire, qu'ils n'ont pas eu de nouvelles de leurs parents, filles ou conjointes pendant la crise sanitaire.

Ce premier constat peut expliquer peut-être la raison pour laquelle 74 détenus (90%) ont répondu que parmi tous les droits qui ont été limités, la suppression de visite a été la plus dure.

En revanche, l'assistance qui leur a manqué le plus était l'assistance juridique (61%), suivi des soins de santé (13%), alors que seulement 4 détenus (5%) ont indiqué le manque d'assistance sociale.

D'ailleurs, le nombre très bas de détenus qui se plaignaient du manque de soins de santé (11) peut être associé au nombre bas de détenus qui ont déclaré qu'ils avaient eu Covid-19 (4).

Dans l'ensemble l'enquête paraît indiquer que ces détenus ont perçus les mesures mises en place par l'administration pénitentiaire au sein des établissements pénitentiaires surtout comme une atteinte au droit à la vie privée et familiale et à l'assistance juridique.

V. Considérations finales

Les réponses à la crise sanitaire de la Covid 19 au sein des prisons brésiliennes ont produit des résultats positifs concernant le contrôle du nombre de cas et de décès, en protégeant ainsi la vie et l'intégrité des personnes privées de liberté.

Cependant les mesures mises en place au sein des prisons ont impliqué la suppression complète de quelques droits des personnes privées de liberté, dont le plus dur, selon leur avis, était le droit de visites.

Même si la restriction de circulation des personnes a affecté les droits fondamentaux de toute la population durant la crise, dans le cas de détenus, il s'agit de personnes privées de liberté, dont la suppression des droits peut être synonyme de traitement inhumain ou dégradant. Dans ce contexte de pandémie, les mesures adoptées par l'État concernant la population carcérale ont porté atteinte aux droits des détenus au lieu de les protéger.

Dans ce contexte, il est nécessaire de remettre en question les mesures adoptées par rapport à leur légitimité et proportionnalité, surtout selon l'avis des détenus sur le sujet.

Dans ce contexte, les enquêtes sur le climat pénitentiaire sont extrêmement importantes pour que l'on puisse mesurer l'impact des décisions du pouvoir public envers les personnes privées de liberté et ainsi susciter le débat sur les possibilités et limites des mesures destinées à la protection des détenus.

Bien qu'il n'y ait pas d'enquêtes sur climat pénitentiaire au sein des prisons brésiliennes, les entretiens avec les détenus de la Prison Evaristo de Moraes, même s'il ne représente qu'une étude faite à petite échelle, peuvent être considérés comme une première étape de cette discussion dans le contexte brésilien.

La prolongation gouvernementale des détentions provisoires

Philippe BONFILS

Professeur à Aix-Marseille Université
Doyen honoraire de la faculté de droit et de science politique
Avocat au barreau de Marseille

La politique pénale est classiquement traversée par un débat entre deux valeurs fondamentales : la liberté et la sécurité. Est-il possible que nos lois garantissent, en même temps, la liberté et la sécurité ? On aimerait y croire… mais la réalité est toute autre, et la protection de l'une implique généralement la limitation de l'autre.

Ce constat n'est pas nouveau, comme celui d'un réflexe de protection sécuritaire lorsqu'un danger ou une crise survient. En France, on se souvient, par exemple, de l'état d'urgence qui avait été adopté en France suite au traumatisme du terrorisme islamiste, et des restrictions des libertés qui en étaient résultées. Me François Saint-Pierre, dans un ouvrage au titre évocateur (*Un pays qui voudrait rester libre*[288]) montre bien comment les crises à répétition ont permis à nos gouvernants de développer une addiction sécuritaire, et, plus inquiétant, comment l'esprit de résistance s'est peu à peu endormi…

Mais la crise sanitaire liée au Covid-19 est d'une ampleur sans précédent, comme le déséquilibre de la politique pénale qu'elle a entraîné[289]. En France, les restrictions des libertés ont atteint un niveau exceptionnel, évoquant parfois des périodes sombres de notre pays, l'Occupation ou la Terreur révolutionnaire. Le fait est que les préoccupations les plus sécuritaires ont pu s'exprimer sans guère de retenue et notamment sans que les digues institutionnelles qui protègent nos libertés puissent jouer pleinement leur rôle.

Des pans entiers du droit pénal ont été touchés par la politique pénale anti-covid, faisant moins reculer la pandémie que nos libertés… On pense, bien sûr, au confinement généralisé, aux autorisations surréalistes que nous avons été amenés à nous faire à nous-mêmes, le tout sous la menace de peines d'amende. Parmi ces mesures, la prolongation de plein droit des détentions provisoires est sans doute la plus grave, car elle touche directement et frontalement au cœur de nos libertés les plus essentielles : la liberté d'aller et venir et la présomption d'innocence.

---

[288] F. Saint-Pierre, *Un pays qui voudrait rester libre, chronique d'une accoutumance sécuritaire (2015-2020)*, Odile Jacob, 2021.
[289] Cf. not. Ph. Conte, « Le droit pénal de crise : l'exemple du Covid-19 », Dr. Pén. 2020, dossier.

Je vous propose d'aborder la question de la prolongation des détentions provisoires en trois temps : l'adoption de ce dispositif d'exception ; son contenu et les recours contre ce dispositif.

I. L'adoption du dispositif permettant la prolongation gouvernementale des détentions provisoires

Face à l'épidémie de Covid-19, le législateur français a proclamé un « état d'urgence sanitaire » : à situation exceptionnelle, mesures exceptionnelles. Certains se souviennent peut-être des conditions dans lesquelles la loi du 23 mars 2020 a été adoptée ; la télévision avait montré des images de l'Assemblée nationale, où l'on voyait quelques rares députés, très éloignés les uns des autres, votant ce texte dans une ambiance crépusculaire... C'est ainsi que, le 23 mars 2020, le législateur adoptait la loi n° 2020-290 dite « d'urgence pour faire face à l'épidémie de covid-19 ». Le parlement ne pouvant plus se réunir, il donnait en quelque sorte les pleins pouvoirs au gouvernement, dont celui de légiférer à sa place, par voie d'ordonnance. Le fait est que l'exécutif ne s'est pas privé de ce pouvoir législatif que le Parlement lui offrait généreusement... Les membres du gouvernement étaient-ils immunisés contre le covid, alors que les parlementaires y étaient plus sensibles ?

Quoi qu'il en soit, la loi du 23 mars 2020 a habilité le gouvernement à légiférer à sa place, par ordonnances, et même dans le domaine réservé au Parlement, comme le droit pénal. Une soixantaine d'ordonnances ont ainsi été publiées en quelques semaines, dont la moitié pour la seule journée du 25 mars 2020 !

Le gouvernement a trouvé ici le moyen de faire passer rapidement et discrètement -puisque sans débat- un certain nombre de textes dont l'urgence n'était pas toujours évidente, et qui étaient manifestement déjà prêts. Il a aussi publié des textes qui se voulaient des réponses à cette pandémie exceptionnelle, en matière civile comme pénale.

C'est donc dans ce cadre, et dans cette urgence qu'a été publiée l'ordonnance n° 2020-303 du 25 mars 2020 « portant adaptation de règles de procédure pénale sur le fondement de la loi n° 2020-290 du 23 mars 2020 d'urgence pour faire face à l'épidémie de covid-19 ». Ce texte comporte de très nombreuses dispositions, touchant à la prescription de l'action publique, aux audiences, aux peines, et - c'est à mon sens - les plus critiquables à la détention provisoire.

II. Le contenu du dispositif permettant la prolongation gouvernementale des détentions provisoires

L'article 16 de l'ordonnance n° 2020-303 du 25 mars 2020 dispose que : « *en matière correctionnelle, les délais maximums de détention provisoire ou d'assignation à résidence sous surveillance électronique, prévus par les dispositions du code de procédure pénale, qu'il s'agisse des détentions au cours de l'instruction ou des détentions pour l'audiencement devant les juridictions de jugement des affaires concernant des personnes renvoyées à l'issue de l'instruction, sont prolongés (de[290]) plein droit de deux mois lorsque la peine d'emprisonnement encourue est inférieure ou égale à cinq ans et de trois mois dans les autres cas, sans préjudice de la possibilité pour la juridiction compétente d'ordonner à tout moment, d'office, sur demande du ministère public ou sur demande de l'intéressé, la mainlevée de la mesure, le cas échéant avec assignation à résidence sous surveillance électronique ou sous contrôle judiciaire lorsqu'il est mis fin à une détention provisoire. Ce délai est porté à six mois en matière criminelle et, en matière correctionnelle, pour l'audiencement des affaires devant la cour d'appel. Les prolongations prévues à l'alinéa précédent sont applicables aux mineurs âgés de plus de seize ans, en matière criminelle ou s'ils encourent une peine d'au moins sept ans d'emprisonnement. Les prolongations prévues par le présent article ne s'appliquent qu'une seule fois au cours de chaque procédure* ».

Le texte prévoit donc la prolongation « de plein droit » des détentions provisoires, pour une durée de deux, trois ou six mois, tout en précisant que les personnes concernées pourraient évidemment présenter des demandes de remise en liberté à tout moment et que les juridictions devraient y répondre.

Mais, immédiatement, s'est posée la question de savoir comment entendre cette expression « de plein droit ». La ministre de la Justice d'alors, Madame Belloubet fit publier le 26 mars 2020 une circulaire d'application qui fut diffusée dans toutes les juridictions, et qui affirmait que la prolongation de plein droit signifiait que les juges étaient dispensés de prendre une décision de prolongation.

En d'autres termes, l'ordonnance du 25 mars 2020 prévoyait donc la prolongation automatique des détentions provisoires, pour une durée pouvant aller jusqu'à six mois, sans audience, sans débat, sans juge, sans avocat, et sans décision, alors même qu'il s'agit de personnes présumées innocentes, n'ayant pas été condamnées. La détention provisoire se prolongeait donc d'elle-même, sans que personne ne se soit penché sur l'état de santé des intéressés, sur leur situation familiale, ni même sur la légalité formelle de cette mesure...

Cette disposition a été vivement critiquée, donnant lieu à de vives réactions de la part du Conseil national des barreaux (CNB), de la conférence des bâtonniers, du barreau de Paris, de l'Observatoire international des prisons (OIP), de l'Association des avocats pénalistes, de l'Union des jeunes avocats, du Syndicat des avocats de France, de la Ligue des droits de l'Homme, ou encore du Syndicat de la magistrature. Mme Roselin Letteron, professeur à l'Université Paris XIII, a ainsi commenté ce texte dans un blog[291] sous le titre « quand la détention provisoire devient un internement administratif ». Mme Adeline Hazan, contrôleuse générale des lieux de privation de liberté et magistrate de profession, calcula qu'à la mi-avril, « la détention d'environ 22.000 personnes sans comparution devant le juge avait été prolongée »[292], ce qui était totalement inacceptable.

---

[290] Le texte, mal écrit, indique en réalité « sont prolongés plein droit ». Pour sa compréhension, nous avons rétabli le mot oublié par ses rédacteurs.

[291] Liberté, libertés chéries, 11 avril 2020.

[292] Interview donnée à France Inter, 11 avril 2020.

Me Louis Boré, qui était alors Président de l'ordre des avocats aux Conseils, a écrit et plaidé que « c'est la première fois depuis la loi des suspects de 1793 que l'on ordonne que des gens restent en prison sans l'intervention d'un juge », comparant donc cette disposition avec l'un des textes les plus emblématiques de la Terreur révolutionnaire, qui ordonnait - sans l'intervention d'une juridiction - l'arrestation (et souvent l'exécution) de tous les ennemis avoués ou susceptibles de l'être de la Révolution (nobles, parents d'émigrés, fonctionnaires destitués, officiers suspects de trahison, accapareurs, puis les prêtes n'ayant pas prêté serment).

Mme Belloubet, ministre de la Justice, avait tenté de se justifier en expliquant dans une tribune publiée dans Le Monde[293] que ces dispositions n'étaient que temporaires, le temps strictement nécessaire à la conjuration du virus, et que bien sûr tout reviendrait ensuite à la normale. Mais la dérive autoritaire était manifeste, et les avocats ont alors exercé des recours contre ce texte, et éprouvé la force des digues protégeant nos libertés.

III. Les recours contre la prolongation gouvernementale des détentions provisoires

Trois recours, de nature différente, ont été exercés par les avocats contre la prolongation gouvernementale des détentions provisoires : le premier devant le Conseil d'État, le deuxième devant la Cour de cassation et le troisième devant le Conseil constitutionnel.

Saisi en référé, le Conseil d'État a rejeté le recours contre l'article 16 de l'ordonnance du 25 mars 2020, par une ordonnance du 3 avril 2020[294], rendue sans même qu'une audience se soit tenue...

Le Conseil d'État a ainsi affirmé que « *en allongeant de façon générale les délais maximums de détention provisoire fixés par la loi, pour les détentions provisoires en cours comme celles débutant entre la date de publication de l'ordonnance et la date de cessation de l'état d'urgence sanitaire, l'ordonnance contestée a mis en œuvre l'habilitation donnée par la loi du 23 mars 2020, dans le respect des conditions qu'elle y a mises* » et que « *en adoptant de telles mesures et en retenant des allongements de deux, trois ou six mois, dans les limites imparties par la loi d'habilitation, l'ordonnance contestée ne peut être regardée, eu égard à l'évolution de l'épidémie, à la situation sanitaire et aux conséquences des mesures prises pour lutter contre la propagation du covid-19 sur le fonctionnement des juridictions, sur l'action des auxiliaires de justice et sur l'activité des administrations, en particulier des services de police et de l'administration pénitentiaire, comme portant une atteinte manifestement illégale aux libertés fondamentales invoquées par le syndicat requérant* ».

---

[293] Le Monde, 4 avril 2020.

[294] CE, ord., 3 avril 2020, n° 439894, Juris-Data n° 2020-004605 ; cf. J.-B. Perrier, « La prorogation de la détention provisoire, de plein droit et hors du droit », D. actu. 9 avril 2020.

Commentant cette décision, Me François Saint-Pierre[295] estime que « le Conseil d'État tendait à se faire le défenseur de l'État, plus que son juge, renouant avec une jurisprudence ancienne qu'il avait développée durant la première guerre mondiale, dite des « circonstances exceptionnelles », au nom de laquelle il avait à l'époque justifié les mesures autoritaires prises par le gouvernement dans tous les domaines de la vie sociale et économique ».

Le contentieux nourri par l'article 16 s'est alors déplacé devant les juridictions de l'ordre judiciaire, sur le principe même de l'allongement et sur ses modalités, et des juridictions du fond ont adopté une lecture minimale du dispositif[296], allant même jusqu'à ordonner des remises en liberté.

C'est dans ce contexte que la Chambre criminelle de la Cour de cassation s'est prononcée sur l'article 16, par deux décisions du 26 mai 2020[297]. Ces décisions, très attendues, ont adopté une solution mesurée. La prolongation des détentions provisoires prévues par l'article 16 de l'ordonnance n° 2020-303 du 25 mars 2020 est certes validée, mais profondément encadrée.

La prolongation de plein droit des détentions provisoires était triplement critiquée, soumise à un contrôle de légalité, de constitutionnalité, et de conventionnalité.

S'agissant du contrôle de légalité, il était demandé à la Cour de cassation d'examiner l'article 16 au regard de l'article 11 de la loi d'habilitation du 23 mars 2020. La Cour de cassation se range ici à l'avis du Conseil d'État, en affirmant que « *pour faire face aux conséquences de la propagation de l'épidémie de covid-19 et tenir compte des mesures prises pour limiter cette propagation, et pour limiter la propagation de l'épidémie parmi les personnes participant aux procédures en cause, l'article 11 a autorisé le Gouvernement à adapter le déroulement et la durée des détentions provisoires pour permettre l'allongement des délais de détention et la prolongation de ces mesures selon une procédure écrite* », et que, ainsi, « *le Gouvernement a pu prévoir, sans excéder les limites de la loi d'habilitation, la prolongation de plein droit des titres de détention au cours de l'instruction ou lors de l'audiencement, à une reprise, pour les durées prévues à l'article 16* ». La légalité du dispositif a donc été confirmée.

S'agissant du contrôle de constitutionnalité, une question prioritaire de constitutionnalité était posée dans les deux affaires, relative non pas directement à l'ordonnance du 25 mars 2020, mais à la loi d'habilitation n° 2020-290 du 23 mars 2020, et spécialement son article 11. Au visa des articles 66 et 16 de la Constitution de 1958, les QPC contestaient la constitutionnalité de la loi d'habilitation (et partant de l'article 16 de l'ordonnance), au motif que le juge judiciaire est le garant de la

[295] Un pays qui voudrait rester libre, *op.cit.*, p. 62.

[296] Cf. V.O. Dervieux et Ph. Laumosne, Justice pénale de l'essentiel, AJ Pénal 2020, p. 179. Cf. également CA Nancy, instr., 5 mai 2020, n° 308/2020, D. actu. 22 mai 2020, obs. S. Fucini.

[297] Arrêt n° 974 et 977, n° 20-81.910 et 20-81.971 ; « L'encadrement par la Cour de cassation de la prolongation de plein droit des détentions provisoires », note sous Crim., 26 mai 2020 (deux arrêts), Gazette du Palais, 9 juin 2020, p. 20, note Ph. Bonfils.

protection de la liberté individuelle, et que par conséquent son intervention est obligatoire pour vérifier si une prolongation de détention provisoire est nécessaire et utile. Cette question est jugée sérieuse et nouvelle par la Cour de cassation, qui décide de la transmettre au Conseil constitutionnel. Plus encore, tout en transmettant la question au Conseil constitutionnel, la Cour de cassation ne sursoit pas à statuer et évoque le fond, au motif que le requérant est privé de liberté à raison de l'instance. C'est en effet une possibilité prévue par l'article 23-5 alinéa 4 de l'ordonnance du 7 novembre 1958 portant loi organique sur le Conseil constitutionnel. La constitutionnalité du dispositif est donc jugée douteuse par la Cour de cassation.

S'agissant enfin du contrôle de conventionnalité, il s'agissait de savoir si la prolongation automatique des détentions provisoires était conforme à la Convention européenne des droits de l'Homme, et tout particulièrement à l'article 5 relatif au droit à la liberté et à la sûreté, qui stipule notamment que « *toute personne arrêtée ou détenue dans les conditions prévues au paragraphe 1.c du présent article doit être aussitôt traduite devant un juge ou un autre magistrat habilité par la loi à exercer des fonctions judiciaires* ».

La Cour de cassation relève tout d'abord qu'à ce jour, la France n'a pas exercé le droit de dérogation prévu à l'article 15 de la Convention européenne[298]. Par conséquent, l'ensemble de la Convention européenne reste pleinement applicable - dont l'article 5 -, malgré la situation sanitaire et l'état d'urgence décrété par le gouvernement français. La cour considère ensuite que « *l'article 16 de l'ordonnance du 25 mars 2020 maintient, de par le seul effet de la loi et sans décision judiciaire, des personnes en détention, au-delà de la durée du terme fixé dans le mandat de dépôt ou l'ordonnance de prolongation, retirant ainsi à la juridiction compétente le pouvoir d'apprécier, dans tous les cas, s'il y avait lieu d'ordonner la mise en liberté de la personne détenue* » et que « *ce même texte conduit à différer, à l'égard de tous les détenus, l'examen systématique, par la juridiction compétente, de la nécessité du maintien en détention et du caractère raisonnable de la durée de celle-ci* ». Considérant que « *l'exigence conventionnelle d'un contrôle effectif de la détention provisoire ne peut être abandonnée à la seule initiative de la personne détenue ni à la possibilité pour la juridiction compétente d'ordonner, à tout moment, d'office ou sur demande du ministère public, la mainlevée de la mesure de détention* », la Cour de cassation affirme alors de manière solennelle que « *aussi l'article 16 de*

---

[298] L'article 15 de la Convention européenne des droits de l'Homme dispose que :
« 1. En cas de guerre ou en cas d'autre danger public menaçant la vie de la nation, toute Haute Partie contractante peut prendre des mesures dérogeant aux obligations prévues par la présente Convention, dans la stricte mesure où la situation l'exige et à la condition que ces mesures ne soient pas en contradiction avec les autres obligations découlant du droit international.
2. La disposition précédente n'autorise aucune dérogation à l'article 2, sauf pour le cas de décès résultant d'actes licites de guerre, et aux articles 3, 4 (paragraphe 1) et 7.
3. Toute Haute Partie contractante qui exerce ce droit de dérogation tient le Secrétaire général du Conseil de l'Europe pleinement informé des mesures prises et des motifs qui les ont inspirées. Elle doit également informer le Secrétaire général du Conseil de l'Europe de la date à laquelle ces mesures ont cessé d'être en vigueur et les dispositions de la Convention reçoivent de nouveau pleine application ».

l'ordonnance ne saurait-il être regardé comme compatible avec l'article 5 de la Convention européenne des droits de l'homme et la prolongation qu'il prévoit n'est-elle régulière que si la juridiction qui aurait été compétente pour prolonger la détention rend, dans un délai rapproché courant à compter de la date d'expiration du titre ayant été prolongé de plein droit, une décision par laquelle elle se prononce sur le bien-fondé du maintien en détention ».

La disposition contestée est certes validée, mais sous de très étroites conditions, dont la Cour de cassation précise elle-même le contenu. Elle affirme en effet que « *même en tenant compte des circonstances de fait exceptionnelles résultant du contexte épidémique, lorsque la personne n'a pas encore été jugée en première instance, un tel délai, au sens de l'article 5 précité, ne peut être supérieur à un mois en matière délictuelle et à trois mois en matière criminelle* » et que « *après une condamnation en première instance, cette limite est portée à trois mois en matière tant correctionnelle que criminelle, les faits reprochés à l'intéressé ayant alors déjà été examinés au fond par une juridiction* ». Plus encore, la cour précise que « *il appartient au juge d'exercer le contrôle qui aurait été le sien s'il avait dû statuer sur la prolongation de la détention provisoire, et ce dans le cadre d'un débat contradictoire tenu, le cas échéant, selon les modalités prévues par l'article 19 de l'ordonnance* ». Si ce contrôle du juge n'est pas intervenu dans le délai mentionné précédemment (sauf si l'intéressé est détenu pour une autre cause), et à moins que dans ce délai, il n'ait déjà exercé son contrôle en application de l'article 16-1, alinéa 5, de l'ordonnance du 25 mars 2020, introduit par la loi du 11 mai 2020, l'intéressé doit être immédiatement remis en liberté.

La conventionnalité du dispositif est ici conditionnée à l'intervention d'un juge dans un délai de un à trois mois selon les cas, et à la nécessité d'organiser un véritable contrôle, avec un débat contradictoire, au besoin d'office. Validation du dispositif donc, mais une validation qui a des airs de censure, et, du reste, les deux arrêts rapportés sont des arrêts de cassation.

Si le principe même de la prolongation de plein droit des détentions provisoires est contestable au regard des violations des libertés individuelles et des droits de la défense qu'elle implique, son contenu est également critiquable, tant la rédaction du dispositif est maladroite et soulève un certain nombre de difficultés d'interprétation, voire de compréhension[299]. Les décisions rapportées de la Cour de cassation apportent, là aussi, une réponse attendue, en clarifiant les modalités d'application de cette prolongation.

La question concernait le sens à donner à l'expression « *délais maximums de détention provisoire* », qui se trouvent prolongés de plein droit. Plus précisément, il s'agissait de savoir si cette expression désigne la durée de la détention susceptible d'être subie après l'ultime prolongation permise par le code de procédure pénale,

[299] C. Ribeyre s'interroge à cet égard sur leur conformité avec le principe d'intelligibilité de la loi pénale ; « Régime procédural dérogatoire applicable pour faire face à l'épidémie de Covid 19 », Juris-classeur Procédure pénale, n° 45.

ou si elle désigne la durée au terme de laquelle le titre de détention cesse de produire un effet en l'absence de décision de prolongation.

Selon la circulaire relative à l'adaptation de l'activité pénale et civile des juridictions aux mesures de prévention et de lutte contre la pandémie COVID-19 (CRIM-2020-10/E1-13.03.2020) du 14 mars 2020, appuyée par un courriel de la directrice des affaires criminelles et de grâces[300], la durée de tous les mandats de dépôt en cours arrivant à expiration devait être rallongée, alors que pour les requérants, seules les détentions provisoires au terme desquelles aucun mandat de dépôt ne pouvait être renouvelé étaient prolongées.

La cour se livre à une véritable exégèse du texte (n° 14 à 26 pour l'arrêt n° 977 et n° 9 à 21 pour l'arrêt n° 974), pour finalement se ranger à la position gouvernementale. Elle affirme en effet que « *l'article 16 s'interprète comme prolongeant, sans intervention judiciaire, pour les durées qu'il prévoit, tout titre de détention venant à expiration, mais à une seule reprise au cours de chaque procédure* ».

Cette solution se révèle plus sévère que l'interprétation des requérants, et derrière laquelle s'étaient rangées certaines juridictions du fond[301]. Mais la rigueur dont fait preuve la cour sur ce point est contrebalancée par les conditions qu'elle pose au visa de l'article 5 de la convention européenne, et donc par le recours au juge.

Ce faisant, la Cour de cassation a cassé les deux arrêts qui lui étaient soumis. Dans la première affaire, le détenu était mis en examen en matière criminelle, et sa détention était susceptible d'être prolongée au plus tard le 4 avril 2020. En application de l'article 16, sa détention est donc prolongée jusqu'au 4 octobre 2020, mais à la condition qu'un juge (JLD ou juridiction de renvoi) se prononce dans le délai de trois mois fixé par la cour (soit au plus tard le 4 juillet). Dans la seconde affaire, le détenu était mis en accusation devant une cour d'assises depuis le 12 avril 2019, et sa détention provisoire était susceptible d'être prolongée le 22 avril 2020. En application de l'article 16, sa détention est donc prolongée de droit jusqu'au 22 octobre 2020, mais à la condition qu'un juge (JLD ou juridiction de jugement) se prononce avant le 22 juillet 2020.

Le Conseil constitutionnel est enfin intervenu à son tour, saisi de la question prioritaire de constitutionnalité que la Cour de cassation lui avait transmise. Par une décision du 3 juillet 2020[302], le Conseil constitutionnel rejoint finalement la Cour de cassation, en rappelant quels sont les règles et principes de valeur constitutionnelle qui doivent toujours régir l'intervention du juge judiciaire en cas de prolongation d'une mesure de détention provisoire.

---

[300] Comme l'a relevé J.-B. Perrier (art. précité), la normativité d'une circulaire précisée par mail pourrait prêter à sourire, s'il ne s'agissait pas de justifier ainsi des atteintes aussi graves à la liberté individuelle et aux droits de la défense.

[301] CA Nancy, 5 mai 2020, *op.cit.*

[302] Conseil constitutionnel, 3 juillet 2020, n° 2020-851/852 QPC.

Toutes les digues n'ont finalement pas sauté... La Chambre criminelle de la Cour de cassation, et dans un second temps le Conseil constitutionnel, ont fort heureusement limité, autant qu'ils le pouvaient, ce dispositif d'exception.

Pour conclure, il convient de préciser que la prolongation de plein droit des détentions provisoires a finalement été supprimée par la loi n° 2020-546 du 11 mai 2020 (art. 1er, III, 2°). Ce dispositif n'aura été que temporaire. Il reste que l'équilibre de la politique pénale entre sécurité et liberté est instable, et que nos libertés sont fragiles. Le fonctionnement d'un État de droit n'est pas sans accidents graves, et il peut rapidement être éprouvé au nom de circonstances exceptionnelles. La vigilance des avocats et des magistrats est alors déterminante, lesquels doivent savoir résister à un gouvernement qui s'égare...

Expliquer la hausse du poids carcéral des autochtones depuis la réforme du Code criminel de 1996 : cinq variables négligées

Ugo Gilbert TREMBLAY

Professeur adjoint à la Faculté de droit de l'Université de Montréal

« Pourquoi ne parvient-on pas à réduire le nombre d'Autochtones dans les établissements correctionnels ?[1] »

– Carol LaPrairie (1992)

« It is easier to describe than to explain trends in prison admissions[2]. »

– Julian V. Roberts et Ronald Melchers (2003)

Introduction : la hausse du poids carcéral des autochtones et l'impuissance du droit

En 1996, dans le cadre d'une réforme majeure du *Code criminel* qui est venue notamment codifier les objectifs et les principes de détermination de la peine en droit pénal canadien[3], le législateur a introduit une disposition qui demeure à ce jour sans équivalent en Occident[4] : l'alinéa 718.2e). Suivant cette disposition, il incombe au tribunal qui inflige une peine de procéder à « l'examen, plus particulièrement en ce qui concerne les délinquants autochtones, de toutes les sanctions substitutives qui sont raisonnables dans les circonstances et qui tiennent compte du tort causé aux victimes ou à la collectivité[5]. » Aucun des pays qui, à l'instar du Canada,

---

[1] C. La Prairie (1992), *La surreprésentation des autochtones dans les établissements correctionnels et ses répercussions sur la prévention du crime*, Solliciteur général Canada, Ottawa, p. 4.

[2] J. Roberts et R. Melchers (2003), « The Incarceration of Aboriginal Offenders: Trends from 1978-2001 », *Canadian Journal of Criminology and Criminal Justice*, vol. 45, n° 2, p. 236.

[3] *Loi modifiant le Code criminel (détermination de la peine) et d'autres lois en conséquence*, L.C. 1995, ch. 22. Signalons que le projet de loi est entré en vigueur le 3 septembre 1996.

[4] J. Rudin (2008), « Aboriginal Over-representation and *R.* v. *Gladue*: Where We Were, Where We Are and Where We Might Be Going », *The Supreme Court Law Review: Osgoode's Annual Constitutional Cases Conference*, vol. 40, p. 689-690.

[5] *Code criminel*, L.R.C. 1985, c. C-46, art. 718.2e). Notons qu'avant l'entrée en vigueur de la *Loi édictant la Charte canadienne des droits des victimes et modifiant certaines lois* (L.C. 2015, c. 13), le libellé de l'art. 718.2e) évoquait plutôt « l'examen de toutes les sanctions substitutives applicables qui sont justifiées

comptent une importante population autochtone (États-Unis, Australie, Nouvelle-Zélande), n'a adopté une disposition comparable[6].

D'une manière générale, l'al. 718.2e) s'inscrivait dans la volonté du législateur de faire de l'incarcération une option sentencielle de dernier recours dans le système pénal canadien[7]. Rappelons que la même réforme de 1996 s'accompagnait d'une innovation pénale de taille : la création de la peine d'emprisonnement avec sursis[8]. En ajoutant cette peine à l'arsenal des juges, le législateur ouvrait la porte à ce que de nombreux délinquants qui auraient normalement pris le chemin de la prison purgent désormais leur peine dans la collectivité, favorisant ainsi leur réinsertion sociale.

Le caractère véritablement révolutionnaire de l'al. 718.2e) venait moins toutefois de cette prise de conscience des limites de l'incarcération que du fait que le législateur codifiait par-là, pour la première fois en droit pénal canadien, l'idée d'une approche différenciée sur la base de l'appartenance ethno-raciale en matière de détermination de la peine[9]. Soudainement, le législateur inscrivait directement dans le *Code criminel* la nécessité pour les tribunaux d'accorder une attention particulière à l'identité autochtone des personnes punies[10]. Le ministre de la Justice de l'époque, Allan Rock, a été on ne peut plus clair quant à la raison qui a motivé le législateur à emprunter cette voie : « si l'on mentionne expressément les délinquants autochtones, c'est parce qu'ils sont malheureusement surreprésentés dans la population carcérale du Canada[11]. » En d'autres termes, l'al. 718.2e) avait explicitement pour but de diminuer le poids des Autochtones parmi les personnes

---

dans les circonstances, plus particulièrement en ce qui concerne les délinquants autochtones. » Malgré ce changement de formulation, le cadre d'analyse applicable est resté le même.

[6] Voir E. Marchetti et A. Thalia, « Sentencing Indigenous Offenders in Canada, Australia, and New Zealand » (2016), *in* M. Tonry (ed.), *Oxford Handbooks Online: Criminology and Criminal Justice*, p. 1-30.

[7] *R.* c. *Proulx*, [2000] 1 R.C.S. 61, par. 1 ; *R.* c. *Gladue*, [1999] 1 R.C.S. 688, par. 37 et 40.

[8] Art. 742.1 *C.cr.*

[9] Au chapitre de la criminalisation, il importe de rappeler que le législateur canadien a déjà adopté des lois qui ciblaient directement les Autochtones : il suffit de penser à l'interdiction du potlatch et de la danse du soleil en 1884 et en 1885 ainsi qu'à celle d'autres danses et coutumes traditionnelles en 1895. Rappelons aussi que dès 1874, certaines infractions en matière de consommation d'alcool visaient exclusivement les Autochtones. Voir à ce sujet Commission royale sur les peuples autochtones (1996a), *Rapport de la Commission royale sur les peuples autochtones* : *volume 1 : un passé, un avenir,* Ottawa, Groupe Communication Canada, p. 197, 297, 314 et 316.

[10] L'idée n'est pas de considérer l'identité autochtone comme un facteur atténuant en soi, mais bien comme l'indice possible de circonstances distinctives qu'il faut examiner et qui pourraient révéler une culpabilité morale amoindrie. Comme l'écrit le juge LeBel : « la méthode établie par la Cour dans l'arrêt *Gladue* a été conçue de manière à inciter à examiner les circonstances particulières dans lesquelles sont placés les Autochtones, lorsqu'on peut conclure sur une base raisonnable et justifiée qu'elles sont susceptibles d'affecter la peine à imposer. » *Ipeelee*, par. 72. Voir un peu plus loin, au par. 79 : « Dans la mesure où l'arrêt *Gladue* mène à l'imposition de sanctions différentes aux délinquants autochtones, ces sanctions se justifieront en raison des circonstances particulières dans lesquelles ils se trouvent — des circonstances rationnellement liées au processus de détermination de la peine. » Voir dans le même sens *Gladue*, par. 37 et 87 ainsi que *R.* c. *Wells*, [2000] 1 R.C.S. 207, par. 38.

[11] Chambre des communes, *Procès-verbaux et témoignages du Comité permanent de la Justice et des questions juridiques*, n° 62, 1re sess., 35e lég., 17 novembre 1994, p. 15, cité dans *Gladue*, par. 47. Voir aussi *Wells*, par. 37.

incarcérées. Il faut dire qu'au moment de la réforme de 1996, les Autochtones représentaient environ 13,5 % des détenus dans les pénitenciers fédéraux, alors même qu'ils ne constituaient que 2,8 % de la population canadienne selon les données du Recensement de 1996, ce qui équivaut à une surreprésentation par un facteur de 4,8[12]. Comme le dira plus tard le juge Lamer (alors juge en chef) dans l'arrêt *Proulx*, l'ajout de l'al. 718.2e) invitait les juges à « un recours *accru* au sursis à l'emprisonnement et aux autres mesures de rechange à l'incarcération [comme la probation] dans le cas des délinquants autochtones[13] », ce qui devait ultimement se traduire par une réduction du ratio existant entre la part des Autochtones et la part des non-Autochtones parmi les personnes condamnées à une peine d'emprisonnement. L'idée était que si les Autochtones bénéficiaient davantage des sanctions substitutives, leur nombre dans le système carcéral allait immanquablement décroître et, du même coup, leur surreprésentation.

Même si la volonté du législateur était claire, la manière d'appliquer concrètement l'al. 718.2e) demeurait obscure et, en l'absence de débats parlementaires, un tant soit peu diserts pour guider l'interprétation judiciaire dans une direction précise[14], il était aisé pour un juge de première instance d'adopter une interprétation favorisant le statu quo. Il a fallu attendre trois ans après la réforme de 1996 pour que la Cour suprême éclaire enfin le sens à donner à cette disposition. Dans l'arrêt *Gladue*, le plus haut tribunal a d'abord insisté sur la fonction « réparatrice[15] » de l'al. 718.2e) tout en rappelant avec des mots forts « l'ampleur et la gravité du problème[16] » auquel la magistrature avait le devoir pressant de répondre[17]. Au nom d'une cour unanime, les juges Cory et Iacobucci ont ainsi qualifié les chiffres de la surreprésentation autochtone de « criants », ajoutant que de tels chiffres « reflètent ce qu'on peut à bon droit qualifier de crise dans le système canadien de justice pénale[18]. » Afin de fournir des repères aux juges chargés de déterminer la sentence des personnes autochtones, la cour est venue répondre à trois questions décisives : 1) la question du « comment », en mettant en place la méthode d'analyse qui devait présider à l'application de l'al. 718.2e) ; 2) la question du « pouvoir », à savoir si les juges avaient l'obligation ou non d'appliquer cette méthode dans chaque cas ; 3) la question du « qui », à savoir la catégorie précise des personnes concernées par cette nouvelle disposition. Sans qu'il soit utile d'entrer ici dans les détails,

---

[12] Notons qu'à moins d'indication contraire, toutes les données mentionnées dans cet article incluent les détenus autochtones de sexe masculin et féminin. Service correctionnel Canada (2000), *Profil démographique des peuples autochtones du Canada et des délinquants autochtones détenus dans des établissements correctionnels fédéraux*, en ligne : https://www.csc-scc.gc.ca/autochtones/002003-1008-fra.shtml?pedisable=false.

[13] Nous soulignons : *R.* c. *Proulx*, [2000] 1 R.C.S. 61, par. 92. Voir aussi les propos du ministre de la Justice qui vont dans le même sens : « Lorsqu'il est approprié de le faire, le recours aux solutions de rechange doit être envisagé, surtout lorsqu'il s'agit de contrevenants autochtones. » Canada, *Débats de la Chambre des communes*, vol. IV, 1re sess., 35e lég., 20 septembre 1994, p. 5871, cité dans *Gladue*, par. 46.

[14] P. Stenning et J. V. Roberts (2001), « Empty Promises : Parliament, The Supreme Court, and the Sentencing of Aboriginal Offenders », *Saskatchewan Law Review*, vol. 64,p. 140-141.

[15] *Gladue*, par. 33.

[16] *Gladue*, par. 64.

[17] *Id.*

[18] *Id.*

rappelons que la méthode d'analyse retenue par la Cour suprême se décline en deux étapes : examiner, d'abord, « les facteurs systémiques ou historiques distinctifs qui peuvent être une des raisons pour lesquelles le délinquant autochtone se retrouve devant les tribunaux[19] » et considérer, ensuite, « les types de procédures de détermination de la peine et de sanctions qui, dans les circonstances, peuvent être appropriées à l'égard du délinquant en raison de son héritage ou attaches autochtones[20]. » Si aucune sanction substitutive à l'incarcération ne s'avère appropriée dans un cas donné, la cour précise que « la durée de la peine devra [alors] être soigneusement examinée », ce qui peut avoir comme implication que « la période d'emprisonnement imposée à un délinquant autochtone pourra dans certaines circonstances être moins longue que celle imposée à un délinquant non autochtone pour la même infraction[21]. » L'arrêt *Gladue* est par ailleurs sans équivoque quant au caractère contraignant de l'al. 718.2e) : « [l]e tribunal n'a pas le pouvoir discrétionnaire d'examiner ou de ne pas examiner la situation particulière du délinquant autochtone[22]. » Finalement, en ce qui concerne la question de savoir à qui cette disposition s'applique, les juges Cory et Lacobucci ont refusé d'imposer une conception restrictive de l'identité autochtone. Tout à l'inverse, ils ont opté pour la définition la plus inclusive qui soit : l'al. 718.2e) s'applique à tous les délinquants qui s'auto-identifient comme Autochtones, quel que soit leur lieu de résidence ou leur admissibilité au statut d'« Indien » inscrit au sens de la *Loi sur les Indiens*[23].

Quiconque lit l'arrêt *Gladue* serait en droit de s'attendre à ce qu'un message aussi clairement formulé, une exhortation aussi nette à prendre au sérieux l'intention du législateur, allait permettre à l'al. 718.2e) de commencer à remplir son objectif : « réduire le niveau tragique de la surreprésentation des autochtones dans la population carcérale[24]. » Or, en dépit des bonnes intentions, la crise de la surreprésentation ne s'est pas résorbée. Année après année, le poids des Autochtones dans la population carcérale a même continué de battre des records, comme si l'arrêt *Gladue* n'avait été qu'un simple cri dans le désert, impuissant à changer quoi que ce soit à une trajectoire qui semblait vouée se déployer indépendamment de la volonté du législateur et des tribunaux[25]. En 2012, les Autochtones composaient désormais un peu plus de 22 % des personnes détenues dans les établissements fédéraux, alors même que cette proportion s'élevait à 17 % au moment de l'arrêt *Gladue*[26].

---

[19] *Id.*, par. 93. Voir aussi par. 67-69.

[20] *Id.*, par. 93. Voir aussi par. 70-74.

[21] *Id.*, par. 93.

[22] *Id.*, par. 82. La Cour suprême insiste néanmoins pour dire qu'il ne faudrait pas en conclure que l'al. 718.2e) entraîne « une réduction automatique de la peine [...] pour la simple raison que le délinquant est autochtone. » *Id.*, par. 88.

[23] *Id.*, par. 89-91.

[24] *Id.*, par. 87.

[25] J. V. Roberts et R. Melchers (2003), *supra*, note 2, p. 226, n'ont pas manqué de qualifier la situation de « mystifying. »

[26] Sécurité publique Canada (2012), *Rapport annuel 2012 — Aperçu statistique : Le système correctionnel et la mise en liberté sous condition*, p. 53. Pour l'année 1999, voir Service correctionnel Canada (2000), *supra*, note 12.

Confrontée au pénible constat que la surreprésentation autochtone atteignait des « niveaux jamais vus[27] », la Cour suprême tenta de corriger le tir avec un deuxième arrêt de principe. Avec l'arrêt *Ipeelee*, rendu en 2012, la cour refusait l'idée, avancée par certains, que l'al. 718.2e) n'était qu'une « promesse vide[28] », condamnée à n'avoir aucun effet tangible sur le poids des personnes autochtones dans le système carcéral[29]. Selon elle, l'échec manifeste de la réforme de 1996 s'expliquait essentiellement par des « problèmes fondamentaux d'interprétation et d'application[30] » qui avaient empêché l'al. 718.2e) de produire les fruits dont il était porteur. En d'autres termes, le problème ne résidait pas dans l'al. 718.2e) lui-même (par exemple dans sa portée trop limitée ou son poids trop faible par rapport à d'autres dispositions plus contraignantes du *Code criminel*), mais bien dans sa mise en œuvre erronée ou lacunaire par les tribunaux inférieurs, et ce, en dépit des directives fournies dans l'arrêt *Gladue*[31]. Le but de l'arrêt *Ipeelee* était ainsi de dissiper les obstacles résiduels qui empêchaient l'al. 718.2e) de révéler son plein potentiel et de réaliser sa promesse réparatrice[32].

Pour ce faire, la Cour suprême a accompli trois gestes décisifs[33] :

1) Premièrement, même si l'arrêt *Gladue* s'était déjà brièvement exprimé sur le sujet[34], le juge LeBel a mis les points sur les i en soulignant que les tribunaux *devaient* systématiquement « prendre connaissance d'office de questions telles que l'histoire de la colonisation, des déplacements de populations et des pensionnats et la façon dont ces événements se traduisent encore aujourd'hui chez les peuples autochtones par un faible niveau de scolarisation, des revenus peu élevés, un taux de chômage important, des abus graves d'alcool ou d'autres drogues, un taux élevé de suicide et, bien entendu, un taux élevé d'incarcération[35]. » Selon la Cour suprême, ces faits constituent le cadre contextuel général, considéré comme *déjà prouvé,* qui doit *toujours* guider le juge dans son analyse des circonstances particulières qui ont mené un Autochtone devant les tribunaux.

2) Deuxièmement, la cour a rappelé que la prise en compte des facteurs systémiques ou historiques ne saurait en aucun cas exiger la preuve d'un lien de causalité direct entre ces facteurs et la commission d'une infraction précise. Il suffit que ces facteurs aient pu un tant soit peu contribuer à la trajectoire criminelle d'un délinquant autochtone pour que le juge soit tenu de les intégrer dans son évaluation du degré de culpabilité morale de cette personne[36].

---

[27] *Ipeelee*, par. 62.
[28] Voir P. Stenning et J. V. Roberts (2001), *supra*, note 14, p. 167, cité dans *Ipeelee*, par. 65.
[29] *Ipeelee*, par. 69.
[30] *Id.*, par. 63,
[31] *Id.*, par. 80.
[32] *Id.*
[33] Signalons que le juge Rothstein (dissident en partie) n'a pas manifesté de désaccords de fond avec ces trois gestes.
[34] *Gladue*, par. 83. Voir aussi *Wells*, par. 53
[35] *Ipeelee*, par. 60.
[36] *Id.*, par. 81-83.

3) Finalement, l'arrêt *Ipeelee* a rejeté catégoriquement l'idée que l'al. 718.2e) voyait sa pertinence disparaître aussitôt qu'il s'agissait de punir un crime grave ou violent. À l'encontre de cette vision, le juge LeBel a levé la moindre ambiguïté qui avait pu résulter de certains passages de l'arrêt *Gladue*[37] : le juge chargé d'infliger une sentence a l'obligation d'appliquer l'al. 718.2e) *sans égard pour le degré de gravité de l'infraction commise*[38].

Encore une fois, quiconque prend connaissance de l'arrêt *Ipeelee* serait en droit de s'attendre à ce que l'impact de l'al. 718.2e) se soit fait sentir aussitôt le message reçu par les tribunaux inférieurs, de la même façon qu'on s'attendrait à ce qu'une flèche, une fois redirigée fermement dans la bonne direction, finisse par toucher sa cible. Or, à l'image de la période post-*Gladue*, les années qui ont suivi l'arrêt *Ipeelee* ont donné lieu à une immense déception. Non seulement le tableau a-t-il continué de se noircir, mais un rapide coup d'œil aux statistiques donne même l'impression que les tendances précédemment observées se sont emballées vers le pire. À ce titre, il n'est pas exagéré d'affirmer que les lendemains de l'arrêt *Ipeelee* s'apparentent carrément à une douche froide. Si nous avons vu qu'entre les arrêts *Gladue* (1999) et *Ipeelee* (2012), le poids des Autochtones dans les pénitenciers fédéraux était passé de 17 % à 22 %[39], ce même poids a bondi de 22 % à 31,6 % entre 2012 et 2021[40]. Considérant que la Cour suprême avait elle-même promis « un regain de vigueur[41] » dans l'application de l'al. 718.2e) après la résolution « de problèmes d'interprétation » présentés comme la source principale de l'incapacité à résorber la crise, on ne saurait se surprendre qu'une hausse aussi marquée ait fini par nourrir chez certains la perception que l'al. 718e) demeurerait fatalement inapte à remplir ses promesses[42]. Le graphique 1 permet de visualiser la tendance lourde qui a permis à ce scepticisme de s'installer.

---

[37] Voir *Gladue*, par. 79.

[38] *Ipeelee*, par. 84-89.

[39] Voir *supra*, note 26.

[40] Sécurité publique Canada (2023), *Rapport annuel 2021 — Aperçu statistique : Le système correctionnel et la mise en liberté sous condition*, p. 109.

[41] *Ippelee*, par. 63.

[42] J. V. Roberts et A. A. Reid (2017), « Aboriginal Incarceration in Canada Since 1978: Every Picture Tells the Same Story », *Canadian Journal of Criminology and Criminal Justice*, vol. 59, n° 3, p. 313-345. Voir aussi G. Beausoleil-Allard (2016), « Quand le renouveau pénologique au cœur de l'art. 718.2e) se fait attendre : symptôme d'une impasse réformiste plus générale », *Revue canadienne de droit pénal*, vol. 21, p. 125.

GRAPHIQUE 1 – ÉVOLUTION DU POIDS DES AUTOCHTONES DANS LE SYSTÈME CARCÉRAL FÉDÉRAL DEPUIS 1994-95

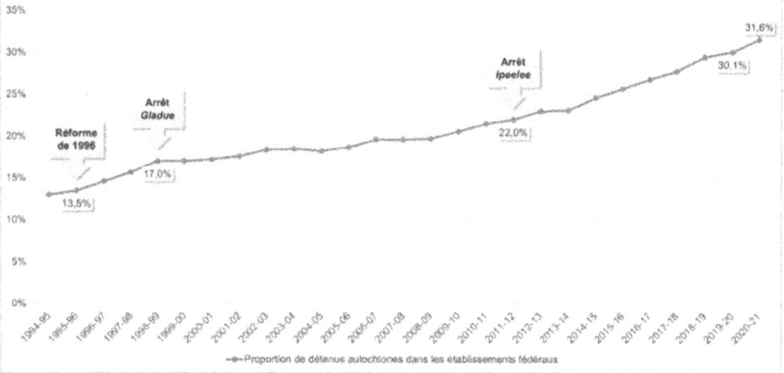

SOURCES DES DONNÉES : SERVICE CORRECTIONNEL DU CANADA

Le récit que nous venons de faire est sans contredit le récit de l'impuissance du droit, du moins celui qui se dégage à la lumière du suivi de la seule variable qui a retenu notre attention jusqu'à maintenant : le poids des Autochtones incarcérés dans le système fédéral[43]. Face à un tel récit, qui risque de semer chez plusieurs une forme de résignation, la question qui se pose urgemment est la suivante : comment expliquer que, malgré toutes les bonnes intentions affichées, malgré le désir – que l'on présume sincère – de changer les choses, la situation se soit détériorée à ce point ? Car même si l'on devait conclure que l'effet de la réforme de 1996 a été modeste, voire nul, le fait que le poids carcéral des Autochtones ait poursuivi sa hausse d'une manière aussi inflexible a de quoi laisser perplexe. En 25 ans, le poids des Autochtones dans la population carcérale fédérale a augmenté de 134,1 %[44]. Le paradoxe qui découle de cette hausse est proprement vertigineux : plus la société canadienne a pris conscience de la nécessité de réduire le phénomène de la surreprésentation autochtone et plus la Cour suprême a pris soin de clarifier l'état du droit avec de nouvelles directives, *moins le problème auquel on tentait de remédier a semblé sous contrôle*.

Ce paradoxe mérite d'être mieux compris, et c'est à cet effort explicatif que cet article entend contribuer en attirant l'attention sur certaines variables qui, étonnamment négligées dans la littérature sur le sujet, s'avèrent pourtant essentielles pour diagnostiquer l'étendue de l'échec de la réforme de 1996. Dans les pages qui suivent, nous allons d'abord présenter sommairement les deux grandes hypothèses qui viennent spontanément à l'esprit pour expliquer la hausse continue illustrée par le graphique 1 : l'hypothèse de la surcriminalité et l'hypothèse de la discrimination systémique. Nous verrons que ces hypothèses, bien que non dépourvues de pertinence pour éclairer le phénomène de la surreprésentation à un moment donné, ne permettent pas de rendre compte de la hausse précise que nous cherchons à expliquer. Nous nous tournerons ensuite vers les cinq variables qui, selon nous, permettent le mieux de comprendre la hausse du poids carcéral des

---

[43] Signalons que l'évolution de la surreprésentation dans les prisons provinciales suit une trajectoire tragiquement similaire. Voir J. V. Roberts & A. A. Reid (2017), *supra*, note 42.

[44] Nous calculons ici le pourcentage de croissance entre 13,5 % et 31,6 %.

Autochtones observée depuis la réforme de 1996 : 1) la croissance du poids autochtone dans la population canadienne ; 2) la structure particulière de la pyramide des âges de la population autochtone ; 3) les changements récents dans la composition de la population non autochtone (ce que nous avons appelé le facteur migratoire) ; 4) la mobilité ethnique dite intragénérationnelle et, finalement, 5) l'indice de gravité des crimes commis par les personnes autochtones dans un contexte de baisse tendancielle du taux d'incarcération. Nous verrons que la prise en compte de ces différentes variables permet de mieux contextualiser l'incapacité de la réforme de 1996 à produire des effets perceptibles sur le poids carcéral des Autochtones, et ce, en dépit de toute volonté contraire (ce qui ne signifie évidemment pas que toute nouvelle initiative législative en lien avec la détermination de la peine soit vouée à n'apporter aucun bienfait). En conclusion, nous formulerons de brèves remarques pour écarter tout malentendu : loin de chercher à normaliser le phénomène de la surreprésentation autochtone, notre propos vise ultimement à rediriger l'attention du législateur et des chercheurs sur ses causes profondes. Il n'y a pas, après tout, d'action efficace sans connaissance adéquate de la réalité sur laquelle on prétend agir.

I. Deux hypothèses explicatives et leurs limites

Dans l'arrêt *Ipeelee*, le juge LeBel a cité un passage de l'Enquête publique sur l'administration de la justice et les peuples autochtones au Manitoba qui résume bien les deux grandes explications spontanément avancées pour éclairer la hausse du poids des Autochtones dans le système carcéral canadien : « Why, in a society where justice is supposed to be blind, are the inmates of our prisons selected so overwhelmingly from a single ethnic group? Two answers suggest themselves immediately: either Aboriginal people commit a disproportionate number of crimes, or they are the victims of a discriminatory justice system[45]. » Ces deux hypothèses, l'une tournée vers la population surreprésentée (appelons-la l'hypothèse de la surcriminalité), l'autre tournée vers le système où se produit la surreprésentation (appelons-la l'hypothèse de la discrimination systémique), forment les deux grands pôles explicatifs qui, à l'instar des deux extrémités d'un continuum, se font face (même si, bien sûr, les deux peuvent parfaitement se chevaucher dans la réalité).

A. L'hypothèse de la surcriminalité

L'hypothèse de la surcriminalité (aussi appelée hypothèse de l'implication criminelle différenciée) consiste à soutenir que les différences de proportion observées dans le système carcéral entre Autochtones et non-Autochtones s'expliquent essentiellement par des différences de fréquence dans l'adoption des comportements les plus susceptibles de conduire une personne derrière les barreaux. Pour bien comprendre la force explicative d'une telle hypothèse, il suffit de prendre un

---

[45] Manitoba (1991), *Public Inquiry into the Administration of Justice and Aboriginal People. Report of the Aboriginal Justice Inquiry of Manitoba*, vol. 1, *The Justice System and Aboriginal People*, Winnipeg: The Inquiry, p. 85, cité dans *Ipeelee*, par. 65. Voir aussi Commission royale sur les peuples autochtones (1996b), *Par-delà les divisions culturelles: un rapport sur les autochtones et la justice pénale au Canada*, Ottawa, La Commission, p. 37.

exemple peu sujet à controverse : celui de la surreprésentation des personnes de sexe masculin dans les pénitenciers fédéraux. La disproportion entre les sexes est frappante : en 2018, par exemple, les hommes constituaient 94 % de toutes les personnes détenues, par rapport à seulement 6 % pour les femmes[46]. En dehors de cercles masculinistes marginaux, il ne viendrait l'idée à personne d'avancer que cette disparité s'explique essentiellement par un phénomène de discrimination systémique envers les hommes. L'hypothèse la plus vraisemblable est plutôt celle d'une surcriminalité masculine : si les hommes sont surreprésentés dans le système carcéral, c'est tout simplement parce qu'ils sont plus nombreux à s'engager dans des conduites sanctionnées par des peines sévères d'emprisonnement. Or cette hypothèse, intuitive et peu contestée lorsqu'il s'agit d'expliquer le poids disproportionné des hommes dans le système carcéral, soulève à juste titre beaucoup plus de réserves lorsqu'appliquée aux personnes autochtones. D'une part, cette hypothèse, surtout lorsqu'elle est formulée à la manière d'une évidence sans nuance, peut contribuer à renforcer des stéréotypes essentialistes qui eux-mêmes peuvent accroître la tendance du système pénal à traiter les Autochtones de façon discriminatoire[47]. Indépendamment de cet enjeu, toutefois, qui porte moins sur la vérité statistique de la surcriminalité que sur les effets sociaux potentiels de sa formulation et de sa diffusion publique[48], l'hypothèse de la surcriminalité pose surtout problème en ce qu'en elle passe sous silence les raisons qui ont pu contribuer à accroître la fréquence des comportements criminels dans le groupe autochtone. Elle se contente, en d'autres termes, de présenter une cause proximale de la surreprésentation carcérale (plus de crimes = plus de peines d'emprisonnement) comme une cause première, indépendante de tout un ensemble de causes plus distales (taux de diplomation parmi les plus bas, chômage élevé, faibles revenus, problèmes de dépendance aux drogues et à l'alcool, expériences de victimisation en bas âge résultant d'une forte incidence de la violence intrafamiliale, logements surpeuplés, aliénation culturelle, etc.) qui elles-mêmes sont en grande partie le prolongement de causes historiques encore plus distales (colonisation, dépossession territoriale, déplacements de population, *Loi sur les Indiens*, pensionnats, etc.).

Pour peu que l'on prenne soin de rappeler ce contexte plus large, cela dit, il est clair que le taux de criminalité plus élevé de la population autochtone ne peut que se répercuter *in fine* sur le nombre d'entre elles qui finissent incarcérées. La surreprésentation des personnes autochtones parmi les auteurs de crime était amplement documentée en 1996[49] et il continue d'être reconnu aujourd'hui[50].

---

[46] Service Correctionnel Canada (2018), *Profil de la population de délinquants sous responsabilité fédérale de 2018*, en ligne : https://www.csc-scc.gc.ca/publications/092/005007-3033-fra.pdf

[47] M. Jackson (1989), « Locking Up Natives in Canada », *UBC Law Review*, vol. 23, n° 2, p. 218. Voir aussi *R.* c. *Williams*, [1998] 1 R.C.S. 1128, par. 58.

[48] Il est tout à fait possible de reconnaître la vérité d'un fait sur le plan descriptif tout en s'opposant à ce que cette vérité fasse l'objet d'une diffusion sans nuance pour des raisons normatives.

[49] Commission royale sur les peuples autochtones (1996b), *supra*, note 45, p. 38-39.

[50] J. Dickson (2021), « Indigenous People in Canada. Culture, Colonialism, and Criminal Justice », *in* B. Perry (ed.), *Diversity, Crime, and Justice in Canada*, Don Mills, Oxford University Press, p. 65 et J.-A. Brzozowski, A. Taylor-Butts et S. Johnson (2006), « La victimisation et la criminalité chez les peuples autochtones au Canada », *Juristat*, produit n° 85-002-X au catalogue de Statistique Canada, p. 10-11. Le taux de criminalité

Comme l'écrivait la Commission de vérité et réconciliation en 2015 : « La Commission ne peut ignorer ces faits, aussi inconfortables soient-ils[51]. » Pour les raisons que nous allons voir plus loin, cependant, nous ne croyons pas que cette variable soit la plus à même d'expliquer la *hausse* constante du poids carcéral des Autochtones depuis la réforme de 1996. Dit autrement, ce serait selon nous un raccourci injustifié que de soutenir que les Autochtones sont de plus en plus nombreux dans le système carcéral simplement parce qu'ils commettent de plus en plus de crimes. La réalité est beaucoup plus complexe, et nous verrons que d'autres variables interfèrent *en amont et en aval* de la corrélation entre criminalité et incarcération, variables qui font en sorte que le poids carcéral d'un groupe peut très bien augmenter sans que les chances qu'un individu appartenant à ce groupe emprunte une trajectoire criminelle n'augmentent.

B. L'hypothèse de la discrimination systémique

L'hypothèse de la discrimination systémique revêt assurément une grande pertinence pour expliquer le poids disproportionné qu'en sont venues à occuper les Autochtones dans le système carcéral canadien. Il est impossible de comprendre le phénomène de la surreprésentation autochtone sans tenir compte de l'histoire du colonialisme et de l'ensemble des effets tentaculaires que cette histoire continue de produire dans le Canada d'aujourd'hui. Cette hypothèse, du reste, ne relève juridiquement pas de la simple hypothèse. En effet, comme nous l'avons vu avec l'arrêt *Ipeelee*[52], la Cour suprême a confirmé que les facteurs systémiques et historiques relevaient en vérité de la connaissance d'office et donc de l'hypothèse *déjà notoirement confirmée*, soustraite à la possibilité même d'être réfutée[53]. Rappelons que le seuil d'application de la connaissance d'office en droit canadien est strict et qu'il se limite « aux faits qui ne prêtent clairement pas à controverse ou qui sont à l'abri de toute contestation de la part de personnes raisonnables[54]. » Les faits dits sociaux, surtout lorsqu'ils renvoient à des phénomènes complexes, ont rarement bénéficié d'une reconnaissance aussi automatique[55]. C'est dire l'abondance et la solidité des preuves qui existent pour attester du rôle historique de la discrimination systémique dans la surreprésentation carcérale des Autochtones. Si le rôle historique de la discrimination systémique ne saurait être remis en question pour expliquer une part substantielle des disparités observées en 1996 et qui ont pour ainsi dire formées le socle de la surreprésentation qui se maintient à ce jour, il est

---

élevé de la population autochtone trouve par ailleurs une confirmation dans les enquêtes de victimisation. Voir à ce sujet J. Boyce (2016), « La victimisation chez les Autochtones au Canada, 2014 », *Juristat*, produit n° 85-002-X au catalogue de Statistique Canada et S. Perreault (2011), « La victimisation avec violence chez les Autochtones dans les provinces canadiennes, 2009 », *Juristat*, produit n° 85-002-X au catalogue de Statistique Canada.

[51] Commission de vérité et réconciliation (2015), *Rapport final de la Commission de vérité et réconciliation du Canada, vol. 5, Pensionnats du Canada : Les séquelles*, Montréal, McGill-Queen's University Press, p. 251.

[52] *Ipeelee*, par. 60.

[53] *R.* c. *Spence*, [2005] 3 R.C.S. 458, par. 55.

[54] *R.* c. *Find*, [2001] 1 R.C.S. 863, par. 48.

[55] *Spence*, par. 57 et 68.

beaucoup plus difficile de déterminer dans quelle mesure l'*augmentation* de la discrimination systémique a pu contribuer, *en tant que variable indépendante*, à la hausse du poids carcéral des Autochtones entre 1996 et aujourd'hui. À cet égard, la discrimination systémique redevient une hypothèse dont la valeur explicative doit être soupesée au regard de toutes les autres variables pertinentes[56].

Nous présenterons brièvement ici deux phénomènes associés à la discrimination systémique qui ont pu être avancés ces dernières années pour expliquer le poids des Autochtones dans la population carcérale : tout d'abord, le zèle excessif dont feraient preuve les services de police à l'égard des personnes autochtones, lequel entraînerait un risque accru d'incarcération par rapport aux personnes non autochtones ; ensuite, la possibilité que les outils d'évaluation du risque utilisés pour anticiper la récidive soient porteurs de biais de nature à prolonger arbitrairement l'incarcération moyenne des Autochtones. Nous verrons que si ces deux phénomènes méritent assurément d'être pris au sérieux, il est peu probable qu'ils soient en mesure d'expliquer significativement la hausse du poids carcéral des Autochtones depuis 1996.

1. La surveillance policière excessive

Dès 1996, la Commission royale sur les peuples autochtones expliquait déjà avec justesse comment la surveillance disproportionnée des personnes autochtones par les policiers était de nature à contribuer à leur surreprésentation[57]. Le cercle vicieux qui est à l'œuvre peut être décrit de la manière suivante : dans un premier temps, les policiers en viendraient à associer statistiquement le groupe autochtone à un risque plus élevé de criminalité, association qui peut, en elle-même, s'appuyer « sur des bases empiriques[58] » ; dans un deuxième temps, les policiers auraient tendance (consciemment ou non) à se servir de l'identité ethnique autochtone perçue des individus comme d'un indice de la présence possible de comportements criminels, à la manière d'une sorte de raccourci cognitif qui s'assimile ni plus ni moins à du profilage racial ; ce profilage se traduirait ensuite fatalement par un surcroît d'attention portée aux faits et gestes des personnes autochtones et donc par un risque plus grand que les policiers les surprennent en train de se livrer à l'activité criminelle qu'ils soupçonnaient au départ, renforçant du même coup le cercle vicieux. Ultimement, les personnes autochtones auraient plus de chances d'être arrêtées, accusées et incarcérées pour les crimes découverts grâce à cette surveillance accrue. Il faut bien voir ici que le problème n'est pas que le système pénal accuserait faussement les Autochtones de crimes qu'ils n'ont pas commis. L'enjeu est que les crimes découverts *ne l'auraient vraisemblablement pas été* sans que les policiers ne soient guidés dans leur travail par des raccourcis discriminatoires. Or ce phénomène risque d'autant plus de contribuer au phénomène de la

[56] Sur les conditions de la scientificité du concept de discrimination systémique, voir C. Tremblay Potvin et U. Gilbert Tremblay (2023), « Juridicité, normativité et scientificité du concept de discrimination systémique », *Revue de droit de l'Université de Sherbrooke*, vol. 52, n° 2, p. 327-337.
[57] Commission royale sur les peuples autochtones (1996b), *supra*, note 45, p. 39-44.
[58] *Id.*, p. 40.

surreprésentation carcérale des Autochtones que l'attention policière est une ressource limitée. En effet, pendant que les policiers surveillent à l'excès les membres du groupe autochtone, ils ne sont pas en train de surveiller les membres du groupe non autochtone. Ce faisant, ces derniers bénéficieraient d'un risque d'incarcération amoindri par rapport à leur taux de criminalité réel.

Même si l'impact précis de l'excès de zèle policier sur la surreprésentation autochtone peut être extrêmement difficile à mesurer[59], nous ne doutons pas que ce phénomène existait au moment de l'adoption de la réforme de 1996 et qu'il continue d'exister aujourd'hui[60]. C'est une chose toutefois de reconnaître que ce phénomène permet d'expliquer une certaine partie de la surreprésentation constatée dans le système carcéral, c'en est une autre de conclure que c'est son *accroissement* qui permet d'expliquer la hausse spectaculaire du poids des Autochtones observée dans le système carcéral depuis 1996. Pour valider une telle hypothèse, il faudrait démontrer que les biais conscients et inconscients des policiers à l'encontre des personnes autochtones ont eux-mêmes augmenté de façon fulgurante au cours des dernières décennies, et ce, alors même que la tolérance sociale et institutionnelle envers le profilage racial semble au contraire être allée en diminuant. Faute de preuve manifeste d'une tendance *accrue* au profilage de la part des services de police, il nous semble plus vraisemblable de postuler que la part contributive du zèle policier au phénomène de la surreprésentation autochtone est *demeurée relativement stable* au cours des dernières décennies et que, par conséquent, ce n'est pas la hausse *indépendante* de cette variable qui permet d'expliquer la hausse marquée du poids des Autochtones dans le système carcéral.

Soulignons que le fait de ne retenir pour les fins de notre analyse que les statistiques du système carcéral *fédéral* diminue par ailleurs grandement la pertinence de cette variable pour rendre compte de la hausse du poids carcéral des Autochtones[61]. La discrimination systémique découlant du profilage racial risque en effet davantage de conduire à la découverte d'infractions mineures[62], lesquelles ne conduisent généralement pas à des peines à purger dans des pénitenciers

---

[59] Pour mesurer cet impact, il faudrait être en mesure d'isoler la proportion précise des peines d'emprisonnement qui découlent d'infractions qui n'auraient pas été découvertes si les policiers ne ciblaient pas disproportionnellement les personnes autochtones en raison de motifs illégitimes comme la discrimination fondée sur la race ou l'origine ethnique.

[60] V. Armony, M. Hassaoui et M. Mulone (2019), *Les interpellations policières à la lumière des identités racisées des personnes interpellées. Analyse des données du Service de Police de la Ville de Montréal (SPVM) et élaboration d'indicateurs de suivi en matière de profilage racial*, Rapport final remis au SPVM.

[61] Plusieurs des variables que nous allons aborder dans cet article s'appliquent tout autant au système carcéral provincial. Par souci de concision, toutefois, ainsi que pour des raisons méthodologiques, nous avons préféré limiter notre analyse aux données fédérales. Notons au passage que le grand problème des données provinciales est qu'elles ont beaucoup plus de chances de compter plusieurs fois *le même individu*. En effet, dans la mesure où près de la moitié des peines imposées sont de moins de 1 mois, il suffit d'un petit nombre de multirécidivistes pour fausser les données. Dès 2003, les professeurs Roberts et Melchers notaient ainsi ceci à propos des données provinciales « to some unknown degree, [...] Aboriginal admission statistics probably over-represent the number of unique individuals admitted to prison. » J. V. Roberts & R. Melchers (2003), *supra*, note 2, p. 218.

[62] Voir Commission royale sur les peuples autochtones (1996b), *supra*, note 45, p. 41 et LaPrairie (1992), *supra*, note 1, p. 12.

fédéraux[63]. La raison à cela est simple : les crimes commis avec violence (homicides, voies de fait graves, etc.), qui forment l'écrasante majorité des infractions punies par des sentences plus de deux ans[64], ont beaucoup plus de chances d'attirer l'attention des forces de l'ordre en raison de leurs caractéristiques inhérentes plutôt que d'être découverts à l'occasion d'« expéditions de pêche » motivées par des biais de nature systémique. Pour le dire autrement, c'est moins le système pénal qui va à leur rencontre que les crimes violents qui sollicitent l'intervention du système pénal, notamment en raison de la visibilité de leurs conséquences (décès, blessures graves, etc.) ou tout simplement de la détresse spontanée qu'ils suscitent (ce qui augmente la probabilité qu'une personne appelle le 911 ou porte plainte à la police par exemple)[65].

Cela dit, il importe de noter que même si le zèle policier risque beaucoup plus de conduire à la découverte d'infractions mineures, l'accumulation d'antécédents judiciaires pour des infractions mineures peut éventuellement faire pencher la balance du côté d'une peine d'emprisonnement de deux ans et plus à titre que circonstance aggravante[66]. En somme, sans être une variable permettant d'expliquer l'*aggravation* du poids des Autochtones dans les pénitenciers fédéraux, on ne saurait exclure qu'elle puisse expliquer une portion, même de faible ampleur, de la surreprésentation observée dans le système carcéral fédéral en 1996 et qui se perpétue jusqu'à aujourd'hui.

2. L'évaluation biaisée du risque de récidive en amont et en aval de la détermination de la peine

Certains chercheurs ont attiré l'attention sur le rôle potentiel des outils d'évaluation du risque de récidive dans la surreprésentation des personnes autochtones dans le système carcéral canadien[67]. De façon générale, cette hypothèse ne conteste pas le fait que le risque de récidive plus élevé qu'affichent les délinquants autochtones par rapport aux délinquants non autochtones s'explique dans une large mesure par les mêmes causes distales que nous avons mentionnées à propos de l'hypothèse de la surcriminalité (les facteurs qui augmentent le risque de criminalité

---

[63] Rappelons qu'en vertu de l'art. 743.1 *C.cr.,* les peines de deux et plus doivent être purgées dans un pénitencier fédéral.

[64] En 2020, c'était 72 % de tous les délinquants incarcérés dans un établissement fédéral qui purgent une peine en lien avec une infraction avec violence. Sécurité publique Canada (2022a), *Rapport annuel 2020 — Aperçu statistique : Le système correctionnel et la mise en liberté sous condition*, p. 85.

[65] Certaines données indiquent d'ailleurs que les victimes autochtones seraient *plus* susceptibles que les victimes non-autochtones de signaler les infractions graves qu'elles subissent à la police (39 % contre 18 %), vraisemblablement en raison de la plus grande fréquence des blessures qu'elles rapportent en cas d'agression (36 % contre 12 %) ou du fait que l'auteur du crime signalé était armé (32 % contre 13 %). Voir Statistique Canada (2022), « La victimisation criminelle des Premières Nations, Métis et Inuits du Canada, 2018 à 2020 », *Le Quotidien*, en ligne : https://www150.statcan.gc.ca/n1/daily-quotidien/220719/dq220719c-fra.htm.

[66] H. Parent et J Desrosiers (2020), *Traité de droit criminel*, t. III « La peine », Montréal, Éditions Thémis, p. 109-115.

[67] Voir Dickson, *supra*, note 50, p. 62-63. Notons que cette question a été abordée en 2018 par la Cour suprême dans *Ewert* c. *Canada*, [2018] 2 R.C.S. 165, par. 63-67.

étant intimement liés à ceux qui favorisent la récidive). Cette hypothèse consiste toutefois à affirmer qu'une partie résiduelle de ce risque serait surestimée en raison de biais systémiques inscrits au cœur même des outils d'évaluation utilisés[68]. Suivant ce point de vue, ces outils, conçus et validés en se basant sur le profil de personnes non autochtones, ne tiendraient pas suffisamment compte des spécificités qui peuvent expliquer la récidive ou l'absence de récidive des Autochtones. Ce phénomène pourrait affecter aussi bien la durée de la sentence en amont de la détermination de la peine (surtout en l'absence d'un rapport présentenciel capable de rendre véritablement justice à la trajectoire propre d'un délinquant autochtone[69]) que la durée du maintien en détention (cette fois en aval de la peine), en différant par exemple l'obtention d'une libération conditionnelle[70].

Cet enjeu est préoccupant et mérite sans aucun doute l'attention soutenue des chercheurs. L'état actuel de la recherche comporte toutefois plusieurs zones d'ombre[71] et permet difficilement d'affirmer que les biais culturels jouent un rôle causal significatif dans les disparités observées dans le système carcéral[72]. Quant au phénomène précis que nous cherchons à expliquer, l'état actuel de la recherche permet encore moins de conclure que les outils d'évaluation du risque de récidive seraient en cause dans l'*aggravation* du poids carcéral des Autochtones depuis la réforme de 1996. D'une part, il n'y a aucune raison de penser qu'un changement dans les méthodes d'évaluation du risque aurait impacté *à la hausse* le rôle de cette variable en biaisant *davantage* les résultats des évaluations du risque de récidive en défaveur des Autochtones[73]. D'autre part, du moins en ce qui concerne les peines

---

[68] Pour une synthèse utile de la littérature sur ces questions, voir A. M. Haag et al. (2016), « An Introduction to the Issues of Cross-cultural Assessment Inspired by *Ewert* v. *Canada* », *Journal of Threat Assessment and Management*, vol. 3, p. 65-75.

[69] Voir K. Hannah-Moffat et P. Maurutto (2010), « Re-.contextualizing Pre-sentence Reports: Risk and Race », *Punishment & Society*, vol. 12, n° 3, p. 262-286.

[70] Au sujet de l'obligation désormais reconnue qui incombe à la Commission des libérations conditionnelles de tenir compte des facteurs systémiques et historiques au moment d'accorder la libération conditionnelle, voir *Twins* c. *Canada (Procureur général)*, [2017] 1 RCF 79 ainsi que la *Loi sur le système correctionnel et la mise en liberté sous condition*, L.C. 1992, ch. 20, art. 79.1.

[71] Voir à cet égard *Ewert* c. *Canada*..., par. 79.

[72] A. M. Haag et al. (2016), *supra*, note 68, p. 68-70.

[73] Notons que certaines recherches récentes suggèrent « les taux de récidive absolus étaient *sous-estimés* pour les délinquants autochtones ayant obtenu un score faible » (nous soulignons). Pour ce qui est des délinquants autochtones ayant obtenu un score modéré ou élevé, le taux de récidive était adéquatement prédit. Voir L. Gutierrez, L. Helmus et R. Hansonet (2016), *Ce que nous savons et ne savons pas au sujet de l'évaluation du risque que présentent les délinquants d'origine autochtone*, Rapport de recherche 2017-R009, Sécurité publique Canada, p. 6-7. Concernant le sous-groupe des délinquants sexuels, voir toutefois S. C. Lee, R. K. Hanson et J. Blais (2019). *Évaluation des outils d'évaluation du risque destinés aux Autochtones ayant des antécédents de crimes sexuels : Une réponse à l'affaire Ewert (2018)* » Rapport de recherche 2023-R002, Sécurité publique Canada. De façon générale, signalons que le taux d'octroi de la semi-liberté et de la libération conditionnelle totale a suivi une tendance comparable pour les Autochtones et les non-Autochtones entre 2010-2011 et 2019-2020, avec un taux d'octroi en progrès constant pour les deux groupes. Pendant la même période, l'écart entre les proportions de peine purgées par les Autochtones et les non-Autochtones avant l'obtention d'une première semi-liberté ou d'une première libération conditionnelle totale — écart peut traduire une différence objective quant au risque de récidive — ne n'est pas accru davantage au détriment des Autochtones. Voir Sécurité publique Canada (2022a), *supra*, note 64, p. 114, 116, 122 et 124.

d'emprisonnement de plus de deux ans, des données indiquent que les personnes autochtones reçoivent en fait des peines *moins longues* en moyenne que les personnes non autochtones[74], et ce, même lorsque l'infraction punie a été perpétrée avec violence[75]. Dans une étude récente de Saghbini et ses collègues portant sur la période 2005-2006 à 2015-2016, il a été ainsi observé que « parmi toutes les personnes condamnées à l'emprisonnement [pour une durée de deux ans et plus], les accusés autochtones étaient en moyenne 31 % moins susceptibles que les accusés blancs de rencontrer ce résultat[76]. » Il est par ailleurs intéressant de noter que, pour la même période, les Autochtones avaient 11 % plus de chances d'obtenir une peine d'emprisonnement avec sursis que les personnes blanches entre les années 2005-2006 et 2015-2016 et que cet avantage comparatif s'élevait même à 60 % dans le cas des infractions avec violence[77], ce qui donne à penser que le message du législateur a été en partie entendu quant à la fonction potentiellement réparatrice des sanctions substitutives. De telles données ne peuvent que relativiser grandement l'ampleur du rôle explicatif qu'on pourrait prêter à l'hypothèse d'une évaluation biaisée du risque conduisant à des peines plus lourdes visant les Autochtones de façon discriminatoire. Si cette variable joue un rôle, en effet, ce serait moins celui de contribuer à l'infliction de peines plus longues aux Autochtones par rapport à celles que se voient infliger les non-Autochtones que celui de *limiter la capacité du système pénal à réduire davantage la durée de ces peines*[78]. Or il y a évidemment une différence de taille entre soutenir qu'une variable contribue à *freiner* les tentatives du législateur visant à diminuer le poids carcéral des Autochtones et affirmer qu'elle est responsable de sa hausse.

II. Cinq variables négligées pour expliquer la hausse du poids carcéral des autochtones depuis 1996

Il nous sera évidemment impossible, dans le cadre de cet article, de quantifier dans ses moindres détails chacune des causes qui s'entrecroisent et qui ont pu

---

[74] Voir C. Saghbini, A. Bressan et L. Paquin-Marseulle (2021), *Représentation des Autochtones devant les tribunaux de juridiction criminelle au Canada : Étude fondée sur l'indice de taux relatif*, Division de la recherche et de la statistique, Ministère de la Justice du Canada. Voir aussi L. Helmus & T. Forrester (2014), *Validité conceptuelle de l'évaluation des facteurs statiques dans le processus d'évaluation initiale des délinquants*, Rapport de recherche R-309, Service correctionnel du Canada, p. 9 ainsi que B. Chéné (2018), *Profil des Autochtones confiés aux services correctionnels en 2015-2016*, Québec, Direction générale des services correctionnels, Ministère de la Sécurité publique, en particulier le tableau 11, p. 14. Fait encore plus étonnant et contre-intuitif, plusieurs données pointaient déjà en ce sens avant même la réforme de 1996, ce qui laisse croire que les juges tenaient déjà en partie compte des circonstances uniques dans lesquelles prend forme la criminalité autochtone : C. LaPrairie (1990), « The Role of Sentencing in the over-Representation of Aboriginal People in Correctional Institutions », vol. 32, n° 3, *Canadian Journal of Criminology*, p. 434. Concernant la période antérieure à la réforme de 1996, voir toutefois les nuances de M. Weinrath (2007), « Sentencing Disparity: Aboriginal Canadians, Drunk Driving and Age », *Western Criminology Review*, vol. 8, n° 2, p. 16-28.

[75] C. Saghbini, A. Bressan et L. Paquin-Marseulle (2021), *supra*, note 74, p. 34.

[76] *Id.*

[77] *Id.*, p. 25.

[78] Saghbini et ses collègues concluent en ce sens que la durée des peines reçues par les Autochtones « ne semble pas contribuer davantage à leur surreprésentation » dans les établissements carcéraux fédéraux. *Id.*, p. 34.

contribuer à des degrés divers à l'aggravation du poids des Autochtones dans les pénitenciers fédéraux depuis 1996. Nous croyons néanmoins être en mesure d'attirer l'attention des chercheurs sur des variables qui permettent d'expliquer une grande part, si ce n'est l'*essentiel*, de la hausse observée.

A. La croissance démographique

La première variable que nous souhaitons mettre de l'avant est à la fois la plus décisive et la plus évidente pour comprendre la hausse du poids carcéral des Autochtones depuis la réforme de 1996. Il s'agit d'une variable si incontournable que toute omission d'en tenir compte dans une analyse du phénomène de la surreprésentation constitue une grave erreur méthodologique : la croissance démographique, c'est-à-dire la hausse du poids des Autochtones dans l'ensemble de la population canadienne (nous reviendrons dans la section D de la présente partie sur les causes de cette hausse, qui ne se limitent pas seulement à un taux de natalité élevé). Dans un rapport écrit pour la Commission d'enquête publique Ipperwash qui s'est tenue en Ontario en 2003, Jonathan Rudin faisait la mise en garde suivante : « In order to draw any conclusions regarding overrepresentation of any group in the criminal justice system, two pieces of data are required: first, the percentage of the particular group of the overall population, and second, the proportion of the group among those in the criminal justice system[79]. » La raison pour laquelle ces deux variables ne peuvent être considérées séparément est évidemment que la notion même de surreprésentation est intrinsèquement liée à l'écart qui existe entre le poids d'un groupe dans un domaine donné (ici le système carcéral fédéral) et le poids du même groupe dans la population générale. À rigoureusement parler, il n'est donc possible de parler d'augmentation de la surreprésentation carcérale d'un groupe que lorsque son poids dans le système carcéral connaît une hausse plus marquée que l'accroissement que subit le poids du même groupe dans la population générale. Pour illustrer ce principe, il suffit d'imaginer un groupe qui, à un moment donné, représenterait 10 % de la population carcérale et 5 % de la population générale. Supposons que, 20 ans plus tard, le même groupe atteint 20 % de la population carcérale et 10 % de la population générale. Il serait alors toujours valide de parler de surreprésentation carcérale (de même qu'il serait toujours parfaitement justifié de chercher à en comprendre les causes ou de vouloir changer cet état de fait), mais il serait méthodologiquement erroné de conclure à une hausse de la surreprésentation. En 20 ans, malgré le doublement du poids de ce groupe dans la population carcérale, la surreprésentation serait en fait restée inchangée et la hausse du poids carcéral de ce groupe s'expliquerait exclusivement par sa croissance démographique (en supposant bien sûr que les taux de criminalité de chaque groupe seraient demeurés stables pendant cette période).

Nous avons dit précédemment qu'au moment de la réforme de 1996, le poids des Autochtones dans la population générale était de 2,8 %, tandis qu'il s'élevait à 13,5 % dans la population carcérale fédérale. Cette surreprésentation par un facteur

---

[79] J. Rudin (2005), *Aboriginal Peoples and the Criminal Justice System*, Ipperwash Inquiry, Toronto, Ontario, p. 9.

de 4,8 est en soi vertigineuse et justifiait amplement que le législateur canadien y voit un problème de la plus haute importance. Lorsqu'on compare toutefois l'évolution du poids des Autochtones dans la population générale à l'évolution de leur poids dans les établissements fédéraux entre 1996 et 2021 (année du dernier recensement), on se rend compte qu'une partie importante de l'évolution du poids des Autochtones dans le système carcéral s'est accrue *proportionnellement à l'évolution de leur poids dans la population canadienne*. En d'autres termes, la hausse du poids carcéral des Autochtones semble avoir été dans une large mesure le reflet de leur poids démographique grandissant par rapport à celui des non-Autochtones. Le graphique 2 permet de visualiser le coefficient de corrélation très élevé (0,95 ; $P < 0.0011$) qui existe entre la croissance du poids des Autochtones dans la population carcérale et leur croissance dans la population générale.

GRAPHIQUE 2 – COMPARAISON ENTRE L'ÉVOLUTION DU POIDS DES AUTOCHTONES DANS LA POPULATION CANADIENNE ET LEUR POIDS PARMI LES DÉTENUS FÉDÉRAUX

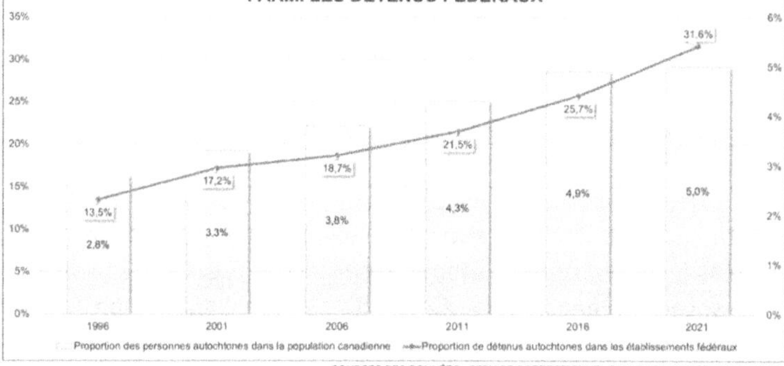

SOURCES DES DONNÉES : SERVICE CORRECTIONNEL CANADA ET STATISTIQUE CANADA

À la lumière de ce graphique, il appert que l'aggravation de la surreprésentation n'a pas été aussi marquée que pourrait le laisser croire la seule considération de l'évolution du poids des Autochtones dans les établissements fédéraux (telle que représentée par le graphique 1). La comparaison entre les années 1996 et 2016 est à cet égard particulièrement éloquente : d'une surreprésentation par un facteur de 4,8 en 1996, les Autochtones sont passés à une surreprésentation par un facteur de 5,2 en 2016. Il s'agit d'une aggravation de 8,7 % du phénomène de la surreprésentation en 20 ans, alors que la seule focalisation sur l'évolution du poids des Autochtones dans les établissements fédéraux révèle une hausse de 90,4 %. Parler de l'évolution du poids carcéral des Autochtones pendant cette période sans mentionner l'évolution concomitante de leur poids dans la population reviendrait ainsi à exagérer l'aggravation du phénomène de la surreprésentation par un facteur de 10,4, ce qui constitue une distorsion considérable de la réalité.

Il est intéressant de noter qu'une mesure comme le taux d'incarcération (qui indique le nombre d'Autochtones détenus dans un établissement fédéral à un moment donné pour chaque tranche de 100 000 adultes du même groupe dans la population générale) intègre d'emblée la variable du poids démographique dans sa représentation de la réalité. C'est ainsi qu'en 2018, le ministère de la Justice a pu révéler que le taux d'incarcération des Autochtones avait *diminué* de 2,2 % pendant la période de dix ans s'étendant de 2005-2006 à 2015-2016[80] (passant de 338,2 pour 100 000 Autochtones adultes à 330,8), et ce, alors même que le nombre d'Autochtones incarcérés dans les établissements fédéraux était passé de 2521 à 3760 pendant la même période[81]. Le fait qu'une baisse du taux d'incarcération puisse être contemporaine d'une hausse du nombre d'Autochtones incarcérés s'explique évidemment par le fait que le numérateur (le nombre d'Autochtones adultes incarcérés) se trouve divisé par un dénominateur (la population totale d'Autochtones adultes) qui a connu une hausse encore plus prononcée.

Même si la croissance démographique est assurément une variable essentielle pour mieux contextualiser la hausse du poids des Autochtones dans le système carcéral, force est de constater qu'elle demeure insuffisante pour expliquer l'intégralité de la hausse observée, et cela est particulièrement vrai lorsqu'on prend soin d'inclure la période la plus récente (2016-2021). Nous avons dit qu'entre 1996 et 2016, l'aggravation de la surreprésentation avait été de 8,9 % une fois prise en compte la hausse du poids démographique des Autochtones dans la population canadienne. Or si l'on calcule l'aggravation qui s'est produite entre 1996 et 2021, nous arrivons plutôt à une aggravation de 31,3 % en 25 ans (d'une surreprésentation par un facteur de 4,8 en 1996, nous sommes en effet passés à une surreprésentation par un facteur de 6,3 en 2021). C'est beaucoup moins que la hausse de 134,1 % qui se dégage de la seule considération de l'évolution du poids des Autochtones incarcérés dans les établissements fédéraux entre 1996 et 2021 (passé de 13,5 % à 31,6 %), mais cela demeure sans aucun doute une hausse non négligeable et préoccupante. À ce stade de notre analyse, nous devons donc en toute rigueur considérer d'autres variables susceptibles d'expliquer la part résiduelle de la hausse du poids carcéral des Autochtones qui ne s'explique pas par la seule croissance démographique et qui permettent en même temps de rendre compte du fait qu'entre 2016 et 2021, le poids carcéral des Autochtones a continué d'augmenter en dépit d'une stagnation de la croissance démographique du groupe autochtone dans la population canadienne.

B. La pyramide des âges

Aussi nécessaire que soit la prise en compte de l'évolution du poids d'un groupe dans la population canadienne, la croissance démographique demeure une variable incomplète si l'on omet de se pencher sur la pyramide des âges qu'elle sous-tend. Déjà en 1992, Carol LaPrairie s'en montrait consciente en notant que toute étude rigoureuse de la surreprésentation devrait « tenir compte de la répartition par âge des autochtones[82]. » Il est d'autant plus essentiel de prêter attention à cette variable

---

[80] Nous verrons plus loin que la baisse sera encore plus prononcée après la pandémie de COVID-19.
[81] Ministère de la Justice (2018), *Tendances relatives à la population carcérale d'âge adulte dans les établissements fédéraux*, Précis des faits, Division de la recherche et de la statistique.
[82] C. LaPrairie (1992), *supra*, note 1, p. 28. Voir aussi p. 16.

que la population carcérale se distingue considérablement de la population canadienne au regard de sa propre pyramide des âges. Selon un rapport publié en 2020 par Sécurité publique Canada, le groupe des 20 à 39 ans formait 54,7 % de toute la population carcérale fédérale alors même qu'il ne constituait que 34 % de la population canadienne[83]. Les personnes âgées de 65 ans et plus ne comptaient pour leur part que pour 5,1 % de l'ensemble des détenus, contre 22,2 % dans la population canadienne[84]. Quelle que soit l'année considérée, la pyramide des âges de la population carcérale reflète toujours une structure similaire : les jeunes y sont nettement surreprésentés tandis que les personnes plus âgées y sont radicalement sous-représentées. Dès lors, il est aisé de comprendre pourquoi il est si primordial de ne pas se limiter à suivre seulement l'évolution du poids d'un groupe dans la population générale lorsqu'on cherche à expliquer un phénomène comme la surreprésentation carcérale : s'il s'avère que le groupe surreprésenté est lui-même en moyenne beaucoup plus jeune que la population générale, l'omission de tenir compte de la pyramide des âges fera en sorte que cette jeunesse passera inaperçue. Pire, elle sera pour ainsi dire « dissoute » sous le poids de groupes d'âge qui ne revêtent qu'une faible pertinence au regard du contexte carcéral. Affirmer par exemple que les Autochtones constituaient 5 % de la population canadienne selon le Recensement de 2021 est rigoureusement exact. Toutefois, une telle affirmation passe complètement sous silence le fait que le poids des Autochtones était en réalité de 7,3 % parmi les jeunes Canadiens de 15 à 24 ans (ce qui est 46 % supérieur à leur poids dans la population générale)[85]. Dans la mesure où ce groupe d'âge est celui qui, parmi tous les groupes d'âge, est le plus à risque d'être confronté au système pénal[86], il s'agit évidemment d'une information cruciale.

Tenir compte de la pyramide des âges est d'autant plus incontournable que les Autochtones sont en moyenne incarcérés à un âge plus précoce que les non-Autochtones. En 2015-2016, par exemple, 40,6 % des délinquants autochtones incarcérés dans un pénitencier fédéral étaient âgés de moins de 30 ans, tandis que le poids des non-Autochtones s'élevait à 31,5 % dans le même groupe d'âge[87]. La même année, ce n'est pas moins de 84,3 % des Autochtones incarcérés qui figuraient dans le groupe des moins de 45 ans, contre 73,3 % pour les non-Autochtones[88]. Cette différence ne peut qu'avoir des implications statistiques significatives sur le poids des Autochtones dans la population carcérale considérant que les Autochtones ont une concentration démographique plus grande chez les moins de 45 ans.

En ce qui concerne la concentration démographique des Autochtones dans le groupe des moins de 45 ans, le graphique 3 permet de prendre la mesure de son ampleur.

---

[83] Sécurité publique Canada (2022a), *supra*, note 64, p. 66-67.
[84] *Id.*
[85] Statistique Canada, Tableau 98-10-0264-01, Identité autochtone par statut d'Indien inscrit ou des traités et résidence selon la géographie autochtone : Canada, provinces et territoires.
[86] J. Brzozowski, A. Taylor-Butts et S. Johnson (2006), *supra*, note 50, p. 3.
[87] Sécurité publique Canada (2022a), *supra*, note 64, p. 65.
[88] *Id.*

GRAPHIQUE 3 – ÉVOLUTION DU POIDS DES AUTOCHTONES PAR RAPPORT À LA POPULATION GÉNÉRALE ET PAR RAPPORT AU GROUPE DES 0 À 44 ANS ENTRE 2006 ET 2016

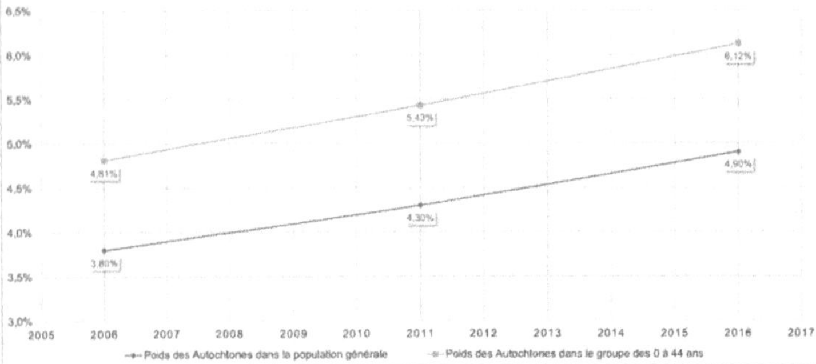

SOURCE DES DONNÉES : STATISTIQUE CANADA

Ce qui frappe, lorsqu'on s'attarde à la période allant de 2006 à 2016, c'est que le poids des Autochtones chez les moins de 45 ans avait déjà pratiquement atteint en 2006 le poids qu'ils occuperont dans la population générale 15 ans plus tard (5 % en 2021). En 2016, le poids des Autochtones parmi les moins de 45 ans était de 24,9 % supérieur à ce que pourrait laisser croire la seule prise en compte de leur poids dans la population générale. C'est dire à quel point les Autochtones sont surreprésentés parmi les Canadiens les plus jeunes. Même si ce facteur n'a pas toujours été reconnu à sa juste valeur dans la littérature, il convient de noter que le constat du poids grandissant des Autochtones parmi les plus jeunes a permis à plusieurs d'anticiper ce qui allait suivre en ce qui a trait à leur poids dans le système carcéral. Dès 1996, la Commission royale sur les peuples autochtones relevait par exemple que « les prévisions démographiques indiquent que la situation ne fera que s'aggraver[89]. » En 2003, les professeurs Roberts et Melchers décrivaient parfaitement la logique qui se mettait en place : « An increase in the proportion of people in the high-crime age category inflates the number of accused persons entering the system and subsequently, the number of offenders sentenced to custody[90]. » En 2002, Roger Boe[91] observait que la hausse rapide de la criminalité observée dans les années 1960 à 1980 à la suite de l'entrée de la génération issue du baby-boom dans la population adulte était en train de se reproduire avec l'arrivée d'un fort contingent d'Autochtones dans la tranche d'âge le plus à risque de transgresser la loi, et ce, au moment même où les baby-boomers quittaient graduellement cette même tranche d'âge[92]. Trois ans avant l'arrêt *Ipeelee*, le professeur Rudin anticipait lui-même l'arrivée imminente d'une vague de jeunes Autochtones dans la population carcérale adulte : « If the tide is rising in youth custodial facilities then there is no reason to

---

[89] Voir Commission royale sur les peuples autochtones (1996b), *supra*, note 45, p. 34.

[90] J. V. Roberts et R. Melchers (2003), *supra*, note 2, p. 213.

[91] R. E. Boe (2002), « Les tendances démographiques à venir pourraient être favorables aux jeunes Autochtones du Canada », *Forum — Recherche sur l'actualité correctionnelle*, Service correctionnel du Canada, Ottawa, vol. 14, n° 3, p. 15-16.

[92] Voir aussi S. Perreault (2009), « L'incarcération des Autochtones dans les services correctionnels pour adultes », *Juristat*, produit n° 85-002-X au catalogue de Statistique Canada, p. 12.

think that the rise in overrepresentation in adult facilities will subside any time soon[93]. »

Le portrait s'avère particulièrement révélateur lorsqu'on laisse de côté les 0 à 14 ans pour prêter uniquement attention à l'évolution du nombre d'Autochtones et de non-Autochtones qui sont entrés dans le groupe des 15 à 44 ans entre 2006 à 2016. Le graphique 4 permet de bien discerner les tendances à l'œuvre.

GRAPHIQUE 4 – COMPARAISON ENTRE LA HAUSSE DU NOMBRE D'AUTOCHTONES ET LA HAUSSE DU NOMBRE DE NON-AUTOCHTONES PARMI LES 15 À 44 ANS ENTRE 2006 ET 2016

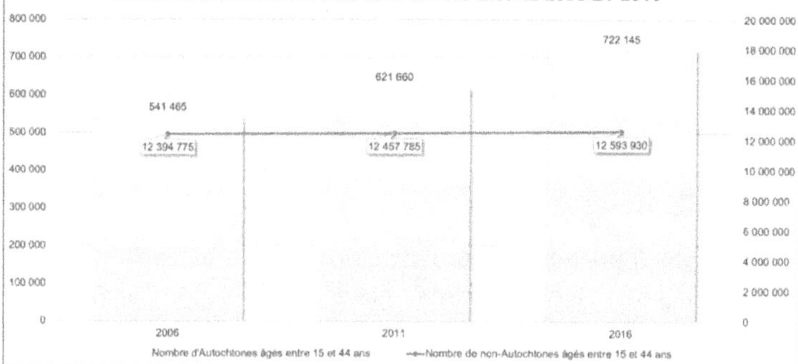

SOURCE DES DONNÉES : STATISTIQUE CANADA

Alors que le nombre d'Autochtones a connu une hausse considérable de 33,3 % en seulement 10 ans, passant de 541 485 à 721 845 individus, le nombre de non-Autochtones a pratiquement stagné avec une hausse de seulement 1,6 %, passant de 12 394 775 à 12 594 230. En dix ans, la population non autochtone n'est parvenue qu'à gonfler ses rangs que de 19 095 personnes de plus que la population non autochtone, alors même qu'elle était au départ environ 23 fois plus imposante. Cette stagnation frappe d'autant plus que la population non autochtone totale (sans égard aux groupes d'âge) s'est pourtant accrue de 9,6 % pendant la même période[94]. Or l'essentiel de cette croissance s'est concentré dans le groupe des 55 ans et plus, avec une hausse de 67,4 %, ce qui souligne le vieillissement rapide de la population non autochtone[95]. Il faut bien voir ici que la stagnation du groupe des non-Autochtones chez les plus jeunes contribue elle-même à aggraver l'impact de la hausse du poids des Autochtones parmi les 15 à 44 ans en matière carcérale : entre 2006 et 2016, la proportion d'Autochtones parmi les Canadiens âgés de 15 à 44 ans s'est accrue de 29,4 %, ce qui revient à dire qu'indépendamment de tout autre facteur et même en supposant que les Autochtones et les non-Autochtones afficheraient exactement le même taux de criminalité, le système carcéral avait en 2016 nettement plus de

---

[93] J. Rudin (2009), « Addressing Aboriginal Overrepresentation Post-Gladue: A Realistic Assessment of How Social Change Occurs », *Criminal Law Quarterly*, vol. 54, n° 4. p. 451-452.

[94] Selon les données de Statistique Canada, elle est passée de 29 904 965 à 32 786 280. Statistique Canada (2017a), Tableau n° 98-402-X2016009, Peuples autochtones – Faits saillants en tableaux, Recensement de 2016.

[95] *Id.*

chances de tomber sur un Autochtone dans le groupe des moins de 45 ans — où se trouve la majorité des personnes à risque d'être incarcérées[96] — que 10 ans auparavant.

Dans l'état actuel de nos recherches et des données que nous avons pu rassembler pour les fins de cet article, nous ne sommes pas en mesure d'avancer une quantification précise de la part contributive de cette variable à la hausse du poids carcéral des Autochtones. Son rôle paraît néanmoins indéniable. Quant à l'aggravation de la surreprésentation autochtone depuis la réforme de 1996, la présence grandissante des Autochtones au sein des tranches d'âge les plus jeunes permet aussi certainement d'expliquer une part significative de l'aggravation résiduelle de 31,3 % qui, entre 1996 et 2021, ne pouvait être expliqués par la seule prise en compte de la croissance démographique. Des travaux ultérieurs seront nécessaires pour circonscrire davantage la part contributive de l'évolution de la pyramide des âges à l'évolution de la surreprésentation.

C. Le facteur migratoire

Nous aimerions à présent attirer l'attention sur un autre facteur qui, à notre connaissance, n'a fait l'objet d'aucune recherche approfondie dans le contexte canadien alors même qu'elle a vraisemblablement contribué à l'augmentation du poids des Autochtones dans le système carcéral : la variable migratoire. L'importance de tenir compte de ce facteur peut être résumée de la manière suivante : dans la mesure où la surreprésentation carcérale des Autochtones s'explique en grande partie par leur surreprésentation parmi les auteurs des crimes les plus sévèrement punies, tout changement susceptible d'influer à la baisse sur le taux de criminalité des non-Autochtones aura nécessairement pour effet d'amplifier le phénomène de la surreprésentation des Autochtones. Dit autrement, si le taux de criminalité des non-Autochtones diminue sans que le taux de criminalité des Autochtones ne connaisse une baisse comparable, on peut prédire qu'une *disproportion accrue* du nombre d'Autochtones dans la population carcérale en résultera. Voici pourquoi le facteur migratoire revêt une pertinence particulière à cet égard : s'il est vrai, comme plusieurs études convaincantes le laissent croire[97], que les immigrants de première génération commettent significativement *moins de crimes* que la population native, alors il s'ensuit que plus le groupe non autochtone tire sa croissance démographique de l'immigration, plus son taux de criminalité risque de diminuer et, partant, son taux d'incarcération. Dans le graphique 5, il est possible de voir la variation en pourcentage des différentes tranches d'âge qui composent le groupe des 15 à 44 ans aussi bien pour la population autochtone (dont nous avons vu qu'elle avait augmenté de 33,3 % entre 2006 et 2016) que pour la

---

[96] 66 % des personnes détenues dans un pénitencier fédéral étaient âgées de moins de 45 ans en 2019-2020. Sécurité publique Canada (2022a), *supra*, note 64, p. 66-67.

[97] Voir notamment K. F. Butcher & A. M. Piehl (1998), « Cross-city Evidence on the Relationship Between Immigration and Crime , *Journal of Policy Analysis and Management*, vol. 17, p. 457-493 ; G. C. Ousey et C. E. Kubrin (2009), « Exploring the Connection between Immigration and Violent Crime Rates in U.S. Cities, 1980–2000 », *Social Problems*, vol. 56, n° 3, p. 447-473 et B. E. Bersani (2014), « An Examination of First and Second Generation Immigrant Offending Trajectories », *Justice Quarterly*, vol. 31, n° 2, p. 315-343.

population non autochtone (restée stable avec une hausse de seulement 1,6 %). Nous avons ajouté à cela une troisième colonne qui représente la variation en pourcentage qu'auraient connue les différentes tranches d'âge de la population non autochtone *en l'absence de tout apport migratoire* entre 2006 et 2016 (ce qui implique que nous avons seulement retiré du groupe non autochtone les immigrants de première génération arrivés entre 2006 et 2016 et non, ceux, déjà nombreux, arrivés avant[98]).

GRAPHIQUE 5 – VARIATION EN POURCENTAGE DES POPULATIONS AUTOCHTONE ET NON-AUTOCHTONE CHEZ LES 15 à 44 ANS ENTRE 2006 ET 2016

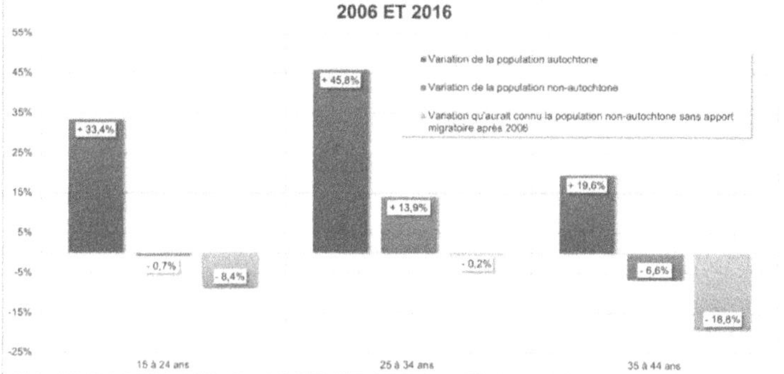

SOURCE DES DONNÉES : STATISTIQUE CANADA

Ce graphique permet d'abord de constater que la stabilité apparente du groupe des non-autochtones de 15 à 44 ans masque des variations importantes à l'échelle des différentes tranches d'âges qui le composent. La tranche des 25 à 34 ans, par exemple, est le seul à avoir augmenté avec une hausse de 13,9 % tandis que la tranche des 35 à 44 ans a connu un déclin de 6,6 %. Le deuxième phénomène majeur qui se trouvait masqué dans le graphique 4 et qui se trouve maintenant révélé par ce graphique concerne l'apport extraordinaire de l'immigration dans la stabilisation du groupe des non-Autochtones de 15 à 44 ans. Sans l'apport de l'immigration, le nombre total de non-Autochtones au Canada aurait connu une chute drastique. Puisque ce sont en effet 1 408 385 immigrants qui sont venus s'ajouter dans le groupe des non-Autochtones âgés entre 15 à 44 ans entre 2006 et 2016[99], il s'ensuit que sans le facteur migratoire, le nombre total de non-Autochtones de cette tranche d'âge n'auraient pas augmenté de 1,6 % en dix ans, mais bien décliné de 9,8 %.

Attardons-nous un instant à la tranche d'âge des 25 à 34 ans qui est le seul à avoir affiché une hausse dans le groupe des non-Autochtones et qui est aussi le groupe le mieux représenté dans la population carcérale fédérale (avec 32,4 % de l'ensemble des détenus[100]). Entre 2006 et 2016, les jeunes non-autochtones âgés entre 25 et 34 ans sont passés de 3 809 885 à 4 340 675 individus[101], d'où la hausse

[98] Rappelons qu'en 2006, 19,8% des Canadiens étaient nés à l'étranger. Statistique Canada (2017b), Série « Perspective géographique (immigration et diversité ethnoculturelle) », Recensement de 2016, Produit n° 98-404-X2016001, Ottawa, Ontario.

[99] Statistique Canada (2017c), Recensement de la population de 2016, produit n° 98-400-X2016202.

[100] Sécurité publique Canada (2022a), *supra*, note 64, p. 66-67.

[101] Statistique Canada (2017a), *supra*, note 94.

de 13,9 % indiqué sur le graphique 5. Quelle part de cette hausse s'explique uniquement par le facteur migratoire ? La totalité. Sans l'immigration, en effet, les non-Autochtones de cette tranche d'âge auraient plutôt diminué de 0,2 % en 10 ans. Un phénomène de même ampleur s'observe pour le groupe des 35 à 44 ans, qui, sans l'afflux massif d'immigrants du même âge, aurait connu une baisse vertigineuse de 18,8 % au lieu de la baisse déjà notable de 6,6 % qui s'est produite.

Dans les dernières années, plusieurs études ont été menées aux États-Unis pour vérifier si l'immigration entretenait une corrélation positive ou négative avec la criminalité[102]. Le constat qui se dégage est sans équivoque : les immigrants de première génération sont, dans le contexte américain, significativement moins enclins à commettre des crimes que la population native. Une étude récente a même avancé que les immigrants de première génération avaient actuellement 30 % moins de chances d'être incarcérés que les personnes blanches nées aux États-Unis[103]. Lorsque l'analyse inclut aussi les Afro-Américains, qui sont nettement surreprésentés dans la population carcérale, les immigrants de première génération avaient même 60 % moins de chances d'être incarcérés[104]. Certains ont avancé l'hypothèse que ce risque d'incarcération plus faible découlait du fait qu'une majorité des immigrants sont sélectionnés directement ou indirectement sur la base de caractéristiques comme l'ambition, l'éthique du travail et la focalisation sur le long terme, etc., autant de caractéristiques qui diminuent les chances de connaître une trajectoire criminelle[105]. Le fait que les immigrants de première génération mesurent leur situation dans leur pays d'accueil à l'aune des conditions du pays qu'ils ont quitté pourrait aussi les amener à accepter plus facilement des conditions de vie qui s'avéreraient autrement propices au crime. Comme l'écrivent Matthew T. Lee et Ramiro Martinez Jr. : « no matter how bad [the first immigration immigrant] situation may be in the United States, it is still often much better than the conditions they left in their country of origin[106]. »

En l'absence d'étude comparable portant sur le Canada, il faut se garder de tirer des conclusions trop hâtives. Il demeure cela dit raisonnable de penser que les mêmes observations s'appliquent globalement à la situation canadienne. Entre 2006 et 2016, par exemple, nous savons que les immigrants économiques constituaient en moyenne 59,2 % de l'ensemble des immigrants reçus[107]. C'est donc dire que la majorité des immigrants ont été sélectionnés sur la base de leurs compétences et de leur aptitude à s'intégrer rapidement à la société canadienne, spécialement sur le plan économique. Cela se traduit notamment par un nombre disproportionné d'individus hautement qualifiés parmi les immigrants canadiens. Entre 2011 et 2016,

---

[102] Pour un survol de la littérature, voir B. E. Bersani (2014), *supra*, note 98, p. 318-319. Voir aussi les autres références citées *supra*, note 97.

[103] R. Abramitzky et al. (2023), « Law-Abiding Immigrants: The Incarceration Gap Between Immigrants and the US-born, 1850–2020 », *National Bureau of Economic Research*, Working Paper n° 31440, p. 2.

[104] *Id.*

[105] B. E. Bersani (2014), *supra*, note 97, p. 319.

[106] M. T. Lee et R. Martinez Jr. (2009), « Immigration Reduces Crime: An Emerging Scholarly Consensus », *in* W. F. McDonald (ed.), *Immigration, Crime and Justice*, Bingley, Emerald Group, p. 14.

[107] Statistique Canada (2017b), *supra*, note 98.

par exemple, c'est 52,1 % de tous les immigrants reçus âgés entre 25 à 64 ans qui étaient titulaires d'un baccalauréat ou d'un grade supérieur, comparativement à 24 % pour la population née au Canada[108]. La proportion d'Autochtones du même âge qui avaient atteint ce niveau de scolarité est passée de 7,7 % à 10,9 % entre 2006 et 2016[109]. Considérant la très forte corrélation négative qui existe entre scolarité avancée et criminalité, spécialement en ce qui a trait aux crimes passibles des peines les plus sévères[110], il est difficile d'imaginer comment le risque d'incarcération ne pourrait pas varier dramatiquement entre les immigrants récents et les Autochtones. Des données récentes fournies par Statistique Canada indiquent d'ailleurs que le décalage entre les deux groupes pourrait même être en train de s'aggraver, au moment même où l'apport de l'immigration dans la croissance de la population non autochtone continue de s'accroître[111]. Entre 2016 et 2021, en effet, les immigrants reçus « étaient plus scolarisés que ceux issus de tout autre groupe d'immigrants précédent », avec 59,4 % détenant au minimum un baccalauréat[112]. Cela contraste radicalement avec le niveau de scolarité de la population carcérale fédérale, dont environ 75 % des personnes qui purgeaient une première peine entre 2008 et 2013 n'avaient pas obtenu leur diplôme d'études secondaires[113].

En somme, même s'il nous est impossible de quantifier avec précision l'ampleur du rôle joué par le facteur migratoire, nous estimons que des changements démographiques aussi profonds dans la composition de la population non autochtone ont inévitablement accru la proportion des Autochtones dans la population carcérale *en diminuant l'afflux de délinquants non autochtones en son sein*. Notons que ce changement dans la composition de la population non autochtone s'est aussi accompagné d'une baisse constante du poids des personnes blanches dans la population carcérale fédérale, laquelle s'explique essentiellement par un vieillissement accéléré et un taux de natalité insuffisant pour assurer leur renouvellement

---

[108] Statistique Canada (2017d), « La scolarité au Canada : faits saillants du Recensement de 2016 », graphique 5.

[109] *Id.*, voir le graphique 6.

[110] Notons que la corrélation ne tient pas pour la criminalité à col blanc comme la fraude. Voir à ce sujet L. Lochner (2020), « Education and Crime », *in* S. Bradley et C. Green (ed.), *The Economics of Education. A Comprehensive Overview*, London, Academic Press, p. 111.

[111] « L'immigration représente près de 100 % de la croissance de la population active au Canada. » Immigration, Réfugiés et Citoyenneté Canada (2023), « Le Canada accueille un nombre record de nouveaux arrivants en 2022 », Communiqué de presse.

[112] Statistique Canada (2022a), « Le Canada est en tête des pays du G7 pour ce qui est de la main-d'œuvre la plus scolarisée, grâce aux immigrants, aux jeunes adultes et à un solide secteur collégial, mais il subit des pertes importantes de titulaires de certificats d'apprenti dans les principaux domaines de métiers », *Le Quotidien*, en ligne : https://www150.statcan.gc.ca/n1/daily-quotidien/221130/dq221130a-fra.htm.

[113] Bureau de l'enquêteur correctionnel (2016), *Rapport annuel 2015-2016*, en ligne : https://oci-bec.gc.ca/fr/content/rapport-annuel-du-bureau-enqueteur-correctionnel-2015-2016#fn38-rf. Il nous a été impossible de trouver des données plus récentes et plus détaillées au sujet du niveau de scolarité de la population carcérale fédérale. Dans le contexte carcéral québécois, toutefois, une étude de l'Institut de recherche et d'informations socioéconomiques rapporte que seulement 4,1 % des personnes admises dans le système correctionnel québécois avaient une scolarité de niveau universitaire. P. Tircher et G. Hébert (2021), « Le profil des personnes judiciarisées au Québec », Institut de recherche et d'informations socioéconomique, en ligne : https://iris-recherche.qc.ca/publications/profil-personnes-judiciarisees-quebec/.

démographique (c'est-à-dire le maintien d'un poids et d'une pyramide des âges stables à travers le temps). Le poids des personnes blanches en détention est ainsi passé de 69,7 % en 2005-2006[114] à 50,4 % en 2021-2022[115]. Dans un contexte où de moins en moins de personnes blanches entrent dans la tranche d'âge la plus susceptible de connaître des démêlés avec la justice et que cette tranche d'âge se renouvelle entièrement par des jeunes majoritairement choisis par le biais d'un système d'immigration hautement sélectif, on peut raisonnablement craindre que le poids des Autochtones dans le système carcéral canadien continuera de s'aggraver. Chose certaine, nous croyons que l'impact précis de ces changements sur la surreprésentation carcérale autochtone devrait être mieux étudié par les chercheurs et le législateur.

D. La mobilité ethnique intragénérationnelle

La quatrième variable qui, selon nous, a contribué significativement à l'aggravation apparente du phénomène de la surreprésentation carcérale des Autochtones depuis la réforme de 1996 tient à ce que l'on appelle la mobilité ethnique intragénérationnelle. Ce phénomène, aussi appelé « mobilité de réponse », renvoie au fait pour une même personne de changer d'identité *au cours de sa vie*, passant par exemple du groupe des « Blancs » au groupe des « Premières Nations » ou des « Métis. » Jusqu'à maintenant, pour les fins de notre démonstration, nous avons utilisé la catégorie « Autochtone » comme si elle renvoyait à une réalité fixe, aux contours objectivement mesurables, à la façon par exemple d'une identité qui découlerait d'un certain degré d'ascendance génétique et dont la prévalence dans la population canadienne serait pour ainsi dire automatiquement consignée dans le registre des naissances. Or cette manière de concevoir l'identité autochtone s'avère trompeuse en ce qu'elle escamote le fait que l'identité autochtone est non seulement une réalité complexe aux contours évolutifs, mais qu'elle est d'abord et avant tout une identité *autodéclarée*. Ce fait, en apparence banal, peut avoir des conséquences majeures lorsque vient le temps de chercher à connaître le nombre précis d'Autochtones dans la population canadienne à un moment donné : d'une part, la découverte de l'identité autochtone d'une personne peut dépendre de la nature de la question posée pour la révéler (pour peu que la question soit tout simplement posée) ; d'autre part, elle demeure tributaire de la volonté subjective de la personne questionnée de s'auto-identifier comme Autochtone, volonté qui peut elle-même être affectée par toutes sortes de facteurs historiques, biographiques ou contextuels. Une personne qui a des ancêtres autochtones tout en ayant la peau blanche pourrait par exemple être réticente à se déclarer Autochtone si elle soupçonne que les personnes (ou le groupe) qui la questionnent au sujet de son identité ont des préjugés défavorables envers les Autochtones. À l'inverse, une personne pourrait être amenée à renouer avec son identité autochtone ou à

---

[114] Sécurité publique Canada (2011), *Rapport annuel 2011 — Aperçu statistique : Le système correctionnel et la mise en liberté sous condition*, en ligne : https://www.securitepublique.gc.ca/cnt/rsrcs/pblctns/ccrso-2011/2011-ccrs-fra.pdf, p. 48.

[115] Bureau de l'enquêteur correctionnel (2022), *Rapport annuel 2021-2022*, en ligne : https://oci-bec.gc.ca/sites/default/files/2023-06/annrpt20212022-fra.pdf, p. 73.

l'afficher fièrement si des changements dans le climat social ou culturel confèrent à cette identité une valeur plus positive, voire si des changements juridiques ou législatifs procurent à cette identité des avantages concrets (par exemple si la Cour suprême reconnaît des droits qui peuvent bénéficier aux Autochtones d'une région donnée[116]).

En toute rigueur, Statistique Canada a toujours reconnu qu'une partie substantielle de la croissance démographique phénoménale observée au cours des dernières décennies dans la population autochtone ne provenait pas de la seule croissance du taux de natalité, mais bien d'un changement dans l'identité autodéclarée des répondants. Comme on peut le lire dans l'une de ses plus publications récentes : « La croissance plus rapide de la population autochtone est généralement attribuable à des taux de natalité plus élevés, combinés à des changements dans la façon dont les répondants répondent au questionnaire du recensement d'un recensement à l'autre. En général, les répondants sont devenus au fil du temps plus susceptibles de déclarer être autochtones[117]. » Déjà en 2003, dans une analyse des données du Recensement de 2001, Statistique Canada affirmait ce qui suit : « Environ la moitié de la croissance de la population autochtone peut être attribuable à des facteurs démographiques comme leur taux de natalité élevé. Une meilleure sensibilisation aux questions autochtones a probablement contribué à l'autre moitié, étant donné que plus de personnes se sont identifiées comme étant autochtones et moins de réserves ont été partiellement dénombrées[118]. » Une étude parue en 2019[119] a permis d'observer que le phénomène de la croissance de la population autochtone par absorption de la population non autochtone en raison de la mobilité ethnique intragénérationnelle avait continué de jouer un rôle majeur entre 2006 et 2016. Pas moins de 24,5 % des personnes qui s'auto-identifiaient comme Autochtones en 2011 s'étaient identifiées comme non-Autochtones 5 ans plus tôt[120]. En 2016, c'était toujours 24,6 % des personnes qui se

[116] La forte mobilité ethnique intragénérationnelle des Métis entre 2001 et 2006 pourrait ainsi en partie s'expliquer par l'arrêt *Powley*, qui est venu renforcer constitutionnellement leurs droits traditionnels, notamment en matière de chasse. Voir É. Caron-Malenfant et al. (2014), « La mobilité ethnique des Autochtones du Canada entre les recensements de 2001 et 2006 », *Population*, vol. 69, n° 1, p. 51 et *R.* c. *Powley*, [2003] 2 R.C.S. 207.

[117] Statistique Canada (2022b), « La population autochtone continue de croître et est beaucoup plus jeune que la population non autochtone, malgré un ralentissement de son rythme de croissance », *Le Quotidien*, en ligne : https://www150.statcan.gc.ca/n1/daily-quotidien/220921/dq220921a-fra.htm

[118] Statistique Canada (2003), « Recensement de 2001 : "analyses". Peuples autochtones du Canada : un profil démographique », Produit n° 96F0030XIF2001007.

[119] V. O'Donnel et R. LaPointe (2019), « Mobilité de réponse et croissance de la population d'identité autochtone, de 2006 à 2011 et de 2011 à 2016 », Produit n° 99-011X-2019002 au catalogue de Statistique Canada.

[120] *Id.*, p. 7. Il importe de noter que cette étude met aussi en relief l'existence d'un flux de sortie important d'un recensement à l'autre, à savoir le fait qu'un nombre substantiel de personnes passent de la catégorie « Autochtone » à « non-Autochtone. » Puisqu'à chaque recensement, le flux d'entrée dépasse significativement le flux de sortie, il en résulte une croissance nette de la population autochtone. S'il est vrai que l'existence d'un tel flux de sortie peut être interprétée comme un signe de l'instabilité des contours de l'identité autochtone, nous n'en tiendrons pas compte dans le cadre de cet article. Il est par ailleurs difficile d'imaginer comment ce flux de sortie pourrait se manifester de la même façon dans le contexte carcéral, puisque les autorités carcérales ne questionnent pas les détenus ou ex-détenus sur leur

déclaraient Autochtones qui avaient déclaré appartenir au groupe « non autochtone » en 2011[121]. Les données sont encore plus vertigineuses lorsqu'on se penche sur les répondants issus du groupe des « Indiens non-inscrits des Premières Nations » : en 2011, c'est 61,6 % de la croissance de ce groupe qui découlait d'un changement dans l'auto-identification des non-Autochtones[122]. En 2016, c'était toujours 52,4 % des répondants qui déclaraient appartenir à ce groupe qui se considéraient plutôt non-Autochtones 5 ans auparavant[123]. Les chercheurs de Statistique Canada précisent qu'une partie de ces changements peuvent être attribuables à l'ajout de l'expression « Première Nation » à la question du Recensement de 2011 relative à l'identité autochtone, en plus d'une note indiquant clairement que cette catégorie incluait aussi bien les « Indiens avec et sans statut[124] » tout en soulignant que « même lorsque la formulation reste la même, il est possible que la perception des catégories du recensement par les répondants évolue au fil du temps[125]. »

Quoi qu'il en soit des causes de ces changements autodéclarés d'identité, ces chiffres déconcertent par leur ampleur et ne peuvent que jeter un doute sur la capacité des chercheurs à mesurer autrement que de façon approximative l'évolution du phénomène de la surreprésentation carcérale autochtone depuis la réforme de 1996. Dans la mesure où établir le niveau exact de surreprésentation à un moment donné exige de pouvoir rapporter l'évolution du poids des Autochtones dans la population carcérale à l'évolution de leur poids *réel* dans la population générale, le fait qu'une partie aussi importante de leur croissance provienne non pas de l'addition de nouveaux autochtones, mais bien de la *découverte* d'Autochtones jusqu'alors erronément classés comme non-Autochtones ne peut qu'affaiblir la fiabilité des calculs que nous avons effectués précédemment pour estimer l'évolution de la surreprésentation d'une année de recensement à l'autre[126]. En effet, plus le poids réel des Autochtones dans la population canadienne s'avère sous-estimé au départ, plus l'ampleur apparente de la surreprésentation risque d'être le reflet d'un déficit dans la collecte des données. À supposer que la proportion d'Autochtones dans les pénitenciers fédéraux était bel et bien de 13,5 % au moment de la réforme de 1996, notre calcul de la surreprésentation n'arrivera évidemment pas au même résultat si le dénominateur (c'est-à-dire le poids des Autochtones dans la population canadienne[127]) est de 2,8 % ou, disons, de 3,8 %. Avec 2,8 %, nous avons calculé que le facteur de surreprésentation s'élevait à 4,8. Or, avec un poids de 3,5 %, les Autochtones auraient été plutôt surreprésentés par un facteur de 3,6. Le même raisonnement s'applique évidemment aux autres années de recensement.

identité sur une base quinquennale.

121 *Id.*, p. 6.

122 *Id.*, p. 10.

123 *Id.*, p. 9. Notons que le groupe des Indiens non-inscrits des Premières Nations a augmenté de 75,2 % en seulement 10 ans, passant de 132 645 à 232 375 membres. *Id.*, p. 4.

124 *Id.*, p. 13.

125 *Id.*, p. 3.

126 Voir *supra*, partie II, section A.

127 Variable qui, comme on l'a vu, a le défaut de ne pas tenir compte de la pyramide des âges.

Il suffit de faire un pas de plus dans l'analyse pour réaliser que le défi de quantifier avec rigueur l'évolution du phénomène de la surreprésentation carcérale autochtone se double d'une autre difficulté : si la mobilité ethnique intragénérationnelle a pu jouer un si grand rôle dans la croissance du poids des Autochtones dans la population canadienne, il n'y a aucune raison de penser que cette mobilité n'a pas aussi été à l'œuvre *au sein de la population carcérale*. Dans la mesure où les données rassemblées par Service correctionnel Canada sont également fondées sur le seul principe de l'autodéclaration volontaire[128], on peut supposer qu'aussi bien la motivation des autorités carcérales à aller recueillir des informations détaillées sur l'identité des détenus que la motivation des détenus eux-mêmes à s'auto-identifier comme Autochtones ont été influencées par divers facteurs culturels, juridiques ou législatifs qui ont eu pour conséquence de conduire de plus en plus de non-Autochtones à changer de catégorie identitaire au fil du temps. Il est intéressant de relever qu'avant même que l'on prenne conscience de l'ampleur du phénomène de la mobilité de réponse au sein de la population autochtone, un rapport de Service correctionnel Canada notait ceci avec prudence au début des années 2000 : « Il est à noter que la représentation des Autochtones au sein des établissements fédéraux et provinciaux a peut-être été sous-évaluée étant donné que de nombreux délinquants autochtones ne s'identifient pas comme tels lorsqu'ils sont admis dans un établissement correctionnel[129]. » Nous pouvons affirmer aujourd'hui sans risque d'erreur que le poids des Autochtones a *certainement* été sous-évalué, toute la question étant de savoir jusqu'à quel point.

Il n'existe malheureusement aucun moyen de connaître rétrospectivement les facteurs qui ont pu influencer la transition identitaire de certains Autochtones, ni dans quelle mesure ces facteurs ont pu jouer (il est après tout impossible de savoir si une personne admise dans un pénitencier en 1996 se serait identifiée de la même façon si elle avait été admise à une année ultérieure, contrairement aux données de recensement qui ont permis de suivre la mobilité de réponse d'un même répondant entre les différentes périodes de recensement entre 2006 et 2016[130]). Nous pouvons néanmoins attirer l'attention sur certains des facteurs les plus susceptibles d'avoir contribué à sous-estimer le poids réel des Autochtones dans la population carcérale. Nous savons, par exemple, qu'à partir du début des années 2000[131], la définition de l'identité autochtone utilisée par les services correctionnels a été conçue en fonction de celle développée par les différents recensements[132] et donc qu'elle a dû évoluer en fonction des variations qu'ont connues ceux-ci. Dès lors, s'il a fallu attendre le Recensement de 2011 pour que les questions posées soient suffisamment précises

---

[128] S. Perreault (2009), *supra*, note 92, p. 7.

[129] Service correctionnel Canada (2000), *Profil démographique des peuples autochtones du Canada et des délinquants autochtones détenus dans des établissements correctionnels fédéraux*, en ligne : https://www.csc-scc.gc.ca/autochtones/002003-1008-fra.shtml?pedisable=false. Voir aussi Commission royale sur les peuples autochtones (1996b), *supra*, note 45, p. 32.

[130] V. O'Donnel et R. LaPointe (2019), *supra*, note 119, p. 5.

[131] J. Rudin rapporte que « for a period of time, for example, Ontario Ministry of Correctional Services would only report a person as Aboriginal if that person could produce a status card. » J. Rudin (2005), *supra*, note 79, p. 11.

[132] S. Perreault (2009), *supra*, note 92, p. 7.

pour que les membres des Premières Nations sans statut au regard de la *Loi sur les Indiens* hésitent moins à se déclarer Autochtones, on voit mal pourquoi les détenus appartenant à ce groupe n'auraient pas connu la même forme d'hésitation jusqu'à ce changement. La question se pose aussi de savoir jusqu'à quel point les représentations sociales dominantes et les préjugés quant à ce que signifie le fait d'être Autochtone dans les différentes régions du Canada (vivre sur une réserve, avoir sa carte de statut d'Indien, être activement impliqué dans une communauté, etc.) ont pu faire obstacle à l'auto-identification de plusieurs. À la fin des années 1990 et au début des années 2000, il est également raisonnable de penser que les Autochtones qui craignaient de faire l'objet d'un traitement discriminatoire de la part des autorités carcérales étaient moins enclins à révéler leur identité profonde qu'aujourd'hui[133] (surtout lorsque leur apparence ne permettait pas de deviner aisément cette identité) ? Enfin, dans leur étude de 2019, O'Donnel et Lapointe soulignent que « les répondants peuvent également être influencés par la perception selon laquelle l'auto-identification peut présenter des avantages pour les Autochtones en général, et pour la personne elle-même[134]. » On peut ainsi présumer que plus les accusés et détenus autochtones ont perçu que le fait de s'auto-identifier comme Autochtones pouvait ouvrir la porte à un certain traitement différencié[135], plus ils ont été nombreux à le faire. On se trouve ainsi devant un paradoxe de taille : plus le législateur et les tribunaux ont envoyé des signaux clairs quant à l'importance de s'attaquer à la surreprésentation carcérale des Autochtones, *plus ils ont créé les conditions d'une observation accrue du phénomène*, que ce soit en favorisant la mise en place d'un mode de collecte de données de plus en plus précis et sensible aux différentes modalités de l'appartenance autochtone ou tout simplement en créant des incitatifs susceptibles d'encourager certains individus à changer de catégorie identitaire[136].

---

[133] J. Rudin (2005), *supra*, note 79, p. 11.

[134] V. O'Donnel et R. LaPointe (2019), *supra*, note 119, p. 13.

[135] Que ce soit au moment de la détermination de la peine grâce à la prise en compte des facteurs systémiques et historiques ou, par la suite, dans le contexte carcéral (accès à des programmes particuliers destinés aux Autochtones, possibilité de transfert dans un pavillon de ressourcement, révision accélérée de la cote de sécurité, demande de libération conditionnelle fondée sur les art. 79 à 84.1 *Loi sur le système correctionnel et la mise en liberté sous condition*, etc.). Il va sans dire que le simple *espoir* d'avantages découlant d'un traitement différencié peut être suffisant pour motiver un changement dans l'auto-identification d'un individu. En d'autres termes, il n'est pas nécessaire que les avantages espérés soient importants ni qu'ils se réalisent pour avoir l'effet d'un incitatif.

[136] En toute rigueur, on ne saurait exclure la possibilité qu'un certain pourcentage des détenus qui se déclarent autochtones soient en fait des Blancs qui cherchent à profiter d'avantages qui ont été paradoxalement mis en place pour réparer les fautes historiques commises par leur propre groupe. Dans le contexte québécois, par exemple, où entre 53 et 78 % de la population d'ascendance canadienne-française compte au moins un ancêtre autochtone (C. Moreau et al. (2013), « Native American Admixture in the Quebec Founder Population », *PLoS ONE*, vol. 8, n° 6, p. 8), ce phénomène d'usurpation identitaire pourrait être assez répandu pour affecter la fiabilité des données fondées sur l'autodéclaration. Voir à ce sujet I. Hachey (2019), « Des autochtones autoproclamés plein les prisons », *La Presse*, en ligne : https://www.lapresse.ca/actualites/2019-05-04/des-autochtones-autoproclames-plein-les-prisons.php. Sur le problème complexe et délicat de la mobilité ethnique intragénérationnelle que l'on pourrait qualifier d'illégitime, voir A. Gaudry et D. Leroux (2017), « Whitle Settler Revisionism and Making Métis Everywhere: The Evocation of Métissage in Quebec and Nova Scotia », *Critical Ethnic Studies*, vol. 3, n° 1,

Bien qu'il soit impossible de quantifier rétrospectivement l'ampleur du phénomène de la mobilité de réponse dans le contexte carcéral, il va sans dire que son impact sur l'aggravation apparente de la surreprésentation carcérale peut être considérable. Puisque le poids du groupe autochtone est toujours relatif au groupe non autochtone, le simple fait qu'un petit nombre d'individus change de catégorie peut suffire à induire des variations statistiques non négligeables dans le poids de chaque groupe. Nous avons vu que, dans la population générale, 24,5 % des personnes qui s'étaient déclarées Autochtones en 2011 se déclaraient appartenir au groupe non autochtone en 2006 et que la même mobilité avait été observée entre 2011 et 2016, cette fois dans une proportion de 24,6 %. En supposant que ce phénomène se serait produit dans les mêmes proportions dans le contexte carcéral (en écartant la possibilité que ce dernier puisse receler des incitatifs supplémentaires à l'autodéclaration), on arrive à des résultats pour le moins saisissants. Rappelons d'abord qu'entre 2006 et 2016, les Autochtones incarcérés sont passés de 2521 à 3760 dans les pénitenciers fédéraux (une addition de 1239 individus en seulement 10 ans), alors que les non-Autochtones sont passés de 10 924 à 10 851 (une baisse de 73 individus)[137]. Dans un scénario où il n'y aurait eu aucune mobilité ethnique intragénérationnelle, c'est respectivement 24,5 % et 24,6 % des personnes qui se sont ajoutées au groupe autochtone en 2011 et en 2016 qui auraient plutôt continué à se déclarer non-Autochtones. Résultat : en 2016, le groupe autochtone aurait compté 304 individus *en moins* et son poids dans la population carcérale totale aurait été de 23,7 % au lieu d'être de 25,7 %, ce qui est statistiquement non négligeable. Ce scénario est évidemment hypothétique et doit être interprété avec prudence considérant que les chiffres pourraient varier à la hausse ou à la baisse en fonction de divers facteurs propres au contexte carcéral (qui se distinguent évidemment du simple fait de répondre à un recensement). Il permet néanmoins d'illustrer comment une partie significative de la hausse perçue du poids des personnes autochtones dans les pénitenciers fédéraux depuis 1996 pourrait découler d'une mobilité ethnique intragénérationnelle. Cela devrait suffire à convaincre toute personne intéressée au phénomène de la surreprésentation carcérale autochtone de l'intérêt de mieux comprendre l'incidence de cette variable.

E. L'indice de gravité des crimes et la baisse tendancielle du taux d'incarcération

La dernière variable que nous souhaitons brièvement aborder dans cet article concerne l'indice de gravité des crimes (IGC) et plus particulièrement à la manière dont cette variable peut interagir de manière paradoxale avec les politiques du législateur visant à favoriser la désincarcération depuis 1996. Rappelons d'abord que l'IGC est un indice développé par Statistique Canada qui permet de suivre non seulement le volume des crimes commis, mais aussi leur gravité relative. Chaque

---

p. 116-142 ; D. Leroux (2018), « "We've Been Here for 2,000 Years": White Settlers, Native American DNA and the Phenomenon of Indigenization », *Social Studies of Science*, vol. 48, n° 1, p. 80-100 ainsi que D. Leroux (2019), *Distorted Descent: White Claims to Indigenous Identity*, Winnipeg, University of Manitoba.

[137] Ministère de la Justice (2018), *supra*, note 81.

crime déclaré à la police se voit attribuer un poids distinct (la tentative de meurtre recevra par exemple un poids nettement plus grand que le vol de véhicule à moteur). Comme l'explique Statistique Canada, « les poids de l'IGC sont fondés sur le taux d'incarcération lié au crime et sur la durée moyenne de la peine d'emprisonnement prononcée par les tribunaux de juridiction criminelle à l'égard de ce crime. On attribue des poids plus élevés aux crimes plus graves, et des poids moins élevés aux crimes moins graves[138]. » Statistique Canada ne distingue pas l'IGC selon le groupe. Il ressort toutefois clairement des données fournies par Statistique Canada que l'IGC est considérablement plus élevé dans les régions du Canada où le poids carcéral des Autochtones s'avère aussi le plus élevé (en particulier dans les provinces de la Saskatchewan et du Manitoba)[139].

Ce résultat ne devrait pas surprendre dans la mesure où, depuis que des statistiques sont compilées sur le sujet, les délinquants autochtones occupent un poids disproportionné parmi les auteurs des infractions les plus graves[140]. Pour donner un exemple particulièrement frappant, 38 % des auteurs présumés d'homicide déclarés par la police en 2017 ont été classés comme Autochtones[141]. Le taux d'auteurs présumés d'homicide autochtones de sexe masculin s'élevait à 18,05 pour 100 000 Autochtones de sexe masculin, contre un taux de 1,69 pour les non-Autochtones du même sexe, ce qui constitue une surreprésentation par un facteur de 10,7 parmi les auteurs présumés d'homicide[142]. Même les Autochtones de sexe féminin affichaient un taux d'auteures présumées d'homicides 2,6 fois plus élevé que les non-Autochtones de sexe masculin, avec un taux de 4,33 pour 100 000[143]. Les données les plus récentes au sujet des homicides indiquent que cette surreprésentation se maintient[144]. Au-delà des seuls homicides, les données fournies par Service correctionnel Canada permettent par ailleurs de constater que les délinquants autochtones incarcérés dans les pénitenciers fédéraux sont significativement plus nombreux à purger une peine pour une infraction avec violence que les délinquants non autochtones. Le graphique 6 permet de visualiser la disproportion entre Autochtones et non-Autochtones à ce chapitre.

---

[138] Statistique Canada (2023), « Statistiques sur les crimes déclarés par la police au Canada, 2022 », *Le Quotidien*, en ligne : https://www150.statcan.gc.ca/n1/daily-quotidien/230727/dq230727b-fra.htm.

[139] *Id.*, voir le graphique 3. La Saskatchewan présentait un IGC de 152,5 en 2022, contre un indice moyen de 78,1 pour le Canada. L'IGC du Manitoba se situait à 146,5. Rappelons que la région des Prairies compte plus de la moitié de tous les Autochtones détenus dans le système carcéral fédéral. Sécurité publique Canada (2022), *supra*, note 64, p. 88.

[140] Voir *supra*, notes 49 et 50.

[141] S. Beattie, J.-D. David et J. Roy (2018), « L'homicide au Canada, 2017 », *Juristat*, produit n° 85-000-X au catalogue de Statistique Canada, p. 16.

[142] *Id.*, p. 33.

[143] *Id.* Les non-Autochtones de sexe féminin affichaient quant à elles un taux de 0,17 pour 100 000, ce qui donne une surreprésentation des Autochtones de sexe féminin par un facteur de 25,5. Notons que puisque le groupe des auteures d'homicide de sexe féminin demeure un très petit groupe, il est susceptible de connaître d'importantes variations statistiques d'une année à l'autre.

[144] A. Armstrong et B. Jaffray (2021), « L'homicide au Canada, 2020 », *Juristat*, produit n° 85-002-X au catalogue de Statistique Canada, p. 14.

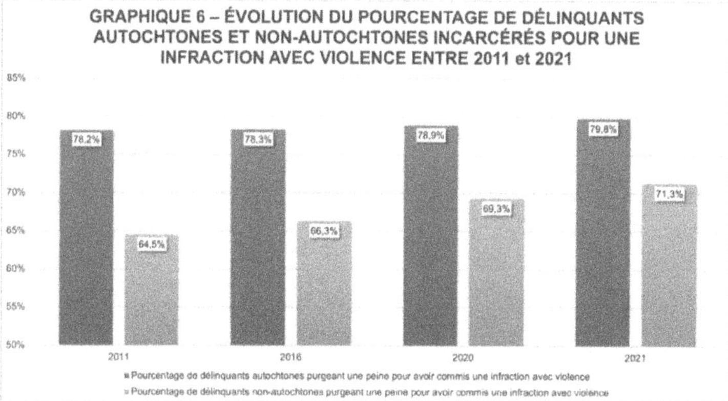

SOURCES DES DONNÉES : SERVICE CORRECTIONNEL DU CANADA

Ces données nous amènent à formuler l'hypothèse suivante : la surreprésentation des délinquants autochtones parmi les auteurs des infractions les plus graves a non seulement eu pour effet d'aggraver le poids des Autochtones dans les pénitenciers fédéraux, mais *la contribution de ce facteur au poids des Autochtones risque même d'être aggravée par toute politique visant à réduire le nombre total de détenus dans le système carcéral canadien*. En d'autres termes, plus le législateur parvient à diminuer le nombre de personnes incarcérées au Canada par des politiques de désincarcération, plus il risque d'augmenter *malgré lui* la proportion d'Autochtones dans la population carcérale et donc, *in fine*, le phénomène de la surreprésentation qu'il cherche à combattre. Cette hypothèse découle de la prémisse suivante : toute politique de désincarcération affectera d'abord disproportionnellement les auteurs des crimes *les moins graves*, que ce soit pour des raisons de sécurité publique, d'acceptabilité sociale ou tout simplement parce que les infractions les moins graves sont aussi celles qui s'accompagnent des peines les moins lourdes, c'est-à-dire les peines les plus susceptibles de donner lieu à des sanctions substitutives. À l'inverse, et ce, même si l'al. 718.2e) continue de s'appliquer aux infractions graves avec violence (tentative de meurtre, voies de fait graves, agression sexuelle, etc.), les peines qui sont imposées à ce type d'infractions ont néanmoins beaucoup plus de chances d'accorder un primat aux objectifs punitifs (dénonciation, dissuasion, isolement)[145] par rapport à un objectif correctif comme la réinsertion sociale des délinquants[146]. Dans certains cas, l'existence de peines minimales obligatoires ne laisse de toute façon aucune latitude au juge pour privilégier une autre voie que l'incarcération[147]. Dans ce contexte, plus la population

[145] Art. 718a) à c) *C.cr.*

[146] Al. 718d) *C.cr.*

[147] Concernant les peines minimales obligatoires, elles ne semblent toutefois pas avoir joué un rôle déterminant dans l'aggravation du poids relatif des Autochtones par rapport aux non-Autochtones dans les pénitenciers fédéraux (il est même probable qu'elles aient eu l'effet inverse, en maintenant le poids des non-Autochtones à un niveau plus élevé qu'il aurait été n'eût été l'existence de peines minimales, dans la mesure où elles ont davantage affecté les non-Autochtones (les délinquants noirs et les membres des autres minorités visibles). Ministère de la Justice (2017), « Les conséquences des peines minimales obligatoires sur les Autochtones, les Noirs et les autres minorités visibles », *Précis des faits*, Division de la

carcérale se réduira, plus la place occupée par les délinquants trouvés coupables d'infractions avec violence grandira, non pas d'ailleurs parce que leur nombre aura nécessairement augmenté, mais simplement parce qu'*ils seront entourés d'un plus petit nombre d'auteurs de crimes de plus faible gravité*, lesquels sont en moyenne les premiers à bénéficier des politiques de désincarcération. Le graphique 7, qui permet d'observer l'évolution du taux d'incarcération par 100 000 adultes au Canada depuis la réforme de 1996, confirme la vraisemblance de notre hypothèse.

GRAPHIQUE 7 – ÉVOLUTION DU TAUX D'INCARCÉRATION DANS LE SYSTÈME CARCÉRAL FÉDÉRAL DEPUIS 1994-1995

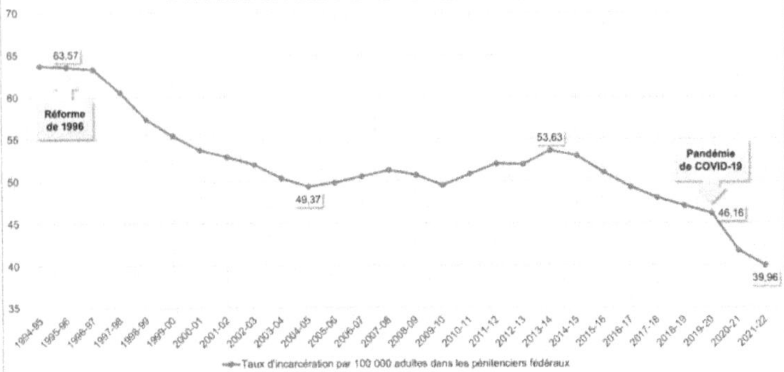

SOURCES DES DONNÉES : STATISTIQUE CANADA

Ce graphique permet de constater qu'en proportion de la population totale du Canada, le taux d'incarcération n'a jamais été aussi bas depuis le sommet de 63,76 atteint en 1994-1995, tout juste avant la réforme de 1996. La désincarcération s'est même intensifiée depuis une dizaine d'années, atteignant un record sans précédent de 39,96 détenus pour 100 000 adultes grâce à la désincarcération accélérée qui a suivi le déclenchement de la pandémie de COVID-19[148]. Pour bien prendre la mesure de la baisse observée, signalons que le nombre total de personnes incarcérées dans les pénitenciers fédéraux est passé de 14 076 en 1995-1996 à 12 395 en 2021-2022[149] alors même que la population totale augmentait d'environ 34,5% pendant la même période, passant d'environ 29 millions à environ 39 millions d'individus[150]. Cette baisse notable du recours à l'incarcération au Canada est d'autant plus remarquable

---

recherche et de la statistique. Au-delà de la question qui nous intéresse, à savoir comprendre la hausse de la proportion d'Autochtones dans le système carcéral fédéral depuis 1996, il ne fait aucun doute que les peines minimales obligatoires ont contribué à freiner la réduction du taux d'incarcération des Autochtones en faisant directement obstacle à l'application de l'art. 718.2e). Voir à ce sujet *R.* c. *Sharma*, 2022 CSC 39.

148 La pandémie de COVID-19 a donné lieu aux « diminutions les plus importantes enregistrées à l'échelle fédérale ainsi qu'aux échelons provincial et territorial depuis la fin des années 1970, lorsque ces données ont été rendues disponibles pour la première fois. » Statistique Canada (2022c), « Statistiques sur les services correctionnels pour les adultes et les jeunes, 2020-2021 », *Le Quotidien*, en ligne : https://www150.statcan.gc.ca/n1/daily-quotidien/220420/dq220420c-fra.htm.

149 Statistique Canada, Tableau 35-10-0155-01, Comptes moyens des contrevenants dans les programmes fédéraux, Canada et régions.

150 Statistique Canada, Tableau 17-10-0009-01, Estimations de la population, trimestrielles.

que le taux de victimes d'actes de violence déclarés par la police a connu une hausse constante depuis 2014 (passant de 936,6 pour 100 000 personnes à 1 158,6 en 2022[151]), avec un indice de la gravité des crimes violents qui a progressé dans la même direction (passant de 70,7 à 97,7[152]). Ces données traduisent une réelle volonté de la part du législateur canadien, et plus largement de la part du système pénal dans son ensemble, de considérer l'incarcération comme une option de dernier recours, et ce, en dépit d'une criminalité apparemment en hausse.

Au fur et à mesure que la population carcérale se rétrécit, toutefois, il appert que le noyau résiduel de détenus se concentre de plus en plus autour de la catégorie d'infractions dans laquelle les Autochtones sont surreprésentés : les infractions avec violence. La tendance qui se dégage dans le graphique 6 en ce qui concerne les délinquants non autochtones est à cet égard particulièrement éloquente : entre 2011 et 2021, la proportion des délinquants non autochtones incarcérés pour des infractions avec violence n'a cessé de s'accroître (passant de 64,5 % à 71,3 % en dix ans), au moment même où les non-Autochtones étaient manifestement de plus en en plus nombreux à bénéficier des politiques favorables à la désincarcération. Cette tendance suggère que les politiques visant à diminuer le nombre de détenus pour 100 000 adultes ont affecté disproportionnellement les non-Autochtones qui *n'ont pas* commis une infraction avec violence (ou qui ne purgeaient pas une peine pour cette catégorie d'infraction), augmentant du même coup à la fois la proportion des non-Autochtones purgeant une peine pour une infraction avec violence (ce dont témoigne le graphique 6), mais aussi la proportion des Autochtones parmi les personnes incarcérées (ce dont témoigne le graphique 1). Cette dynamique permet selon nous d'expliquer pourquoi la pandémie de COVID-19 a pu contribuer à aggraver le poids des Autochtones dans la population carcérale (qui est passé de 30,1 % en 2019-2020 à 31,6 % en 2020-2021), alors même que l'admission d'adultes autochtones en détention dans les établissements fédéraux a pourtant chuté de 16 % en 2020-2021 par rapport à l'année précédente[153]. L'explication qui nous semble la plus plausible est la suivante : proportionnellement plus nombreux parmi les auteurs d'infractions présentant un plus faible indice de gravité, les non-Autochtones ont été plus nombreux à pouvoir bénéficier des mesures de désincarcération adoptées dans l'urgence pour répondre à la pandémie de COVID-19[154] (baisse de 10,5 % des non-Autochtones en détention entre 2019-2020 et 2020-

---

[151] Statistique Canada, Tableau 35-10-0049-01, Victimes de crimes violents déclarées par la police et de délits de la route causant la mort ou des lésions corporelles, selon l'âge de la victime et le type d'infraction. Voir aussi Statistique Canada (2023), *supra*, note 138.

[152] Statistique Canada, Tableau 35-10-0026-01, Indice de gravité de la criminalité et taux de classement pondéré, Canada, provinces, territoires et régions métropolitaines de recensement.

[153] Statistique Canada (2022c), *supra*, note 148. Il est à noter que Statistique Canada ne précise pas la baisse d'admission pour les adultes non-autochtones, mais on peut déduire qu'elle fut plus importante dans la mesure où la baisse globale du nombre d'admissions s'est élevée à 21 %.

[154] Les mesures prises par le système de justice et le système correctionnel du Canada pour réduire la taille de la population carcérale sont les suivantes : « la mise en liberté provisoire ou la libération anticipée des personnes en détention jugées peu susceptibles de récidiver, la prolongation du délai des appels de libération conditionnelle et de l'accès au privilège d'un congé médical, de même que d'autres solutions de rechange à la détention des personnes en attente de leur procès, de la détermination de leur peine ou d'une enquête sur le cautionnement. » Il est précisé que ces mesures ont été prises « en tenant compte

2021[155]), ce qui a suffi à augmenter le poids carcéral des Autochtones malgré le fait que leur nombre ait également décliné (baisse de 5,3 % pendant la même période[156]). Cet effet paradoxal devrait être faire l'objet d'une considération attentive dans toute recherche visant à comprendre l'évolution de la surreprésentation carcérale des Autochtones au Canada.

Conclusion

Nous avons dit précédemment que le rôle historique de la discrimination systémique et du colonialisme ne saurait être remis en question pour expliquer une part substantielle des disparités observées en 1996 qui ont formé le socle de la surreprésentation qui persiste jusqu'à aujourd'hui. Cet article ne visait d'aucune façon à minimiser ce rôle ou à le relativiser. Le véritable point de départ de notre analyse se situait *après* le constat de cette surreprésentation héritée du passé et dont les effets systémiques continuent d'opérer au présent à travers l'ensemble des facteurs que nous avons mentionnés précédemment : faibles revenus, très bas niveau de diplomation, opportunités d'emploi limitées, chômage élevé, problèmes d'abus de substances, logements surpeuplés, taux alarmant de violence intra-familiale, aliénation culturelle, etc. Les indicateurs les plus récents[157] confirment que ces facteurs – propices à entraîner la commission d'actes criminels – continuent de jouer un rôle disproportionné dans la vie des Autochtones canadiens.

Le présent article ne visait pas à revenir sur les causes profondes de la surreprésentation, mais bien à fournir des pistes d'explication pour comprendre ce qui s'est passé *après* l'adoption de l'al. 718.2e). Plus précisément, c'est l'*aggravation* constante du poids des Autochtones dans le système carcéral fédéral qui était au centre de notre attention. Nous avons cherché à attirer l'attention sur plusieurs variables qui, largement négligées dans la littérature, permettent d'expliquer une grande partie, si ce n'est l'essentiel, de l'impuissance manifeste du droit à empêcher l'aggravation constante du poids des Autochtones dans le système carcéral depuis 1996.

Dans les pages qui précèdent, nous avons soutenu que l'hypothèse de la surcriminalité ne permettait pas d'expliquer de manière satisfaisante la hausse du poids carcéral des Autochtones. Bien sûr, si ces derniers sont de plus en plus nombreux et de plus en plus jeunes (que ce soit par accroissement naturel ou par mobilité ethnique), le *nombre* de crimes qu'ils commettent augmentera nécessairement, mais il faut bien comprendre que la hausse de la criminalité se donne alors comme un *effet* de changements démographiques plus profonds et non comme le

des préoccupations en matière de sécurité publique. » *Id.*

155 Sécurité publique Canada (2023), *supra*, note 40, p. 109.

156 *Id.*

157 Voir par exemple Services aux Autochtones Canada (2023), « Une mise à jour des écarts socioéconomiques entre les peuples autochtones et la population non-autochtone au Canada : Points saillants du recensement de 2021 », Rapport annuel au Parlement, en ligne : https://www.sac-isc.gc.ca/fra/1690909773300/1690909797208.

reflet d'une *tendance* plus marquée, à l'échelle de chaque Autochtone, à se livrer à des activités criminelles.

Pour d'autres raisons, nous avons également estimé que l'explication de la hausse du poids carcéral des Autochtones par l'hypothèse d'une discrimination systémique *de plus en plus virulente* dans le système pénal canadien demeurait insatisfaisante. Bien entendu, si l'incarcération a tendance à toucher disproportionnellement les personnes dans une situation socio-économique précaire et que les Autochtones sont surreprésentés dans cette catégorie en raison de logiques systémiques résultant du colonialisme, cela signifie que la discrimination passée continue de contribuer substantiellement au phénomène de la surreprésentation carcérale. Le fait toutefois que les Autochtones aient été *de plus en plus en nombreux* dans la catégorie des personnes en situation socio-économique précaire depuis 1996 (ainsi que dans la catégorie des jeunes qui affiche un taux plus élevé d'incarcération) ne découle pas d'une aggravation de la discrimination systémique à titre de facteur causal distinct, mais plus vraisemblablement de facteurs démographiques qui ont augmenté le nombre total de personnes susceptibles d'être affectées par les dynamiques systémiques héritées du passé. En d'autres termes, les effets historiques de la discrimination systémique ont pu tout à fait affecter de plus en plus de personnes sans pourtant que le rôle de la discrimination systémique ne se soit accru *en tant que variable indépendante*, c'est-à-dire sans que l'extension de ses effets ne soit attribuable à autre chose qu'au rôle grandissant joué par d'autres variables plus décisives (et dès lors plus satisfaisantes d'un point de vue explicatif).

S'il est un élément commun qui ressort des variables que nous avons avancées pour expliquer la hausse du poids des Autochtones dans le système carcéral fédéral, c'est qu'il s'agit de variables essentiellement hors de portée du droit ou, du moins, qui se situent nettement en dehors du champ d'intervention du droit tel que défini par le législateur dans sa réforme de 1996. Dans l'arrêt *Ipeelee*, nous avons vu que la Cour suprême avait imputé l'échec apparent de cette réforme à des « problèmes fondamentaux d'interprétation et d'application[158] » qui l'avaient empêchée de livrer ses promesses. Force est de constater que le « regain de vigueur[159] » anticipé par la Cour suprême après la résolution de ces problèmes n'a pas porté les fruits espérés. Or les variables que nous avons identifiées révèlent que la source principale de l'incapacité du droit à contrecarrer la tendance illustrée par le graphique 1 ne se trouve pas principalement dans des problèmes d'interprétation, mais bien dans une série de variables qui échappent au pouvoir des juges (les tribunaux ne sauraient, par exemple, intervenir sur la pyramide des âges, le facteur migratoire ou encore réduire l'indice de gravité des crimes commis). S'il est certes souhaitable que la loi soit appliquée conformément aux principes établis dans les arrêts *Gladue* et *Ipeelee* – et toute recherche qui met au jour des insuffisances dans cette application demeure assurément essentielle[160] –, il importe néanmoins de reconnaître les

[158] *Ippelee*, par. 63,

[159] *Id.*

[160] On peut penser, par exemple, à la sous-utilisation des rapports Gladue dans plusieurs provinces canadiennes, dont le Québec. Voir K. Roach et J. Rudin (2020), « Sentencing Indigenous Offenders: From

limites du droit et l'ampleur des facteurs extrajuridiques qui circonscrivent son champ d'action. Le prix à payer pour ignorer ces limites semble être de multiplier les désillusions, et ces désillusions risquent d'être d'autant plus grandes, d'autant plus propices à la démobilisation, que les attentes entretenues l'auront été en faisant fi des dynamiques profondes qui font obstacle à leur réalisation (quand ce n'est pas carrément à la simple *mesure* des progrès réalisés, comme nous l'avons vu avec la mobilité ethnique intragénérationnelle).

Dans l'arrêt *Gladue*, il importe de rappeler que les juges Cory et Iacobucci s'étaient montrés conscients des limites de la détermination de la peine comme remède à la surreprésentation : « Il est évident, écrivaient-ils, que des pratiques innovatrices dans la détermination de la peine ne peuvent à elles seules faire disparaître les causes de la criminalité autochtone et le problème plus large de l'aliénation des autochtones par rapport au système de justice pénale[161]. » De même, le juge LeBel avait reconnu que les attentes envers le droit devaient demeurer mesurées : « Bien sûr, tranchait-il, le processus de détermination de la peine ne constituera pas le seul – ni même le principal – moyen de résoudre le problème de surreprésentation des Autochtones dans les établissements carcéraux[162]. » Avant même la réforme de 1996, la réputée criminologue Carol LaPrairie suggérait que la focalisation excessive de certains sur le système de justice pour expliquer le problème de la surreprésentation s'expliquait notamment par le désir de détourner le regard des inégalités socio-économiques qui se trouvent en amont[163]. Ce qui est sûr, c'est que les causes les plus décisives de la surreprésentation carcérale autochtone résident d'abord et avant tout dans l'ensemble des déterminants du crime, c'est-à-dire dans tout ce qui, avant même que toute décision relative à la peine soit prise, favorise le passage à l'acte. Dans leur important article de 2003[164], les professeurs Roberts et Melchers constataient les résultats décevants de la réforme de 1996 et concluaient leur réflexion de la manière suivante : « Reducing the numbers of persons entering the system in the first place [...] appears to offer the greatest hope as a strategy to reduce the number of Aboriginal persons who eventually enter custody[165]. » Même s'il est vrai qu'un tel programme est plus facile à formuler qu'à réaliser, nous souscrivons à ce point de vue.

En somme, bien qu'elle ne soit certainement pas sans bienfaits, toute intervention législative qui cible prioritairement le processus de détermination de la peine pour remédier au problème de la surreprésentation carcérale des Autochtones comporte un double défaut : elle entretient des espoirs qu'elle semble condamnée à frustrer et, surtout, elle arrive *trop tard*. Lorsque la peine est prononcée, le crime

---

Gladue to Present and Beyond »*Sentencing in Canada: Essaye in Law, Policy, and Practive*, p. 246-249 et M.-A. Denis-Boileau et M.-E. Sylvestre (2016), « *Ipeelee* et le devoir de résistance », *Revue canadienne de droit pénal*, vol. 21, p. 73-122.

[161] *Gladue*, par. 65.

[162] *Ipeelee*, par. 69.

[163] C. LaPrairie (1990), *supra*, note 74, p. 430-431.

[164] Cité par la Cour suprême dans *Ipeelee*, par. 62.

[165] J. V. Roberts & R. Melchers (2003), *supra*, note 2, p. 237. Voir aussi M. Jackson (1989), *supra*, note 47, p. 217.

appartient déjà au passé. Des victimes, souvent Autochtones elles-mêmes[166], ont déjà vu leur vie bouleversée. Or tant et aussi longtemps que les causes profondes de la criminalité seront laissées intactes, le droit risque d'être trop souvent cantonné à la position d'impuissance que nous avons décrite en introduction, à la manière d'un système qui, flottant à la surface d'un cours d'eau, serait éternellement voué à enregistrer les vagues qui parviennent jusqu'à lui sans jamais être en mesure de juguler leur source.

[166] S. Perreault (2011), *supra*, note 50. Voir aussi S. Brennan (2011), « La victimisation avec violence chez les femmes autochtones dans les provinces canadiennes, 2009 », *Juristat*, produit n° 85-002-X au catalogue de Statistique Canada, p. 7.

3. Crise et responsabilité des politiques

Le droit pénal allemand face à la crise Covid-19

Christian JÄGER

Professeur à l'Université Friedrich-Alexander d'Erlangen-Nuremberg

Introduction

L'un des plus grands défis auxquels le monde a dû faire face récemment est sans doute la crise des systèmes de santé provoquée par le coronavirus. Ainsi, le virus a entraîné un engorgement des systèmes de santé sans précédent dans de nombreux pays du monde. De multiples nations ont été confrontées à un effondrement du fonctionnement des soins médicaux dans certains domaines clés. Le risque d'un tel engorgement du système de santé a également été envisagé en Allemagne. Cela a déclenché un débat spécifique sur le droit pénal en doctrine ainsi qu'en politique - un débat qu'on n'aurait jamais cru possible avant la pandémie. Le problème clé était de savoir dans quelle mesure il devrait être possible pour les médecins, en période de pandémie, d'effectuer un triage parmi les patients atteints du virus Covid-19.

A. La situation de conflit

Le triage est un terme issu de la médecine militaire qui désigne la tâche éthiquement difficile consistant à prendre la décision de comment répartir des ressources humaines et matérielles limitées dans le cas d'un nombre soudainement très élevé de blessés[1]. Il s'agit d'une procédure de stratification qui a lieu avant l'établissement d'un diagnostic final. Cela complique encore plus la situation de conflit. Même en dehors du domaine militaire, on connaît suffisamment d'exemples où le médecin doit décider rapidement qui doit être traité et pour qui les efforts de sauvetage devront s'arrêter. Un exemple tragique qui s'est produit en Allemagne est le déraillement d'un train près de la commune d'Eschede en 1998. Il s'est avéré ici que dans le cas où trop peu de médecins sont sur place pour soigner tous les blessés, les médecins doivent encore sur le lieu de l'accident faire un choix entre ceux qui sont à traiter et ceux qui vont être laissés pour morts.

Face à la pandémie Covid-19, la situation n'était pas différente en Italie, au Brésil, aux États-Unis et dans de nombreux autres pays. Ainsi, les systèmes de santé ont atteint leurs limites, ce qui a mené à de nombreux cas où il n'y avait plus assez de lits sous ventilation mécanique pour répondre à l'énorme vague de personnes infectées. Dans de telles situations, les médecins n'avaient pas d'autre choix que de procéder à un triage.

---

[1] V. RÖNNAU/WEGNER, Jus 2020, 403 (403) ; WAßMER, JA 2021, 298 (298) ; SOWADA NStZ 2020, 452 (452).

B. La répartition des capacités de traitement médical en période de pandémie

En Allemagne, il est quasiment incontesté que dans une situation où deux vies humaines ou plus sont en jeu, la répartition de ressources médicales limitées par un médecin peut être justifiée par le fait que plusieurs obligations se heurtent et entrent donc en conflit. C'est ce qu'on appelle le conflit d'obligations justifié (*rechtfertigende Pflichtenkollision*)[2]. Ce motif justificatif n'a pas été réglementé en 1975 lors de la grande réforme du droit pénal allemand, car le législateur s'est vu confronté à des obstacles insurmontables[3]. En effet, en vertu du § 34 du Code pénal allemand, seul l'état de nécessité (*rechtfertigender Notstand*) justifiant une infraction pénale a été réglementé. Pareillement au conflit d'obligations justifié, l'état de nécessité s'applique dans des situations de conflit d'intérêts[4]. Pourtant, selon l'opinion dominante, l'état de nécessité réglementé par la loi se distingue du conflit d'obligations justifié non réglementé en trois aspects principaux :

Premièrement, la personne confrontée à un conflit d'obligations est en principe contrainte d'agir, alors que ce n'est pas forcément le cas quant à l'état de nécessité. Au fait, celui qui se trouve dans un conflit d'obligations doit au moins entreprendre une action et n'est donc pas autorisé à laisser passer toutes les possibilités d'action qui s'offrent à lui. Par exemple, si un médecin urgentiste ne peut sauver qu'un seul des deux blessés qui perdent leur sang, il doit pourtant obligatoirement choisir de sauver l'un des deux, car il ne peut pas s'abstenir de tout sauvetage en invoquant la situation de conflit.

Deuxièmement, la personne en conflit d'obligations viole toujours un de ses devoirs et porte ainsi atteinte à un bien juridique par un acte d'omission puisqu'elle se trouve dans une situation où elle doit s'acquitter de plusieurs obligations d'agir en même temps[5]. Si la personne s'acquitte d'une de ces obligations d'agir, elle ne peut automatiquement pas en assumer une autre. Une telle situation ne doit pas obligatoirement se présenter lors d'un état de nécessité.

Finalement, la troisième différence entre l'état de nécessité et le conflit d'obligations justifié présente à la fois la différence la plus importante : Pour être justifié par un état de nécessité, le bien juridique sauvé doit prédominer le bien juridique entravé[6]. C'est la raison pour laquelle, par exemple, l'action de tuer

---

[2] Droit coutumier depuis une décision du *Reichsgericht* allemand, v. RG, 14 janvier 1890 – 3161/89; FISCHER, Strafgesetzbuch, 70e éd. 2023, vor § 32 n°10b; FRISTER, Strafrecht Allgemeiner Teil, 10e éd. 2020, chap. 22 n°61 ; HEINRICH, Strafrecht Allgemeiner Teil, 7e éd. 2022, n°513 ; LACKNER/KÜHL/HEGER, Strafgesetzbuch, 30e éd. 2023, § 34 n°15 ; ROXIN/GRECO, Strafrecht Allgemeiner Teil Band I, 5e éd. 2020, § 16 n°115 ; WESSELS/BEULKE/SATZGER, Strafrecht Allgemeiner Teil, 53e éd. 2023, n°1212 ; RÖNNAU, JuS 2013, 113 (113 et s.).

[3] V. *Bundestag-Drucksache* IV/650, p. 159; ROXIN/GRECO, *op.cit.*, § 16 n°8 et n°115.

[4] NomosKommentar Strafgesetzbuch/NEUMANN, 6e éd. 2023, § 34 n°137 ; HORTER, NStZ 2022, 193 (194).

[5] LACKNER/KÜHL/HEGER, *op.cit.*, § 34 n°15 ; RENGIER, Strafrecht Allgemeiner Teil, 15 éd. 2023, § 49 n°39 ; WESSELS/BEULKE/SATZGER, *op.cit.*, n°1212.

[6] FISCHER, *op.cit.*, § 35 n°12 ; NomosKommentar Strafgesetzbuch/PAEFFGEN/ZABEL, *op.cit.*, vor §§ 32- 35 n°170 ; ROXIN/GRECO, *op.cit.*, § 16 n°122.

activement A pour sauver B ne peut pas être justifiée par l'état de nécessité puisque deux vies humaines possèdent la même valeur[7]. Ainsi, une obligation d'agir (sauver A !) et une obligation d'abstention (ne pas tuer B !) entrent en conflit[8]. En revanche, dans le cas du conflit d'obligations justifié, il n'est pas nécessaire que l'un des biens juridiques l'emporte sur l'autre, car deux obligations d'agir (sauver A et sauver B) entrent en conflit[9]. Néanmoins, une seule obligation d'agir peut être remplie[10]. Dans une telle situation, le médecin s'abstient donc d'accomplir une de ses obligations d'agir. Cet élément d'abstention inhérent au conflit d'obligations est la raison pour laquelle une vaste compréhension est accordée à celui qui agit dans une telle situation, de sorte qu'une justification est retenue même en cas d'équivalence entre l'obligation accomplie et l'obligation violée. L'ordre juridique reconnaît ici que, dans des situations où le médecin ne peut remplir qu'une seule des obligations d'action équivalente en raison d'un manque de ressources médicales, on ne peut pas exiger plus que le sauvetage d'un des biens juridiques menacés[11]. Autrement, on exigerait l'impossible[12].

Dans le cadre de la pandémie Covid-19, une équivalence d'obligations du médecin ne se présenterait pas dans un cas où un des patients n'a pas encore besoin d'un lit sous ventilation mécanique, alors que l'autre en a un besoin urgemment afin de rester en vie. Dans un tel cas, il faut déjà admettre une justification du médecin selon le § 34 du Code pénal, car les intérêts de la personne qui a essentiellement besoin d'une assistance respiratoire sont clairement prépondérants.

Il n'y a pas non plus de situation de conflit donnant lieu à un conflit d'obligations justifié lorsque le besoin en lits de soins intensifs et en ventilation mécanique est réparti de manière inégale au niveau régional. Ainsi, l'obtention des solutions par le biais du triage sera évitable, car des goulots d'étranglement peuvent être évités par des transports de malades interrégionaux ou régionaux. Dans une telle situation, les médecins ne peuvent échapper à une responsabilité pénale que s'ils organisent de tels transports à temps. Autrement, une responsabilité pour homicide par négligence basée sur une faute d'organisation serait envisageable.

Enfin, un conflit d'obligations justifié ne pourra incontestablement pas être retenu lorsque les possibilités de sauvetage d'une personne soumise à un traitement intensif sont quasi nulles et toute probabilité de survie exclue. Dans un tel cas, la

---

[7] V. pour le principe de l'impondérabilité de la vie humaine la décision du *Bundesverfassungsgericht* (Cour constitutionnelle fédérale allemande), BVerfG, 15 février 2006 – 1 BvR 357/05, p. 149 et s.

[8] V. NomosKommentar Strafgesetzbuch/NEUMANN, *op.cit.*, § 34 n°141.

[9] NomosKommentar Strafgesetzbuch/NEUMANN, *op.cit.*, § 34 n°137 et 141; RENGIER, *op.cit.*, § 49 n°41 ; ENGLÄNDER/ZIMMERMANN, NJW 2020, 1398 (1400); HOVEN/HAHN, JA 2020, 481 (482); RÖNNAU/WEGNER, JuS 2020, 403 (404); SOWADA, NStZ 2020, 452 (453) ; WAẞMER, JA 2021, 298 (299).

[10] WAẞMER *ibid.* ; ROXIN/GRECO, *op.cit.*, § 16 n°115.

[11] Münchener Kommentar zum Strafgesetzbuch/ERB, 4e éd. 2020, § 34 n°47 ; Schönke/Schröder-Strafgesetzbuch/STERNBERG-LIEBEN, 30e éd. 2019, vor § 32 ff. n°73 ; WESSELS/BEULKE/SATZGER, *op. cit.*, n°1212 ; HOVEN/HAHN, JA 2020, 481 (482) ; JÄGER/GRÜNDEL, ZIS 2020, 151 (152).

[12] «*Impossibilium nulla est obligatio*», v. HEINRICH, *op.cit.*, n°513 ; NomosKommentar Strafgesetzbuch/ PAEFFGEN/ZABEL, *op. cit.*, vor §§ 32-35 n°174 ; RENGIER, *op. cit.*, § 49 n°41; RÖNNAU/WEGNER, JuS 2020, 403 (404).

poursuite du traitement n'est plus indiquée. L'arrêt de traitement serait donc justifiable par le biais d'un état de nécessité, car il va falloir prendre en compte qu'il ne s'agit plus de pondérer une vie contre une autre, mais une vie contre un décès plus ou moins longue.

Cependant, le médecin se trouve dans un véritable dilemme lorsque plusieurs personnes sont sous danger de mort et leurs chances de survie dépendent respectivement d'une place sous ventilation mécanique. Dans une telle situation où il n'y a plus assez de ressources médicales pour tous les patients qui sont à traiter, un conflit d'obligations justifié peut autoriser le médecin de procéder à un triage. Il faut ainsi distinguer deux cas de triage différents :

I. Le premier cas : Le triage *ex ante*, un cas de justification indiscutable

D'un point de vue juridique, la décision est relativement simple pour des situations que le Conseil allemand d'éthique désigne comme des situations de concurrence *ex ante*[13]. Dans des situations de concurrence *ex ante,* des patients qui arrivent en même temps à l'hôpital se font concurrence pour un lit d'urgence (*ex ante* parce que la concurrence que le médecin doit résoudre existe d'emblée)[14]. Ces cas sont tout à fait comparables à d'autres cas de catastrophes dans lesquels le médecin doit faire un choix entre le traitement de plusieurs blessés. Il s'agit donc ici des constellations typiques du conflit d'obligations justifié[15]. Si à l'égard de leur risque respectif de mourir les deux patients ont besoin d'une place sous ventilation mécanique, le motif justificatif de l'état de nécessité selon le § 34 du Code pénal ne s'applique pas, car les intérêts des deux patients ont la même valeur[16]. Une priorité ne peut pas être accordée aux intérêts d'un seul patient. Selon l'opinion dominante, le médecin peut de même demeurer impuni grâce à l'application du principe du conflit d'obligations justifié qui représente ainsi un motif justificatif supralégal[17]. En application du principe, le médecin reste libre de décider quel patient va être branché sur le dernier ventilateur mécanique à disposition[18]. C'est pourtant à juste titre que les sociétés allemandes de discipline médicale se sont prononcées contre une pratique proposée en Italie par l'association des médecins spécialistes en thérapie intensive selon laquelle aucune ventilation ne devrait plus être effectuée à partir d'un certain âge[19]. Parmi d'autres critères de décision, l'âge peut plutôt en

---

[13] V. La recommandation ad-hoc du conseil allemand d'éthique (*Deutscher Ethikrat*) du 27 mars 2020, p. 4.

[14] RENGIER, *op.cit.*, § 49 n°46b ; MERKEL/AUGSBERG, JZ 2020, 704 (706) ; RÖNNAU/WEGNER, JUS 2020, 403 (404) ; WAẞMER, JA 2021, 298 (299).

[15] MERKEL/AUGSBERG *ibid.*

[16] NomosKommentar Strafgesetzbuch/NEUMANN, *op.cit.*, § 34 n°74 ; HORTER, NStZ 2022, 193 (193) ; WAẞMER, JA 2021, 298 (299).

[17] ROXIN/GRECO, *op. cit.*, § 16 n°122 ; Schönke/Schröder-Strafgesetzbuch/STERNBERG-LIEBEN, *op. cit.*, vor § 32 ff. n°71/72 ; ENGLÄNDER/ZIMMERMANN, NJW 2020, 1398 (1402 et s.).

[18] RENGIER, *op.cit.*, § 49 n°46 ; HORTER, NStZ 2022, 193 (193);

[19] V. pour les sociétés allemandes de discipline médiale https://www.ethikrat.org/fileadmin/PDF-Dateien/Pressekonferenzen/pk-2020-04-07-dabrock-augsberg.pdf (dernièrement consulté le 20.12.2023) et pour l'Italie la recommandation émise par la *Società Italiana di Anestesia Analgesia Rianimazione e Terapia Intesiva* (SIAARTI), https://www.quotidianosanita.it/allegati/allegato6382982.pdf (dernièrement consulté le 20.12.2023).

représenter un autre[20]. La vie humaine n'étant pas pondérable, il est en cas extrême même possible de donner la priorité à une personne de 80 ans sans antécédents médicaux plutôt qu'a une personne de 30 ans dont les chances de survie sont extrêmement faibles. Ici, le médecin responsable doit posséder d'un pouvoir d'appréciation qui ne doit pas être entravé par des directives médicales spécialisées trop strictes[21].

II. Le deuxième cas : Le triage *ex post*, un cas de justification controversé

En revanche, les cas que le Conseil d'éthique allemand a qualifiés de concurrences *ex post* sont beaucoup plus difficiles à évaluer. À titre exemplaire, 20 patients disposant des pronostics manifestement différents se trouvent déjà soumis aux soins intensifs. Par la suite, un nouveau patient qui a urgemment besoin d'un lit sous ventilation mécanique est admis à l'hôpital. Si son pronostic est aussi mauvais que celui du patient qui va le plus mal, le médecin ne prendra probablement pas de nouvelle décision relative à la ventilation mécanique des patients. La situation devient toutefois complexe lorsque le pronostic du 21ᵉ patient est nettement plus positif que celui du patient qui va le plus mal, mais qui est déjà ventilé. Il se pose alors la question de savoir si, aux fins d'augmenter le taux de survivants global (principe de « save the most »), le médecin peut être autorisé à mettre fin à la ventilation du patient déjà ventilé et à attribuer sa place au nouveau patient en raison de son meilleur pronostic[22]. Dans le contexte de la pandémie Covid-19, cette problématique a fait l'objet d'une grande controverse en Allemagne. En fin de compte il s'agit de savoir si le médecin peut être justifié s'il retire *a posteriori* la ventilation mécanique à un patient dont les chances de survie sont extrêmement faibles, mais pas désespérées afin d'attribuer cette place à un patient ayant des chances de survie nettement meilleures[23].

Tout d'abord, la discussion sur une justification du médecin dans de tels cas ne devient pas caduque pour la simple raison qu'il n'est pas toujours possible de prouver un lien de causalité entre l'omission du médecin et le décès du patient non traité. Certes, il est concevable qu'une ventilation mécanique ne fasse pas effet sur le patient de sorte que l'omission du médecin ne serait *a priori* pas causale pour la mort de celui-ci. Toutefois, une responsabilité du médecin pour tentative d'homicide par omission pourrait ainsi être retenue, car il doit au moins s'attendre à ce que l'attribution d'un lit sous ventilation mécanique puisse sauver la vie du patient. Cela suffit pour supposer un dol éventuel d'homicide par omission ce qui serait au moins constitutif d'une tentative d'homicide, même si un lien de causalité finale entre

---

[20] V. pour des possibles critères de décision NomosKommentar Strafgesetzbuch/NEUMANN, *op.cit.*, § 34 n°138 ainsi que les critères établis par la *Deutsche Interdisziplinäre Vereinigung für Intensiv- und Notfalmedizin* (DIVI) https://www.divi.de/empfehlungen/publikationen/covid-19-dokumente/covid-19-ethik-empfehlung (dernièrement consulté le 20.12.2023).
[21] NomosKommentar Strafgesetzbuch/NEUMANN, *op.cit.*, § 34 n°139.
[21] V. FRISTER, *op.cit.*, chap. 22 n°62 ; WESSELS/BEULKE/SATZGER, *op.cit.*, n°1214.
[22] RENGIER, *op. cit.*, § 49 n°46c.
[23] RENGIER, *ibid* ; WESSELS/BEULKE/SATZGER, *op.cit.*, n°474.

l'omission du médecin et le décès du patient non traité ne peut pas être démontré de manière finale.

L'importance de la discussion autour du triage *ex post* étant démontrée, il convient par la suite d'exposer les arguments contre ainsi qu'en faveur de l'admission d'un conflit d'obligations justifié en cas de triage *ex post*.

A. Les arguments contre l'admission du conflit d'obligations justifié en cas de triage *ex post*

Une grande partie de la doctrine allemande a refusé la possibilité d'une justification du médecin dans le cas de triage *ex post*, car une telle est comprise comme une extension inadmissible du champ d'application du conflit d'obligations justifié[24]. Il a notamment été souligné qu'en cas de triage *ex post*, ce ne sont pas deux obligations d'agir de même rang qui entrent en conflit, mais une obligation d'agir et une obligation de s'abstenir (à savoir l'obligation d'agir de sauver le patient nouvellement admis d'une part et l'obligation de s'abstenir de tuer activement le patient déjà placé sous ventilation mécanique d'autre part)[25]. Le retrait d'un appareil de maintien en vie ne saurait donc pas être justifié puisqu'en cas de conflit entre une obligation d'agir et une obligation de s'abstenir l'application du § 34 du Code pénal s'impose[26]. Celui-ci exige une prépondérance essentielle d'intérêts d'un patient, ce qui n'est pas le cas au vu de l'affrontement d'intérêts vitaux de même importance[27].

B. Les arguments en faveur de l'admission du conflit d'obligations justifié en cas de triage *ex post*

Selon l'opinion opposée, dans les cas de triage *ex post* ce n'est pas une obligation d'abstention (s'abstenir de retirer le patient déjà branché à la ventilation mécanique de celle-ci !) qui entre en collision avec une obligation d'action (ventiler le patient nouvellement arrivé !), mais ce sont en réalité deux obligations de traitement du médecin qui se rencontrent[28]. À ce titre, l'action apparemment positive de débrancher un patient antérieurement soumis à la ventilation mécanique présente en réalité un acte d'omission, car à dire vrai le médecin s'abstient de poursuivre le traitement médical mécanique de ce patient[29].

[24] NomosKommentar Strafgesetzbuch/NEUMANN, *op. cit.*, § 34 n°130 ; Schönke/Schröder-Strafgesetzbuch/STERNBERG-LIEBEN, *op. cit.*, vor §§ 32 ff. n°74.

[25] HEINRICH, *op. cit.*, n°513a ; Schönke/Schröder-Strafgesetzbuch/PERRON, *op. cit.*, § 34 n°4; RENGIER, *op. cit.*, § 49 Rn. 46c.

[26] Münchener Kommentar zum Strafgesetzbuch/ERB, *op. cit.*, § 34 n°41 ; Schönke/Schröder-Strafgesetzbuch/STERNBERG-LIEBEN, *op. cit.*, vor § 32 ff. n°73 ; RÖNNAU, JuS 2013, 113 (114 et s.).

[27] ENGIER, *op. cit.*, § 49 n°46c ; WESSELS/BEULKE/SATZGER, *op. cit.*, n°474.

[28] V. AST, ZIS 2020, 268 (272) ; HOVEN, JZ 2020, 449 (453 et s.) ; HOVEN/HAHN, JA 2020, 481 (483 et s.) ; JÄGER/GRÜNDEL, ZIS 2020, 151 (157).

[29] FRISTER, *op. cit.*, chap. 22 n°63.

C. La nécessité d'une possible justification du médecin par le conflit d'obligations justifié lors du triage *ex post*

Les meilleurs arguments sont ceux en faveur d'une possibilité de justification du médecin par le biais du conflit d'obligations également dans des situations du triage *ex post*.

Au fait, l'opinion qui justifie le refus d'un traitement du patient dans le cas d'un triage *ex ante* et qui ne le justifie du même pas dans le cas d'un triage *ex post* fait dépendre la justification du médecin de la construction de la machine de ventilation mécanique. Selon les différentes constructions existantes, l'interruption d'un traitement peut être présentée comme un acte positif ou un acte d'omission. À titre d'illustration, prenons l'exemple du cas suivant :

Dans le service de soins intensifs d'un hôpital compétent pour le traitement du Covid, les machines de ventilation mécanique sont programmées de telle sorte qu'elles doivent être réactivées toutes les demi-heures. Ainsi, le cas échéant, le médecin est apte à ne pas effectuer une telle réactivation en faveur d'un patient déjà branché afin de pouvoir brancher un nouveau patient à sa place[30].

Si, dans un tel cas, un nouveau patient arrive à l'hôpital dont les chances de survie s'avèrent meilleures que celles du patient déjà hospitalisé qui va le plus mal, deux obligations d'agir du médecin se heurteraient au plus tard après l'expiration de la demi-heure. Ainsi, selon l'opinion dominante, un conflit d'obligations justifié devrait être admis, car le médecin se trouve face à l'obligation d'action de ventiler mécaniquement le patient nouvellement arrivé d'une part et l'obligation d'action d'activer à nouveau le ventilateur pour le patient déjà admis d'autre part.

Il faut tenir compte du fait que seule la possible justification du médecin également en cas de triage *ex post* permet d'éviter que le hasard - par exemple quand un patient a été admis et branché à un ventilateur par hasard quelques minutes avant l'arrivée d'un nouveau patient - ne décide de la responsabilité pénale du médecin[31] . Si deux patients arrivent au même moment aux urgences de l'hôpital, le médecin peut procéder à un triage *ex ante* en prenant compte des chances respectives de survie, tout en étant incontestablement justifié par le principe du conflit d'obligations. En revanche, si l'un des deux patients est arrivé par hasard une minute plus tôt, le médecin ne devrait plus pouvoir effectuer de manière justifiée un tel triage s'étant désormais transformé en un cas de triage *ex post*.

Les explications qui précèdent montrent que de nombreux arguments parlent pour une justification du médecin même dans le cas d'un triage *ex post.* Toutefois, le malaise qu'on ressent lorsqu'on admet la justification du médecin qui met activement fin à une vie est plus que compréhensible. Mais ceux qui ne veulent pas accepter une justification du médecin dans une situation de triage *ex post* doivent considérer le début d'un traitement comme une décision irréversible du médecin :

---

[30] V. pour un exemple similiaire ROXIN, Strafrecht Allgemeiner Teil Band 2, 2003, § 31 n°116.
[31] V. HOVEN/HAHN, JA 2020, 481 (484).

même si les chances de survie du patient traité sont clairement inférieures à celles d'un patient nouvellement admis à l'hôpital, le traitement du patient déjà soumis aux soins intensifs doit être poursuivi inconditionnellement. On peut douter qu'une telle vision des choses soit adaptée à la réalité à laquelle un médecin est confronté lorsque le système de santé risque de s'effondrer. En effet, dans le cas d'une surexploitation des ressources médicales, l'admission des patients ne pourra plus être inconditionnelle, et cela même selon l'opinion généralement admise. À partir d'un certain moment, toute admission de l'assistance respiratoire ne peut être que provisoire. La situation qui prévalait lors de la pandémie en Italie confirme ce constat.

En fin de compte, les opposants à une justification du médecin en situation de triage *ex post* doivent mettre l'accent sur le seul fait que le patient déjà traité s'est vu attribuer une chance de survie grâce à la machine de ventilation[32]. Cette chance de survie fut terminée de manière active si on débranche ultérieurement l'appareil attribué. Par conséquent, il faudrait ensuite admettre que la décision du médecin de mettre en place la ventilation mécanique pour un patient disposant des chances de survie est en effet irréversible. C'est précisément pour cette raison que le patient déjà branché à un ventilateur ne rentre en réalité plus en concurrence avec le patient nouvellement admis. Cela reposerait sur l'idée que la machine est en quelque sorte devenue une partie intégrante de l'organisme du patient traité, même si elle est artificielle[33].

Le point de vue qui vient d'être évoqué est sans doute la véritable raison pour laquelle une grande partie de la doctrine se montre réticente à l'idée d'une justification de médecin dans les cas d'un triage *ex post*. Il est toutefois intéressant de noter que les réticences à l'égard d'une telle justification n'existent que pour l'environnement hospitalier. Cela est probablement dû à la conception que lorsqu'un patient commence de profiter d'un traitement hospitalier comprenant des appareils mécaniques, il devrait par ce fait obtenir une position juridique qui lui garantit la continuité de ce traitement[34]. Dans le cas où un médecin arrive sur le lieu d'un accident avec de nombreux blessés et il commence une ventilation sur un patient à l'aide d'un ventilateur portable, puis change d'avis en faveur d'une autre victime dont il estime, contrairement à son pronostic initial, les chances de survie plus élevées, il semble manifestement moins difficile de justifier une interruption de traitement du patient initial. Cela montre que c'est en effet la machine de ventilation attachée de manière permanente au patient qui évoque l'impression de l'existence d'un "organisme global" et qui conduit à la conclusion qu'il s'agit d'un phénomène entièrement à part qui ne peut pas être justifié. Pourtant, il n'est certes pas convaincant de centrer les réflexions autour du triage *ex post* que sur l'environnement hospitalier et sur le rattachement à un ventilateur mécanique, car, comme démontré

---

[32] V. NomosKommentar Strafgesetzbuch/ NEUMANN, *op.cit.*, § 34 n°130 ; *Ibid.*/PAEFFGEN/ZABEL, vor §§ 32-35 n°174a; MERKEL/AUGSBERG, JZ 2020, 704 (709) ; SOWADA, NStZ 2020, 452 (458) ; WAßMER, JA 2021, 298 (302).

[33] V. MERKEL/AUGSBERG, JZ 2020, 704 (711).

[34] V. RENGIER, *op. cit.*, § 49 n°46d.

antérieurement, en cas de pénurie de ressources médicales, ces opérations ne peuvent être que de nature provisoire.

D. La prise de responsabilité par le législateur allemand pour les cas de triage *ex post*

En juillet 2020, une procédure accélérée a été entamée à la Cour constitutionnelle fédérale allemande qui demandait au législateur d'introduire des règles contraignantes pour le triage dans le cadre de la pandémie Covid-19. Cette demande n'a toutefois pas abouti, car la Cour constitutionnelle fédérale a nié l'obligation du législateur de créer des règles contraignantes puisqu'à l'époque l'évolution de l'infection suffisamment identifiable et les capacités de traitement en médecine intensive ne permettaient pas de considérer que la situation de triage se produirait en Allemagne[35]. Cependant, le 16 décembre 2021, la Cour constitutionnelle fédérale a ensuite décidé sur le fond que le législateur devait prendre sans délai des dispositions appropriées afin d'empêcher de manière efficace tout désavantage dû à un handicap lors de la répartition des ressources de médecine intensive limitées en raison de la pandémie[36]. La décision de la Cour constitutionnelle fédérale a été mise en œuvre par la loi allemande sur la protection contre les infections, entrée en vigueur le 14 décembre 2022[37]. Selon cette nouvelle loi, en cas de maladie transmissible, aucune personne ne doit être désavantagée lors de l'attribution des soins intensifs limités indispensables à la survie, notamment pas en raison d'un handicap. Une décision d'attribution de soins ne peut être prise que d'un accord commun entre deux médecins spécialistes ayant des qualifications particulières dans le domaine de la médecine intensive. L'accord doit être basé sur la probabilité de survie actuelle et à court terme des patients concernés. À l'occasion de cette nouvelle réglementation, la politique allemande s'est également positionnée sur la question du triage *ex post*. Ainsi, dans la loi sur la protection contre les infections, le législateur a formulé :

« Les capacités de traitement en médecine intensive essentielles à la survie déjà attribuées ne doivent pas être retirées. »

Il ressort ici que le législateur allemand s'est désormais prononcé explicitement contre l'autorisation du triage *ex post* préconisé dans l'argumentation qui précède. Il va falloir accepter cette décision démocratique, même si elle peut entraîner des conséquences dramatiques en période de pandémie. Au fait, cette réglementation oblige les médecins à maintenir leur patient en soins intensifs, même si ses chances de survie sont très faibles, et cela également dans le cas où des milliers de nouveaux patients apparaissent dont les chances de survie sont bien meilleures. Au-delà, la portée de la nouvelle réglementation n'est pas suffisamment claire. On pourra par exemple discuter la question de savoir si les patients arrivant aux urgences sont déjà

---

[35] BVerfG, 16 juillet 2020 - 1 BvR 1541/20.

[36] BVerfG, 16 décembre 2021 - 1 BvR 1541/20.

[37] V. Deuxième loi modifiant la loi sur la protection contre les infections (Zweites Gesetz zur Änderung des Infektionsschutzgesetzes) du 8 décembre 2022, *Bundesgesetzblatt* (BGBl.) I 2022, p. 2235.

à considérer comme des personnes ayant reçu des soins intensifs qui peuvent donc plus être privées d'un traitement par la suite. Il faut également tenir compte du fait qu'il existe des ambulances équipées de soins intensifs. Le patient qui reçoit des soins intensifs lors de son transport à l'hôpital, doit-il avoir la certitude qu'il bénéficiera également de soins pareils à l'hôpital ou est-ce que la décision du législateur ne concerne-t-elle exclusivement les soins intensifs attribués à l'hôpital ? Ces questions n'ont pas été débattues jusqu'à présent, mais elles pourraient à tout moment redevenir d'actualité si l'on considère qu'une nouvelle variante hautement contagieuse du coronavirus "Pirola" a fait son apparition et que le virus Nipah a été détecté en Inde. Selon l'OMS, le taux de mortalité de Nipah est de 40 à 75 %, même si, après les connaissances actuelles, la transmission d'homme à homme ne se fait pas aussi facilement que dans le cas de coronavirus[38]. Néanmoins, tout cela montre que des scénarios qui dévoile la dangerosité de l'interdiction rigoureuse du triage *ex post* édictée en Allemagne peuvent survenir à tout moment.

Conclusion

Les explications qui précèdent ont montré que les crises sont motrices des discussions sur le droit pénal ainsi que des réactions législatives. Le fait que la politique allemande ait pris une mauvaise décision en interdisant inconditionnellement le triage *ex post* pourrait se révéler douloureux à l'avenir dans le cas où des pandémies encore plus mortelles se produisent. Mais, quelle que soit l'opinion que l'on ait sur l'admissibilité du triage *ex post*, la prise de responsabilité par le législateur crée une sécurité juridique incontestable pour les médecins concernés. En l'absence d'une telle sécurité juridique, ces derniers se trouveraient dans une zone grise lors de leur lutte de sauver le plus grand nombre de personnes, ce qui aggraverait le conflit de conscience déjà existant. C'est la raison pour laquelle il faut honorer le fait que le législateur ait assumé sa responsabilité en la matière, même si la discussion sur le bien-fondé des nouvelles règles devrait se poursuivre au vu de la menace de la vie humaine par d'autres pandémies.

---

[38] https://www.who.int/news-room/fact-sheets/detail/nipah-virus (dernièrement consulté le 20 décembre 2023)

Droit pénal et crise de l'autorité

Jeanne HUBER

Docteure en droit de l'Université de Bordeaux et de l'Université de Sherbrooke

Depuis plusieurs années, on a assisté en France à un enchaînement très rapide de mouvements de contestation populaires, depuis les gilets jaunes jusqu'aux émeutes de l'été 2023 consécutives au décès d'un jeune homme de 17 ans au cours d'une interpellation, en passant par les rassemblements contre les mesures sanitaires, contre une réforme des retraites très controversée, les multiples incursions de black blocs en marge des cortèges[1], les marches pour le climat, les actions contre l'installation de méga-bassines, ou encore plus récemment les mouvements d'agriculteurs. Ces évènements ont souvent été marqués par des violences, tant de la part des manifestants que de la part des autorités policières intervenant pour éviter les débordements. L'ensemble laisse une impression d'un climat délétère de défiance permanent, amplifié autant par ceux qui veulent stigmatiser ces phénomènes contestataires[2], que par ceux qui profite opportunément de l'occasion pour la France à un État autoritaire. Il en ressort une impression de raidissement du pouvoir face à toute forme de contestation et chaque recours à la force publique est vécu comme excessif, inapproprié, insupportable dans un État démocratique. Ces évènements et ces commentaires donnent l'impression que la France connaîtrait une phase de crise d'autorité, c'est-à-dire une phase critique, une rupture[3], un bouleversement soudain dans le rapport des citoyens à l'autorité étatique.

Cette crise serait double. D'une part, il y aurait crise au regard de l'augmentation de la fréquence des contestations critiquant ouvertement l'action politique. Néanmoins, d'un point de vue historique, ce n'est certainement pas la première fois que l'autorité de l'État connaît une telle période de remise en question. La contestation a toujours existé[4], au point de figurer brièvement parmi les droits fondamentaux[5]. Il y a toujours eu un besoin d'occuper l'espace public pour exprimer son désaccord, tout comme il y a toujours eu des répressions de ces expressions[6]. La Révolution française est elle-même un exemple frappant d'une contestation massive

---

[1] Pour une définition : O. Cahn, « La répression des « black blocs », prétexte à la domestication de la rue protestataire », *Archives de politique criminelle*, 2010/1, 165, 166.

[2] *Id.* p. 176.

[3] *Le Grand Robert* – version numérique (février 2023), « Crise ».

[4] C. Jamin, « Ellul et les gilets jaunes », D. 2019. 1. 1 ; M. Murbach-Vibert, « Attroupement », *Répertoire de droit pénal et de procédure pénale*, Dalloz, juin 2023, n°8 et suiv.

[5] Art. 35 de la Déclaration des droits de l'Homme et du citoyen de 1793 (An I) : « quand le gouvernement viole les droits du peuple, l'insurrection est, pour le peuple et chaque portion du peuple, le plus sacré et le plus indispensable des devoirs » ; O. Cahn préc. note 1, p. 170.

[6] M. Murbach-Vibert, préc. note 4, n°8, 11, et 13.

de l'autorité établie, ici la monarchie de droit divin. Plus proche de nous, on peut également citer les importantes émeutes ayant eu lieu en France en 2005 – déclenchée par la mort de deux jeunes électrocutés alors qu'ils s'étaient abrités dans un poste électrique pour échapper à un contrôle policier[7] – et ayant conduit le Président de l'époque à décréter l'état d'urgence[8], faisant ainsi preuve d'une très grande fermeté pour restaurer l'autorité de l'État.

La période de contestation actuelle ne se caractérise pas non plus par un recours inédit à la violence. Par le passé, d'autres mouvements contestataires ont été accompagnés de violences contre les biens et contre les personnes. Tout au plus, peut-on dire que les contestations de l'autorité de l'État ont récemment atteint une intensité que l'on avait rarement connue[9]. C'est le cas des émeutes de l'été 2023, dans la mesure où, pour la première fois depuis bien longtemps, elles ont installé un climat quasiment insurrectionnel[10]. Les émeutiers s'en sont pris directement à des institutions républicaines en attaquant et incendiant des écoles, des mairies ou des commissariats. Ainsi, si crise il y a, elle ne présente pas un caractère inédit d'un point de vue strictement historique.

D'autre part, il y aurait crise dans la mesure où ces manifestations d'opposition conduisent à leur tour le pouvoir à la tentation de restaurer tout aussi violemment son autorité en ayant recours à la force, ce qui implique tout particulièrement les forces de l'ordre. Précisons d'emblée qu'il ne s'agit aucunement de remettre en cause la pertinence de l'intervention policière. En tant qu'institution ayant pour mission, de maintenir l'ordre public en prévenant ou mettant fin aux troubles qui y sont causés[11], la présence policière peut s'avérer indispensable, y compris en marge d'expressions publiques de contestation et surtout lorsqu'il s'agit de préserver la liberté de manifester pacifiquement des participants[12]. La police et la gendarmerie interviennent dans le cadre d'opérations de maintien de l'ordre qui permettent de déployer la force publique pour mettre fin à ces troubles à l'ordre public dans des conditions strictement encadrées par la loi[13]. La décision de faire intervenir la police

---

[7] W. Audureau, « Qu'est-ce qui avait déclenché les émeutes de 2005 et comment ont-elles pris fin ? », *Le Monde*, 29 juin 2023, en ligne : https://www.lemonde.fr/les-decodeurs/article/2023/06/29/qu-est-ce-qui-avait-declenche-les-emeutes-de-2005-et-comment-avaient-elles-pris-fin_6179835_4355770.html.

[8] Décret n°2005-1387 du 8 novembre 2005 relatif à l'application de la loi n°55-385 du 3 avril 1955.

[9] Déjà en ce sens : J.-P. Frédéric, « la judiciarisation du maintien de l'ordre public : des maux... aux actes ! », AJ Pénal 2013. 208.

[10] Art. 412-3 C. pen. : « constitue un mouvement insurrectionnel toute violence collective de nature à mettre en péril les institutions de la République ou à porter atteinte à l'intégrité du territoire national. »

[11] O. Cahn, « Un État de (la) police », RSC. 2019. 975. 976 ; S. GUINCHARD, T. DEBARD, *Lexique des termes juridiques*, 31e éd. Dalloz, 2023, « Police » p. 802

[12] H. Vlamynck, « Le maintien de l'ordre : manifestations, réunions publiques et attroupements », AJ Pénal 200. 289.

[13] Art. L211-9 du Code de la sécurité intérieure (ci-après CSI), ainsi que le chapitre 1er du titre 1 du livre 2 du CSI, partie réglementaire, consacré la prévention des atteintes à l'ordre public lors des manifestations et rassemblements. Voir également H. VLAMYNCK, *Droit de la police*, 7e éd. Vuibert, 2021, n°337 ; Circulaire du Ministre de l'Intérieur du 15 décembre 2021 relative au Schéma national du maintien de l'ordre, en ligne :

appartient généralement au préfet en tant qu'autorité déconcentrée en charge de représenter le gouvernement au niveau local[14]. *In fine*, elle revient au pouvoir politique[15] et il est certain que celui-ci ne se prive pas d'utiliser ce cadre pour faire intervenir les forces de l'ordre dès qu'il existe un risque de trouble à l'ordre public, dans des circonstances qui ne sont pas toujours très bien comprises par la population, ce qui alimente certainement au sentiment d'un recours excessif de la force publique. La France est d'ailleurs régulièrement critiquée par le Haut-commissariat aux droits de l'Homme de l'ONU à ce propos[16], faisant peser une crainte pour le respect des libertés publiques dans ce pays.

Ce traitement des contestations politiques essentiellement sous le prisme du retour à l'ordre apparaît problématique sur plusieurs aspects. D'abord, il interroge au regard du sens même du terme autorité. La façon dont l'État cherche à restaurer son autorité par le recours à la force correspond au premier sens du terme, entendu comme « le pouvoir d'imposer l'obéissance »[17], « le pouvoir exercé par des personnes sur autrui »[18]. Toutefois, outre cette acception teintée de contrainte, l'autorité a étymologiquement un autre sens : elle est aussi la capacité à inspirer la confiance, à être un exemple ou un modèle à suivre[19]. Dans ce cas, il ne s'agit plus d'imposer son pouvoir, mais d'incarner une sorte de supériorité de mérite, qui impose une déférence et une confiance particulière, sans qu'il ne soit question ici de recourir à la force ou la violence[20]. Ainsi, s'il y a crise de l'autorité actuellement, elle apparaît probablement davantage due à ce défaut d'incarnation d'un modèle, qui est une sorte d'impensée politique[21]. Il n'est pas certain que les gouvernements successifs en aient suffisamment conscience pour rechercher des solutions susceptibles de résoudre autrement que par la force la crise de son autorité[22].

La crise que traverse actuellement l'État en France tiendrait donc plutôt pour partie à ce qu'il ne serait plus capable d'imposer son autorité autrement que par l'usage de la force. Or, outre l'intervention des forces de l'ordre, la forcé ainsi déployée se manifeste juridiquement, puisque le Code pénal français contient des

---

https://www.legifrance.gouv.fr/circulaire/id/45250?init=true&isAdvancedResult=true&origine=circ&page=1&pageSize=10&query=%7B%28%40ALL%5Be%22maintien+de+l%27ordre%22%5D%29%7D&sortValue=SIGNATURE_DATE_DESC&tab_selection=circ&typeRecherche=date.

[14] Art. L211-9 et R211-21 du CSI.

[15] H. Vlamynck, préc. note 13, n°345.

[16] R. Shamdasani, porte-parole du Haut-Commissariat des Nations-Unies aux droits de l'homme, Point presse du 30 juin 2023, en ligne : https://www.ohchr.org/fr/press-briefing-notes/2023/06/press-briefing-france ; V. Türk, *Rapport annuel et compte-rendu oral du Haut-Commissaire des Nations-Unies aux droits de l'homme sur les activités de HCDH et l'évolution récente de la situation des droits de l'homme*, 52e session du Conseil des droits de l'homme, 7 mars 2023, en ligne : https://www.ohchr.org/fr/statements-and-speeches/2023/03/global-update-high-commissioner-outlines-concerns-over-40-countries.

[17] *Le Grand Robert*, préc. note 3, « autorité ».

[18] Gérard Cornu, *Vocabulaire juridique*, 14e éd. mise à jour, coll. Quadrige , PUF, 2022, p. 107.

[19] *Le Grand Robert*, préc. note 3, « autorité » : « supériorité de mérite ou de séduction qui impose l'obéissance sans contrainte, le respect, la confiance ».

[20] H. ARENDT, « Qu'est-ce que l'autorité ? », in *La crise de la culture*, coll. Folio essais, Gallimard, 2013, p. 123.

[21] *Id.*, p. 130.

[22] *Id.*, p. 136 et 137 ; C. Jamin, préc. note 4.

dispositions spécifiquement prévues pour limiter certaines formes de contestations publiques considérées comme susceptibles de troubler l'ordre public. Le chapitre 1er du titre 3 du livre 4 du Code pénal dédié à l'incrimination des atteintes à l'autorité de l'État, plus précisément à l'atteinte à la paix publique, distingue deux types d'occupation de l'espace public réprimée : la participation délictueuse à un attroupement, la participation à une manifestation illicite, deux catégories d'infraction visant directement à prohiber certaines formes publiques de contestation.

Ce choix législatif apparaît d'autant plus étonnant que ces prohibitions atteignent directement une activité éminemment politique et constitutionnellement protégée. En effet, la liberté de se réunir pour exprimer ses opinions est consacrée à l'article 11 de la Convention européenne des droits de l'Homme[23] et découle de la combinaison des articles 10 et11 de la Déclaration des droits de l'homme et du citoyen (DDHC)[24]. Elle entretient des liens étroits avec la liberté d'expression[25]. Les infractions pénales relatives aux manifestations et aux attroupements limitent donc directement l'exercice de cette liberté publique. Bien que ces textes admettent que de telles restrictions puissent y être apportées à son exercice[26], notamment au nom de la sécurité publique ou du maintien de l'ordre public, ces dernières sont vécues comme des affronts insupportables à une liberté politique, alors même que la rue est historiquement l'espace naturel de la contestation[27]. Apporter des limitations à la liberté de manifestation est vécue comme la preuve de l'intolérance du pouvoir à la contestation, ce qui devrait inciter le législateur à une grande prudence quand il intervient en la matière, afin de trouver les moyens d'encadrer les manifestations publiques pour éviter qu'elles ne dégénèrent en affrontements violents, tout en préservant la liberté de se réunir dans l'espace public.

Néanmoins, la mesure ne semble pas être le maître mot, tant les gouvernements successifs ont pris l'habitude de traiter chaque nouvelle contestation radicale

---

[23] Art. 11 Conv. EDH « Toute personne a droit à la liberté de réunion pacifique et à la liberté d'association, y compris le droit de fonder avec d'autres des syndicats et de s'affilier à des syndicats pour la défense de ses intérêts. ».

[24] Art. 10 : « Nul ne doit être inquiété pour ses opinions, même religieuses, pourvu que leur manifestation ne trouble pas l'ordre public établi par la loi » ; art. 11 : « La libre communication des pensées et des opinions est un des droits les plus précieux de l'homme : tout citoyen peut donc parler, écrire, imprimer librement, sauf à répondre de l'abus de cette liberté dans les cas déterminés par la loi. »

[25] CEDH, 20 février 2003, Djavit An c. Turquie, n°20652/92, par. 39 ; voir également CEDH, 5 mars 2009, Barraco c. France, n°31684/05, par. 27 ; CE, 6 juillet 2020, n°441257, par. 10 : « La liberté d'expression et de communication, garantie par la Constitution et par les articles 10 et 11 de la convention européenne de sauvegarde des droits de l'homme et des libertés fondamentales et dont découle le droit d'expression collective des idées et des opinions, constitue une liberté fondamentale. Son exercice, notamment par la liberté de manifester ou de se réunir, est une condition de la démocratie et l'une des garanties du respect d'autres droits et libertés ».

[26] Art. 10 DDHC, préc., note 24 ; Art. 11 par. 2 Conv. EDH ; CE, 6 juillet 2020, *id.* : l'exercice de la liberté de manifester ou de se réunir « doit cependant être concilié avec le respect de l'objectif de valeur constitutionnelle de protection de la santé et avec le maintien de l'ordre public ».

[27] P. Poncela, « La pénalisation des comportements dans l'espace public », *Archives de politique criminelle*, 2010/1, 5, p. 11.

comme un affront et d'y réagir par davantage de restrictions[28]. En effet, la plupart des textes relatifs au maintien de l'ordre ont été adoptés en réaction à des troubles graves à l'ordre public[29], comme si le pouvoir politique n'était pas en mesure de trouver des réponses autres que la répression aux crises dont ces débordements sont le symptôme. Par exemple, le décret-loi du 23 octobre 1935 portant réglementation des mesures relatives au renforcement du maintien de l'ordre public[30] a été adopté à la suite d'importantes manifestations antiparlementaires organisées par des ligues d'extrême droite et qui ont engendré 12 morts et plus de 600 blessées[31]. Ce texte réglemente encore aujourd'hui les manifestations publiques en les soumettant à une autorisation administrative préalable[32]. De même, la loi du 21 janvier 1995[33] a été adoptée consécutivement à d'importantes émeutes de marins-pêcheurs en Bretagne au début de l'année 1994[34] et la loi du 10 avril 2019[35] en réaction au mouvement des Black blocs qui avait infiltré une manifestation de la fête du Travail en 2018[36].

Cette réaction[37] plus ou moins épidermique aux évènements a provoqué un empilement législatif qui rend aujourd'hui la matière plus difficile à appréhender. Le législateur n'a pas toujours très bien anticipé les conséquences que l'adoption de ces divers textes aurait sur la cohérence du droit pénal et sur le principe de légalité, particulièrement en raison de la multiplication des prohibitions applicables en matière de manifestation dans l'espace public. Il est permis de se demander non seulement si ces textes sont applicables, mais encore s'ils sont toujours acceptables pour leurs destinataires.

Enfin, les rassemblements dont il est ici question ayant lieu dans l'espace public, le maintien de l'ordre y étant associé ne relève pas uniquement du droit pénal, mais également du droit administratif[38]. Or, les deux matières obéissent à des logiques et des impératifs différents : ce que celui-ci considère comme un trouble à l'ordre public n'est pas nécessairement entendu de la même façon par le droit pénal et les

---

[28] O. Cahn préc. note 1, p. 169 ; P. Poncela, *id.* p. 9 ; R. Letteron, « Les débris de la loi « anti-casseurs » », AJ Pénal 2019, 259, p. 262.

[29] M. Murbach-Vibert, « Manifestations », *Répertoire de droit pénal et de procédure pénale*, Dalloz, septembre 2022, n°12.

[30] JO 24 octobre 1935, p. 11203

[31] M. Murbach-Vibert, préc., note 29, n°12.

[32] Art. 1er du décret-loi du 23 octobre 1935.

[33] Loi n°95-73 du 21 janvier 1995 d'orientation et de programmation relative à la sécurité, JO 24 janvier 1995, p. 1249.

[34] M. Murbach-Vibert, préc., note 29, n°20.

[35] Loi n°2019-290 du 10 avril 2019 visant à renforcer et garantir le maintien de l'ordre public lors des manifestations, JO 11 avril 2019, texte 1.

[36] R. Letteron, préc. note 28, 259 ; M. Murbach-Vlibert, préc., note 29, n°35.

[37] J.-B. Perrier, « Loi n°2010-201 du 2 mars 2010 renforçant la lutte contre les violences de groupes et la protection des personnes chargées d'une mission de service public », *RSC* 2010. 468, p 468.

[38] O Cahn, préc. note 11, 985 ; M.-L. Rassat, *Droit pénal spécial*, 8e éd., Dalloz, 2018, n°939 ; J.-P. Frédéric, préc. note 9, 208 ; H. Vlamynck, préc. note 13, n°337.

juges intervenant en la matière ne sont d'ailleurs pas tenus de suivre les conceptions retenues par l'administration[39].

Ainsi, il est plus question ici d'une crise de l'autorité de l'État que d'une crise de l'autorité du droit pénal. Ce phénomène peut se vérifier sur deux aspects. D'une part, au regard de la politique pénale, on constate un mouvement constant de durcissement des règles en matière de contestation publique qui peut être le symptôme d'un pouvoir qui tente ainsi de maintenir son autorité par un excès de fermeté (I). D'autre part, ces réformes successives atteignent largement le fond du droit, ce qui se ressent sur la qualité de la norme pénale et la cohérence des textes incriminateurs (II).

I. Une politique pénale de crise

Ces dernières années, la politique pénale mise en place pour endiguer les risques de débordements au cours des manifestations a été marquée par une tendance accrue à la répression qui se manifeste de deux façons. D'une part, elle affecte directement l'institution policière : par essence, celle-ci est tributaire d'une idéologie politique, elle-même marquée depuis plusieurs années par une orientation sécuritaire au détriment d'autres missions, contribuant dès lors à construire l'image d'une institution au service d'un pouvoir cherchant à réaffirmer son autorité par la force. La présence policière aux fins d'encadrement des manifestations publiques peut alors être vécue davantage comme une tentative d'entraver l'expression d'opinions que comme une présence utile à garantir cette liberté fondamentale (A). D'autre part, cette tendance affecte directement les textes d'incrimination en raison de l'augmentation constante du nombre de lois adoptées tendant à renforcer les moyens de prévenir les débordements au cours des expressions publiques de contestation (B).

A. Une politique policière d'inspiration sécuritaire

Lorsque l'on étudie le dispositif pénal relatif à l'encadrement des contestations publiques, s'intéresser au sort de la police apparaît incontournable, et ce pour deux raisons. D'une part, on a constaté précédemment que la police intervient directement dans l'encadrement de ces contestations, en tant que force publique en charge de faire respecter les règles de droit dans le but de garantir la tranquillité et la paix publiques[40]. Or, le maintien de l'ordre relève du droit administratif et donc du pouvoir exécutif. L'usage qui est fait de la police, en tant qu'instrument permettant de développer la contrainte étatique[41], en dit donc beaucoup sur l'idée que l'État a de sa propre autorité.

D'autre part, les rapports entre police et population dépendent de la conception que l'on se fait de l'institution policière et conditionnent *in fine* l'acceptabilité de sa présence en marge des manifestations. L'entretien d'un rapport de confiance rendra

---

[39] *Id.* ; J.-P. Frédéric, préc. note 9, 209 ; M.-L. Rassat, *id.*, n°947.

[40] O. Cahn, préc., note 11, 978.

[41] Id., 979.

d'autant plus acceptable leur présence lorsqu'elles sont perçues comme une institution protectrice plutôt que répressive. Or, les évolutions récentes ayant affecté la police témoignent d'un tournant sécuritaire peu propice au développement d'une relation de confiance. À titre d'illustration, on peut citer deux politiques pénales représentatives de cette orientation répressive.

D'abord, la loi du 21 janvier 1995[42] a initié la création d'un « continuum de sécurité »[43] en permettant de déléguer un certain nombre de missions dédiées originellement à la police vers d'autres entités se situant dans le domaine de la sécurité. Il s'agit donc de faire intervenir les agents de la police municipale, les agents de sécurité privés[44] et les services de sécurité interne aux grandes entreprises du secteur public ou privé au soutien du travail policier[45]. Par exemple, certaines missions de surveillance ou de prévention à la sécurité routière peuvent être localement transférées à la police municipale[46] ou à des entités territoriales[47]. Outre une réduction des dépenses publiques[48], ces transferts de compétences ont également pour effet de concentrer les moyens des forces de l'ordre davantage vers des missions de maintien de l'ordre et de répression des troubles à l'ordre public, au détriment d'autres missions historiques[49].

Ensuite, la mission de service public[50] traditionnellement dévolue aux institutions policières a été tout simplement abandonnée. En effet, il existe deux grandes conceptions admises du rôle de la police : d'une part, celle tendant à considérer la police comme étant au service de la protection des citoyens[51] ; d'autre part, celle consistant à « privilégier les missions de préservations des institutions »[52], donc au service du pouvoir étatique[53]. Initialement, la loi du 21 janvier 1995[54], qui avait défini les grandes orientations de la sécurité publique et codifiées depuis à l'article L111-2 CSI, renouait avec le premier objectif de protection en ouvrant la porte à la possibilité d'adopter une forme de police de protection :

« Constituent des orientations permanentes de la politique de sécurité publique :

---

[42] Loi n°95-73 du 21 janvier 1995, préc., note 33.

[43] O. Cahn, préc., note 11, 982 ; F. Crouzatier-Durand, « Le mouvement de contractualisation de la sécurité publique locale », in O. Gohin et X. Latour (dir.), *Annuaire 2023 du droit de la sécurité et de la défense*, vol. 8, éd. Mare & Martin 2023, 177, p. 180.

[44] Depuis la loi n°2017-1510 du 30 octobre 2017 renforçant la sécurité intérieure et la lutte contre le terrorisme, JO 31 octobre 2017, texte 1. Voir désormais art. L226-1 CSI.

[45] O. Cahn, préc., note 11, 982 ; F. Crouzatier-Durand, préc. note 43, p. 181.

[46] Art. 1er de l'annexe 1 applicable en vertu de l'art. R512-5 du CSI.

[47] F. Crouzatier-Durand, préc. note 43, p. 180.

[48] O. Cahn, préc., note 11, 988.

[49] *Id.*, 976 ; F. Crouzatier-Durand, préc. note 43, p. 184.

[50] O. Cahn, *Id.*,

[51] P. Poncela, préc. note 27, p. 9 ; O. Cahan, *id.*, 988 ;

[52] O. Cahn, *id.*, 988.

[53] P. Poncela, préc. note 27, p. 9 ; F. DURAND, « Les enjeux de la police de sécurité du quotidien », in F. Durand (dir.), *Sécurité intérieure : proximité et globalité*, éd. L'Harmattan, coll. Droit de la Sécurité et de la Défense, 2019, 11, p. 13.

[54] Loi n°95-73 du 21 janvier 1995, préc., note 33.

1° L'extension à l'ensemble du territoire d'une police de proximité répondant aux attentes et aux besoins des personnes en matière de sécurité. »

C'est sur ce fondement qu'ont été développés à partir de la fin des années 90-début 2000 les polices de proximité, dont le but était de retisser le lien entre police et population[55], en cessant de se focaliser sur un recours à la police uniquement à des fins judiciaires ou de maintien de l'ordre. Une présence accrue des agents sur le terrain auprès de la population devait permettre de faire de la prévention, d'améliorer le dialogue avec les populations et de garantir une meilleure réactivité, dans l'idée de mettre la police véritablement au service du citoyen[56]. Le dispositif a été brutalement supprimé en 2003[57]. Il y a bien eu des tentatives ultérieures de recréer une police destinée à assurer un service à la population, dont la variante la plus récente est la Police de sécurité du quotidien créée en février 2018[58]. Toutefois, cette celle-ci n'a pas rempli ses objectifs : un rapport de la Commission nationale consultative des droits de l'Homme a souligné que la mise en place de cette police s'était certes traduite par une augmentation des effectifs de police, mais sans que leurs missions ne soient redéfinies[59], de sorte que la logique sécuritaire se perpétue.

Ainsi, l'article L111-2 du CSI demeure, sans que l'objectif affiché ne se traduise concrètement. On remarquera néanmoins que cet article ne parle que d'« orientations », ce qui ne permet pas nécessairement d'y voir un texte contraignant les gouvernements successifs à mettre concrètement en œuvre une police de protection.

Le maintien de l'orientation sécuritaire participe à la dégradation du lien entre police et population[60] et contribue certainement à entretenir de façon plus générale la défiance et à la stigmatisation de l'institution policière, ce qui ne manque pas de se répercuter sur l'acceptabilité de la présence policière aux abords des cortèges : conçue et utilisée quasiment exclusivement comme un organe de préservation des institutions étatiques, son intervention dans le contexte de la contestation politique est d'autant plus mal vécue. Elle ne donne pas forcément l'impression d'être là pour protéger, mais pour empêcher, ce qui nourrit d'une certaine manière ce sentiment d'autoritarisme qui rend intolérable sa présence aux cours des expressions collectives de contestation.

---

[55] O. Cahn, préc., note 11, 988.

[56] *Id.* ; F. Durand, préc. note 53, p. 17.

[57] *Id.* ; F. Durand, « La police de sécurité du quotidien : des objectifs à la mise en œuvre », in F. Durand (dir.), *Sécurité intérieure : proximité et globalité*, éd. L'Harmattan, coll. Droit de la Sécurité et de la Défense, 2019, 31, p. 42.

[58] F. Durand, *id.*, p 31 et 49.

[59] Commission nationale consultative des droits de l'Homme, *Avis sur les rapports entre police et population : rétablir la confiance entre la police et la population*, 11 février 2021, par. 18, disponible en ligne : https://www.cncdh.fr/sites/default/files/2021-04/A%20-%202021%20-%202%20-%20Relations%20Police%20-%20population%2C%20f%C3%A9vrier%202021.pdf.

[60] O. Cahn, préc., note 11, 989.

Outre la police, ce sont également les textes pénaux relatifs à l'encadrement des mouvements de contestations qui est, depuis de nombreuses années, l'objet d'un durcissement systématique.

B. Une politique pénale d'inspiration répressive

Ces vingt dernières années ont été marquées par une intensification constante du nombre de réformes relatives à l'usage politique de l'espace public et au maintien de l'ordre. Cette intensification se traduit dans deux axes distincts.

En premier lieu, en terme quantitatif, on observe depuis les années 2000 une accélération du nombre de lois adoptées dans le spectre sécuritaire. À ce titre, le décret-loi du 23 octobre 1935[61] est particulièrement révélateur de ce mouvement et d'autant plus symbolique qu'il est le premier à avoir régulé l'investissement de l'espace public par la manifestation[62]. Intouché pendant plusieurs décennies, il a été amendé en 1960 puis en 1993, en 1995, en 2009, en 2011 et en 2012, selon en rythme en nette augmentation.

Cette « fébrilité » sécurité peut également se constater à travers une succession rapide de lois intervenues en matière de maintien de l'ordre et de lutte contre les troubles à l'ordre public depuis 20 ans. Ainsi,

- La loi 21 janvier 1995[63] a durci les règles relatives au port d'objets pouvant constituer une arme pendant une manifestation en autorisant le préfet à les interdire en cas de risque de trouble à l'ordre public[64]. Cette loi a également introduit des peines complémentaires pour les auteurs de certains délits commis pendant une manifestation, notamment la peine d'interdiction de participer à une manifestation sur la voie publique pour une durée ne pouvant excéder trois ans[65]. Enfin, elle a élargi le champ des manifestations soumises à autorisation préalable, notamment les manifestations sportives ou culturelles d'importance, circonscrivant d'autant l'exercice d'une liberté dans l'espace public[66].

- La loi du 18 mars 2003 a inséré l'article 433-5-1 C. pén. punissant d'une amende de 7 500 euros l'outrage au drapeau ou à l'hymne national au cours d'une manifestation organisée par l'autorité publique[67].

---

[61] Décret-loi du 23 octobre 1935 portant réglementation des mesures relatives au renforcement du maintien de l'ordre public, préc. note 30.

[62] M. Murbach-Vibert, préc. note 29, n°13.

[63] Loi n°95-73 du 21 janvier 1995, préc., note 33.

[64] *Id.*, Art. 16. Cette disposition a été déclarée pour partie inconstitutionnelle, car « si le législateur pouvait interdire le port ou le transport sans motif légitime d'objets pouvant constituer une arme au sens de l'article 132-75 du code pénal, l'extension de cette interdiction à tous les objets pouvant être utilisés comme projectile, lesquels sont susceptibles d'être saisis, est de nature par sa formulation générale et imprécise à entraîner des atteintes excessives à la liberté individuelle » : décision n°94-352 DC du 18 janvier 1995, Loi d'orientation et de programmation relative à la sécurité.

[65] Loi n°95-73 du 21 janvier 1995, préc., note 33, art. 18.

[66] *Id.*, art. 33.

[67] Loi n°2003-239 du 18 mars 2003 pour la sécurité intérieure, JO 19 mars 2003, texte n°1, art. 113. Ces dispositions sont désormais codifiées à l'art. 433-5-1 C. pen.

- Le décret du 19 juin 2009 a créé l'article R645-14 C. pén. incriminant la dissimulation volontaire du visage aux abords d'une manifestation[68].

- La loi du 2 mars 2010[69] a elle aussi introduit de nouvelles dispositions tendant à dissuader les expressions violentes de contestation. Elle a ainsi ajouté une nouvelle circonstance aggravante aux délits de violences volontaires, vol, extorsion, destruction, dégradation, détérioration de biens et participation à un attroupement[70], autant d'infractions qui sont à l'occasion commises aux abords de manifestations par ailleurs tout à fait autorisées et pacifiques. S'y ajoute la création de l'article 222-14-2 C. pen. incriminant les actes préparatoires aux infractions de violences contre les personnes et contre les biens[71] et qui vient donc compléter l'arsenal législatif en permettant de faire remonter la répression en amont de tout passage à l'acte.

- La loi du 6 mars 2012 a modifié les peines complémentaires des délits des articles 431-5 et 431-6 C. pen. : désormais, les interdictions de détention ou port d'armes et la confiscation des celles-ci deviennent des peines obligatoires pour toute personne condamnée pour sa participation à un attroupement ou sa provocation à un attroupement[72].

- La loi du 24 juillet 2015 relative au renseignement qui autorise à recourir au renseignement en matière de maintien de l'ordre et plus particulièrement pour la prévention « des violences collectives de nature à porter gravement atteinte à la paix publique »[73].

- Loi du 10 avril 2019[74] a certes simplifié le formalisme des déclarations préalables à toute manifestation[75], ce qui a simplifié l'organisation de rassemblement sur la voie publique, mais elle a aussi créé dans le même temps un nouveau délit de participation à une manifestation le visage dissimulé[76], ainsi qu'un nouveau cadre pour les fouilles de bagages et véhicules sur les lieux d'une manifestation sur la voie publique et à ses abords immédiats[77]. Enfin a été introduite la possibilité de

---

[68] Décret n°2009-724 du 19 juin 2009 relatif à l'incrimination de dissimulation illicite du visage à l'occasion de manifestations sur la voie publique, art. 1er. Voir désormais art. R645-14 C. pen. ; F. Defferrard, « *Requiem* pout un « capuchard », D. 2009. 2225.

[69] Loi n°2010-201 du 2 mars 2010 renforçant la lutte contre les violences de groupes et la protection des personnes chargées d'une mission de service public, JO 3 mars 2010, texte n°1 ; J.-B. Perrier, préc. note 37.

[70] Loi du 2 mars 2010 *Id.*, art. 3.

[71] *Id.*, art. 1er. Voir désormais art. 222-14-2 C. pen.

[72] Loi n°2012-304 du 6 mars 2012 relative à l'établissement d'un contrôle des armes moderne, simplifié et préventif, JO 7 mars 2012, texte n°1, art. 15. Cette disposition est désormais codifiée à l'art. 431-7 C. pen.

[73] Loi n°2015-912 du 24 juillet 2015 relative au renseignement, JO 26 juillet 2015, texte n°2, art. 2. Ces dispositions figurent désormais à l'art. L811-3 CSI.

[74] Loi n°2019-290 du 10 avril 2019, préc. note 33.

[75] *Id.* art. 1er. Cette disposition figure désormais à l'art. L211-2 CSI.

[76] *Id.*, art. 6. Voir désormais art. 431-9-1 C. pen.

[77] *Id.*, art. 2. Ces dispositions ont été codifiées à l'art. 78-2-5 C. proc. pén.

recourir à des procédures rapides de comparution immédiate et de comparution sur reconnaissance préalable de culpabilité (ci-après CRPC)[78].

- La loi du 24 janvier 2023 a constaté l'évolution du maintien de l'ordre face aux nouvelles subversions violentes et la nécessité d'augmenter les moyens matériels et de formation mis à disposition des forces de l'ordre[79]. Ont également été créées onze nouvelles unités de force mobiles pour renforcer les effectifs de sécurité face aux grands évènements[80]. Dotées de moyens spécifiques, elles sont prévues pour intervenir rapidement pour faire face à des affrontements violents.

Si l'on tient compte du fait que cet inventaire n'est certainement pas exhaustif, l'accélération du nombre de lois adoptées dans le spectre du maintien de l'ordre ces trente dernières années est indéniable, dénotant une sorte d'obsession sécuritaire.

En second lieu, cette obsession sécuritaire est aussi visible si l'on observe l'ensemble des lois précédemment citées en termes qualitatifs. S'en dégage une tendance évidente vers une plus grande répression des actes commis à l'occasion de rassemblements publics. Ce constat se confirme tant au regard des incriminations des actes commis au cours des manifestations et attroupements, que du point de vue procédural.

D'une part, on observe une aggravation objective de la répression des actes commis à l'occasion des contestations publiques. Le législateur s'est saisi des nombreux moyens théoriques à sa disposition pour parvenir à ce résultat. D'abord et de façon assez prévisible, c'est par une multiplication des textes incriminateurs prohibant toujours davantage de comportements commis à l'occasion de manifestations ou d'attroupements que le législateur tente de réguler l'expression publique de contestation. Outre les créations évoquées[81], la loi du 20 mars 2019[82] a introduit le délit de participation à une manifestation interdite figurant désormais à l'article R644-4 C. pen., punissant d'une amende de 4e classe le fait de participer à une manifestation sur la voie publique, interdite en vertu des dispositions de l'article L211-4 CSI, c'est-à-dire les manifestations interdites en raison des troubles à l'ordre public qu'elles pourraient causer. L'extension découle ici du fait que les organisateurs ne sont désormais plus les seuls à être tenus responsables pour la tenue d'une manifestation interdite, les participants pouvant être réprimés au même titre.

Les actes commis à l'occasion des rassemblements publics ne sont pas les seuls objets d'une pénalisation. Choisissant de prévenir très en amont tout risque de débordement au cours d'un rassemblement public, le législateur a également

---

[78] *Id.*, art. 7, désormais codifié à l'art. 431-8-1 C. pen. Voir *infra* p 13.
[79] Loi n°2023-22 du 24 janvier 2023 d'orientation et de programmation du ministère de l'intérieur, JO 25 janvier 2023, texte n°1, art. 29, rapport annexé, par. 2.7 ; M. Murbach-vibert, préc. note 4, n°43.
[80] *Id.*, par. 3.3.1.
[81] Préc. notes 67, 68, 69 et 76.
[82] Loi n°2019-208 du 20 mars 2019 instituant une contravention pour participation à une manifestation interdite sur la voie publique, JO 21 mars 2019, texte n°20, art. 1er.

pénalisé les actes préparatoires aux violences contre les biens et les personnes[83]. Certes, la rédaction de l'article 222-14-2 C. pen.[84] par sa généralité n'a pas vocation à cantonner son application aux seuls actes préparatoires à des violences commises en marge de manifestations. Il n'en demeure pas moins que ce texte trouve toute son utilité dans le contexte des rassemblements publics en permettant une intervention policière pour faire cesser tout risque pour la sécurité avant sa matérialisation, ce qui participe à la sévérité recherchée à l'encontre de ceux qui contestent publiquement.

Ensuite l'aggravation se manifeste également au stade des peines encourues :

- soit en raison de la création de nouvelles circonstances aggravantes. Ainsi en est-il de la création de la nouvelle circonstance aggravante de dissimulation volontaire du visage pour ne pas être identifié apparue en 2010[85] permettant de faire passer les peines encourues en cas de participation à un attroupement d'un an d'emprisonnement et 15 000 euros d'amende à 3 ans d'emprisonnement et 45 000 euros d'amende et à 5 ans d'emprisonnement et 75 000 euros d'amende pour le porteur d'une arme.

- soit au regard de la classification fondamentale crime-délit-contravention qui structure le droit pénal français. À ce titre, la loi du 10 avril 2019 a correctionnalisé l'infraction de dissimulation du visage[86], en en faisant un délit là où elle n'était auparavant qu'une contravention de 5e classe[87]. La loi de 2019 n'a pas pour autant supprimé la contravention, de sorte que deux infractions distinctes coexistent pour punir les mêmes faits.

D'autre part, le traitement procédural des manifestations illégales, des attroupements et des actes commis à leur marge est lui aussi révélateur d'une volonté politique de fermeté à l'égard de la contestation. En effet, les infractions relatives à la participation à un attroupement peuvent faire l'objet d'une procédure rapide type comparution immédiate ou CRPC. Cette possibilité a été introduite en 2019 à l'article 431-8-1 C. pén. La majorité des commentateurs y ont vu la sortie de ces infractions d'un régime spécifique qui les rapprochaient des infractions politiques[88]. Rappelons à ce titre que sont en principe exclus du dispositif de la comparution immédiate les délits de presse et les délits politiques, ce qui était le cas des infractions d'attroupement jusqu'à 2019. D'où l'idée que les infractions relatives à l'attroupement ne seraient plus considérées comme des infractions politiques.

---

[83] Préc. note 71.

[84] « Le fait pour une personne de participer sciemment à un groupement, même formé de façon temporaire, en vue de la préparation, caractérisée par un ou plusieurs faits matériels, de violences volontaires contre les personnes ou de destructions ou dégradations de biens est puni d'un an d'emprisonnement et de 15 000 € d'amende. »

[85] Préc. note 69. Voir art. 222-12, 222-13, 311-4, 322-3, 431-4 et 431-5 C. pen.

[86] Préc. note 76.

[87] Art. 431-9-1 C. pen.

[88] M. Murbach-Vibert, préc. note 4, n°59 ; H. Vlamynck, préc. note 13, n°350. Contra : M.-L. Rassat, préc. note 38, n°951.

Que ce soit par comparution immédiate ou CRPC, la possibilité de recourir aux procédures rapides témoigne là encore d'une volonté de faire preuve de davantage de fermeté, ce qui ne manque pas de poser la question de l'application d'une justice expéditive face à des actes à fortes connotations politiques et pour lesquels il y aura peu ou pas de débat judiciaire.

Le virage répressif qui se dessine à travers cette évolution législative constante, à laquelle s'ajoute une conception sécuritaire des corps policiers, donne l'image d'un pouvoir dans l'inconfort et qui s'arme face à la subversion. Bien sûr, il n'est pas question de remettre en cause le caractère intolérable des violences commises à l'occasion de manifestations ni la nécessité de les punir. Il n'en demeure pas moins que les gouvernements successifs ne semblent pas rechercher ni proposer d'autres solutions qu'un recours à la force face à un phénomène sur lequel ils ont peu d'emprise. On peut alors craindre une forme d'« instrumentalisation de la loi pénale »[89] au service d'objectifs politiques.

Par ailleurs, cette politique pénale d'accroissement ne semble pas anticiper les répercussions que la multiplication des textes peut avoir sur le principe de légalité qui irrigue la matière pénale. L'étude des infractions relatives aux manifestations, aux attroupements et à celles qui gravitent autour ne répond pas nécessairement aux exigences qualitatives que l'on peut raisonnablement attendre de la norme pénale et donc sa capacité à atteindre les objectifs que le législateur lui a assignés.

II. La crise de l'autorité du droit pénal substantiel

Les règles actuelles du droit pénal relatives à l'encadrement des rassemblements publics posent un problème au regard du principe de légalité. L'empilement législatif précédemment constaté fait courir un risque de redites et de concours entre les infractions, qui interroge l'utilité de certains textes. Les difficultés d'interprétation concernent à la fois les atteintes à l'autorité de l'État entre elles, liées principalement aux notions de manifestations et d'attroupement (A), et les interactions entre atteinte à l'autorité de l'État et d'autres infractions du Code pénal (B).

A. L'articulation interne aux atteintes à l'autorité de l'État

En théorie, le principe de légalité impose que les textes pénaux soient rédigés de façon claire, afin de les rendre prévisibles. Dans le cas présent, cela signifie qu'il doit être possible de tracer nettement les contours des infractions en jeu pour pouvoir en déduire qu'elles couvrent chacune un champ d'application qui leur est propre, ce qui suppose de pouvoir différencier l'attroupement de la manifestation. Or, ces deux notions demeurent très proches, au point qu'il devient relativement complexe d'articuler les infractions entre elles.

On retrouve ici essentiellement deux types de rassemblements qui peuvent enclencher une réponse pénale : d'une part, l'article 431-9 C. pén. incrimine le fait

---

[89] O. Cahn, préc. note 1, p.173.

d'organiser une manifestation sur la voie publique alors qu'elle n'a pas fait l'objet d'une déclaration préalable, qu'elle a été interdite ou qu'elle a fait l'objet d'une déclaration incomplète dans le but de « tromper sur l'objet ou les conditions de la manifestation projetée ». Cette infraction est punie de 6 mois d'emprisonnement 7500 euros d'amende. D'autre part, les articles 431-3 et suivants C. pén. traitent de l'attroupement. À titre principal est prohibé à l'article 431-4 C. pén. le fait de continuer de participer à un attroupement après deux sommations de se disperser.

La notion de manifestation n'est pas définie juridiquement. Selon un arrêt en date du 9 février 2016, « constitue une manifestation [...] tout rassemblement, statique ou mobile, sur la voie publique d'un groupe organisé de personnes aux fins d'exprimer collectivement et publiquement une opinion ou une volonté commune »[90]. La manifestation implique donc l'existence d'un rassemblement, ce qui suppose que plusieurs personnes se réunissent au même endroit, sans qu'il n'y ait de seuil pour constituer un tel rassemblement[91]. Ce rassemblement peut être statique ou mobile – il ne concerne donc pas seulement les défilés – et doit avoir lieu sur la voie publique[92]. Il doit être suffisamment organisé[93], ce qui suppose qu'au moins un organisateur soit identifié en charge de se rapprocher des autorités publiques afin de déclarer la manifestation et de garantir que les conditions sont réunies pour que le rassemblement reste pacifique. Enfin, la manifestation doit avoir pour objectif l'expression d'une opinion[94].

L'attroupement est quant à lui défini textuellement. Selon l'article 431-3 C. pén., « constitue un attroupement tout rassemblement de personnes sur la voie publique ou dans un lieu public susceptible de troubler l'ordre public ». Il suppose donc lui aussi un rassemblement de plusieurs personnes, qui peut être spontané (comme une file créée devant un magasin) ou organisé à l'avance[95], le texte ne prévoyant aucune distinction à ce titre. De même, en l'absence de davantage de précision, ce rassemblement peut être statique ou mobile, mais doit lui aussi impérativement avoir lieu sur la voie publique, tout comme la manifestation. En revanche, l'attroupement n'a pas nécessairement de but précis[96] : selon un arrêt du 4 février 1986, « le rassemblement ou l'attroupement ne se déduit pas nécessairement des causes de sa formation, de son but et des circonstances déterminant les violences auxquelles il se livre »[97]. Enfin, l'attroupement doit être susceptible de causer un trouble à l'ordre public. Ce ne sont pas donc les attroupements en eux-mêmes qui sont prohibés, mais seulement ceux qui représentent un risque de trouble à l'ordre public[98].

---

[90] Crim. 9 février 2016, n°14-82.234, Bull. crim. 2016, n°35.
[91] M. Murbach-Vibert, préc., note 29, n°54.
[92] *Id.* n°55.
[93] *Id.*, n°56.
[94] *Id.*, n°57.
[95] M. Murbach-Vibert, préc. note 4, n°52.
[96] *Id.*, n°53.
[97] Crim. 4 février 1986, n°84-13.982.
[98] M. Murbach-Vibert, préc. note 4, n°54.

On constate que les notions de manifestations et d'attroupement sont proches[99] sans totalement se recouper : supposant l'un et l'autre la réunion de plusieurs personnes dans l'espace public, la manifestation présente un caractère plus structuré et revendicatif, là où l'attroupement peut être spontané ou plus organisé[100]. Surtout, il ne se distingue pas par les causes de sa formation, ces dernières demeurant indifférentes, contrairement à une manifestation. Enfin, seuls les attroupements susceptibles de causer un trouble à l'ordre public sont prohibés, là où une manifestation peut tomber dans l'illégalité bien que demeurant pacifique[101], si les conditions prévues à l'article 431-9 C. pén. ne sont pas réunies.

Il se déduit de cette comparaison que la manifestation n'est en réalité qu'une forme plus spécifique d'attroupement. Ainsi, pour l'application de l'article 431-9 C. pén., relatif à l'organisation d'une manifestation non déclarée, interdite, ou déclarée de manière inexacte, il n'y a pas de risques de la confondre avec un attroupement, puisque la première comprend une dimension organisée absente du second et qui réside dans la nécessité de déclaration[102]. En outre l'article 431-9 C. pén. constitue une infraction attitrée, pour laquelle seuls les organisateurs de la manifestation peuvent être poursuivis, le défaut de respect des obligations administratives relatives à la déclaration du mouvement leur est uniquement imputable.

En revanche, le rapprochement entre les notions de manifestations et d'attroupement pose davantage de difficultés quand il s'agira d'appliquer les infractions relatives au second, car si tout attroupement n'est pas une manifestation, toute manifestation est un attroupement, ce qui peut engendrer un risque de glissement de l'une à l'autre. Or, l'une des différences juridiques notables entre les deux notions, outre celles précédemment évoquées, est explicitée à l'article 431-3 C. pén. selon lequel « un attroupement peut être dissipé par la force publique après deux sommations de se disperser restées sans effet adressées dans les conditions et selon les modalités prévues par l'article L. 211-9 du code de la sécurité intérieure. » Cette possibilité est somme toute assez logique dans la mesure où un attroupement doit être « susceptible de troubler l'ordre public », ce qui justifie le recours à la force publique pour y mettre fin. Or, la porosité entre les deux notions n'est pas toujours susceptible d'assurer qu'une opération de maintien de l'ordre n'interviendra jamais dans le contexte d'une manifestation. Certes, il est acquis, à la lumière de cette possibilité, qu'une différence notable entre les deux notions tient à ce que l'attroupement doit contenir les ferments d'un trouble à l'ordre public, ce qui signifie *a contrario* que la manifestation doit demeurer pacifique, cette distinction permettant théoriquement d'éviter tout débordement d'un cadre sur l'autre[103]. Toutefois, dans les faits, les choses sont bien différentes. On sait que certains individus – et c'est là tout le problème du maintien de l'ordre – profitent des

---

[99] M.-L. Rassat, préc. note 38, n°943.

[100] M. Murbach-Vibert, préc. note 4, n°54 ; M.-L. Rassat, préc. note 38, n°946 ; H. Vlamynck, préc., note 12.

[101] H. Vlamynck, préc. note 13, n°344.

[102] *Id.*, n°339.

[103] P. Poncela, préc. note 27, p. 13.

manifestations pour commettre des actes de violences, ce qui crée inévitablement une confusion des notions. Une manifestation pacifique peut devenir d'un instant à l'autre à un attroupement et justifier une opération de maintien de l'ordre qui sera probablement mal acceptée de la part de ceux qui continuent de manifester pacifiquement, tout en nourrissant cette impression d'État répressif et violent.

Cette impression sera renforcée si l'on se souvient que la décision de recourir à la force publique pour disperser un attroupement revient à l'autorité administrative[104] et que ce choix répond à des considérations qui ne sont pas nécessairement celles du droit pénal. Ce potentiel écart peut encore renforcer le sentiment d'un État autoritaire si les conditions d'intervention de la police sont ensuite démenties judiciairement. En effet, rien n'empêche que les juridictions pénales concluent à la relaxe des individus ayant continué de participer à l'attroupement en considérant que les conditions légales pour entrer en voie de condamnation ne sont pas remplies, notamment en estimant qu'il n'y avait pas de risque de trouble à l'ordre public.

La confusion est encore plus aiguë s'agissant des incriminations relatives à la dissimulation du visage. L'article 431-9-1 C. pén. punit d'un an d'emprisonnement et 15.000 euros d'amende « le fait pour une personne, au sein ou aux abords immédiats d'une manifestation sur la voie publique, au cours ou à l'issue de laquelle des troubles à l'ordre public sont commis ou risquent d'être commis, de dissimuler volontairement tout ou partie de son visage sans motif légitime. » À lire ce texte, si la dissimulation du visage n'est interdite que dans la mesure où des troubles à l'ordre public sont commis ou susceptibles, est-ce à dire a contrario qu'une telle dissimulation serait autorisée en l'absence de tout risque de trouble ? Est-ce que cela signifie que la dissimulation du visage est par ailleurs permise au cours d'une manifestation ?

Cette formulation pose doublement problème. D'une part, face à un trouble à l'ordre public ou un risque de trouble, on bascule en principe de la qualification de manifestation à celle d'attroupement. Au regard de la distinction établie entre les deux notions, on peut alors se demander si le législateur a voulu encadrer la dissimulation du visage à l'occasion d'une manifestation ou d'un attroupement. Il y a manifestement une confusion entre les deux notions. La confusion laisse le lecteur d'autant plus circonspect que dans la section relative aux attroupements, la dissimulation du visage constitue en réalité une cause d'aggravation[105] dans deux cas : l'article 431-4 C. pén. punit la personne qui continue à participer volontairement à un attroupement sans être armée[106] tandis que l'article 431-5 al. 3 C. pén. prévoit une aggravation des peines applicables en cas de dissimulation du visage, sans que l'on sache si cette aggravation concerne le premier ou le deuxième alinéa qui le précède, c'est-à-dire soit la participation à un attroupement en étant porteur d'une arme, soit le fait de continuer à participer à un attroupement après

---

[104] Selon l'art. 211-9 CSI, le représentant de l'État dans le département (préfet ou préfet de police à Paris), le maire et ses adjoints, « le préfet, le sous-préfet, le maire ou l'un de ses adjoints, tout officier de police judiciaire responsable de la sécurité publique, ou tout autre officier de police judiciaire.

[105] M. Murbach-Vibert, préc. note 4, n°181.

[106] Art. 431-4 C. pen.

sommations tout en étant armé. Hors de ces hypothèses, la seule dissimulation du visage au cours d'un attroupement n'est pas incriminée. Au regard de la dangerosité potentielle des attroupements, il est tout de même surprenant que la seule dissimulation du visage aux abords d'un attroupement n'engendre aucune qualification pénale autonome là où c'est le cas en matière de manifestation, alors que la lecture des textes et les peines encourues font de l'attroupement le contexte faisant courir les plus grands risques de trouble à l'ordre public.

Ainsi, peut-on se demander si l'article 431-9-1 C. pén. n'a pas finalement vocation à rejaillir en matière d'attroupement, de sorte qu'il n'aurait pas sa place dans la section relative aux manifestations illicites. Cette interrogation est d'autant plus légitime que, par ailleurs, une contravention de 5e classe prévue à l'article R645-14 C. pén. interdit la dissimulation du visage aux abords d'une manifestation pour ne pas être identifié et « dans des circonstances faisant craindre des atteintes à l'ordre public ». On peine à différencier le champ d'application de ce texte de celui de l'article 431-9-1 CP. Outre que l'introduction de cet article a rendu complètement inutile la contravention de 5e classe, il reste que la dissimulation du visage fait l'objet d'une double incrimination en matière de manifestation alors que paradoxalement, il n'en existe aucune à l'occasion d'un attroupement, si ce n'est une fois que les sommations ont été délivrées et/ou en étant porteur d'une arme.

Ainsi, on peut sérieusement douter que ce dispositif législatif soit compatible avec le principe de légalité et plus particulièrement avec le principe de nécessité des incriminations.

Enfin, la mise en rapport des infractions relatives aux manifestations et attroupements avec les autres infractions du Code pénal confirme le manque de clarté du dispositif légal actuel.

B. Les difficultés exogènes aux atteintes à l'autorité de l'État liées à la création de concours d'infractions

Outre les difficultés à tracer les contours des infractions de manifestation et d'attroupement, des interférences peuvent intervenir avec d'autres infractions générales du Code pénal, sans lien avec la répression des groupes contestataires, nécessitant dès lors de résoudre un concours d'infractions. C'est le cas particulièrement de l'incrimination des bandes violentes, infraction obstacle[107] à d'autres formes de violences commises dans l'espace public. Si le lien entre cette forme de criminalité et les manifestations et attroupements n'était pas nécessairement intentionnel au moment de l'introduction de ce texte[108], la récurrence des actes de violence à l'abord des manifestations rend inévitable son association avec l'encadrement pénal de la contestation publique[109].

---

[107] J.-B. Perrier, préc. note 37, p 648.

[108] *Proposition de loi renforçant la lutte contre les violences de groupes et la protection des personnes chargées d'une mission de service public*, Ass. nat., 13ème législature, 5 mai 2009, p. 3.

[109] Pour une application de ce texte à un individu ayant participé au pillage d'un grand magasin à l'occasion d'une manifestation des gilets jaunes : Crim. 16 décembre 2020, n°20-81.015.

Ainsi, l'article 222-14-2 C. pén. incrimine « le fait pour une personne de participer sciemment à un groupement, même formé de façon temporaire, en vue de la préparation, caractérisée par un ou plusieurs faits matériels, de violences volontaires contre les personnes ou de destructions ou dégradations de biens. » Outre la rédaction critiquable de ce texte[110], son positionnement dans le Code pénal au sein des atteintes à l'intégrité physique étonne, alors qu'elle a été adoptée pour faire face au phénomène de bandes violentes dans l'espace public, ce qui concerne davantage les troubles à la paix publique. En outre, cette infraction tendant aussi à prévenir des violences exercées contre les biens, le choix de le faire apparaître parmi les infractions contre les personnes ne semble des plus opportun[111].

C'est surtout l'utilité d'un tel texte qui interroge, car sa structure est très proche de celle de l'infraction d'attroupement[112]. Tout comme cette dernière, l'infraction de bandes violentes suppose un groupement, ce qui implique nécessairement le rassemblement de plusieurs personnes. En l'absence de précisions, rien n'empêche de consommer l'infraction par la préparation d'actes violents sur la voie publique et comme il n'est pas assigné de but précis à un tel rassemblement de personnes, il est tout à fait envisageable que l'attroupement soit formé en vue de préparer la commission de violences contre les biens ou les personnes.

Ainsi, en matière d'attroupement, l'article 222-14-2 C. pén. n'a qu'un intérêt répressif limité dans la mesure où il n'apporte aucune amélioration à la pénalisation des phénomènes violents dans l'espace public. En outre, les peines encourues sont identiques à celles prévues à l'article 431-4 C. pén. réprimant la poursuite d'un attroupement après sommations sans être armé, et n'a plus aucun intérêt en présence d'une arme ou en cas de dissimulation du visage, l'attroupement étant dans ce cas réprimé par 3 ans d'emprisonnement et 45 000 euros d'amende[113]. L'article 222-14-2 C. pén, ne semble avoir en réalité qu'un intérêt limité dans le cas qui nous occupe, en cas de préparation d'acte violent à l'occasion d'une manifestation et à supposer que cette dernière demeure pacifique et ne dégénère pas en attroupement.

L'utilité de ce texte peut également être questionnée dans la mesure où il se rapproche fortement d'une autre infraction obstacle, l'association de malfaiteurs. En effet, l'article 450-1 C. pén. dispose que « constitue une association de malfaiteurs tout groupement formé ou entente établie en vue de la préparation, caractérisée par un ou plusieurs faits matériels, d'un ou plusieurs crimes ou d'un ou plusieurs délits punis d'au moins cinq ans d'emprisonnement. » Tout d'abord, pour être constituée, cette infraction suppose elle aussi de démontrer l'existence d'un groupement ou d'une entente entre au moins deux personnes[114]. Cette exigence est également requise en matière de bandes violentes, le texte ne précisant pas s'il est nécessaire de rassembler plus de deux personnes pour constituer une telle bande.

---

[110] V. Malabat, *Droit pénal spécial*, 10e éd. Dalloz, 20022, coll. Hypercours, n°157.
[111] J.-B. Perrier, préc. note 37, p 648.
[112] *Id.*
[113] Art. 431-4 al. 2 et 431-5 al. 1er C. pén.
[114] E. Dreyer, *Droit pénal spécial*, Lextenso, 2020 ,n°1252 ; M.-L. Rassat, préc. note 38, n°954.

Ensuite, l'association de malfaiteurs n'a pas besoin d'être stable et durable dans le temps[115], là où l'article 222-14-2 C. pén. prévoit explicitement que le groupement peut être formé « même de façon temporaire ». En outre, l'élément matériel de ces deux infractions se manifeste par la réalisation « d'un ou plusieurs faits matériels » en vue de préparer la commission d'une infraction, la rédaction des deux textes étant à ce titre particulièrement éloquente. La distinction tient ici au fait que l'association de malfaiteurs tend à la perpétration « d'un ou plusieurs crimes ou d'un ou plusieurs délits punis d'au moins cinq ans d'emprisonnement », là où l'article 222-14-2 C. pén. limite les infractions projetées à des actes violents, sans distinction quant à leur gravité, faisant de l'infraction de bandes violentes une sorte de « petite » association de malfaiteurs qui justifierait l'existence de ce texte. La différence doit néanmoins être relativisée, puisque certaines violences contre les personnes ou contre les biens encourent des peines égales ou supérieures à 5 ans d'emprisonnement[116] et l'article 222-14-2 ne plafonne pas son applicabilité à la préparation de faits punis de moins de 5 ans d'emprisonnement. Si l'on y ajoute le fait que dans les deux cas, il n'est pas nécessaire que les infractions projetées aient commencé à être exécutées, le rapprochement entre ces deux textes est inévitable, tout comme le risque de concours d'infractions. Or, il n'existe aucun moyen de savoir comment résoudre ce concours entre ces deux infractions, qui ne se situent pas dans la même partie du code, aucune n'étant véritablement plus spéciale que l'autre et les deux relevant de la défense d'une valeur protégée identique. Si l'on choisit d'appliquer l'article 450-1 C. pén., alors l'article 222-14-2 C. pén. n'a plus aucun intérêt ; si l'on fait application de ce dernier, on risque de minorer la répression[117] et de créer un traitement différencié des infractions de violences et de destruction dégradation difficilement justifiable, dans la mesure où il n'y a aucun régime spécifique associé à ses infractions. La peine encourue semble être le seul moyen de départager ces infractions. Cependant, l'association de malfaiteurs étant bien plus sévèrement réprimée[118], il est permis de douter de l'utilité même de l'infraction de bandes violentes lorsque les infractions projetées sont d'une gravité suffisante. Le champ d'application utile du texte s'en trouve inévitablement réduit, interrogeant à nouveau l'opportunité d'un tel texte au regard du principe de nécessité[119].

À observer le tournant répressif adopté par les gouvernements successifs, manifestés autant par l'allocation de moyens sécuritaires supplémentaires aux

---

[115] Crim. 8 juillet 2015, n°14-88.329, D. 2015. 2465, obs. Gozzi ; 10 avril 2019, n°18-83.053 ; M.-L. Rassat, *id.*

[116] Ainsi en est-il des violences ayant entrainé une mutilation ou une infirmité permanente (art. 222-9 C. pén.), des violences ayant entraîné une ITT supérieure à 8 jours commises avec une circonstance aggravante, par exemple lorsqu'elles sont commises en réunion, avec préméditation (art. 222-12 8° et 9° C. pén.) ou à l'encontre d'un agent des forces de l'ordre (art. 222-14-5 C .pén.), de l'extorsion (art. 312-2 C. pén.), des destructions de biens commises en réunion (art. 322-3 1° C. pén.) ou à l'encontre d'un meuble ou un immeuble classé en vertu du Code du patrimoine ou un bien culturel (art. 322-3-1 C. pén.).

[117] E. Dreyer, préc. note 114, n°1263.

[118] 10 ans d'emprisonnement et 150 000 euros d'amende ou 5 ans d'emprisonnement et 75 000 euros d'amende selon l'infraction projetée dans le cadre de l'association de malfaiteurs contre 1 an d'emprisonnement et 15 000 euros d'amende prévus à l'article 222-14-2 C. pén.

[119] V. Malabat, préc., note 110, n°157.

forces de l'ordre que par le déploiement d'un dispositif pénal complexe et faisant peu de cas de l'applicabilité des textes adoptés, il apparaît évident que c'est animé d'une volonté de réaffirmation de son autorité que l'État fait face à la contestation publique, au point que certains ont pu y voir la création d'un droit pénal de l'ennemi[120]. L'État a démultiplié les textes pénaux non pas tant dans un souci de rétablir l'ordre public que pour des raisons politiques, puisqu'en réalité le dispositif pénal qui existait avant les années 2000 comportait déjà les éléments essentiels pour lutter contre les débordements à l'occasion des contestations publiques, pacifiques ou non, avec l'assistance de la police. Par ricochet, c'est le droit pénal qui est en crise, ce dernier subissant les inlassables assauts du législateur venant empiler loi après loi, de nouvelles incriminations avec lesquelles les forces de l'ordre et les citoyens doivent composer, et ce, au mépris de la clarté et de la prévisibilité qui doivent pourtant guider toute action législative en ce domaine.

Il conviendrait que l'État se réapproprie la notion d'autorité et aspire à nouveau à devenir un modèle pour la cohésion sociale et le vivre ensemble qui ne passerait pas systématiquement par la violence institutionnalisée, cette dernière ayant de toute façon montré à travers le temps son incapacité à mettre fin à toute velléité de contestation.

---

[120] O. Cahn, préc. note 1, p. 175.

4. Crise et répression

Aperçu des manifestations du droit pénal en temps de crise par le prisme de la notion de répression : l'exemple des mesures prises dans le cadre de l'état d'urgence sanitaire au Québec lors de la pandémie de Covid-19

Thiphaine DOURGES

Docteur en droit des Universités de Bordeaux et de Sherbrooke

Introduction

La pandémie[1] de Covid-19, en tant que phénomène d'apparition et de propagation du coronavirus SARS-CoV-2 dans le monde ayant profondément modifié la vie en société pendant une période de plus de deux ans, a constitué une crise[2] sanitaire tant au niveau mondial que local[3].

Bien que la pandémie ait connu plusieurs vagues et donc plusieurs temps, et que le coronavirus continue de circuler, le temps de la crise peut être juridiquement identifié pour un territoire donné comme la période durant laquelle les autorités publiques ont eu recours à un droit d'exception. L'analyse portera donc, pour le Québec, sur la période durant laquelle l'état d'urgence sanitaire était en vigueur[4].

La Constitution canadienne ne précise pas l'échelon législatif compétent en matière de santé[5]. Il est généralement considéré que l'État et les provinces partagent le pouvoir en ce domaine, mais que les provinces l'exercent principalement[6] en

---

[1] Voir *Dictionnaire de l'Académie française*, 9e éd, « pandémie » et « épidémie », 1, en ligne : <https://www.dictionnaire-academie.fr>.

[2] Voir *Id.*, « crise », 6.

[3] Au Canada, le terme « crise » a ainsi été utilisé dans différentes études pour désigner la pandémie de Covid-19 : « *A pandemic is a public health, not a public order, crisis.* » : CANADIAN CIVIL LIBERTIES ASSOCIATION et le Policing the Pandemic Mapping Project, *Covid-19 and law enforcement in Canada : the second wave,* mai 2021, p. iii, en ligne : <https://ccla.org/wp-content/uploads/2021/06/2021-05-13-COVID-19-and-Law-Enforcement-The-second-wave.pdf> ; M.-E. Couture-Ménard et M.-Cl. Prémont, « L'exercice des pouvoirs d'urgence prévus à la Loi sur la santé publique pendant la crise de la Covid-19 », dans S.F.C.B.Q., *Développements récents en droit de la santé (2020)*, Cowansville, Éditions Yvons Blais, EYB2020DEV2929 (PDF) (La référence) ; D. Robitaille, « Confinements, déplacement et urgence nationale : le partage des compétences en cas temps de crise sanitaire », (2020) 98 *R. du B. can.* 144.

[4] Du 13 mars 2020 au 1e juin 2022.

[5] *Loi constitutionnelle de 1867*, 30 & 31 Vict. c.3 (R.-U.) [ci-après *Loi constitutionnelle de 1867*], art. 91 et 92.

[6] *Bell Canada* c. *Québec (Commission de la santé et de la sécurité du travail)*, [1988] 1 R.C.S. 749, 761 ; *Renvoi relatif à la Loi sur la procréation assistée*, [2010] 3 R.C.S. 457, par. 52 (j. McLachlin) et par. 190 (j. LeBel et j. Deschamps) ; *Canada (PG)* c. *PHS Community Services Society*, [2011] 3 R.C.S. 134, par. 68. Dans cette dernière décision, la Cour mentionne la « compétence fédérale concurrente », mais plusieurs auteurs considèrent que le terme « partagée » est plus approprié pour faire « référence à une situation à

raison de leurs compétences en matière d'hôpitaux[7], de propriété et droits civils[8] et des questions de nature purement locale[9]. C'est pourquoi cette étude est limitée au contexte québécois.

Au Québec, l'article 118 de la *Loi sur la santé publique*[10] dispose que :

« [l]e gouvernement peut déclarer un état d'urgence sanitaire dans tout ou partie du territoire québécois lorsqu'une menace grave à la santé de la population, réelle ou imminente, exige l'application immédiate de certaines mesures prévues à l'article 123 pour protéger la santé de la population ».

Si les conditions énoncées à l'article 118 de la LSP sont réunies[11], différentes mesures peuvent être prises sur le fondement de l'article 123 de la LSP pour protéger la santé de la population. Il est notamment possible d'ordonner la vaccination obligatoire de toute la population ou d'une certaine partie de celle-ci, d'ordonner la fermeture des établissements d'enseignement ou de tout autre lieu de rassemblement, d'ordonner à toute personne de communiquer ou de donner accès immédiatement à tout document ou à tout renseignement en sa possession[12]. Il est également possible d'interdire l'accès à tout ou partie du territoire concerné ou de n'en permettre l'accès qu'à certaines personnes et qu'à certaines conditions, ou ordonner, lorsqu'il n'y a pas d'autre moyen de protection, pour le temps nécessaire, l'évacuation des personnes de tout ou partie du territoire ou leur confinement[13]. Le gouvernement peut aussi ordonner toute autre mesure nécessaire pour protéger la santé de la population[14].

Outre cette liste de mesures, les articles 139, 140 et 141 de la LSP prévoient des infractions passibles d'amendes de 1000 $ à 6000 $. L'article 139 pénalise le fait d'entraver l'action du ministre ou de toute personne autorisée à agir, de refuser d'obéir à un ordre que l'un d'eux est en droit de donner, de refuser de donner accès ou de communiquer un renseignement ou un document que l'un d'eux est en droit

---

l'égard de laquelle le Parlement et les provinces peuvent intervenir, *mais à partir d'objectifs ou de perspectives différents* » et non à une situation pour « laquelle les deux paliers peuvent adopter des lois et règlements qui ont le *même caractère véritable* » : D. Robitaille, préc., note 3, note 31, à la p. 151 ; M. St-Hilaire, « Nation Tsilhqot'in c. Colombie-Britannique: ce qu'il ne faut pas trop tarder à savoir. Partie 4 : répartition fédérative des compétences et droits des peuples autochtones (sous-partie 2 de 2) », *Double Aspect,* 23 juillet 2014, en ligne (blog) : *<https://doubleaspect.blog/2014/07/23/nation-tsilhqotin-c-colombie-britannique-ce-quil-ne-faut-pas-trop-tarder-a-savoir-partie-4-repartition-federative-des-competences-et-droits-des-peuples-autochtones-sous-partie-2/>*.

Sur le partage des compétences en matière de santé, voir également : *Carter* c. *Canada (Procureur général)*, [2015] 1 R.C.S. 331, par. 53 ; *Association québécoise des vapoteries* c. *Québec (PG)*, 2019 QCCS 1644, par. 235.

[7] *Loi constitutionnelle de 1867*, préc., note 5, art. 91 7.

[8] *Id.*, art. 92. 13.

[9] *Id.*, art. 92. 16.

[10] *Loi sur la santé publique, RLRQ,* c. S-2.2 [ci-après LSP].

[11] Sur ces conditions : M.-Cl. Prémont, M.-E. Couture-Ménard, G. Brisson, « L'état d'urgence sanitaire au Québec : un régime de guerre ou de santé publique ? », (2021) 55 *RJTUM* 233, aux p. 257 et suiv.

[12] *Id.*, art. 123, respectivement 1° à 3°.

[13] *Id.*, art. 123 4°.

[14] *Id.*, art. 123 8°.

d'exiger ou de cacher ou détruire un document ou toute autre chose utile à l'exercice de leurs fonctions. L'article 140 pénalise le fait de faire une fausse déclaration ou de donner un renseignement ou un document qui est incomplet ou qui comporte une mention fausse ou trompeuse dans le but d'induire en erreur le ministre ou toute personne autorisée à agir. Enfin, sur le fondement de l'article 141, le fait d'aider ou d'amener une autre personne à commettre l'une des deux infractions précédentes constitue également une infraction. En conséquence, la violation par l'un de ces comportements de toute mesure prise en vertu de l'un des alinéas de l'article 123 précédemment énoncés est susceptible de constituer une infraction pénale. La structure même de la LSP favorise ainsi la possibilité de recourir largement au droit pénal pour la mise en application des mesures sanitaires en temps de crise. L'étude sera limitée à l'article 139 en ce qui concerne les infractions à la LSP, sa nature et son articulation avec l'article 123 ayant été précisées par la jurisprudence[15].

Le droit pénal est l'« [e]nsemble des règles de droit public qui ont pour objet les peines et la répression des crimes et des infractions. Il vise à punir les comportements prohibés par la loi comme étant contraires à l'ordre et au bien-être dans la société »[16]. Au Canada, il est composé du droit criminel de compétence fédérale[17] et du droit pénal règlementaire, principalement de compétence provinciale[18]. Ainsi, dans le contexte de l'étude du droit pénal en temps de crise, envisagé sous l'angle des mesures prises dans le cadre de l'état d'urgence sanitaire au Québec lors de la pandémie de Covid-19, seul le droit pénal réglementaire québécois sera analysé.

Plusieurs travaux ont déjà établi que le droit pénal a été largement employé au Québec et dans plusieurs autres provinces canadiennes pour réaliser la mise en application des contraintes sanitaires au détriment d'approches plus éducatives ou sociales[19]. La présente étude propose d'analyser d'un point de vue théorique les

---

[15] Sur la nature d'infraction pénale de responsabilité stricte des comportements visés à l'article 139 et l'articulation des articles 123 8° et 139 de la LSP : *Directeur des poursuites criminelles et pénales* c. *Waongo,* 2020 QCCQ 11848, par. 9-18. Le raisonnement tenu pour déterminer l'articulation des articles 123 8° et 139 semble applicable à l'articulation des différentes mesures de l'article 123 et des infractions des articles 139, 140 et 141 de la LSP. Notamment, les comportements répréhensibles énoncés à l'article 140 sont le pendant des injonctions décrites par l'article 123, particulièrement au 3°, et l'article 141 réprime la complicité des infractions précédentes. La nature des infractions définies par les articles 140 et 141 est quant à elle plus difficile à déterminer eu égard aux éléments particuliers qui les composent, notamment « le but d'induire en erreur le ministre » à l'article 140 et les actes particuliers de complicité à l'article 141, qui pourraient engendrer la nécessité pour la poursuite de prouver la *mens rea* attachée au comportement.

[16] H. Reid, *Dictionnaire de droit québécois et* canadien, 6e éd., Montréal, Wilson & Lafleur, 2023, « Droit pénal », en ligne : <https://dictionnairereid.caij.qc.ca/recherche#t=edictionnaire&sort=relevancy> (JuriBistro^MD eDICTIONNAIRE).

[17] *Loi constitutionnelle de 1867*, préc., note 5, art. 91.27.

[18] *Loi constitutionnelle de 1867*, préc., note 5, art. 92.15.

[19] CANADIAN CIVIL LIBERTIES ASSOCIATION et Policing the Pandemic Mapping Project, *Stay off the grass : COVID-19 and law enforcement in Canada,* juin 2020, en ligne : https://ccla.org/wp-content/uploads/2021/06/2020-06-24-Stay-Off-the-Grass-COVID19-and-Law-Enforcement-in-Canada1.pdf ; CANADIAN CIVIL LIBERTIES ASSOCIATION et Policing the Pandemic Mapping Project. *COVID-19 and Law enforcement in Canada : The Second Wave*, préc., note 3 ; V. Fortin, J. Poisson,

manifestations du droit pénal dans la gestion de la crise sanitaire. Seront ainsi étudiées les dispositions de l'article 139 de la LSP, mais également celles de l'article 123 de la LSP.

En effet, les mesures énoncées à l'article 123, si elles ne sont pas qualifiées par la loi de dispositions pénales et n'instaurent aucune infraction, ont des caractéristiques substantielles qui les rapprochent de mesures de nature pénale. Par exemple, en raison de leur objet, la vaccination obligatoire et le confinement ont un pouvoir liberticide semblable aux obligations de soins et à la privation de liberté en matière pénale. Certaines de ces mesures pourraient donc relever d'un droit pénal substantiel, à défaut d'être formellement désignées comme étant pénales.

Il s'agit ainsi finalement d'analyser les différentes manifestations du droit pénal en temps de crise, en se demandant notamment si celles-ci connaissent ou non des particularités par rapport au droit pénal applicable hors temps de crise.

Une hypothèse sous-tend ce questionnement. En effet, l'emploi du droit pénal classique, c'est-à-dire l'imposition de peines en réponse à des comportements qualifiés d'infractions, apparaît *a priori* peu adapté à la gestion d'une crise sanitaire[20]. Il serait donc possible que soit développé en temps de crise sanitaire un droit pénal particulier, susceptible de répondre plus directement aux enjeux de santé. Pourraient alors être utilisées, à la place ou en complément des manifestations classiques du droit pénal, des mesures pénales différentes, à l'instar de l'engagement de ne pas troubler l'ordre public en droit criminel qui permet de gérer les personnes contre qui il existe des motifs raisonnables de croire qu'elles peuvent commettre certaines infractions[21]. A l'inverse, d'autres mesures qui auraient les caractéristiques substantielles de peines, mais qui ne seraient pas qualifiées de mesures pénales pourraient être employées, comme existe en droit québécois la garde en établissement autorisée par la loi ou un tribunal pour les personnes représentant un danger grave et imminent pour autrui en raison de leur état mental[22].

Él. Lesage-Mann et C. Bellot, *Une approche punitive alarmante face à la pandémie de COVID-19 : analyse des données policières*, Observatoire des profilages, mars 2022, en ligne : <https://www.observatoiredesprofilages.ca/wp-content/uploads/2022/03/Une-approche-punitive-alarmante-face-a-la-pandemie-de-COVID-19-analyse-des-donnees-policieres.pdf> ; A. Luscombe et A. McClelland, *'An extreme last resort': Monetary Penalties and the Policing of COVID-19 in Canada*, Centre for Media, Technology and Democracy, November 2020, en ligne : <https://www.mediatechdemocracy.com/work/extreme-last-resort-monetary-penalties-and-the-policing-of-covid19- in-canada>.

[20] Canadian Civil Liberties Association et Policing the Pandemic Mapping Project. *COVID-19 and Law enforcement in Canada : The Second Wave*, préc., note 3, p. 6-9 ; V. Fortin, J. Poisson, Él. Lesage-Mann et C. Bellot, préc., note 19, p. 9-12 ; A. Luscombe et A. McClelland, préc., note 19, p. 13 et suiv.

[21] Art. 810 et suiv. C.cr.

[22] Art. 26 à 31 C.c.Q. et *Loi sur la protection des personnes dont l'état mental présente un danger pour elles-mêmes ou pour autrui*, c. P-38.001, art. 6 à 13. Sur la possible assimilation de ces mesures à des peines, voir notre thèse de doctorat : T. Dourges, *Répressions pénale et extra-pénales en droit comparé français et canadien. Contribution à la théorie générale de la répression*, Bordeaux, Faculté de droit, Université de Bordeaux, 2022, Sherbrooke, Faculté de droit, Université de Sherbrooke, 2023, par. 355, p. 386-387 et par. 486, p. 509-510.

Afin de mener l'analyse et de répondre à la question posée, il est proposé de recourir à la notion de répression. La perception des manifestations du droit pénal en temps de crise sanitaire sera ainsi notamment issue de la confrontation des mesures prises dans le cadre de l'état d'urgence sanitaire pour répondre à l'épidémie de Covid-19 et de la notion de répression[23]. Cette notion permet notamment de s'extraire du carcan des qualifications attribuées par le législateur pour s'intéresser aux caractéristiques substantielles des mesures étudiées et vérifier si un droit pénal *lato sensu*, non-formel, n'est pas également employé pour gérer la crise sanitaire.

Il n'existe pas en droit positif de définition de cette notion. La définition proposée est donc prospective[24]. La répression peut se définir comme toute réaction juridique individuelle d'une gravité particulière trouvant sa cause dans une illicéité individuelle. L'illicéité est un comportement ou état dangereux, soit que le droit interdit – c'est alors une illicéité formelle ou autrement dit la violation d'une norme de comportement –, soit que le droit n'interdit pas, mais qu'il désigne et encadre en raison du risque que le comportement ou l'état représente pour autrui ou pour la société – c'est alors une illicéité non formelle[25]. La gravité répressive s'apprécie notamment en ce que la réaction porte atteinte à un droit ou à une liberté[26]. Toute mesure correspondant à une réponse juridique individuelle causée par un état ou un comportement dangereux et qui porte atteinte au droit à la vie, à la liberté ou à la sécurité est ainsi une mesure répressive[27]. Pour les réponses juridiques aux illicéités portant atteinte à d'autres droits et libertés, la qualification répressive n'est retenue que si la mesure ne correspond pas à une cessation de l'illicite ou à la réparation d'un dommage[28].

Un certain nombre de mesures prises sur le fondement de l'article 123 et les infractions sanctionnées sur le fondement de l'article 139 de la LSP ont ainsi été étudiées par le prisme de la notion de répression afin d'en déterminer les caractéristiques, pénales ou non pénales. Toutefois, au regard du nombre d'instruments juridiques édictés lors de la pandémie, une analyse de l'ensemble de ces mesures est impossible dans le cadre de cette étude. De même, seules les mesures dont la qualification pénale pourrait être retenue au regard de la notion de répression seront présentées, sans pouvoir toujours revenir sur l'ensemble des éléments qui ont conduit à cette qualification.

En l'état, la confrontation de la notion de répression aux mesures prises sur le fondement de la LSP dans le cadre de l'état d'urgence sanitaire démontre finalement que le droit pénal s'est peu étendu hors de ses frontières formelles et qu'il a conservé une forme classique à l'intérieur de celles-ci malgré l'existence d'infractions au

---

[23] La notion de répression est utilisée comme outil théorique d'analyse des mesures prises dans le cadre de la crise sanitaire afin de déceler et décrire les formes prises par le droit pénal en temps de crise. La qualification répressive d'une mesure ne signifie pas qu'elle est ou n'est pas légitime ou fondée en droit.

[24] Cette définition est issue de notre thèse de doctorat : T. Dourges, préc., note 22, spéc. par. 23, p. 48 et par. 284 et suiv., p. 310 et suiv.

[25] *Id.*, par. 301 et suiv., p. 324 et suiv.

[26] *Id.*, par. 366 et suiv., p. 399 et suiv.

[27] *Id.*, par. 388 et suiv., p. 426 et suiv.

[28] *Id.*, par. 401 et suiv., p. 434 et suiv. et par. 527 et suiv., p. 529 et suiv.

contenu adapté au contexte. L'hypothèse d'un droit pénal propre à la gestion de la crise sanitaire ne se vérifie donc que de manière limitée.

L'analyse des manifestations du droit pénal durant la pandémie de Covid-19 au Québec conduit à conclure à ce stade des recherches que le recours à des mesures pénales *lato sensu* a été limité et que le recours à des mesures pénales *stricto sensu* classiques a été en revanche important.

I. Le recours limité à des mesures pénales *lato sensu*

Identifiées par le prisme de la notion de répression, les mesures pénales *lato sensu* correspondent à des mesures dont les caractéristiques substantielles les identifient aux peines *stricto sensu*. L'analyse des mesures prises sur le fondement de l'article 123 de la LSP par le prisme de la notion de répression montre que peu d'entre elles s'assimilent d'un point de vue substantiel à des peines. Seuls quelques exemples ont pu être relevés, démontrant un recours effectif, mais limité aux mesures pénales *lato sensu* dans la gestion de la crise sanitaire. Certaines de ces mesures résultent d'une illicéité non formelle (A) tandis que les autres résultent d'une illicéité formelle (B).

A. Le recours limité aux mesures pénales *lato sensu* résultant d'une illicéité non formelle

L'analyse effectuée a permis d'identifier l'isolement de 14 jours fondé sur la LSP (a) comme mesure pénale *lato sensu* en ce qu'elle est gravement attentatoire à une liberté et prise en réaction à une illicéité non formelle. Le refus d'accorder les primes spéciales aux intervenants de santé et des services sociaux non vaccinés pourrait éventuellement être aussi qualifié ainsi (b).

1. L'isolement de 14 jours fondé sur la LSP

Sur le fondement de l'article 123 4° de la LSP, permettant d'interdire l'accès à tout ou partie d'un territoire ou de n'en permettre l'accès qu'à certaines personnes et qu'à certaines conditions, l'arrêté numéro 2020-011 de la ministre de la Santé et des Services sociaux en date du 28 mars 2020 prévoyait notamment :

« QUE l'accès aux régions sociosanitaires du Bas-Saint- Laurent, du Saguenay—Lac-Saint-Jean, de l'Abitibi-Témiscamingue, de la Côte-Nord, du Nord-du-Québec, de la Gaspésie — Îles-de-la-Madeleine, du Nunavik et des Terres-Cries-de-la-Baie-James soit limité aux personnes [...] qui y ont leur résidence principale ; [...] »

« QUE les personnes qui accèdent à l'une de ces régions pour regagner leur résidence principale, à l'exception de celles s'étant déplacées pour des raisons visées aux paragraphes 3° à 6° et de celles qui se trouvent dans la situation visée au paragraphe 7°, s'y isolent pendant 14 jours dès leur retour dans la région ; [...] »

L'isolement de 14 jours ainsi ordonné en mars 2020 aux personnes regagnant leur résidence principale dans certaines régions du Québec peut être considéré comme une mesure répressive et en cela comme une mesure pénale *lato sensu*.

D'une part, cette mesure met en jeu la liberté[29] des personnes qui se retrouvent contraintes à demeurer dans le périmètre de leur résidence. D'autre part, cette atteinte est une réponse implicite à un état dangereux : le risque que la personne qui regagne son domicile soit porteuse de la Covid-19 et porte atteinte à la santé publique en contaminant autrui dans la région de sa résidence principale. Cet état dangereux est une illicéité non formelle, c'est-à-dire un état qui n'est pas en lui-même interdit par le droit, mais qui est identifié et encadré par celui-ci en raison du risque qu'il représente pour la santé publique.

Un tel exemple de mesure pénale *lato sensu* en temps de crise sanitaire semble plutôt isolé parmi l'ensemble des mesures utilisées. La réduction massive des droits et libertés de tous en amont de tout comportement ou état, associée à des obligations et interdictions pénalement sanctionnées ont pu conduit à rendre peu utile le recourt aux mesures de santé restrictives ou privatives de libertés fondées uniquement sur l'identification de comportements ou états individuels à risque.

Un second exemple de mesure pénale *lato sensu* résultant d'une illicéité non formelle pourrait éventuellement être caractérisé.

2. Le refus des primes pour les personnels de santé et des services sociaux non vaccinés

L'arrêté numéro 2021-081 du ministre de la Santé et des Services sociaux en date du 14 novembre 2021 prévoyait que les intervenants de santé et des services sociaux qui n'étaient pas vaccinés, même s'ils se faisaient tester régulièrement dans les conditions de la loi, et continuaient ainsi de pouvoir effectuer leur travail, comme les personnels vaccinés, ne bénéficient pas des primes liées à la situation de crise sanitaire.

Une sentence arbitrale du travail du 30 août 2023[30], examinant l'adéquation de la mesure à différents droits et libertés protégés par les chartes canadienne et québécoise, a considéré que :

[294] En l'espèce, comme mentionné précédemment, l'effet des dispositions contestées est de priver les Plaignants d'avantages monétaires auxquels ils auraient

[29] Le droit à la liberté au sens de l'article 7 de la *Charte canadienne* s'entend de l'absence de toute contrainte physique et est aussi en jeu lorsque des contraintes ou des interdictions de l'État influent sur les choix importants et fondamentaux qu'une personne peut faire dans sa vie : *Blencoe* c. *Colombie-Britannique (Human Rights Commission)*, [2000] 2 R.C.S. 307, par. 49. lorsque des personnes doivent se présenter à un endroit et à un moment précis pour faire prendre leurs empreintes digitales (*R.* c. *Beare* ; *R.* c. *Higgins*, [1988] 2 RCS 387) ou lorsque des personnes doivent s'abstenir de flâner dans certains lieux (*R.* c. *Heywood*, [1994] 3 R.C.S. 761). De manière générale, les droits à la liberté, à la sécurité et à la vie entrent en jeu dans le cadre d'une interaction de l'individu avec le système judiciaire et l'administration de la justice, c'est-à-dire « du comportement de l'État en tant qu'il fait observer et appliquer la loi », sans que cela se limite exclusivement aux affaires criminelles et pénales : *Nouveau-Brunswick (Ministre de la Santé et des Services communautaires) c. G. (J.)*, [1999] 3 R.C.S. 46, par. 65 ; *Gosselin* c. Québec *(Procureur général)*, [2002] 4 R.C.S. 429, par. 77-79.

[30] *Syndicat canadien de la fonction publique, section locale 1108* c. *CHU de Québec – université Laval*, 2023 CanLII 79309 (QC SAT), en ligne : <https://canlii.ca/t/jzxbm>.

eu droit s'ils entraient adéquatement protégés, c'est-à-dire s'ils avaient accepté de se faire vacciner plutôt que de choisir les trois tests obligatoires hebdomadaires.

[295] Malgré les conséquences importantes de ce choix, le Tribunal considère qu'elles ne peuvent être qualifiées de coercitions ou de contraintes au sens retenu par la jurisprudence. Ainsi, le droit à la vie, à la liberté et à la sécurité de la personne n'est pas réellement en jeu, comme mentionné précédemment. C'est ce qui fait qu'il n'y aurait pas lieu de déterminer si les principes de justice fondamentale sont affectés.

[299] Malgré les conséquences financières importantes pour les Plaignants, il n'a pas été démontré que l'objectif était de les punir, tel qu'allégué par le Syndicat. »[31]

La sentence arbitrale conclut en outre que les dispositions contestées ne violent pas les libertés de pensée, de croyance et d'opinion garanties par les chartes canadienne et québécoise et qu'elles ne vont pas au-delà de ce qui était autorisé dans le cadre de la LSP[32].

Sur la base de ces conclusions, la qualification répressive de la mesure semble difficile à retenir en raison du défaut d'atteinte portée à un droit ou à une liberté. Toutefois, s'il était possible de démontrer l'atteinte à un droit ou à une liberté protégés par l'ordre juridique (soit en tenant un raisonnement différent de celui de l'arbitre, soit en établissant qu'il existe une atteinte grave à un autre droit ou liberté garanti par l'ordre juridique que ceux étudiés dans la décision), le refus de faire bénéficier les intervenants de santé et des services sociaux non vaccinés, mais régulièrement testés de primes liées au travail réalisé durant la pandémie pourrait être qualifiée de mesure répressive, et en conséquence de mesure pénale *lato sensu*. En effet, cette mesure est motivée par un refus de prouver sa vaccination qui peut être qualifié d'illicéité non formelle (il n'y a d'obligation vaccinale, mais le refus est considéré comme un comportement dangereux et est encadré comme tel), et ne saurait être qualifiée de cessation de l'illicite ou de réparation du dommage causé. La qualification pénale *lato sensu* du refus de faire bénéficier les intervenants de santé et des services sociaux non-vaccinés des primes octroyées aux autres travailleurs de ces secteurs pourrait donc être discutée par le prisme de la notion de répression.

Les exemples de mesures pénales *lato sensu* résultant d'illicéités non formelles utilisées comme outils de gestion de la crise sanitaire sont peu nombreux. En revanche, davantage de mesures pénales *lato sensu* résultant d'illicéités formelles peuvent être identifiées.

B. Le recours limité aux mesures pénales *lato sensu* résultant d'une illicéité formelle

Les mesures pénales *lato sensu* résultant d'une illicéité formelle correspondent, au regard de la notion prospective de répression, à des mesures gravement

---

[31] *Id.*, par. 294-299.
[32] *Id.*, par. 356.

attentatoires à des droits et libertés et prises à l'encontre d'individus en réaction à la violation de normes de comportement. Deux catégories de mesures correspondant à cette définition peuvent être identifiées dans le cadre de la gestion de la pandémie de Covid-19 au Québec : les ordres d'exécution des obligations vaccinale et d'isolement (1) et la sanction des obligations des intervenants de santé et des services sociaux (2).

1. Les ordres d'exécution des obligations vaccinales et d'isolement

L'article 123 de la LSP prévoie la possibilité pour le gouvernement ou le ministre d'ordonner la vaccination obligatoire de tout ou partie de la population[33], d'ordonner son confinement[34] ou d'ordonner toute autre mesure nécessaire pour protéger la santé de la population[35]. L'exécution de l'obligation vaccinale peut être mise en œuvre par l'émission d'un ordre judiciaire de vaccination. Une telle mesure peut être qualifiée de mesure pénale *lato sensu*, tout comme l'émission d'un ordre administratif d'isolement pour la réalisation des obligations d'isolement.

a) L'ordre judiciaire de vaccination, une mesure pénale lato sensu

En principe, nul ne peut être soumis sans son consentement à des soins, qu'il s'agisse d'examens, de prélèvements, de traitements ou de toute autre intervention[36]. L'article 126 de la LSP prévoit cependant qu'un juge peut ordonner à une personne de se faire vacciner, et, au besoin, qu'elle soit conduite dans un lieu précis pour y être vaccinée, si elle ne se soumet pas à un ordre de vaccination obligatoire pris dans le cadre de l'article 123 de la LSP.

Aucun ordre de vaccination obligatoire n'a toutefois été émis sur le fondement de l'article 123 de la LSP, l'article 126 n'a donc pas reçu application. Au demeurant, analysé par le prisme de la notion de répression, l'ordre judiciaire de vaccination est une mesure pénale *lato sensu*. En effet, il porte atteinte au droit à la liberté et à la sécurité des personnes[37]. Cette atteinte est une réponse au refus de se conformer à

---

[33] Art. 123 1° LSP.

[34] *Id.*, art. 123 4°.

[35] *Id.*, art. 123 8°.

[36] Art. 11 C.c.Q.

[37] Les deux volets de la liberté protégée par l'article 7 de la Charte canadienne sont atteints par la mesure étudiée. Le premier volet, relatif à l'encadrement de la contrainte physique, est en jeu dès lors qu'il est possible de s'emparer physiquement de la personne visée par l'ordre pour la conduire dans un endroit sans son consentement. Le second volet du droit à la liberté concerne la « sphère irréductible d'autonomie personnelle » à l'intérieur de laquelle chaque individu peut faire ses propres choix, sans intervention de l'État : *Godbout* c. *Longueuil (Ville)*, [1997] 3 R.C.S. 844, par. 66. Ces choix personnels d'une importance fondamentale sont par exemple l'interruption de grossesse, la décision d'un traitement médical spécifique pour une maladie grave : *Blencoe* c. *Colombie-Britannique (Human Rights Commission)*, préc., note 29, par. 49. Le fait d'obliger une personne à se faire vacciner porte ainsi également atteinte au second volet droit à la liberté au sens de la Charte canadienne. Le droit à la sécurité est également atteint par l'obligation vaccinale car au sens de l'article 7 de la Charte canadienne, le droit à la sécurité, sous-tendu par la protection de l'autonomie et de la dignité de la personne, est relatif à « la maîtrise de l'intégrité de sa personne sans aucune intervention de l'État » : *R. c. Morgentaler*, [1988] 1 R.C.S. 30, par. 20 ; *Rodriguez* c. *Colombie-Britannique (Procureur général)*, [1993] 3 R.C.S. 519, 587-588 ; *Carter c. Canada (Procureur général)*, [2015] 1 R.C.S. 331, par. 64. Elle se trouve ainsi mise en jeu par l'atteinte à l'intégrité physique ou psychologique d'une personne par l'État, comprenant toute mesure qui

une obligation légale, c'est-à-dire une réaction trouvant sa cause dans une illicéité formelle. Si une telle mesure avait été utilisée, elle aurait révélé une extension du droit pénal en dehors de ses frontières formelles comme moyen de gestion de la crise sanitaire.

Une telle extension s'est autrement manifestée par la possibilité accordée au directeur national de santé publique ou de tout directeur de santé publique d'émettre des ordres d'isolement à destination des personnes refusant de s'isoler volontairement.

b) L'ordre administratif d'isolement, une mesure pénale *lato sensu*

L'arrêté n° 2020-15 de la ministre de la Santé et des Services sociaux en date du 4 avril 2020, disposait en son alinéa 15 :

« Qu'afin d'éviter toute contagion par la COVID-19, le directeur national de santé publique et tout directeur de santé publique soient autorisés à ordonner qu'une personne qui ne consent pas à s'isoler volontairement et qui se trouve dans l'une des situations suivantes s'isole pour une période d'au plus 14 jours sans une ordonnance de la cour :

1° elle présente des symptômes liés à la COVID-19 et il y a des motifs sérieux de croire qu'elle a été en contact avec une personne atteinte de la maladie ;

2° elle vit ou séjourne dans un milieu où vivent ou séjournent aussi des personnes qui présentent des facteurs de vulnérabilité à la COVID-19 ou dans un milieu où le risque de propagation de la COVID-19 est accru, et il y a des motifs sérieux de croire qu'elle a été en contact avec une personne atteinte de la maladie ;

3° elle vit ou séjourne dans un milieu où vivent ou séjournent aussi des personnes qui présentent des facteurs de vulnérabilité à la COVID-19 ou dans un milieu où le risque de propagation de la COVID-19 est accru, et elle présente des symptômes liés à la COVID-19 ;

[...] »

---

cause des souffrances physiques ou de graves souffrances psychologiques : *Blencoe c. Colombie-Britannique (Human Rights Commission)*, préc., note 29, par. 55-57 ; *Chaoulli c. Québec (Procureur général)*, [2005] 1 R.C.S. 791, par. 43 (la juge Deschamps), par. 119 (la juge en chef McLachlin et le juge Major) ; *Carter c. Canada (Procureur général)*, préc., cette note, par. 64.

En outre, la Cour d'appel du Québec considère que : « Contraindre une personne à demeurer là où elle ne veut pas et à ingurgiter ou se voir administrer, contre son gré, des médicaments, c'est porter atteinte à ses droits fondamentaux, à sa liberté et à l'intégrité de sa personne. Une telle intervention n'est possible que lorsque permise par la loi, ce que le juge ou le tribunal ne peut déterminer qu'à la suite d'un examen structuré et rigoureux de la situation, selon les prescriptions de la loi et dans le plus grand respect des droits de cette personne. » : *F.D.* c. *Centre universitaire de santé McGill (Hôpital Royal-Victoria)*, 2015 QCCA 1139, par. 1.

Ainsi, l'imposition de la vaccination met également en jeu les droits à la sûreté, à l'intégrité et à la liberté de la personne au sens de l'article 1er de la *Charte des droits et libertés de la personne*. Sur les rapports entre obligation vaccinale et droits fondamentaux : L. Clément-Major et S. Fournier, « La vaccination obligatoire en emploi analysée sous l'angle des droits fondamentaux », dans S.F.C.B.Q., *Développements récents en droit du travail (2022)*, Cowansville, Éditions Yvon Blais, EYB2022DEV3128 (PDF) (La référence).

Le seizième alinéa de cet arrêté rendait applicable l'article 108 de la LSP. Ce dernier prévoit en son premier alinéa que toute personne peut faire « tout ce qui est raisonnablement possible pour localiser et appréhender la personne dont le nom figure dans l'ordre et la conduire dans un lieu indiqué dans l'ordre ou auprès d'un établissement de santé et de services sociaux choisi par le directeur »[38]. Dans cette hypothèse, la personne appréhendée doit être immédiatement informée des motifs de sa mise en isolement, du lieu où elle est emmenée et de son droit de communiquer avec un avocat[39].

L'ordre d'isolement apparaît comme une mesure pénale *lato sensu* lorsqu'elle est analysée par le prisme de la notion de répression et manifeste ainsi l'existence d'un droit pénal hors de ses frontières formelles dans le cadre de la crise sanitaire. En effet, il s'agit d'une mesure attentatoire à la liberté de la personne au sens de la Charte canadienne[40] qui trouve sa cause dans le refus de s'isoler volontairement et alors qu'elle est susceptible d'avoir contracté la Covid-19. En cela, cette mesure résulte à la fois d'une illicéité formelle, le refus d'isolement volontaire alors qu'existe une obligation d'isolement volontaire en cas de symptômes[41], et d'une illicéité non formelle caractérisée par un état dangereux, le risque d'être contaminé par une maladie contagieuse dangereuse pour la santé d'autrui[42].

L'applicabilité de l'article 108 de la LSP confirme l'analyse puisque les dispositions de cet article permettent l'usage de la contrainte pour forcer la personne concernée à s'isoler.

---

[38] Le deuxième alinéa de l'article 108 de la LSP précise que « [l]a personne ou l'agent de la paix qui agit en vertu du présent article ne peut toutefois entrer dans une résidence privée sans le consentement de l'occupant ou sans être muni d'un ordre de la cour l'y autorisant ».

[39] Art. 108, al. 3 LSP.

[40] L'ordre d'isolement oblige la personne qui en est l'objet à demeurer dans un lieu, limitant ainsi très largement ses déplacements et ses contacts sociaux. De plus, cette personne peut être physiquement contrainte à l'isolement par application de l'article 108 de la LSP. Sur la notion de liberté au sens de la Charte canadienne : *supra*, note 29.

[41] Le 12 mars 2020, lors d'un point de presse, le premier ministre François Legault avait notamment annoncé que toutes les personnes qui présentaient des symptômes associés à la grippe ou au rhume devaient se placer en isolement volontaire pour 14 jours : *Publication du Cabinet du premier ministre*, 12 mars 2020, en ligne : <https://www.quebec.ca/nouvelles/actualites/details/pandemie-de-covid-19-le-gouvernement-du-quebec-diffuse-de-nouvelles-directives-a-lintention-de-la-population-du-quebec>. En outre, les arrêtés numéros 2020-011 du 28 mars 2020 et 2020-013 du 1er avril 2020 de la ministre de la Santé et des Services sociaux prévoyaient que les personnes qui accédaient à certaines régions ou territoires pour regagner leur résidence principale devaient, sauf exceptions, s'y isolent pendant 14 jours dès leur retour.

[42] L'objectif de la mesure est la cessation de l'état dangereux, l'arrêté précisant : « Que l'isolement d'une personne cesse dès qu'un test négatif à la COVID-19 est obtenu ou que le directeur national de santé publique, un directeur de santé publique ou le médecin traitant juge que les risques de contagion n'existent plus ; Qu'un juge de la Cour du Québec ou des cours municipales des villes de Montréal, Laval ou Québec ayant compétence dans la localité puisse mettre fin à un ordre d'isolement ou en diminuer la durée s'il est d'avis que les risques de contagion n'existent plus, ou lui apporter toute modification qui lui apparaît raisonnable dans les circonstances. »

La sanction de la violation de leurs obligations par les intervenants de santé et des services sociaux apparaît également comme forme de mesure pénale *lato sensu* utilisée pour gérer la crise sanitaire.

2. La sanction de la violation de leurs obligations par les intervenants de santé et des services sociaux

Pendant un temps, le gouvernement avait décidé de mettre en place une obligation vaccinale applicable aux intervenants du secteur de la santé et des services sociaux travaillant dans certains milieux. Il était alors prévu que les intervenants qui ne seraient pas adéquatement protégés contre la Covid-19, soit par la vaccination soit en raison d'une situation visée comme équivalente, ne devraient pas être réintégrés à leur milieu de travail et perdraient en conséquence leur rémunération s'ils ne pouvaient pas être affectés à une autre tâche[43].

Finalement, l'obligation vaccinale des intervenants du secteur de la santé et des services sociaux n'est pas entrée en vigueur et a été remplacée par une obligation minimale de réaliser trois tests de dépistage par semaine. Ce sont donc finalement le refus ou l'omission de présenter la preuve de ces tests ou d'une protection adéquate qui étaient sanctionnés par l'impossibilité d'être affecté à une autre tâche ou de pratiquer le travail à distance, impossibilité considérée comme une absence non autorisée[44] et ayant pour conséquence finale la perte de rémunération.

Dans les deux hypothèses, les réactions juridiques prévues en réponse au refus ou à l'omission de fournir la preuve des tests de dépistage ou d'une protection adéquate pourraient, par le prisme de la notion de répression, s'analyser en des mesures pénales *lato sensu*. En effet, premièrement, l'impossibilité de réintégrer son emploi et la perte de rémunération consécutive pourraient apparaître comme une atteinte au droit à la sécurité de la personne s'il était établi qu'elles empêchent les personnes visées de subvenir à leurs besoins[45]. La sécurité étant une valeur particulièrement protégée dans l'ordre juridique canadien, la seule atteinte, indépendamment de la mesure de cette atteinte, permet de considérer que le

---

[43] Décret numéro 1276-2021 du 24 septembre 2021.

[44] Arrêté numéro 2021-081 du ministre de la Santé et des Services sociaux du 14 novembre 2021, al. 11.

[45] Les refus passés de la Cour suprême du Canada de reconnaître la protection des droits économiques par l'article 7 de la Charte canadienne (*Renvoi relatif à l'art. 193 et à l'al. 195.1(1)c) du code criminel (Man.),*
[1990] 1 R.C.S. 1123, 1162 et suiv. (motifs du j. Lamer) ; *Godbout* c. *Longueuil (Ville)*, [1997] 3 RCS 844, 889) ne semblent être pas un obstacle définitif à la qualification d'une atteinte à la sécurité de la personne pour cause de perte de rémunération. En effet, la Cour suprême ne rejette pas la protection des droits économiques de manière absolue et la décision *Irwin Toy Ltd.* c. *Québec (Procureur général)*, [1989] 1 R.C.S. 927 (CSC), 1003 permet au contraire d'affirmer la possibilité d'une protection du droit à l'emploi par l'intermédiaire du droit à la sécurité de l'article 7 de la Charte canadienne. Ainsi, la Cour suprême affirme que l'article 7, au regard de sa rédaction, ne protège pas les droits économiques généralement désignés par le terme « propriété » mais elle met en garde contre une exclusion trop précipitée de tous les droits économiques, dont certains apparaissent fondamentaux à la vie de la personne et à sa survie (la sécurité sociale, l'égalité du salaire pour un travail égal, le droit à une alimentation, à un habillement et à un logement adéquats) et laisse cette question en suspens. Pour une discussion sur ce thème, voir notre thèse : T. Dourges, préc., note 22, par. 445-446, p. 472-473.

niveau de gravité requis est atteint[46]. Deuxièmement, les mesures trouvent leur cause dans une illicéité formelle, la violation de l'obligation d'être adéquatement protégé contre la Covid-19 ou régulièrement testé. Elles illustrent ainsi l'existence, en temps de crise sanitaire, d'une forme de droit pénal extérieure à ses frontières formelles.

Les quelques mesures pénales *lato sensu* identifiées montrent que la gestion de la crise sanitaire a rendu propice le développement d'un droit pénal *lato sensu*, c'est-à-dire de mesures qui, bien que formellement non qualifiées de mesures pénales, possédaient des caractéristiques substantielles proches de celles des peines. Toutefois, l'utilisation de telles mesures s'est révélée limitée au regard du nombre réduit d'exemples. En revanche, le recours à des mesures pénales *stricto sensu* est apparu important.

II. Le recours important à des mesures pénales *stricto sensu*

La possibilité de recourir directement à l'article 139 de la LSP afin d'imposer des amendes pour non-respect des diverses mesures ordonnées sur le fondement de l'article 123 de la LSP en application de l'état d'urgence sanitaire[47] a permis un large recours au droit pénal. Bien que les comportements érigés en infractions soient spécifiques à la gestion de la pandémie de Covid-19, ce droit pénal de l'urgence sanitaire a pris, sur le fond, la forme classique d'un mécanisme de responsabilité pénale (A). Du point de vue procédural, le droit pénal du temps de la crise sanitaire s'est traduit par une modification limitée des pouvoirs de police (B).

A. Le recours au mécanisme classique de responsabilité pénale

Le droit pénal *stricto sensu* mobilisé pour la gestion de la crise sanitaire prend la forme classique d'un mécanisme de responsabilité pénale[48], composée d'infractions de responsabilité stricte développées sur le fondement de la LSP (1) et sanctionné de peines classiques (2).

1. Le développement d'infractions de responsabilité stricte fondées sur la LSP

L'article 139 de la LSP prévoit que :

« Commet une infraction et est passible d'une amende de 1 000 $ à 6 000 $ quiconque, dans le cadre de l'application du chapitre XI, entrave ou gêne le ministre, le directeur national de santé publique, un directeur de santé publique ou une personne autorisée à agir en leur nom, refuse d'obéir à un ordre que l'un d'eux est

---

[46] Sur les composantes du critère de la gravité comme élément de la notion prospective de répression, voir notre thèse : *Id.*, par. 364 et suiv., p. 397 et suiv.

[47] Sur l'articulation des articles 123 et 139 de la LSP : *Directeur des poursuites criminelles et pénales* c. *Waongo,* 2020 QCCQ 11848.

[48] La responsabilité pénale peut être définie comme l'« [o]bligation pour une personne de répondre de ses actes lorsque son comportement viole les règles établies par l'État pour assurer l'ordre et la paix dans la société et, le cas échéant, d'en subir la sanction selon les prescriptions de la loi » : H. Reid, préc., note 16, « Responsabilité pénale ».

en droit de donner, refuse de donner accès ou de communiquer un renseignement ou un document que l'un d'eux est en droit d'exiger ou cache ou détruit un document ou toute autre chose utile à l'exercice de leurs fonctions. »

En conséquence, la violation d'une mesure prise sur le fondement de l'article 123 de la LSP est susceptible de constituer une infraction si elle correspond à l'un des comportements décrits à l'article 139 de la LSP[49].

Parmi les motifs ayant donné le plus souvent lieu à un rapport ou à un constat d'infraction[50], il y a eu le non-respect du couvre-feu[51], le fait de se trouver dans une résidence privée où l'on n'est pas occupant[52], le fait de participer à un rassemblement dans un lieu public[53], le non-respect du port du couvre-visage ou de la distanciation de 2 mètres lors de manifestations pacifiques[54] ou dans un commerce[55].

Ces infractions sont spécifiques à l'état d'urgence sanitaire déclenché lors de la pandémie de Covid-19 et aux mesures jugées nécessaires pour y faire face. Ainsi, la gestion de la crise sanitaire par le moyen du droit pénal a fait naître des infractions nouvelles, propres à la crise traversée. Ce caractère novateur concerne ainsi le contenu des comportements pénalement appréhendés.

En revanche, cette manifestation du droit pénal en temps de crise sanitaire est classique sur la forme adoptée puisqu'il s'agit d'infractions de responsabilité stricte. En effet, les infractions pénales réglementaires sont en principe de responsabilité stricte[56] et n'exigent pas la preuve d'une *mens rea* par la poursuite, sauf si des termes tels que « volontairement », « avec l'intention de », « sciemment » ou « intentionnellement » sont présents dans la disposition créant l'infraction[57]. Or, en l'absence de tels termes dans le texte de l'article 139 de la LSP, il a été jugé que le refus d'obéir à un ordre constituait bien une infraction de responsabilité stricte[58]. La responsabilité pénale fondée sur la violation des mesures sanitaires apparaît donc

---

[49] En ce sens, la Cour du Québec a par exemple jugé que « [...] suivant le sens ordinaire et grammatical du mot ordre, le Tribunal est d'avis que la mesure ordonnée par décret en vertu de l'article 123(8) de la Loi peut constituer un ordre visé par l'article 139 de cette même Loi » : *Directeur des poursuites criminelles et pénales* c. *Waongo*, préc., note 15, par. 18.

[50] Pour la période allant du 21 septembre 2020 au 3 octobre 2021 : V. Fortin, J. Poisson, Él. Lesage-Mann et C. Bellot, préc., note 19, p. 21.

[51] Décret 1020-2020, 29°, introduit par le sous-paragraphe g) du paragraphe 1° du premier alinéa du dispositif du Décret 2-2021 du 8 janvier 2021. Il était interdit à toute personne, entre 20 heures et 5 heures, de se trouver hors de sa résidence à moins qu'elle démontre être hors de ce lieu pour une raison admise par la loi.

[52] Comportement interdit de manière variable en fonction de zones géographiques précisées par le décret 1020-2020 du 30 septembre 2020.

[53] Comportement interdit sur le fondement du Décret 1020-2020 du 30 septembre 2020.

[54] Décret 885-2021 du 23 juin 2021.

[55] *Id.*

[56] *R.* c. *Sault Ste. Marie*, [1978] 2 R.C.S. 1299, p. 1325 ; *Lévis (Ville)* c. *Tétreault,* [2006] 1 R.C.S. 420, par. 16 ; *La Souveraine, Compagnie d'assurance générale* c. *Autorité des marchés financiers,* [2013] 3 R.C.S. 756, par. 31.

[57] *Id.*

[58] *Directeur des poursuites criminelles et pénales* c. *Waongo*, préc., note 15, par. 9-12.

tout à fait classique et emporte la nécessité pour la poursuite de constater seulement les éléments matériels de l'infraction, correspondant à la violation matérielle de la norme de comportement préalablement imposée.

Ces infractions donnent lieu à une pénalité également classique.

2. Le recours à des sanctions pénales classiques

Les manifestations du droit pénal lors de la crise sanitaire sont, au regard de la pénalité, très classiques.

La commission d'une infraction pénale réglementaire au Québec engendre en principe l'imposition d'une peine d'amende[59]. Seules des peines d'amendes sont prévues pour les infractions à la LSP[60]. Le montant d'amende minimal est de 1000 $ et le montant maximal de 6000 $[61]. Les décrets et règlements ne peuvent pas déroger aux montants fixés dans la LSP, en prévoyant par exemple une amende moins élevée[62].

L'imposition d'une amende pour une infraction pénale réglementaire provinciale n'entraîne pas de mention au casier judiciaire. Il y a cependant bien une mémoire judiciaire puisque la LSP prévoit que l'infraction peut être commise en récidive[63]. Cette possibilité n'est cependant pas une innovation puisqu'elle est encadrée par le *Code de procédure pénale*[64]. De la même façon, alors qu'aucune peine d'emprisonnement n'est encourue[65], il existe, en application du *Code de procédure pénale,* un risque d'emprisonnement pour non-paiement d'amende[66]. Ces mécanismes ne sont pas propres au cadre juridique de l'état d'urgence sanitaire, mais montrent en revanche que le dispositif pénal mis en œuvre peut être plus sévère qu'il n'y paraît.

En outre, la gestion pénale de la crise sanitaire s'est aussi manifestée par la modification limitée de certains pouvoirs de police afin de faciliter l'imposition des amendes.

B. La modification limitée des pouvoirs de police

L'analyse des manifestations du droit pénal dans la gestion de la pandémie de Covid-19 par le prisme de la notion de répression permet de conclure à une modification avérée, mais limitée du pouvoir policier. En effet, la possibilité acquise par les policiers d'émettre directement des constats d'infraction et non plus seulement des rapports d'infraction a entraîné une évolution de la nature de leur

---

[59] Art. 231 et 232 C.p.p.
[60] Art. 139, 140 et 141 LSP.
[61] *Id.*
[62] *DPCP* c. *Bergeron*, 2023 QCCQ 5215.
[63] Art. 142 LSP.
[64] Art. 236 C.p.p.
[65] Ce n'est en principe qu'à titre exceptionnel que la responsabilité pénale pour une infraction réglementaire permet l'imposition d'une peine d'emprisonnement : art. 231 C.p.p.
[66] Art. 345.3 et suiv. C.p.p.

pouvoir (1). En revanche, la possibilité nouvelle de recourir au télémandat pour obtenir l'autorisation de pénétrer dans un domicile privé a permis d'accélérer l'action policière (2) sans pour autant modifier la nature des pouvoirs.

1. Une évolution de la nature du pouvoir policier : l'émission de constats d'infraction

La gestion de la pandémie de Covid-19 au moyen du droit pénal a entraîné le développement des pouvoirs policiers au stade des poursuites. En effet, alors qu'ils ne pouvaient émettre que des rapports d'infraction, les policiers ont pu, durant la crise sanitaire, émettre directement des constats d'infraction. L'analyse de cette évolution par le prisme de la notion de répression permet d'affirmer que cette accélération de l'action policière au stade des poursuites constitue une modification de la nature des pouvoirs policiers.

Un rapport d'infraction est un document rempli, sur support papier ou sur support électronique[67] qui décrit les faits pertinents constatés par les personnes chargées de l'application de la loi ou les agents de la paix[68]. Il dénonce l'infraction, mais celle-ci elle n'est pas encore strictement établie et mise à la charge d'un responsable par le système judiciaire puisque le rapport doit être transmis aux personnes en charge des poursuites judiciaires. Le constat d'infraction désigne quant à lui un document, également sur papier ou support électronique[69], soit rempli par un policier et signifié sur le champ ou ultérieurement, soit émis par le Directeur des poursuites criminelles et pénales (DPCP) à la suite par exemple de l'analyse d'un rapport d'infraction rempli par un policier. Le constat d'infraction engage la poursuite des infractions[70] et peut être remis lors de la perpétration de l'infraction quand est réclamée la peine minimale[71].

En principe, les policiers informent des enquêteurs ou le DPCP de faits relevant d'une qualification pénale par le moyen d'un rapport d'infraction, mais n'engagent pas les poursuites. Au début de la déclaration de l'état d'urgence sanitaire les policiers étaient donc seulement autorisés à délivrer des rapports d'infraction qu'ils devaient transmettre à l'autorité de poursuite afin que soit décidé ou non l'engagement des poursuites.

Ensuite, le directeur des poursuites criminelles et pénales a permis la délivrance des constats d'infraction directement par les policiers[72]. En conséquence, ces

[67] *Règlement sur la forme des rapports d'infraction*, RLRQ, c. C-25. 1, r. 2, art. 3 al. 1.

[68] *Id.*, art. 3 al. 2.

[69] *Règlement sur la forme des constats d'infraction*, RLRQ, c. C-25. 1, r. 1, art. 2.

[70] L'article 144 C.p.p. dispose ainsi que « [t]oute poursuite pénale est intentée au moyen d'un constat d'infraction » et l'article 156 C.p.p. que « [t]oute poursuite pénale débute au moment de la signification d'un constat d'infraction ».

[71] *Règlement sur la forme des constats d'infraction*, préc., note 69, art. 23 2°.

[72] J. Labbé, « Distanciation : le DPCP élargit le recours aux amendes de 1000$ », *Radio-Canada,* 9 avril 2020, en ligne : <https://ici.radio-canada.ca/nouvelle/1691965/coronavirus-covid-19-constats-infractions-abreges-portatifs> ; D. Renaud, « Tous les corps de police peuvent donner des constats

derniers ont reçu le pouvoir d'exercer eux-mêmes les poursuites pénales, modifiant ainsi la nature de leur pouvoir. En effet, les agents ont pu considérer directement que l'illicéité perçue ou soupçonnée était avérée et qu'elle devait être punie alors qu'antérieurement, il s'agissait seulement de rapporter des faits ultérieurement appréciés par une autre personne. Cette évolution est toutefois à relativiser, car la possibilité pour les policiers d'émettre des constats d'infraction leur est ouverte dans le cadre des infractions relatives à la sécurité routière.

Dans le cas du recours au télémandat, la conclusion est différente. Il s'agit d'une accélération de l'action policière et non d'une modification de la nature du pouvoir policier.

2. Une accélération de l'action policière : le recours au télémandat

En principe, en l'absence d'un mandat, un policier ne peut entrer dans une résidence privée sans le consentement de l'occupant en raison de la protection constitutionnelle du droit à la vie privée[73]. Classiquement, la demande de mandat est écrite et doit être appuyée d'une déclaration écrite et faite sous serment[74]. L'émission d'un télémandat se fait en revanche par téléphone ou par l'utilisation d'un autre moyen de télécommunication. Un télémandat peut donc être décerné et être reçu à distance.

L'utilisation du télémandat dans le cadre d'infractions réglementaires est possible depuis une modification du *Code de procédure pénale* en juin 2020[75]. Le législateur a ainsi facilité le travail policier pour l'accomplissement de certains actes d'enquête attentatoires à la vie privée, dont l'entrée dans une résidence privée. Le juge peut décerner le mandat ou le télémandat général s'il est convaincu :

« 1° qu'il existe des motifs raisonnables de croire qu'une infraction à une loi a été ou sera commise et que des renseignements relatifs à l'infraction seront obtenus grâce à l'utilisation du dispositif, de la technique ou de la méthode d'enquête ou à l'accomplissement de l'acte ;

2° que la délivrance de l'autorisation servirait au mieux l'administration de la justice ;

3° qu'il n'y a aucune disposition dans le présent code ou dans une autre loi qui prévoit un mandat, une autorisation ou une ordonnance permettant une telle utilisation ou l'accomplissement d'un tel acte. »

Ainsi, le recours au télémandat permet à un agent de la paix ou à une personne chargée de l'application de la loi d'utiliser plus rapidement un dispositif, une

---

d'infraction abrégés », *La Presse*, en ligne : <https://www.lapresse.ca/actualites/covid-19/2020-04-07/tous-les-corps-de-police-peuvent-donner-des-constats-d-infraction-abreges>.

[73] *Hunter et autres* c. *Southam Inc.*, [1984] 2 R.C.S. 145, 156-157 ; *R.* c. *Godoy*, [1999] 1 R.C.S. 311, par. 19.

[74] Art. 141. 1 C.p.p.

[75] Art. 141.1 C.p.p.

technique ou une méthode d'enquête qui constituerait, sans cette autorisation, une fouille, une perquisition ou une saisie abusive.

Dans certaines hypothèses, il est autorisé qu'une personne pénètre dans une résidence privée sans mandat[76]. La *Loi sur la santé publique ne contient aucune disposition prévoyant une telle autorisation*[77]*. De plus, les exceptions générales à la nécessité d'un mandat pour pénétrer dans une résidence privée sans le consentement de son propriétaire ou de son locataire n'ont pas trouvé à s'appliquer dans le cadre de la crise sanitaire*[78].

Le télémandat a ainsi favorisé la possibilité pour les policiers de pénétrer légalement dans une résidence privée dans l'hypothèse de soupçons d'infraction aux règles relatives à la limitation ou à l'interdiction des rassemblements dans les lieux privés et de recueillir des renseignements comme le nombre et l'identité des personnes présentes, en cas de refus des occupants de coopérer. En revanche, la nature de leur pouvoir est restée identique en raison du maintien de l'exigence du mandat. Le droit pénal de la gestion de crise sanitaire n'a donc pas connu une grande particularité sur ce point.

Conclusion

Les manifestations du droit pénal en temps de crise sanitaire sont restées assez semblables au droit pénal classique. Quelques mesures pénales *lato sensu* et *stricto sensu* prévues ou permises par la LSP et adaptées aux caractéristiques de la crise sanitaire ont été prises, mais sans beaucoup modifier les formes habituelles du droit pénal. Par exemple, l'isolement de 14 jours imposé aux personnes qui devaient accéder à certaines régions pour regagner leur résidence principale a entraîné une atteinte à leur liberté en raison de leur état dangereux (symptômes ou maladie potentiels ou avérés et risque de contamination). L'ordre administratif d'isolement pouvant être pris, au regard de différentes circonstances, contre les personnes qui refusaient de s'isoler volontairement mettait également en jeu leur droit à la liberté et résultait de leur refus de s'isoler et de leur état dangereux. Ces deux mesures, et quelques autres exemples présentés montrent l'extension limitée du droit pénal en dehors de ses frontières formelles lors de la crise sanitaire au Québec. Au sein du droit pénal *stricto sensu*, la gestion de la pandémie de Covid-19 s'est réalisée au moyen classique d'amendes imposées pour des infractions à la LSP (article 139). Le contenu des infractions était particulier à la crise traversée, mais leur nature habituelle, puisqu'il s'agissait d'infractions de responsabilité stricte. Enfin, sur le plan

---

[76] Par exemple, art. 84 et 94.1 C.p.p.

[77] Ni dans la section consacrée à l'état d'urgence (Chapitre XI, Section III LSP), ni dans les dispositions pénales (Chapitre XIV LSP), ni dans aucune autre partie de la LSP (voire les articles 101, 108 et 111 LSP) ; *Directeur des poursuites criminelles et pénales* c. *Vernhes*, 2021 QCCQ 7996, par. 46-47.

[78] *Malgré une certaine confusion quant aux pouvoirs policiers au moment de l'entrée en vigueur des mesures concernant les rassemblements dans les résidences privées, plusieurs décisions ont rejeté l'application des exceptions générales à l'exigence d'un mandat : Directeur des poursuites criminelles et pénales c. Vernhes, préc., note 77, par. 54 et suiv. ; Directeur des poursuites criminelles et pénales c. Michon, 2022 QCCQ 1229, par. 20.*

procédural, la modification des pouvoirs policiers a surtout permis l'accélération des procédures.

La démarche ici suivie pourrait être complétée par l'étude d'autres mesures pour dresser un portrait plus précis et complet des manifestations du droit pénal en temps de crise sanitaire.

Il serait également intéressant d'effectuer une telle étude dans le contexte d'autres crises et de croiser les données pour une étude transversale en se demandant s'il existe des formes typiques du droit pénal en temps de crise ou des évolutions récurrentes.

Les évolutions du droit pénal français en matière de santé et de sécurité au travail en temps de crise

Béatrice LAPÉROU-SCHENEIDER

Professeure de droit privé et de sciences criminelles à l'Université de Franche-Comté,
Co-directrice du master JPP Droit contentieux
Membre du Centre de recherches juridiques de l'université de Franche-Comté (EA 3225)

La crise - étymologiquement « krisis » en grec, « crisis » en latin - revêt selon l'Académie française deux acceptions. Ce terme désigne d'abord, et originairement, la faculté de choisir, le fait d'agir. Il s'agit ensuite d'un « évènement soudain qui vient (…) bouleverser une situation jusqu'alors paisible »[1], autrement dit l'apparition d'une situation hors du commun.

Dans le cadre de la réflexion menée autour de la thématique du droit pénal en temps de crise, nous avons fait le choix de retenir une approche dynamique et extensive de la crise, comme la survenance brutale, plus ou moins prévisible, d'un évènement d'une gravité particulière face auquel les mécanismes d'action habituels sont inadaptés et qui entraîne la nécessité d'agir afin de pouvoir traiter l'évènement ainsi que ses conséquences. Selon cette approche, la crise comprend donc deux composantes. Une telle acception présente l'avantage de recouvrir différents types de crises et consécutivement de confronter les différentes évolutions qui en sont issues.

Si la crise désigne généralement un évènement ponctuel enfermé dans le temps[2], ce terme est fréquemment utilisé de manière extensive[3] pour désigner une situation moins circonscrite. Ce vocable est alors utilisé à l'occasion d'un accident, d'une catastrophe[4], il prend fin, sans qu'il y ait de déclaration officielle, une fois le danger écarté et la situation maîtrisée. Dans le cadre de cette dernière approche,

---

[1] https://www.academie-francaise.fr/crise#:~:text=En%20français%2C%20c%27est%20essentiellement,une%20situation%20jusqu%27alors%20paisible, référence en date du 22 janv. 2023.

[2] Tel fut le cas de l'état d'urgence sanitaire qui a été déclaré par le gouvernement français le 24 mars 2020, en vigueur jusqu'au 31 juillet 2022.

[3] Voir abusive selon l'Académie française qui précise qu'on évitera d'employer ce terme pour parler de phénomènes durables.

[4] Pensons notamment en France à l'affaire de l'usine Grande Paroisse-AZF survenue à Toulouse en 2019 suite à une violente explosion dans une usine d'agrochimie du fait du contact qui n'aurait pas dû avoir lieu entre deux produits chimiques inflammables ; au Canada à l'affaire du Lac Megantic, survenue suite au déraillement d'un train ayant provoqué un incendie spectaculaire à l'origine de la mort de 47 personnes et d'une pollution importante et durable (encore actuelle) des environs.

nos propos porteront également sur le cas particulier de la crise environnementale, encore dite climatique, qui, elle, ne semble pas devoir être enfermée dans le temps.

Dans le cadre du travail, l'origine de la crise peut être soit endogène à l'activité de l'entreprise[5], soit lui être exogène[6]. Dans tous les cas, elle nécessite une adaptation à la situation de l'employeur ou du chef d'entreprise qui doit prendre rapidement des décisions permettant de mettre fin à la crise et d'en limiter les effets sur la santé ou la sécurité des travailleurs et parfois même, au-delà, sur la population jouxtant le lieu dans lequel l'évènement survient, voire l'environnement.

Face à de tels évènements, le recours au droit pénal dépasse généralement les enjeux de la santé et de la sécurité au travail pour embrasser plus largement la santé publique et l'environnement[7]. C'est la raison pour laquelle certaines évolutions législatives observées en droit pénal du travail, bien que trouvant leur origine dans des situations de crise propres à ce secteur, sont désormais observées dans d'autres domaines, voire généralisées[8].

Lors des diverses crises, la matière pénale a été mobilisée tant au plan substantiel (I) qu'au plan formel (II) afin de proposer des outils répressifs efficaces pour réprimer les comportements infractionnels commis à l'occasion de ces évènements, mais aussi et surtout d'en prévenir la survenance.

I. Le droit pénal substantiel, quelle efficacité face aux crises ?

Un rapide survol du droit pénal substantiel permet de constater qu'il n'y a ni législation générale ni texte particulier incriminant des comportements pouvant être commis spécifiquement dans le cadre de crises. En revanche, s'il est généralement fait recours au droit pénal commun au stade de l'après-crise, afin de punir des comportements qui ont été soit à son origine, soit en lien avec la gestion de la crise (A). Sur la période la plus récente, le droit pénal de fond s'est particulièrement illustré par la création d'infractions de prévention mobilisables particulièrement dans le cadre de menaces de crises (B).

A. Un outil répressif suffisamment étayé

C'est la succession de crises et de catastrophes dans le cadre du travail qui est à l'origine de l'adoption de nombreux textes précisant les obligations pesant sur les employeurs lors de la survenance de crises. La méconnaissance de ces obligations figurant pour l'essentiel dans le Code du travail permet de caractériser des infractions d'ordre essentiellement technique pour lesquelles la faute est généralement non intentionnelle. Deux principaux phénomènes sont ici observables selon

---

[5] Elle peut alors résulter tantôt d'une action (pollution par rejet de substance toxique), tantôt d'une abstention (méconnaissance de règles de sécurité).

[6] Tels que la crise engendrée par la COVID 19, le réchauffement climatique, etc.

[7] L'idée d'un décloisonnement de la santé au travail et de la santé publique est de plus en plus évoquée, la même approche d'un décloisonnement de l'environnement au travail et de l'environnement public peut être défendue. V. notamment : J. Dirringer, Santé-travail, santé environnementale, santé globale ... qui trop embrasse mal étreint, Dr. soc. 2021, p. 934.

[8] Pensons ici au statut du lanceur d'alerte : V. *infra*.

que la faute réside dans la méconnaissance d'une obligation technique ou qu'elle permet de caractériser l'élément moral d'une infraction[9].

Dans le premier cas, parce qu'il détient le pouvoir de direction, l'employeur est tenu, en application de l'article L. 4121-1 du Code du travail, de prendre « *les mesures nécessaires pour assurer la sécurité et protéger la santé physique et mentale des travailleurs* ». La méconnaissance de cette obligation de sécurité de portée générale n'est pas directement incriminée[10]. En revanche, plusieurs dispositions du même code érigent en contravention ou, plus rarement, en délit du non-respect d'un nombre important d'obligations en matière d'hygiène et de sécurité. Ces infractions dites attitrées sont consommées du seul fait du non-respect de l'obligation à laquelle est tenu l'employeur[11]. La responsabilité est pour ainsi dire automatique, elle correspond généralement selon la doctrine à une faute de fonction[12].

Dans le cadre de la crise sanitaire, plusieurs textes ont ainsi été adoptés dont l'objet était de prescrire des obligations spécifiques (gestes barrières) afin de limiter les risques de contamination au travail, sans ajouter de dispositions répressives auxquelles il est d'ailleurs fait recours dans l'unique but de forcer le respect desdites règles[13].

Il est donc possible d'affirmer que l'arsenal pénal français s'est révélé suffisamment étayé à l'occasion de cette crise. En revanche, les incriminations existantes[14] ont vu leur champ d'application étendu consécutivement à l'adoption de textes extrapénaux créant des obligations spécifiques à la charge des employeurs et chefs d'entreprise.

Le second phénomène observé lors de la crise sanitaire, dont l'ampleur explique certainement la crainte d'un déferlement d'actions en responsabilité pénale contre les décideurs tant publics que privés, a été celui d'une tentative de déresponsabilisation de ces décideurs.

Rappelons ici que, le mécanisme introduit par la loi dite « Fauchon »[15] aux alinéas 3 et 4 de l'article 121-3 du Code pénal avait pour principal objectif de diminuer le

---

[9] Notons en outre que certains textes, qui n'avaient jusqu'à présent jamais ou très rarement été mobilisé, ont été (re)découverts s. Tel est le cas des articles. 223-7 et 223-16 du code pénal qui incriminent l'abstention volontaire de prendre des mesures destinées à combattre un sinistre, ces dispositions sont visées au soutien de poursuites engagées notamment pour absence de constitution de stocks ou défaut de fourniture de matériels de protection.

[10] V. pour cette analyse de la portée de l'ancien article L. 230-2 du Code du travail (recod. art. L. 4121-1) : Cass. crim., 14 oct. 1997, Bull. crim. n° 334; Dr. pén. 1998, comm. 25, note J.-H. Robert.

[11] Ainsi en va-t-il par exemple des délits de non-respect des règles d'hygiène et de sécurit prévus par les articles L 4741-1, L. 4741-3 et L. 4741-3-1, R. 4511-1 du Code du travail.

[12] V. notamment sur la faute de fonction : E. Dreyer, L'imputation en droit pénal du travail, D. 2004, 813 ; J.-C. Saint-Pau, L'imputation fonctionnelle d'une infraction d'abstention non intentionnelle à une personne morale, D. 2018, p. 658.

[13] V. notamment : B. Lapérou-Scheneider, La protection de la santé des salariés dans le contexte de la covid-19 - Questions pénales, JCP S 2021, n° 1049.

[14] Nous pensons ici notamment aux délits d'homicide et de blessures involontaires ainsi qu'au délit de risques causés à autrui.

[15] Loi n° 2000-647 du 10 juil. 2000 tendant à préciser la définition des délits non intentionnels.

risque de poursuites pénales contre les décideurs, personnes physiques, en cas de faute non intentionnelle. La méthode a consisté à conditionner l'engagement de la responsabilité de ces acteurs à l'exigence d'une faute aggravée en présence d'un lien de causalité indirect entre la faute et le dommage[16]. Or, l'analyse de la jurisprudence a rapidement révélé que la pratique réservait de fait un traitement plus sévère aux employeurs, notamment privés, en conférant à leurs obligations d'assurer la sécurité et la santé de leurs salariés le caractère d'obligation de résultat[17].

C'est certainement pour cette raison que, lors de la crise sanitaire, un débat s'est noué autour de la responsabilité des employeurs en cas de contraction du virus par leurs salariés. Certaines voix sont allées jusqu'à proposer l'exonération de leur responsabilité pénale pour les décideurs publics et les employeurs. Un amendement à la future loi *prorogeant l'état d'urgence sanitaire et complétant ses dispositions*[18] a ainsi été proposé par le Sénat qui prévoyait que : « *nul ne pouvait voir sa responsabilité engagée du fait d'avoir, pendant l'état d'urgence sanitaire, soit exposé autrui à un risque de contamination par le coronavirus, soit causé ou contribué a causé une telle contamination sauf à ce que ce soit prouvée une intention coupable ou l'existence de la violation délibérée des mesures sanitaires imposées par l'État.* »[19]

Si de telles revendications se comprenaient en raison du caractère exceptionnel de la crise et dans la mesure où l'employeur ne pouvait, pas plus que l'État, endiguer la pandémie, ces propos ont pu être jugés inadmissibles, car risquant de déboucher sur un certain désengagement des employeurs.

Parce qu'il faut toujours garder à l'esprit le rôle préventif joué par le droit pénal, il est donc apparu nécessaire et raisonnable de maintenir « ce risque pénal ». Le texte finalement adopté s'est en réalité contenté de reprendre les dispositions de la loi Fauchon[20], le nouvel article L. 3136-2 du code de la santé publique est l'une des rares dispositions à visée répressive n'ayant vocation à s'appliquer que dans le cadre de la période d'état d'urgence sanitaire. S'il a été jugé conforme à la Constitution, ce texte n'a cependant pas fait évoluer le droit positif en matière de délits non intentionnels. En ce sens, le Conseil constitutionnel lui-même a d'ailleurs précisé que ces dispositions « *ne diffèrent pas de celles de droit commun* »[21].

---

[16] Art. 121-3, al. 3 et 4 du Code pénal.

[17] V. sur ce point : Cass. crim., 26 janv. 2016, n° 14-87 687 ; V. aussi : Mascala C. et Amauger-Lattes M-C, Cahier de droit de l'entreprise, 2012, dossier 17 ; H. Matsopoulou, La responsabilité pénale du chef d'entreprise pendant l'état d'urgence sanitaire : Rev. sociétés 2020, p. 395.

[18] Loi n° 2020-546 du 11 mai 2020 prorogeant l'état d'urgence sanitaire et modifiant certaines dispositions relatives à son régime.

[19] Projet de loi TA n° 85, 5 mai 2020, art. 1.

[20] Art. L. 3136-2 du code de la santé publique « L'article 121-3 du code pénal est applicable en tenant compte des compétences, du pouvoir et des moyens dont disposait l'auteur des faits dans la situation de crise ayant justifié l'état d'urgence sanitaire, ainsi que de la nature de ses missions ou de ses fonctions, notamment en tant qu'autorité locale ou employeur. »

[21] Cons. const., 11 mai 2020, n° 2020-800 DC.

Certaines crises précédemment évoquées ont un effet tant sur la santé ou la sécurité des travailleurs que sur l'environnement[22]. Sur ce dernier point, la situation est différente en ce que l'arsenal répressif a connu un véritable essor durant les dernières décennies au gré de la survenance de crises. Toutefois, ces incriminations n'étant pas propres au monde du travail, elles ne feront pas ici l'objet de développements spécifiques, elles seront seulement abordées sous l'angle de la prévention, le droit pénal ayant été particulièrement sollicité ces dernières années sur ce plan dans le cadre de l'activité des entreprises.

B. Un outil préventif en expansion

En 1992, le législateur français a créé le délit de risque causé à autrui[23]. Si l'objectif premier de ce texte était de lutter contre la délinquance routière, il y a très tôt été fait recours pour lutter contre les risques d'accident au travail, de maladie professionnelle et plus généralement de catastrophes industrielles, en raison des dénonciations croissantes portant sur le défaut de respect des normes d'hygiène et de sécurité. Dans le même temps, le principe de précaution est venu se substituer au principe de sécurité[24].

L'article 223-1 du Code pénal a vocation à s'appliquer à des comportements consistant en des prises de risque pour autrui pouvant potentiellement, au-delà, déclencher ou participer à déclencher des crises sanitaires ou environnementales[25].

Dans ce dernier domaine, s'il est fréquent de constater la survenance d'atteintes à l'environnement à l'occasion d'activités menées dans le cadre d'entreprises, on constate sur la dernière décennie une augmentation significative des incriminations ayant pour objet de prévenir les atteintes à l'environnement[26].

Récemment, la loi du 22 août 2021, dite loi « Climat et résilience »[27], a, dans son volet pénal, consacré le délit de mise en danger de l'environnement. Le nouvel article L. 173-3-1 du code de l'environnement dispose que « *Lorsqu'ils exposent directement la faune, la flore ou la qualité de l'eau à un risque immédiat d'atteinte grave et*

[22] Il est parfois fait état en la matière de « *risques mixtes* » : I. Desbarats, Le dérèglement climatique : source de (nouveaux) dommages pour les salariés ? État des lieux et perspectives, Dr. soc. 2023, p. 294.
[23] Art. 223-1 du code pénal.
[24] V. notamment pour des développements sur cette évolution : L. Baguestani-Perrey, La valeur juridique du principe de précaution, Rev. jur. Env. 2000, p. 19. Pour l'adoption à cette époque de textes relatifs au principe de précaution. V. notamment la loi n° 95-101 du 2 févr. 1995 relative au renforcement de la protection de l'environnement, ainsi que la décision du conseil constitutionnel consacrant la valeur constitutionnelle du principe de précaution : Cons. const., 1er mars 2005, n° 2004-505 DC (en matière environnementale).
[25] V. *infra*, la contribution de J.-C. Saint-Pau.
[26] Pensons notamment à l'introduction dans le code de l'environnement d'incriminations propres à prévenir les risques en entreprises telles celles de l'article L 173-1 qui punit le non-respect des règlementations sur les installations classées pour la protection de l'environnement ou de l'article L. 173-2 qui réprime le fait de poursuivre une opération ou une activité, l'exploitation d'une installation ou d'un ouvrage ou la réalisation de travaux soumis à déclaration, autorisation ou dérogation sans se conformer à des mises en demeure de régularisation.
[27] Loi n° 2021-1104 du 22 août 2021 portant lutte contre le dérèglement climatique et renforcement de la résilience face à ses effets.

durable[28], les faits prévus aux articles L. 173-1 et L. 173-2 sont punis. (…)». Cette nouvelle incrimination, directement inspirée du délit de mise en danger d'autrui de l'article 223-1 du code pénal, constitue une avancée notable puisqu'elle permet une intervention répressive avant même que soit constatée une atteinte effective à l'environnement et sans qu'il soit nécessaire de caractériser la violation d'une réglementation pénalement protégée. Ce type d'infraction obstacle est d'autant plus intéressant que c'est généralement, en matière environnementale, le cumul de comportements à risque qui entraîne une atteinte à l'environnement ou à tout le moins une atteinte objectivement constatable.

Toutefois, l'article L. 173-3-1 est critiqué à deux titres[29]. Il lui est d'abord reproché de ne constituer au final qu'une simple circonstance aggravante de trois séries d'infractions qu'il énumère. La critique porte ensuite sur le fait que ce nouveau texte ne permet pas d'intervenir plus en amont et d'éviter que des dommages environnementaux ne s'aggravent et ne deviennent irrémédiables, du fait par exemple de l'accumulation d'atteintes qui en elles-mêmes et prises isolément ne sont ni durables, ni graves, ni ne risquent de causer directement de telles atteintes. En outre, si la volonté de prévenir les infractions risquant d'entraîner de véritables crises environnementales est bien présente, la critique souvent formulée par la doctrine est celle d'une mauvaise lisibilité de ces textes qui se recoupent parfois en partie[30].

Pour conclure, il est possible d'affirmer que le droit pénal de fond s'est progressivement modelé en réaction aux crises traversées, et notamment à celles provoquées par des catastrophes ou des accidents industriels. D'un droit exclusivement répressif, intervenant après les conséquences dommageables engendrées par des crises, le droit pénal apparaît aujourd'hui comme un outil de prévention qui, s'il est perfectible, contient en lui le germe d'une « culture de la prévention ». Ce même phénomène est encore plus remarquable au plan procédural.

II. La montée en puissance d'un droit pénal formel préventif des crises

À titre liminaire et sans développer plus en avant ce nouvel instrument, nous signalerons que la Convention judiciaire d'intérêt public environnementale créée par la loi du 24 décembre 2020[31], bien que consacrée pour l'essentiel au traitement procédural d'atteintes à l'environnement commises par des personnes morales, contient en germe des dispositions tendant à prévenir la survenance de crise. Ainsi, parmi les diverses réponses pouvant être proposées à la personne morale auteure d'infractions portant atteinte à l'environnement, le ministère public peut-il prévoir l'obligation d'adopter un programme de mise en conformité dont l'objet est de

---

[28] Sont considérées comme durables, au sens du présent article, les atteintes susceptibles de durer au moins sept ans.

[29] V. notamment P. Beauvais, « De nouvelles avancées vers une justice pénale environnementale autonome », Énergie-Environnement-Infrastructurés, déc. 2021, étude 22.

[30] V. notamment : L. de Redon, Climat judiciaire et protection de l'environnement : pas de risque de surchauffe, Dr. pénal 2019, étude 1.

[31] Loi n° 2020–1672 du 24 décembre 2020 relative au Parquet européen, à la justice environnementale et à la justice pénale spécialisée qui a créé l'article 41-1-2 du Code de procédure pénale

contraindre l'entreprise fautive à prévenir le renouvellement d'atteintes à l'environnement[32]. Malgré que le contenu même de ces programmes ainsi que le contrôle de leur respect font encore aujourd'hui l'objet d'interrogations[33], la convention judiciaire d'intérêt public est l'une des récentes illustrations d'une adaptation de la procédure pénale française à la nécessaire mise en place de mécanismes de prévention des crises environnementales d'origine industrielle.

Cette évolution s'inscrit en réalité dans un contexte plus large d'une montée en puissance du droit pénal formel comme instrument au service de la prévention des crises sanitaires et environnementales. Deux phénomènes retiendront ici notre attention. C'est d'abord celui d'une spécialisation accrue de l'ensemble des acteurs de la chaîne pénale en vue de permettre un traitement efficace des crises qui retient l'attention (A). Le développement sur les deux dernières décennies de mécanismes procéduraux tendant à faciliter la prévention et la détection de comportements pouvant déboucher sur des crises est quant à lui surtout marqué par l'émergence et le développement du statut de lanceur d'alerte (B).

A. La spécialisation des instances et autorités susceptibles d'être mobilisées en temps de crise

La spécialisation d'instances et d'autorités pénales ayant pour rôle de prévenir et de traiter efficacement des situations de crise s'observe à différents niveaux. Au plan national d'abord, cette spécialisation a eu lieu au niveau tant des autorités de police que des autorités judiciaires. Cette spécialisation est désormais également présente au plan régional et au sein des entreprises.

Au plan national de nombreuses instances se sont vu reconnaître le pouvoir de contrôler, de constater et de poursuivre des atteintes à l'environnement et à la santé publique. Nous évoquerons ici particulièrement l'Office central de lutte contre les atteintes à l'environnement et à la santé publique (OCLAESP) qui est un service de police judiciaire spécialisé sur les sujets les plus complexes en matière d'environnement et de santé publique. Il apparaît comme un acteur clé dans la gestion des crises liées à l'environnement et à la santé publique. C'est à cet office qu'ont ainsi été confiés tous les dossiers en lien avec la crise sanitaire liée à la COVID 19 ainsi qu'un grand nombre de dossiers en matière environnementale. Créé en 2004[34], l'objectif de cette autorité est d'avoir un corps particulièrement compétent pour mener des enquêtes ou aider des enquêteurs à investiguer dans ces domaines spécifiques. Au regard de la problématique des crises, cet organisme a vocation à jouer un rôle crucial dans la coordination des actions de lutte contre les atteintes à l'environnement et à la santé publique. Il a pour mission d'identifie dans ces domaines, notamment en cas de survenance d'accidents industriels, de catastrophes naturelles ou d'incidents nucléaires. L'office mobilise également ses ressources pour

---

[32] Art. 41-1-3, 2° du code de procédure pénale.

[33] V. notamment P. Dufourq, Droit pénal de l'environnement : les enseignements de la première CJIP environnementale, D. actualité, 31 janv. 2021.

[34] Loi n° 2004-204 du 9 mars 2004 portant adaptation de la justice aux évolutions de la criminalité.

intervenir rapidement sur le terrain afin de coordonner l'intervention des différentes parties prenantes pour limiter les dommages et protéger la population. Il renseigne les autorités pour éclairer leurs décisions sur des stratégies à élaborer notamment en menant des enquêtes approfondies pour déterminer les causes des crises, identifier les responsables et prendre des mesures pour prévenir de futures occurrences. Il contribue à renforcer la capacité d'anticipation des unités opérationnelles dans la lutte contre les délinquances à tous niveaux. L'OCLAESP a publié début 2023 un rapport sur la menace liée à la criminalité environnementale[35] dans lequel sont notamment présentés les risques qui touchent majoritairement des structures privées susceptibles de porter atteinte aux salariés[36].

Dans le prolongement de cette évolution, le législateur a mis en place des instances judiciaires spécialisées dans le but de renforcer la capacité de détection précoce des crises, d'améliorer la coordination entre les différents acteurs concernés et de mettre en place des protocoles de réponses efficaces. C'est ainsi que, suite aux crises du sang contaminé et de l'amiante, des pôles environnement et santé publique ont été créés au sein de l'institution judiciaire par la loi dite Perben II[37]. Ces pôles sont constitués de magistrats et structures spécialisés en santé publique pour les affaires d'une grande complexité à la fois au niveau du ministère public, des juridictions d'instruction et des formations de jugement. Les magistrats spécialisés sont entourés d'équipes composées d'assistants spécialisés tels des médecins, pharmaciens, chercheurs… (art. 706, 706-2 CPP). Ces professionnels ne sont pas des experts de justice, mais des spécialistes de certaines disciplines remplissant les conditions d'accès à la fonction publique et justifiant d'une expérience professionnelle minimale de quatre ans. Ils peuvent assister, sous la responsabilité des magistrats, à tous les actes de la procédure et notamment à l'instruction, adresser des réquisitions, aider les magistrats à comprendre et à ordonner les actes.

En 2021, ce sont trente-sept pôles régionaux spécialisés en matière d'atteinte à l'environnement qui ont été créés par la loi 24 décembre 2020[38]. Ils sont destinés à renforcer la capacité des tribunaux à traiter des affaires environnementales de manière efficace et spécialisée. Ils facilitent ainsi l'accès à la justice et renforcent l'efficacité des décisions rendues dans ce domaine.

Au niveau des entreprises, ce sont pour l'essentiel les agents de l'inspection du travail qui jouissent aujourd'hui de compétences supplémentaires en matière d'exposition à des risques sanitaires et environnementaux. Ils peuvent notamment procéder à des investigations et des contrôles ainsi que prononcer des sanctions administratives qu'ils peuvent appliquer en cas de non-respect des dispositions

---

[35] https://www.actu-environnement.com/media/pdf/news-41088-rapport-criminalite-environnementale-2022.pdf

[36] Installations classées, déchets, amiante, incendie, produits phytosanitaires, pollution, etc…

[37] Loi n° 2004-204 précitée.

[38] Loi n° 2020-1721 du 24 déc. 2020 relative à la simplification et à la modernisation de certaines procédures juridictionnelle.

légales imposant aux employeurs des obligations en matière de prévention des risques environnementaux et sanitaires[39].

Certaines instances représentatives du personnel sont amenées à collaborer avec eux. Elles détiennent des compétences en vue de détecter, constater ou recueillir des témoignages de risques d'atteinte à l'environnement ou à la santé ou d'atteinte effective à l'environnement ou à la santé[40]. Cependant la disparition assez récente de certaines instances tel que le Comité d'hygiène, de sécurité et des conditions de travail, remplacé par le Comité social et économique, amène certains auteurs à affirmer que l'on assiste à un ralentissement de la protection de la santé et de la sécurité au travail[41].

L'ensemble de ces évolutions institutionnelles met en évidence l'existence d'un mouvement de fond qui tend à faciliter la prévention et un traitement efficace des crises sanitaires ou environnementales susceptibles de survenir notamment dans le cadre des entreprises. Mais l'évolution la plus remarquée réside dans le développement du statut de lanceur d'alerte.

B. L'efficacité accrue du statut de lanceur d'alerte

Bien que les questions liées à l'origine de la crise sanitaire liée à la Covid 19 sont encore multiples et ce, malgré l'enquête menée par l'OMS, la principale interrogation encore en suspens est celle de l'origine du virus : accident de laboratoire, création d'un virus à partir de celui du sida, création d'une arme biologique... ? Mais, ce qui retient l'attention au regard de notre problématique est qu'une alerte avait été lancée assez tôt par un médecin de l'hôpital central de Wuhan sans être suivie d'effets. Ce rappel convainc, s'il en était besoin, sur le point que certaines atteintes à la santé des salariés ou certains risques endogènes aux entreprises peuvent parfois, bien au-delà de cette sphère, entraîner des atteintes graves à la santé publique ou à l'environnement et déboucher sur des crises d'ampleur mondiale. Il explique par ailleurs l'évolution remarquable du statut de lanceur d'alerte.

Au plan international, la protection des lanceurs d'alerte peut être qualifiée d'hétérogène. Introduit au XIXe siècle aux États-Unis sous le vocable de « whistleblower », ce mécanisme n'a fait son apparition en Europe que récemment avec l'adoption de la directive européenne sur la protection des lanceurs d'alerte en 2019[42].

---

[39] Art. L. 8112-1 et suivants du Code du travail.

[40] V. notamment art. L. 2312-9 du Code du travail.

[41] Auzero G., Baugard D. et Dockès E., Droit du travail, Dalloz, 37 ème éd, 2023, n° 963.

[42] Directive 2019/1937 du 23 octobre 2019 du parlement européen et du conseil relative à la protection des personnes qui signalent des violations du droit de l'Union. Cette directive est le premier instrument législatif contraignant dans ce domaine au niveau de l'Union européenne. Les États membres de l'Union européenne avaient jusqu'en décembre 2021 pour transposer cette directive dans leur législation nationale.

En France, le droit d'alerte trouve son origine dans le monde du travail où il a été consacré en 1983 par la loi de dite « Auroux » [43] en matière d'hygiène et de sécurité. Ce texte a créé des droits et une protection spécifiques pour les représentants du personnel et les salariés qui signalent des situations de danger ou de manquement au sein de leur entreprise[44]. C'est l'article L. 4133-1 du Code du travail qui prévoit aujourd'hui la possibilité pour le salarié de procéder à des alertes. Il dispose que « (...) *le travailleur alerte immédiatement l'employeur s'il estime, de bonne foi, que les produits ou procédés de fabrication utilisés ou mis en œuvre par l'établissement font peser un risque grave sur la santé publique ou l'environnement* ». Ce même droit est reconnu à l'article L 4133-2 du Code du travail aux représentants du personnel du comité économique et social (CES) qui constatent, « *notamment par l'intermédiaire d'un travailleur* » une telle situation.

Plus récemment, c'est la loi dite Sapin 2[45] qui a fixé un cadre général en matière d'alerte en procédant à la réécriture des textes existant déjà. Le statut introduit en 2016 a été étendu et renforcé par la loi dite Waserman du 21 mars 2022[46] qui a transposé la directive européenne du 23 octobre 2019[47]. La consolidation de ce mécanisme a eu pour objet d'élargir l'impact de la procédure d'alerte dans les entreprises, il s'avère aujourd'hui très utile à la détection d'infractions portant atteinte à la santé ou à l'environnement.

Deux procédures de lanceurs d'alerte coexistent donc désormais en droit français : l'alerte de la loi Sapin 2 et l'alerte en matière de santé publique et d'environnement figurant dans le Code du travail. Bien que ces statuts présentent de nombreuses similitudes, par facilité, la doctrine nomme traditionnellement la première « alerte générale » et la seconde « alerte du Code du travail ». Comme nous avons pu l'observer, contrairement à la loi Sapin 2, les articles L. 4133-1 et L. 4133-2 du Code du travail prévoient que l'alerte doit être portée devant l'employeur. On le comprendra, une telle situation peut être dissuasive pour le salarié qui pourrait craindre des représailles. C'est la raison pour laquelle ces deux dispositions prévoient qu'elles sont applicables sans préjudice du droit de recourir, si les conditions en sont remplies, au dispositif mis en place par la loi Sapin 2.

Dernièrement, la matière pénale a été fortement mobilisée afin d'assurer la protection du lanceur d'alerte[48]. Cette évolution des textes montre combien les crises sanitaires et environnementales ont influé sur les normes permettant de détecter de potentielles situations de crise dans le monde du travail et au-delà. En application de l'article 6 de la loi Sapin 2, modifié par la loi du 21 mars 2022, « *Un lanceur d'alerte est une personne physique qui signale ou divulgue, sans contrepartie*

---

[43] Loi n° 82-957 du 13 nov. 1982, complétée par la loi n° 83-8 du 7 janvier 1983.

[44] Sur ce point : Desbarats I., de la crise sanitaire à l'urgence climatique. Les salariés : des acteurs opérationnelles au service de la trajectoire « 1.5°C » ?, Dr. social 2020, p. 725.

[45] Loi n° 2016-1691 du 9 déc. 2016 relative à la transparence, à la lutte contre la corruption et à la modernisation de la vie économique.

[46] Loi n° 2002-401 du 21 mars 2022 visant à améliorer la protection des lanceurs d'alerte.

[47] Directive précitée.

[48] Loi Sapin 2 précitée.

financière directe et de bonne foi, des informations portant sur un crime, un délit, une menace ou un préjudice pour l'intérêt général (...) ».

La procédure d'alerte a été assouplie par la loi de 2022. Sans pouvoir reprendre l'ensemble des évolutions introduites par ce texte[49] et eu égard au sujet qui retient notre attention, nous concentrerons nos propos sur les modalités de l'alerte. Initialement, l'octroi du statut de lanceur d'alerte était conditionné à l'obligation, faite à celui qui s'en prévalait, de saisir en premier lieu son supérieur hiérarchique, son employeur ou un référent désigné. Cette condition constituait à l'évidence un véritable frein à la détection d'infractions en raison des risques de représailles qu'elle engendrait. C'est la raison pour laquelle la loi de 2022 l'a supprimée. Désormais, dans le cadre de « l'alerte générale », le lanceur d'alerte dispose d'une liberté totale de choix entre les procédures de signalements interne et externe. Cette évolution présente deux avantages évidents : d'abord, elle tend à faciliter la détection d'infractions graves puisqu'une information peut être portée directement à la connaissance des autorités judiciaires ; ensuite, elle limite les risques de pressions susceptibles d'être exercés par sa hiérarchie sur l'intéressé.

Depuis 2016, l'art.122-9 du Code pénal organise la protection pénale du lanceur d'alerte. Il dispose que « *N'est pas pénalement responsable la personne qui porte atteinte à un secret protégé par la* loi, *dès lors que cette divulgation est nécessaire et proportionnée à la sauvegarde des intérêts en cause, qu'elle intervient dans le respect des conditions de signalement définies par la loi et que la personne répond aux critères de définition du lanceur d'alerte* (...) ». Toujours dans le but de faciliter les révélations, cette protection pénale a été étendue par la loi de 2022. Désormais, c'est non seulement le fait de révéler ou de divulguer des informations qui ouvre droit à la protection pénale, mais aussi celui de soustraire, détourner ou recéler les documents ou tout autre support contenant les informations dont il a eu connaissance de manière licite et qu'il signale ou divulgue dans les conditions prévues par les textes de la loi. Ces récentes dispositions permettent à l'intéressé de soutenir plus aisément ses révélations sans être exposé à des poursuites sur d'autres chefs d'accusation que ceux de l'atteinte au secret professionnel. C'est ainsi que le droit pénal a été fortement mobilisé afin de protéger ceux qui permettent la détection d'atteintes graves, voire de crises.

La protection pénale a par ailleurs été étendue par la loi de 2022 à d'autres acteurs. En se limitant au monde du travail, on relève que désormais la protection s'applique non seulement aux facilitateurs – « *entendus comme toute personne physique ou morale de droit privé à but non lucratif qui aide un lanceur d'alerte à effectuer un signalement ou une divulgation dans le respect des règles* »[50] -, mais aussi aux personnes physiques en lien avec le lanceur d'alerte qui risquent de faire

---

[49] V. notamment : W. Bourdon et A. Lefebvre, Protection des lanceurs d'alerte : la loi Waserman, une véritable avancée, mais encore un bout de chemin à faire, Légipresse 2022, p. 313 ; Ch. Noiville et E. Supiot, Vers la fin d'un chemin de croix ? La transposition de la directive relative à la protection des lanceurs d'alerte, *in* Mélanges en l'Honneur de M.-E. Hermitte, Academia University Press, p.506.

[50] Art. 6-1, 1° de la loi n° 2022–401 du 21 mars 2022.

l'objet de mesures de représailles dans le cadre de leurs activités professionnelles de la part de leurs employeurs[51].

La loi Warseman a enfin modifié le contenu l'article 225-1 du Code pénal relatif aux discriminations. Désormais, cette incrimination a vocation à s'appliquer en cas de représailles contre un lanceur d'alerte, mais également contre les personnes physiques (collègues, proches...) et morales à but non lucratif (syndicats, associations, sociétés...) en lien avec lui.

Le mécanisme du lanceur d'alerte est devenu un véritable levier d'action pour inciter les salariés à révéler la détection d'évènements susceptibles d'évoluer en crises[52]. Leur rôle est d'autant plus important que sont concernés non seulement les actes commis par les entreprises relevant de la législation applicable, mais aussi ceux commis par leurs filiales et les entreprises étrangères auxquelles elles font appel dans le cadre des chaînes de production[53].

Ces développements ont permis de mettre en évidence combien la matière pénale s'est montrée réceptive aux récentes crises sanitaires et environnementales. L'ensemble des évolutions présentées démontre qu'au plan tant substantiel que formel, elle a su réagir et évoluer face aux situations de crise. Progressivement, elle s'est forgée, enrichie et a su adapter ses paradigmes afin d'apporter des réponses plus efficaces aux attentes d'un traitement efficace des crises. Tout en maintenant sa fonction de « droit post-crise », la matière pénale s'est en outre progressivement érigée en un véritable outil préventif des crises. Elle a désormais vocation à intervenir utilement *in limine krisis* voire *ante krisis*.

---

[51] Art. 6-1, 2° de la loi n° 2022–401 du 21 mars 2022.

[52] V. en ce sens : M. Labarthe, le nouveau cadre légal de protection du salarié lanceurs d'alerte : quel(s) équilibre(s) ?, Dr. social 2023, p. 245.

[53] Loi Waserman précitée, art. 8-I-C,

Le délit de mise en danger d'autrui en temps de crise en France

Jean-Christophe SAINT-PAU

Professeur à l'Université de Bordeaux
Directeur du collège Droit, science politique, économie, gestion

Mise en danger. - Dans une acceptation stricte, la mise en danger n'est pas une infraction. Le code pénal vise en effet la mise en danger : soit comme une catégorie d'infractions, rassemblées aux articles 223-1 et s. du Code pénal dans un chapitre intitulé de « la mise en danger de la personne » ; soit comme un degré de la faute pénale, en deçà de l'intention, ainsi que le prévoit l'article 121-3 du Code pénal qui, après avoir posé le principe que les crimes et délits sont intentionnels, admet que « *Toutefois, lorsque la loi le prévoit, il y a délit en cas de mise en danger délibérée de la personne d'autrui* ».

Risques causés à autrui. - L'illustration la plus marquante de la mise en danger est le délit de l'article 223-1 du Code pénal nommé délit de « risque causé à autrui » (intitulé de la section du code dans lequel il s'insère) ou « d'exposition d'autrui à un risque ». Créé par la loi n° 92-684 du 22 juillet portant réforme du Code pénal, ce texte est emblématique, car il ouvre un chapitre intitulé « mise en danger » et manifeste une technique d'incrimination consistant à avancer le seuil de la répression avant l'atteinte, en considération d'un risque de lésion d'une valeur sociale. C'est une « infraction obstacle indéterminée » en ce qu'elle vise la répression pluri-offensive de comportements dangereux[1]. Le droit pénal ne se contente donc plus de punir des atteintes et d'assurer, par la punition ou la correction de l'illicite, le rétablissement du déséquilibre provoqué par la lésion d'une valeur sociale ; il garantit la prévention de telles atteintes en incriminant les comportements à risques d'atteinte à la vie ou à l'intégrité physique.

Faute délibérée. - Ce délit est ensuite original, car il constitue la seule application de la faute de mise en danger délibérée évoquée à l'article 121-3 du Code pénal qui, après avoir affirmé qu'il n'y a point de crime ou délit sans intention de le commettre réservé à l'alinéa 2 que « *lorsque la loi le prévoit, il y a délit en cas de mise en danger délibérée de la personne d'autrui* ». Ce degré de la faute est ainsi légalement présenté comme intermédiaire entre l'intention et l'imprudence. Il n'est donc pas nécessaire que l'agent ait recherché une atteinte ; la faute n'est pas intentionnelle. Mais il a agi avec une volonté manifeste, qui n'est donc pas une simple imprudence, sans qu'il soit nécessaire d'exiger la preuve d'une conscience des risques. L'élément moral est simple : une volonté délibérée de commettre un acte dangereux.

---

[1] Samy Douider, L'infraction obstacle, Thèse Université de Côte d'Azur, sous la direction de C. Ambroise-Casterot, 2023

Incrimination restrictive. - Le potentiel répressif de cette infraction a cependant été strictement encadré par le législateur qui a souhaité ne pas pénaliser de manière excessive la vie économique et sociale dès lors que la répression n'est plus liée à la constatation objective d'un résultat dommageable. Sont principalement visés la délinquance routière et les accidents du travail[2], régulés par des contraventions et dont la répression est aggravée dans les conditions de l'article 223-1 du code pénal. Ce texte dispose ainsi restrictivement que *le fait d'exposer autrui à un risque immédiat de mort ou de blessures de nature à entraîner une mutilation permanente par la violation manifestement délibérée d'une obligation particulière de prudence ou de sécurité imposée par la loi ou le règlement est puni d'un an d'emprisonnement et de 15 000 euros d'amende* ».

Définition stricte. - Le caractère restrictif du texte se manifeste en trois directions. C'est d'abord le comportement punissable qui est précis en ce qu'il vise exclusivement : « *la violation d'une obligation particulière de prudence ou de sécurité prévue par la loi ou le règlement* ». C'est ensuite le risque incriminé qui est caractérisé comme un risque certain et grave causé à autrui : la répression vise uniquement « *l'exposition directe d'autrui à un risque immédiat de mort ou de blessures de nature à entraîner une mutilation permanente* ». C'est enfin la culpabilité qui est renforcée, puisque l'élément moral simple vise une violation manifestement délibérée d'une obligation, sans toutefois exiger la preuve d'une conscience des risques. Mais, dans les faits, elle peut paraître impliquée par la nature de la violation et la volonté délibérée d'enfreindre une obligation.

Crises environnementale, sanitaire et Covid. - Ainsi strictement définie, l'incrimination est-elle adaptée à des situations de crises environnementales ou sanitaires, et en particulier à la crise Covid ?

I. Mise en danger et crise environnementale

Inadaptation aux risques environnementaux. – Au regard de sa définition stricte, l'incrimination est en premier lieu inadaptée à la répression du risque d'atteinte à l'environnement. L'article 223-1 du code pénal vise en en effet un risque pour « *autrui* », c'est-à-dire pour les personnes (être humain vivant) ce qui exclut les risques visant les seuls biens environnementaux. Il qualifie ensuite ce risque d'« *immédiat* » et « *direct* » pour autrui, et ainsi certain, ce qui exclut le risque scientifiquement incertain de dommages graves et irréversibles pour l'environnement[3].

Principe de précaution. - Ce risque scientifiquement incertain est appréhendé par le principe de précaution, visé dans l'article 5 de charte de l'environnement intégrée à la Constitution et à l'article L. 110-1 du code de l'environnement : « *le principe de précaution, selon lequel l'absence de certitudes, compte tenu des*

---

[2] Les travaux préparatoires témoignent de cette approche restrictive : Ch. Jolibois, Rapp. CL Sénat, n° 295, 18 avr. 1991, p. 19 et 99-100.

[3] J.-Ch. Saint-Pau, Les infractions de précaution in L'influence du principe de précaution en droit de la responsabilité civile et pénale, Regard Franco-Québécois, sous la direction de M. Hautereau-Boutonnet, Lara Khoury, J.-Ch. Saint-Pau, Les éditions Revue de droit, Université de Sherbrooke, 2015. – Rev. Pénitentiaire et de droit pénal, 2015, p. 265.

connaissances scientifiques et techniques du moment, ne doit pas retarder l'adoption de mesures effectives et proportionnées visant à prévenir un risque de dommages graves et irréversibles à l'environnement à un coût économiquement acceptable ». Le délit de risque causé à autrui n'est donc pas une sanction pénale du principe de précaution dont le champ d'application vise les risques scientifiquement incertains alors que le délit suppose de caractériser un risque certain pour autrui. C'est la différence entre la précaution et la prévention.

Relaxe en cas de risque incertain. - Cette exigence de certitude du risque, c'est-à-dire d'un risque concret et avéré, est affirmée par la chambre criminelle de la Cour de cassation dans un arrêt du 4 octobre 2005[4]. Dans cette affaire, la société Total, exploitante d'une raffinerie, installation classée autorisée par arrêté préfectoral, s'était vue reprocher une pollution de l'air, supérieure au seuil d'alerte de la population, et, avait été poursuivie du chef de mise en danger d'autrui, puis relaxée. La Cour de cassation rejette le moyen pris de la violation de l'article 223-1 du Code pénal estimant que « *pour relaxer les prévenus du chef de mise en danger d'autrui, l'arrêt retient, notamment, qu'il n'est produit aucune expertise scientifique au soutien de l'action publique, et, que, en revanche, une étude réalisée à la demande d'un professeur de toxicologie conclut à l'absence d'impact mesurable de l'incident sur la population* ». Elle ajoute que « *le délit prévu par l'article 223-1 du Code pénal n'est constitué que si le manquement défini par cet article a été la cause directe et immédiate d'un risque de mort ou de blessures graves auquel autrui a été exposé* ».

Circonstance aggravante. - L'inaptitude du délit de risque causé à autrui à appréhender le risque de dommages environnementaux conduit à explorer d'autres voies. La loi n° 2021-1104 du 22 août 2021 portant lutte contre le dérèglement climatique et le renforcement de la résilience face à ses effets envisage la mise en danger de l'environnement comme une circonstance aggravante de la violation de la réglementation d'activités économiques. Trois textes aggravent ainsi la violation de la réglementation administrative de l'installation et exploitation d'ouvrage (C. env. art. L. 173-3-1), du transport de marchandises dangereuses (C. transport, art. 1252-5), et de la gestion des déchets (C. env. L.541-46), lorsqu'ils exposent la faune, la flore ou la qualité de l'eau à un risque immédiat d'atteinte grave et durable, qui est légalement évaluée à au moins 7 ans. Ce sont des infractions de police administrative aggravées.

Abstention de combattre un sinistre. – Le 22 septembre 2023, quatre ONG ont déposé une plainte contre TotalEnergies SE. En raison de sa stratégie de développement de projets pétroliers et gaziers, notamment en Afrique de l'Est. L'une des qualifications pénales invoquées est l'article 223-7 du Code pénal qui dispose « *Quiconque s'abstient volontairement de prendre ou de provoquer les mesures permettant, sans risque pour lui ou pour les tiers, de combattre un sinistre de nature à créer un danger pour la sécurité des personnes est puni de deux ans d'emprisonnement et de 30 000 euros d'amende* ». Certains commentateurs

---

[4] Cass. crim., 4 oct. 2005, 04-87.654 : Bull. Crim., n° 259 ; *RJ envir.* 2006, n°4, noteJaworski.

praticiens semblent optimistes quant à l'application de ce délit[5]. La condition préalable visant un sinistre serait d'abord aisément caractérisée au regard des manifestations du dérèglement climatique que constituent les incendies, inondations, tremblement de terre... Quant à l'abstention volontaire, elle serait constituée par l'adoption de mesures insuffisantes ou inappropriées et pourrait être regardée comme synonyme de l'absence d'adoption de la mesure requise par l'article 223-7 du Code pénal. Dans cette perspective, et au regard des préconisations scientifiques du GIEC invitant à réduire la production d'énergie fossile, il peut être observé que la direction de TotalEnergies n'a pas pris de telles mesures, et a au contraire confirmé une augmentation de sa production d'hydrocarbures de 2 % à 3 % par an pour les cinq prochaines années, et de nouveaux projets de gaz naturel liquéfié (GNL), au Qatar par exemple, ou au Mozambique. A suivre donc.

II. Mise en danger et crises sanitaires

Atteintes aux personnes. - Au-delà de la crise environnementale, le droit pénal est en second lieu fortement sollicité par les crises sanitaires. Ont ainsi été particulièrement mobilisées les qualifications pénales d'atteintes à la vie et à l'intégrité physique des personnes[6], mais la réponse pénale fut décevante. Les nombreux désastres sanitaires qui ont ému l'opinion publique et heurté la conscience collective se sont ainsi soldés par des non-lieux ou des relaxes. Il en fut ainsi dans les affaires de la vache folle, du sang contaminé[7], de l'hormone de croissance[8], de la vaccination contre l'hépatite B ou encore de Tchernobyl[9].

Ineffectivité de l'article 223-1. - Le délit de risques causés à autrui ne fut guère invoqué dans ces affaires dès lors qu'il ne s'agissait plus de prévenir des risques, mais de sanctionner des atteintes à l'intégrité physique et à la vie. Alors même qu'il serait invocable à l'égard de victimes potentielles, le délit n'apporte pas une réponse pénale effective en raison des restrictions précédemment évoquées qui tiennent à la nature de l'obligation violée qui doit être particulière et à celle du risque qui doit être certain et grave. Au surplus, l'article 223-1 du Code pénal sanctionne le fait d'exposer directement d'autrui à un risque immédiat de mort ou de blessures graves, et ainsi implique de constater un lien de causalité entre la violation de l'obligation et le risque.

Causalité certaine. - La causalité doit d'abord être directe, c'est-à-dire certaine, sans toutefois être exclusive[10]. Il est ainsi jugé que l'émission aérienne de plomb et de cadmium est causale du risque dès lors qu'elle a eu lieu à proximité d'un village

---

[5] E. Daoud e M. Lacaze-Masmonteil, L'adaptation du droit pénal aux enjeux climatiques : vers un droit pénal climatique ? : D. actualité 19 oct. 2023.

[6] J.-C. Saint-Pau, Les réponses pénales aux crises sanitaires, in les réponses du droit aux crises sanitaires, sous la direction de F. Rousseau et K. Foucher, L'harmattan, 2016.

[7] Cass. crim., 18 juin 2003, n° 02-85.199, Bull. crim. n° 127.

[8] CA Paris, pôle 2, ch. Corr 8, 5 mai 2011, n° 09/03331 : JurisData n° 2011-010201 ; JCP G 2011, 965, P. Mistretta. – Cass. crim., 7 janv. 2014, n° 11-84.456 : JCP G 2014, 200, obs. P. Mistretta.

[9] Cass. crim., 20 nov. 2012, n° 11-87.531 ; RPDP 2013, n° 2, obs. J.-Ch. Saint-Pau.

[10] Cass. Crim., 30 oct. 2007 : n° 07-81.855 ; Bull. crim., n° 246.

et qu'elle favorise le cancer du rein[11]. Mais la causalité devient indirecte lorsque, dans l'enchaînement successif des faits, le risque ne peut se réaliser sans un autre événement : il n'est plus direct, parce qu'incertain. Le surdosage de médicament réalisé par un infirmier n'expose autrui à un risque qu'en l'absence de traitement ; la causalité est alors indirecte[12]. La causalité doit ensuite être immédiate. C'est dire que le risque doit apparaître consécutivement à la violation de l'obligation dans un temps proche, ce qui est finalement une autre manière d'affirmer la certitude du risque.

III. Mise en danger et Crise Covid

Décideur public et particuliers. - Le caractère restrictif du délit de risques causés, qui manifestent les limites de la répression pénale des comportements dangereux, se retrouve en troisième lieu dans deux d'affaires déclenchées lors de la crise Covid. La première, médiatique, concerne la responsabilité de la ministre de la Santé et des Solidarités et met en lumière la condition préalable d'obligation particulière de prudence et de sécurité prévue par la loi et le règlement. Une seconde affaire, non médiatique, concerne la responsabilité des particuliers, pour non-respect des règles de confinement et participe à la définition du risque incriminé.

IV. Crise Covid et responsabilité pénale d'une ministre

Mise en examen d'une ministre. – Le 10 septembre 2021, l'ancienne ministre des solidarités et de la santé a été mise en examen par la commission d'instruction de la Cour de justice de la république du chef de mise en danger d'autrui « *par la violation manifestement délibérée d'une obligation particulière de prudence ou de sécurité imposée par la loi ou le règlement, en l'espèce, l'obligation faite au ministre des solidarités et de la santé de préparer et mettre en œuvre la politique du gouvernement dans les domaines de la solidarité, de la cohésion sociale, de la santé publique et de l'organisation du système de santé (décret n° 2017-1076 du 24 mai 2017 relatif aux attributions du ministre des solidarités et de la santé, JORF 25 mai 2017, art. 1), en particulier, la politique relative à la famille, à l'enfance, aux personnes âgées et à la dépendance, l'organisation de la prévention et des soins, l'élaboration et la mise en œuvre, en liaison avec les autres ministres compétents, des règles relatives à la politique de protection de la santé contre les divers risques susceptibles de l'affecter - manqué au respect du droit fondamental à la protection de la santé (art. L1110-1 du Code de la santé publique) et exposé autrui, soit tout ou partie des personnes affectées par le virus SARS-CoV2 et plus particulièrement tout ou partie des plaignants et de leurs proches, à un risque immédiat de mort des suites de la contamination par ledit virus, ou de blessures de nature à entraîner une infirmité permanente, en particulier, un "Covid long", affection de nature à empêcher le retour à une vie, tant personnelle que professionnelle, normale* ».

---

[11] Cass. Crim., 30 oct. 2007 : n° 07-81.855 ; Bull. crim., n° 246.

[12] Cass. Crim., 6 oct. 2009 : n° 09-81.037 : Rev. pénit. 2010, p. 139, obs. J.-Ch. Saint-Pau.

Faits notifiés. - Il était notifié à la Ministre qu'étaient plus particulièrement retenus les faits suivants :

« - l'absence d'inventaire suivi sur les moyens de protection, notamment à destination des soignants (...) ; - l'inaction (...) face à l'absence d'information officielle des chefs d'établissements hospitaliers sur le changement de doctrine porté par le SGDSN et le Haut conseil de la santé publique, imposant à ceux-ci de constituer leur propre stock tactique ; - l'incapacité [entre les mois de juin et de novembre 2019] de doter l'agence nationale de santé publique, Santé publique France (SPF) d'un directeur général ; - l'absence de commandes suffisantes [de masques FFP2](...) ; - l'assèchement drastique du stock de masques, chirurgicaux compris (...) ; - la participation au discours des responsables publics sur l'absence d'utilité du port du masque en population générale, sous couvert de l'indécision de l'OMS sur ce point (...) ; - la « consigne de passer une commande, qui sera faite le 30 janvier (2020) » [relevant de sa compétence et tardive] ; - l'absence d'anticipation concernant tous matériels nécessaires à la mise en œuvre d'une politique efficace de tests (...) ; - l'absence de suivi des démarches [de gestion des stocks] ; - l'affirmation (...) que « le ministre de la santé ne gère pas plus les masques que le reste, et [que] rien ne justifie en 2018 qu'ils fassent l'objet d'une préoccupation particulière » ; - le fait de ne pas vous être, malgré ce contexte, obligée à connaître des retours des rapports d'experts ».

Demande de nullité. - La défense sollicite la nullité de la mise en examen et reproche à l'arrêt de n'avoir pas caractérisé de manière suffisamment vraisemblable « *l'obligation particulière de prudence ou de sécurité prévue par la loi ou le règlement* » qui aurait pesé sur la ministre et qui est indispensable à la caractérisation du délit de mise en danger de la vie d'autrui et d'avoir ainsi omis de vérifier si des indices graves ou concordants justifiaient sa mise en examen. La commission d'instruction aurait donc excédé ses pouvoirs et violé l'article 223-1 du Code pénal, qui incrimine ce délit, et l'article 80-1 du code de procédure pénale qui dispose *« A peine de nullité, le juge d'instruction ne peut mettre en examen que les personnes à l'encontre desquelles il existe des indices graves ou concordants rendant vraisemblable qu'elles aient pu participer, comme auteur ou comme complice, à la commission des infractions dont il est saisi ».*

Arrêt du 20 janvier 2023. - Dans un arrêt d'Assemblée plénière de la Cour de cassation du 20 janvier 2023, il est alors jugé au visa des articles 223-1 du Code pénal et 80-1 du code de procédure pénale, d'une part « *qu'une juridiction d'instruction ne peut procéder à une mise en examen du chef de mise en danger d'autrui sans avoir préalablement constaté l'existence de l'obligation particulière de prudence ou de sécurité imposée par la loi ou le règlement dont la violation manifestement délibérée est susceptible de permettre la caractérisation du délit et, d'autre part* que *la commission d'instruction, qui s'est référée à des textes qui ne prévoient pas d'obligation de prudence ou de sécurité objective, immédiatement perceptible et clairement applicable sans faculté d'appréciation personnelle du sujet, a méconnu les textes susvisés et le principe ci-dessus énoncé (...)* ».

Condition préalable. - Cette décision permet d'abord d'identifier, avec le premier Avocat général Desportes[13] que "*Selon l'analyse de la doctrine, que nous partageons, l'existence d'un texte prévoyant une obligation particulière de prudence ou de sécurité n'est pas un élément constitutif de l'infraction, mais une condition préalable de celle-ci* »[14] elle se présente comme une composante de la norme d'incrimination qui témoigne de la technique de législation par référence qui distingue la norme référente (*C. pén., art. 223-1*) et la norme référée (*Obligation particulière légale ou réglementaire*). Le principe de la légalité criminelle commande au juge de vérifier l'existence du texte d'incrimination dans ces deux aspects.

Continuité de la jurisprudence. - Cette distinction entre la condition préalable, qu'il appartient au juge de relever et les autres éléments de l'infraction était déjà affirmée dans un arrêt du 13 novembre 2019, n°18-82.718 qui, au visa de l'article 223-1 du Code pénal, déclarait déjà *« qu'il incombe au juge de rechercher, au besoin d'office et sans qu'il soit tenu par les mentions ou l'absence de mention de la citation pour mise en danger sur ce point, l'existence d'une obligation particulière de prudence ou de sécurité imposée par la loi ou le règlement dont la violation est susceptible de permettre la caractérisation du délit » ; qu'il lui appartient ensuite d'apprécier le caractère immédiat du risque créé, puis de rechercher si le manquement relevé ressort d'une violation manifestement délibérée de l'obligation de sécurité. »*

Définition de l'obligation particulière. - L'autre apport essentiel de l'arrêt est, en second lieu, d'apporter une définition de l'obligation particulière de l'article 223-1 comme « *une obligation, objective, immédiatement perceptible et clairement applicable sans faculté d'appréciation personnelle du sujet* ». Cette définition reprend celle proposée par la Chambre criminelle de la Cour de cassation dans un arrêt du 13 novembre 2019 (n° 18-82.718), elle-même issue de l'interprétation retenue par des juridictions du fond[15]. Cette définition est d'inspiration doctrinale[16]. Elle signifie, selon certains magistrats, que "*les éléments qui déterminent l'étendue et les limites de l'obligation soient clairement et précisément énoncés par* [la loi ou] *le règlement, sans marge d'appréciation personnelle, permettant de connaître la conduite à tenir dans telle ou telle circonstance et d'identifier, par conséquent, sans équivoque possible, les actes ou omissions contraires à la norme impérative énoncée par le texte*"[17]. L'obligation particulière est ainsi celle qui impose « *un modèle de*

---

[13] Avis F. Desportes, Travaux préparatoires de la l'arrêt du 20 janvie 2023, n° 22-82.535, disponible sur le site de la Cour de cassation.

[14] V. not. Y Mayaud, *Risques causés à autrui*, Rép. Dall. Droit pén., n° 10 ; D. Caron et C. Carbonaro, *Risques causés à autrui*, JCl Pén., art. 223-1 et 223-2, fasc. 20, n° 7.

[15] Aix-en-Provence, 22 nov. 1995, D. 1996. 405 , note J. Borricand ; Gaz. Pal. 1996. 1. 112, note Doucet ; Grenoble, 19 févr. 1999, D. 1999. 480 , note M. Redon ; ibid. 2000. 33, obs. Y. Mayaud ; JCP 1999. II. 10171, note Le Bas ; CA Bordeaux, 6 mars 2018, 6ème ch., n° 180.

[16] V. not. Puech, *De la mise en danger d'autrui*, D. 1994, chron. P. 153 ; Y Mayaud, Rép. pén. et procéd. pén. Dalloz, 2007, n° 31)

[17] D. Caron et C. Carbonaro, *Risques causés à autrui*, JCl Pén., art. 223-1 et 223-2, fasc. 20, n° 16.

conduite circonstanciée » [18]: c'est une obligation qui impose un comportement déterminé, univoque.

Exemples. - Plusieurs illustrations se retrouvent dans les dispositions du Code de la route qui prévoient des limitations de vitesse[19], interdisent certains stationnements ou arrêts dangereux ou certaines manœuvres[20], imposent des règles de sécurité lors de l'exécution d'un dépassement[21] ou encore l'arrêt à certains signaux[22]. D'autres exemples se retrouvent en matière sanitaire : obligation de respecter certaines conditions relatives à la mise sur le marché d'un médicament[23] ou d'un produit réservé aux établissements disposant d'un matériel d'assistance respiratoire[24] ; obligation de préciser les mesures à prendre en cas de découverte d'une denrée alimentaire dangereuse[25] ; obligation de respecter les règles de confinement prévues par l'article 3 du décret n° 2020-1310 du 2 octobre 2020 interdisant les rassemblements de plus de six personnes[26].

Natures des obligations de la ministre. - Aucune des obligations visées dans l'arrêt de la commission d'instruction ne pouvait être qualifiée d'obligations particulières selon l'Assemblée plénière qui juge :

> *« 41. En premier lieu, l'article L. 1110-1 du code de la santé publique se borne à fixer, pour l'ensemble des intervenants du système de santé, un simple objectif de mise en œuvre du droit à la protection de la santé.*
>
> *42. En deuxième lieu, l'article L. 1413-4 du même code prévoit, en termes généraux, que l'agence nationale de santé publique procède, à la demande du ministre chargé de la santé, à diverses opérations comme l'acquisition, le stockage et la distribution de produits et services nécessaires à la protection de la population face aux menaces sanitaires graves.*
>
> *43. En troisième lieu, l'article L. 3131-1 du code de la santé publique, dans sa version applicable aux faits objet de la mise en examen, ne fait qu'ouvrir au ministre chargé de la santé la possibilité, en cas de menace sanitaire grave appelant des mesures d'urgence, de prescrire toute mesure proportionnée aux risques encourus et appropriée aux circonstances de temps et de lieu.*
>
> *44. En quatrième lieu, l'article L. 1141-1 du code de la défense se borne à confier à chaque ministre la responsabilité de la préparation et de l'exécution des mesures de défense dans le département dont il a la charge. Ainsi, l'article L.*

---

[18] M. Puech, *op.cit.*
[19] Cass. crim. 20 févr. 2002, n° 01-86.268. - 27 sept. 2000, n° 00-81.635, B., n° 284. - 6 oct. 2004, n° 04-80.781. - 18 sept. 2007, n° 06-89.496, B. n° 210.
[20] Cass. crim. 22 juin 2005, n° 04-85.340, B. n° 192.
[21] Cass crim. 12 mars 1997, n° 96-83.205, B. n° 102. - 11 mars 1998, n° 96-80.026, B. n° 99. - 23 juin 1999, n° 97-85.267, B. n° 154. -20 févr. 2002, préc.
[22] Cass. crim., 27 sept. 2000, n° 00-81.635, B., n° 284.
[23] Cass. crim., 11 sept. 2001, n° 00-85.473, P.
[24] Cass. crim., 11 sept. 2001, n° 00-85.473, B. n° 176.
[25] Cass. crim., 31 mars 2020, n° 19-82.171, P.
[26] Cass. crim., 8 févr. 2022, n° 21-85.280.

1142-8 du même code attribue au ministre chargé de la santé la responsabilité de l'organisation et de la préparation du système de santé, de la prévention des menaces sanitaires graves et de la protection de la population contre ces dernières.

45. En cinquième et dernier lieu, le décret du 24 mai 2017 relatif aux attributions du ministre des solidarités et de la santé, qui dispose que ce dernier « est responsable de l'organisation de la prévention et des soins », et lui confie la charge d'élaborer, avec les autres ministres compétents, les règles relatives à la politique de la santé contre les divers risques susceptibles de l'affecter, n'a d'autre objet que de déterminer le champ de ses compétences. »

Fonction et obligations. - Par ailleurs, les manquements reprochés (par exemple, l'absence de commande de masques) ne correspondent pas à des obligations préalablement déterminées. L'avocat général Desportes montre que c'est en définitive la fonction ministérielle qui est incompatible avec la qualification d'obligation particulière. « *Participant, au sein du Gouvernement, à la détermination et à la conduite de la politique de la Nation, le ministre de la santé est appelé à contribuer à l'élaboration des normes sanitaires ainsi qu'à la définition et la mise en œuvre des politiques de santé publique. Dans l'exercice de cette mission, le ministre, créateur de la norme, tenu de prendre en compte les multiples facteurs susceptibles d'influencer sa décision, jouit nécessairement d'une marge d'appréciation* ».

Citoyenne et ministre. - En tant que citoyenne, la ministre est tenue de respecter la norme qu'elle a contribué à élaborer. En tant que ministre, et plus généralement décideur public, une responsabilité pénale peut être encourue au titre des atteintes involontaires et indirectes à la vie (*C. pén., art. 221-6*) ou à l'intégrité physique (*C. pén., art. 222-19*).

Infraction d'imprudence indirectement causale. - Cette culpabilité a été retenue dans l'affaire du sang contaminé. Par l'arrêt du 9 mars 1999 (n° 99-001) la Cour de justice de la République a retenu la culpabilité d'un secrétaire d'Etat à la santé pour avoir "*commis une faute d'imprudence ou de négligence et un manquement à une obligation de sécurité ou de prudence qui lui était imposée par le code de la santé publique*" en n'édictant pas la réglementation nécessaire "*pour que soit préservée, en toutes circonstances, la qualité du sang humain, de son plasma et de leurs dérivés utilisés à des fins thérapeutiques*". Cette jurisprudence est cependant caduque depuis la loi n° 2000-647 du 10 juillet 2000 tendant à préciser la définition des délits non intentionnels qui restreint la responsabilité d'un auteur indirect d'un homicide ou d'une atteinte à l'intégrité physique, et en particulier celle d'un décideur public qui n'a pas directement causé le dommage, mais a seulement contribué à créer une situation ayant permis la réalisation du dommage. Dans ce cas, la responsabilité pénale n'est encourue que si est constatée une imprudence grave définie comme une faute délibérée (violation manifestement délibérée d'une obligation de prudence et de sécurité prévue par la loi ou le règlement) ou une faute caractérisée exposant autrui un risque d'une particulière gravité que l'auteur ne pouvait ignorer *(C. pén., 121-3 alinéa 4).*

Infraction d'imprudence directement causale. - Lorsque l'infraction a été directement causée par le décideur public, l'article 3136-2 du Code la santé publique dispose que « *L'article 121-3 du Code pénal est applicable en tenant compte des compétences, du pouvoir et des moyens dont disposait l'auteur des faits dans la situation de crise ayant justifié l'état d'urgence sanitaire, ainsi que de la nature de ses missions ou de ses fonctions, notamment en tant qu'autorité locale ou employeur.* » *Ce texte rappelle ainsi la directive légale d'interprétation de la faute d'imprudence de l'article 121-3 du Code pénal qui impose au juge pénal de tenir compte de toutes les circonstances. C'est une appréciation en considération d'un modèle de référence doté des mêmes aptitudes et moyens que le décideur public jugé : c'est une appréciation normative circonstancielle.*

Décideurs publics et particuliers. - L'effectivité du délit de risques causés à autrui reste donc limitée pour engager la responsabilité pénale d'un décideur public, en raison de la définition restrictive de la condition préalable – l'obligation particulière de sécurité ou de prudence prévue par la loi ou le règlement. Le constat n'est guère différent pour la responsabilité des particuliers, en raison de la définition restrictive du risque, ce que démontre une autre affaire récente, moins médiatique, mais tout aussi éclairante.

V. Crise Covid et responsabilité pénale des particuliers

Non-respect des règles de confinement. - De jeunes filles de vingt ans ont été poursuivies devant le tribunal correctionnel du chef de mise en danger de la vie d'autrui, pour avoir organisé une soirée d'anniversaire sans respecter les mesures de distanciation sociale en violation de l'interdiction posée par l'article 45, III, du décret n° 2020-1310 du 29 octobre 2020 prescrivant les mesures nécessaires pour faire face à la pandémie de Covid-19 dans le cadre de l'urgence sanitaire. Elles furent relaxées par les juges du fond. Un pourvoi en cassation soutint alors « *qu'il appartenait aux juges de rechercher si la simple réunion d'un nombre de personnes largement supérieur au maximum autorisé dans un espace clos et fermé, sans respect des gestes barrières, ne les exposait pas directement à un risque immédiat de contamination et donc, compte tenu des conséquences potentielles de la maladie, à un risque de mort* ».

Risque immédiat et direct. - Dans un arrêt du 8 février 2022 (n°21-85.280), la chambre criminelle de la Cour de cassation rejeta ce pourvoi. Elle constate d'abord que selon l'article 223-1 du code pénal, « *le risque immédiat s'entend d'une haute probabilité de survenance du dommage et non d'une simple possibilité ou éventualité* » (§ 7). Elle rappelle ensuite les circonstances souverainement appréciées par les juges du fond, qui « *au terme d'une analyse concrète* », ont estimé « *que le risque immédiat de mort ou d'infirmité permanente n'était pas avéré* ». Ces motifs sont les suivants :

> « 8. Les juges ajoutent qu'en l'espèce, la soirée d'anniversaire n'était pas ouverte au public, mais était strictement réservée à des invités qui appartenaient au cercle amical des deux organisatrices âgées d'une vingtaine d'années et s'inscrivaient dans la même classe d'âge qu'elles et étaient très peu susceptibles

de développer des complications à la suite d'une contamination par la Covid-19, et encore moins de décéder de ces complications, y compris en cas de comorbidité.

9. Les juges retiennent que si le nombre d'invités dépassait six, il n'excédait pas vingt personnes et que, dès lors, le risque de contamination doit être considéré comme une simple possibilité ou éventualité et non comme une haute probabilité.

10. Les juges relèvent encore que la notion « d'autrui » ne peut être appliquée qu'aux participants à la soirée et non pas à l'ensemble de leur entourage familial, amical, professionnel ou social, l'initiateur d'un rassemblement ne pouvant voir sa responsabilité engagée vis-à-vis de personnes étrangères à l'événement qu'il a organisé.

11. Les juges en concluent que le délit principal n'est pas constitué et que, par conséquent, la complicité de ce délit ne peut l'être. »

Interprétation administrative. - Cette solution rejoint la position d'une circulaire du 25 avril 2020 (Circulaire DACG, du 25 mars 2020, de présentation des dispositions applicables pendant l'état d'urgence sanitaire et relative au traitement des infractions commises pendant l'épidémie de Covid-19) admettant que « *si la violation manifestement délibérée d'une obligation particulière de prudence ou de sécurité imposée par la loi ou le règlement apparaît constituée par le non-respect des mesures de confinement, l'exigence tenant à la caractérisation d'un risque immédiat de mort ou de blessures graves ne paraît pas remplie, au regard des données épidémiologiques connues* ».

Risque concret. – Le professeur Philippe Conte en conclut que « *[l]e risque ne peut donc s'induire du seul fait de l'obligation en cause se rapporte à la sécurité et qu'elle a été violée* »[27] : ce n'est pas un risque abstrait. Il doit être apprécié au regard des circonstances ; il s'agit d'un risque circonstancié, donc concret. Cette exigence n'est pas nouvelle puisque la Cour de cassation évoque classiquement « *un comportement particulier* » par lequel le prévenu a concrétisé le risque ou « *l'existence de circonstances de fait particulière* »[28]. Il n'y a pas de risque concret s'il n'y a pas de victimes potentielles ou si ces victimes potentielles ne sont exposées qu'à un risque hypothétique. En l'espèce, les données épidémiologiques montrent que le risque de mort ne concerne, dans 9 cas sur 10, que les personnes âgées de plus de 65 ans.

Évolution. - Cette décision qui exige un risque concret constitue cependant une évolution au regard d'autres décisions qui admettaient un risque objectif. Furent ainsi condamnés : une personne qui abandonne son véhicule sur la chaussée sans signalisation sans que soient précisées les circonstances qualifiant le risque[29] ; un capitaine de navire ayant accepté des passagers en surnombre alors que les

---

[27] P. Conte, Dr. Pén., 2022, n° 102

[28] Cass. crim., 19 avr. 2000, n° 99-87.234.

[29] Cass. crim., 19 juin 2018, n° 17-84.694.

conditions de navigation sont excellentes, au motif de « *la survenance toujours possible d'une avarie mécanique, d'un incendie, voire d'une collision* »[30]. En application de la méthode retenue dans l'arrêt du 8 févr. 2022, les solutions pourraient être différentes. Les juges devraient rechercher si la violation d'une obligation particulière de sécurité a concrètement mis en danger des personnes.

Conclusion. - Toute prise de risque n'est donc pas punissable. C'est d'abord de la nature du comportement incriminé qui entrave la répression, car l'article 223-1 du Code pénal exige la violation d'une obligation particulière, ce qui exclut les responsables politiques tenus d'obligations générales et qui disposent d'une marge d'appréciation. C'est ensuite la nature du risque incriminé qui empêche des poursuites, car le délit de risques causés à autrui n'envisage que la prise de risque grave dont la certitude doit être qualifiée au regard des circonstances : toute prise de risque environnementale ou sanitaire n'est pas incriminée. Cette absence de répression manifeste l'équilibre que le droit pénal doit assurer entre, d'un côté, la protection contre les atteintes potentielles à l'environnement et aux personnes et, d'un autre côté, la liberté individuelle et la liberté d'entreprendre.

Le risque, c'est la vie. - « La vie tout entière est risque. Vivre sans prendre de risque n'est pas vraiment vivre. C'est être à demi-vivant, sous anesthésie spirituelle. La société sécuritaire qui se développe voit dans le risque l'ennemi déclaré, mais, ce faisant, c'est une gangrène qui se répand. L'idée que nous pourrions atteindre le risque zéro est non seulement néfaste collectivement, mais toxique pour les individus » (Anne Dufourmantelle)

---

[30] Cass. 11 févr. 1998, n° 96-84.929.

La justice pénale suisse et les militants climatiques

Bertrand PERRIN

Professeur de droit pénal à l'Université de Fribourg (Suisse)

Introduction

Le Groupe d'experts intergouvernemental sur l'évolution du climat (GIEC) a depuis longtemps mis en garde la communauté internationale contre les risques que fait courir le réchauffement climatique[1]. Une réaction politique, législative et économique s'avère indispensable. Certains « militants pour le climat » considèrent toutefois qu'une réponse institutionnelle n'est pas suffisante. Ils se livrent à des actions pénalement répréhensibles, qu'ils estiment nécessaires pour sensibiliser la population aux effets négatifs de la crise environnementale.

Leur action s'inscrit dans une démarche de « désobéissance civile ». Il n'existe pas de définition unique de cette notion. Le droit suisse n'en fournit aucune, mais nous pouvons considérer qu'il s'agit d'un « acte collectif et public, non violent, commis en violation des prescriptions normatives et entrepris dans le but d'obtenir des changements politiques et sociaux »[2].

Dans un premier temps, nous décrirons brièvement les actions climatiques récentes menées en Suisse. Cet état des lieux nous permettra de préciser quelles sont les principales infractions pénales applicables. Nous présenterons ensuite les faits à la base de deux arrêts topiques rendus par la plus haute juridiction suisse, le Tribunal fédéral (TF), qui serviront d'introduction à l'examen des principaux enjeux pénaux soulevés par les actions des militants pour le climat, point central de notre exposé. Nous terminerons par une analyse de l'influence de la Convention européenne de sauvegarde des droits de l'homme et des libertés fondamentales (CEDH) sur la mise en œuvre du droit pénal national.

I. Les procès contre les « militants climatiques » en Suisse

La création de *« Fridays for Futur »* (« Grève du climat », en Suisse) et d'« Extinction Rebellion », en 2018-2019, représente un point de départ, ainsi qu'un tournant pour les « mouvements climatiques » en Suisse[3]. Dans une étude publiée en mai 2023, Bluwstein et al. ont examiné environ 150 décisions (ce chiffre étant en constante augmentation) rendues dans le cadre de procès climatiques qui se sont

---

[1] Voir par exemple : S. Huet, *Le GIEC – Urgence climat – Le rapport incontestable expliqué à tous*, Paris 2023, Tallandier.

[2] C. Demay, *Le droit face à la désobéissance civile – Quelle catégorisation pour un « objet juridique non identifié ?*, Genève, Zurich 2022, Schulthess, N 252, p. 159.

[3] J. Bluwstein, C. Demay, L. Benoit, *Désobéissance civile et procès climatiques en Suisse – Quels combats se jouent dans le tribunaux suisses ?*, 2023, humanrights.ch, p. 2.

déroulés en Suisse depuis 2018[4]. Les deux mouvements sociaux précités, ainsi que leurs membres, voient dans les procès et la condamnation des activistes « une opportunité à la fois de médiatisation de leurs revendications et de mise en cause de la loi les poussant à investir le terrain du contentieux stratégique »[5]. Des rues, des places publiques, des banques et des centres commerciaux ont notamment été occupés ou bloqués. Plusieurs actions ont conduit à l'ouverture d'une procédure pénale[6] :

- Occupation des succursales d'une grande banque à Genève, Bâle et Zurich (2018).

- À Genève, un activiste a apposé ses empreintes de mains teintées en rouge sur la façade de la succursale d'une grande banque (2018).

- À Lausanne, une cinquantaine de personnes ont occupé un fonds de pension pour dénoncer sa politique d'investissement dans les énergies fossiles (2019).

- Dans le canton de Fribourg, des activistes ont bloqué l'une des entrées d'un centre commercial dans le contexte de l'action *« Block Friday »* (2019).

- À Neuchâtel, des activistes ont bloqué une rue (2020).

- Plusieurs personnes ont occupé la Place fédérale à Berne (2020).

- Dans le canton de Vaud, plusieurs centaines de personnes ont occupé les abords d'une mine à ciel ouvert appartenant à une entreprise (première « ZAD », c'est-à-dire « Zone à défendre », de Suisse, en 2020).

- Des activistes ont appelé à boycotter l'armée (2020).

- Des activistes ont collé avec de l'eau et de la farine des extraits du dernier rapport du GIEC sur les façades de bâtiments publics dans plusieurs villes (2021).

- Des activistes ont bloqué une raffinerie dans le canton de Neuchâtel (2022).

- Etc.

Les infractions commises sont en particulier la *contrainte* (art. 181 du Code pénal suisse, CPS)[7], les *dommages à la propriété* (art. 144 CPS)[8], la *violation de domicile*

---

[4] J. Bluwstein, C. Demay, L. Benoit, *op.cit.*

[5] J. Bluwstein, C. Demay, L. Benoit, *op.cit.*, p. 2.

[6] J. Bluwstein, C. Demay, L. Benoit, *op.cit.*, pp. 3-9.

[7] « Quiconque, en usant de violence envers une personne ou en la menaçant d'un dommage sérieux, ou en l'entravant de quelque autre manière dans sa liberté d'action, l'oblige à faire, à ne pas faire ou à laisser faire un acte, est puni d'une peine privative de liberté de trois ans au plus ou d'une peine pécuniaire. »

[8] « Quiconque, sans droit, endommage, détruit ou met hors d'usage une chose appartenant à autrui ou frappé d'un droit d'usage ou d'usufruit au bénéfice d'autrui, est, sur plainte, puni d'une peine privative de liberté de trois ans au plus ou d'une peine pécuniaire » (alinéa 1).

(art. 186 CPS)[9] et l'*empêchement d'accomplir un acte officiel* (art. 286 CPS)[10]. D'autres comportements punissables peuvent entrer en ligne de compte, tels que l'*entrave aux services d'intérêt général* (art. 239 CP)[11] ou des violations de la loi fédérale sur la circulation routière (code de la route).

Deux arrêts du Tribunal fédéral (ci-après ATF) sont à mettre en évidence. Dans l'ATF 149 IV 217, en tant que membre d'un collectif, A a participé à la marche pour le climat qui s'est déroulée dans le canton de Genève le 13 octobre 2018[12]. Lors de celle-ci, plusieurs manifestants, dont lui-même, se sont extraits du cortège et ont maculé de peinture et de tracts la façade du bâtiment d'une banque. De nombreuses mains, enduites de peinture rouge, ont été apposées sur les murs, les rideaux métalliques et les plaques d'identification de l'immeuble. Selon les manifestants, ces mains rouges symbolisaient le sang des différentes victimes du réchauffement climatique et l'apposition de celles-ci devait permettre de désigner les coupables. A a été condamné pour dommages à la propriété.

Dans l'ATF 147 IV 297, à Lausanne, le 22 novembre 2018, un groupe de militants a pénétré dans le hall d'entrée de la succursale d'une banque. Leur but consistait à manifester contre les investissements consentis par cette dernière dans les énergies fossiles. Ils ont notamment été reconnus coupables de violation de domicile.

II. Les enjeux pénaux

A. Les questions qui se posent

Le droit pénal suisse prévoit deux types de sanctions : les peines et les mesures. Les premières, qui nous intéressent ici, revêtent une finalité punitive et les secondes sont notamment prononcées en raison de l'état psychique du délinquant, par exemple, lorsqu'il souffre d'une addiction. Pour pouvoir infliger une peine à un prévenu, il faut que trois conditions de punissabilité soient remplies : la typicité, l'illicéité et la culpabilité. Tout d'abord, le comportement doit correspondre à un énoncé de fait légal, c'est-à-dire qu'il doit être typique d'une infraction incriminée par le législateur. Par exemple, le comportement d'un militant du climat peut être typique d'une violation de domicile. Ensuite, ce comportement ne doit pas être justifié. Il doit demeurer illicite. En d'autres termes, le prévenu ne doit pas pouvoir

---

[9] « Quiconque, d'une manière illicite et contre la volonté de l'ayant droit, pénètre dans une maison, une habitation, dans un local fermé faisant partie d'une maison, dans un espace, cour ou jardin clos et attenant à une maison, ou dans un chantier, ou y demeure au mépris de l'injonction de sortir à lui adressée par un ayant droit est, sur plainte, puni d'une peine privative de liberté de trois ans au plus ou d'une peine pécuniaire. »

[10] « Quiconque empêche une autorité, un membre d'une autorité ou un fonctionnaire de faire un acte entrant dans ses fonctions est puni d'une peine pécuniaire de 30 jours-amende au plus. »

[11] « Quiconque, intentionnellement, empêche, trouble ou met en danger l'exploitation d'une entreprise publique de transports ou de communication, notamment celle des chemins de fer, des postes, du télégraphe ou du téléphone, quiconque, intentionnellement, empêche, trouble ou met en danger l'exploitation d'un établissement ou d'une installation servant à distribuer au public de l'eau, la lumière, l'énergie ou la chaleur, est puni d'une peine privative de liberté de trois ans au plus ou d'une peine pécuniaire » (chiffre 1).

[12] La jurisprudence du Tribunal fédéral peut être consultée sur le site : www.bger.ch.

être mis au bénéfice d'un fait justificatif qui rendrait licite son comportement typique. Le droit suisse prévoit trois faits justificatifs légaux : les actes autorisés par la loi (art. 14 CPS), la légitime défense (art. 15 CPS) et l'état de nécessité (art. 17 CPS)[13]. Enfin, pour être punissable, une personne doit être responsable de ses actes, ce qui n'est pas le cas si, au moment d'agir, elle ne possédait pas la faculté d'apprécier le caractère illicite de son acte ou de se déterminer selon cette appréciation (art. 19 CPS).

Dans le contexte de la désobéissance civile en lien avec les actions climatiques, l'enjeu juridique se situe avant tout au niveau des *faits justificatifs*. Il s'agit tout particulièrement d'examiner si un *état de nécessité* peut être retenu.

La condition de typicité ne soulève pas de questions particulières. Comme pour toute infraction, le juge doit retenir un état de fait et déterminer, à la lumière de la doctrine et de la jurisprudence, si celui-ci correspond au comportement décrit dans une disposition pénale. Par exemple, il ne fait guère de doute, en tout cas en droit suisse, que « sprayer » l'intérieur d'un établissement bancaire constitue un dommage à la propriété. Si des activistes du climat bloquent l'entrée principale d'un immeuble, par exemple d'un centre commercial, il convient de déterminer si leur comportement est constitutif d'une contrainte[14], en se fondant sur les sources d'interprétation du droit comme c'est le cas dans n'importe quelle affaire pénale.

Lorsque les trois conditions de punissabilité sont remplies, se pose alors la question de la fixation de la peine. Dans ce contexte, il convient d'examiner si les *mobiles des activistes* du climat peuvent représenter une circonstance atténuante.

Notons que les actions des militants climatiques posent aussi des questions de nature procédurale. Par exemple, la technique du « nassage », utilisée parfois par la police et qui consiste à encercler les manifestants, est-elle licite ? Est-ce qu'une procédure peut produire un effet dissuasif *(« chilling effect »)* contraire à la liberté d'expression ou de réunion ? Ces questions, importantes, ne seront pas examinées ici. Nous nous focaliserons uniquement sur les problématiques de droit de fond.

B. L'état de nécessité

Selon l'art. 17 CPS, « quiconque commet un acte punissable pour préserver d'un danger imminent et impossible à détourner autrement un bien juridique lui appartenant ou appartenant à un tiers agit de manière licite s'il sauvegarde aussi des intérêts prépondérants ». La jurisprudence a posé les règles cardinales suivantes[15] :

---

[13] La jurisprudence reconnaît aussi des faits justificatifs extra-légaux, tels que le consentement, qui, à certaines conditions, peut rendre licite un comportement typique. Exemple : des lésions corporelles lors d'une activité sportive comme la boxe.

[14] L'art. 181 CPS « protège la liberté d'action et de décision [...]. La contrainte est illicite lorsque le moyen ou le but est contraire au droit ou encore lorsque le moyen est disproportionné pour atteindre le but visé, soit encore parce qu'un moyen conforme au droit utilisé pour atteindre un but légitime constitue, au vu des circonstances un moyen de pression abusif ou contraire aux mœurs [...] » (arrêt du TF 6B_138/2023 du 18 octobre 2023, consid. 3.1 et les références citées).

[15] ATF 147 IV 297, consid. 2.1 et les références citées.

- Le danger est imminent lorsqu'il est *actuel et concret*.

- L'impossibilité à détourner autrement le danger implique une *subsidiarité* absolue.

- L'art. 17 CPS ne concerne que des *biens juridiques individuels*.

Dans l'arrêt rendu le 26 mai 2021[16], le Tribunal fédéral a rappelé que le Tribunal de police de l'arrondissement de Lausanne (tribunal de première instance) avait acquitté les prévenus de violation de domicile. La Cour d'appel pénale les a reconnus coupables. Le Tribunal fédéral a confirmé ce dernier jugement.

Dans son jugement du 13 janvier 2020, le Tribunal de police de l'arrondissement de Lausanne[17] a estimé que le danger correspondait aux conséquences du changement climatique, décrites en particulier dans les rapports du GIEC. Il le considère comme imminent, car les émissions de CO_2 devraient diminuer de moitié d'ici 2023 et il faudrait atteindre la neutralité carbone d'ici 2050. Or, selon le tribunal, la Suisse ne s'acheminerait clairement pas vers une telle réduction. Il est considéré que le principe de subsidiarité a été respecté, pour quatre raisons : une manifestation sur la voie publique n'aurait pas eu l'impact recherché sur la population, les moyens politiques sont insuffisants, les manifestants s'étaient formellement adressés à la banque et ils ne disposaient pas de moyen de droit pour faire respecter le cadre légal dédié à la lutte contre le réchauffement climatique.

Selon la juridiction d'appel[18], les émissions de gaz à effet de serre qui résultent des activités humaines provoquent un réchauffement climatique, ce qui représente un danger pour les biens et l'intégrité, notamment physique, des individus. Ce danger est imminent, car l'augmentation de la température sur la planète a des incidences concrètes et actuelles sur l'être humain. Toutefois, le principe de subsidiarité n'a pas été respecté, puisque des mesures de protection peuvent encore être prises par les autorités. De plus, les infractions commises par les militants n'étaient pas aptes à réduire ou freiner les émissions de CO_2, à l'origine du réchauffement climatique.

Le Tribunal fédéral a, quant à lui, concentré son analyse sur la problématique de l'imminence du danger. Il s'est livré à une interprétation historique et téléologique de l'art. 17 CPS. Il a conclu que le « danger imminent » est *« un péril devant se concrétiser à brève échéance, soit à tout le moins dans les heures suivant l'acte punissable commis par l'auteur »*[19]. L'art. 17 CPS ne vise pas « à rendre licite les comportements en principe punissables car l'auteur estime devoir agir pour sauvegarder ce qu'il considère comme constitutif d'un intérêt légitime ou supérieur, mais concerne la situation spécifique dans laquelle celui-ci se voit par hasard

---

[16] ATF 147 IV 297.

[17] Jugement du Tribunal de police de l'arrondissement de Lausanne du 13 janvier 2020 PE19.00742. Considérants accessibles sur le site : cause-cs-action-climat_tribunal-de-police_jugement-3-13.01.2020.pdf (wordpress.com).

[18] Jugement de la Cour d'appel pénale du Tribunal cantonal vaudois du 22 septembre 2020, PE19.000742. Accessible sur le site du Tribunal cantonal : Recherche des décisions: Jug / 2020 / 333 (vd.ch). Résumé dans l'ATF 147 IV 297, consid. 2.2.

[19] ATF 147 IV 297, consid. 2.3.3.

confronté à un péril devant se concrétiser à brève échéance et choisit de sacrifier un bien juridique afin de le parer. Par conséquent, le danger doit menacer concrètement et de manière pressante le bien juridique concerné [...] »[20]. Les militants du climat ne tentent par conséquent pas de parer à un danger qui peut être qualifié d'« imminent ». En outre, ils ont cherché à défendre un intérêt collectif, soit l'environnement, la santé ou le bien-être de la population, ce qui exclut l'application de l'art. 17 CPS[21].

Subsidiairement, les prévenus ont plaidé l'*état de nécessité putatif*. « Quiconque agit sous l'influence d'une appréciation erronée des faits est jugé d'après cette appréciation si elle lui est favorable » (art. 13 al. 1 CPS). Une personne qui se croit en danger en raison d'une appréciation erronée des faits, alors que celui-ci n'existe pas, agit en état de nécessité putatif. Les militants ont expliqué qu'ils « étaient de bonne foi et convaincus qu'ils n'avaient d'autre choix que d'agir comme ils l'ont fait, de façon mesurée, réfléchie, organisée et revendiquée, tout en prenant soin de ne provoquer aucun dommage et en ayant recours à l'humour »[22]. Le Tribunal fédéral n'a pas suivi leur raisonnement. En effet, leur action n'était pas le fruit de leur confrontation fortuite à un danger imminent, mais résultait bien d'un choix, en l'occurrence destiné à une prise de conscience sociale. Ils n'ont donc pas agi en se croyant faussement en situation de danger, mais pour sensibiliser le public au réchauffement climatique[23].

C. La sauvegarde d'intérêts légitimes

La sauvegarde d'intérêts légitimes est un *fait justificatif extra-légal*. Il se rapporte aux situations dans lesquelles un intérêt spécifique doit être sauvegardé[24]. Il doit être « interprété restrictivement et soumis à des exigences particulièrement sévères dans l'appréciation de la subsidiarité et de la proportionnalité. Les conditions en sont réunies lorsque l'acte illicite ne constitue pas seulement un moyen nécessaire et approprié pour la défense d'intérêts légitimes d'une importance nettement supérieure à celle de biens protégés par la disposition violée, mais que cet acte constitue encore le seul moyen possible pour cette défense »[25].

Dans l'affaire du 22 novembre 2018 à Lausanne, le Tribunal fédéral a estimé que l'action des militants ne constituait pas l'unique moyen possible pour défendre les intérêts légitimes visés, soit la réduction des émissions de CO_2 et la préservation du climat. L'action menée, « même dans l'hypothèse où elle pouvait apparaître comme nécessaire et appropriée pour alerter l'opinion publique sur la problématique des investissements de la place financière dans les énergies fossiles [...] n'était évidemment pas la seule possible. Une kyrielle d'autres méthodes, licites, auraient

---

[20] ATF 147 IV 297, consid. 2.3.3.
[21] ATF 147 IV 297, consid. 2.5.
[22] Propos cités dans l'ATF 147 IV 297, consid. 2.6.2.
[23] ATF 147 IV 297, consid. 2.6.2.
[24] J. H. Pozo, T. Godel, *Droit pénal général*, 4e édition, Genève, Zurich, 2023, Schulthess, N 722, p. 398.
[25] ATF 147 IV 297, consid. 2.7 et les références citées.

pu être employées pour atteindre cet objectif, en particulier des manifestations autorisées, des marches, des interventions médiatiques ou culturelles »[26].

D. Le mobile honorable

Selon l'art. 47 al. 1 CPS, « le juge fixe la peine d'après la culpabilité de l'auteur. Il prend en considération les antécédents et la situation personnelle de ce dernier ainsi que l'effet de la peine sur son avenir ». L'art. 48 let. a ch. 2 CPS précise qu'il « atténue la peine si l'auteur a agi en cédant à un mobile honorable ».

Le mobile honorable est une *circonstance atténuante*. Les conditions de la punissabilité sont remplies, mais, le juge doit atténuer la peine si l'auteur de l'infraction était mû par un tel mobile.

« Pour être qualifié d'honorable, il ne suffit pas que le mobile ne soit pas critiquable sur le plan moral. Il faut encore qu'il se situe dans la partie supérieure des valeurs éthiques, reposant sur des convictions dignes d'estime [...] »[27]. La jurisprudence helvétique reconnaît restrictivement l'existence d'un tel mobile lorsque l'auteur est animé par des motifs d'ordre politique[28]. Le Tribunal fédéral a estimé qu'un mobile honorable[29] : est susceptible d'entrer en considération à l'égard de militants pour le climat en tant qu'ils agissent dans une perspective de sensibilisation écologique ou d'éveil des consciences face à l'insuffisance de l'action politique sur ce plan.

Tel peut être le cas par exemple lorsque, sans commettre de violence ou des dégâts, les militants occupent durant une courte période des locaux commerciaux accessibles au public, voire des sites privés, pour y déployer des banderoles ou y délivrer un message par une action spécifiquement conçue. Tel peut aussi être le cas d'un bref *sit-in* opéré sur la voie publique, en tant qu'il n'entraîne pas de perturbations à la circulation routière ou au bon fonctionnement des services d'intérêt général et, plus généralement, à la sécurité publique. Selon les circonstances, le mobile honorable peut également être retenu lorsque l'acte provoque, d'une manière modeste et contrôlée ainsi que limitée dans le temps, des atteintes à la liberté d'action d'autrui.

En revanche, un mobile honorable doit en tout état être dénié lorsque les actes des militants, par leur violence, conduisent à des déprédations ou à un risque d'atteinte à l'intégrité corporelle d'autrui. Dans un État de droit tel que la Suisse, qui offre de larges garanties en termes de droits politiques et de liberté d'expression notamment, des actes de telle nature ne sauraient en effet être rendus excusables par la volonté de promouvoir quelque idéal politique, aussi respectable soit-il.

---

[26] ATF 147 IV 297, consid. 2.7.
[27] ATF 149 IV 217, consid. 1.3.2.
[28] Pour une illustration, voir l'ATF 149 IV 217, consid. 1.3.3.
[29] ATF 149 IV 217, consid. 1.3.7.

E. Synthèse

En droit pénal suisse, les activistes climatiques ne peuvent pas se fonder sur l'état de nécessité ou la sauvegarde d'intérêts légitimes pour justifier, au sens juridique du terme, leurs actions militantes. Le danger représenté par le réchauffement climatique ne peut pas être qualifié d'imminent. Ils défendent des biens juridiques collectifs et non pas individuels. Le principe de subsidiarité en particulier s'oppose à la reconnaissance de l'existence du motif justificatif de la sauvegarde d'intérêts légitimes.

Une reconnaissance plus étendue de ces faits justificatifs aboutirait à une exclusion trop large de l'illicéité des actes commis. Ils n'ont pas pour finalité de favoriser la liberté d'expression ou celle de réunion. La réflexion doit être menée au niveau des normes qui ont pour vocation spécifique de défendre ces dernières. Nous allons donc examiner la problématique des actions des militants du climat sous l'angle des libertés fondamentales garanties par la CEDH[30], ainsi que par la Constitution fédérale de la Confédération suisse (Cst).

III. La protection garantie par la CEDH

A. Les libertés d'expression et de réunion

L'art 10 CEDH protège la liberté d'expression et l'art. 11 CEDH celle de réunion[31]. « La participation à une manifestation est ainsi protégée tant par la liberté d'expression, pour son volet expressif, que par la liberté de réunion. Et il s'agit de choisir à l'aune de quel droit fondamental l'examen de l'admissibilité de l'ingérence spécifique en l'espèce apparaît le plus pertinent. »[32] La Cour européenne des droits de l'Homme a souligné que « la liberté de réunion garantie par l'article 11 est étroitement liée à la liberté d'expression garantie par l'art. 10, la protection des opinions personnelles assurée par l'art. 10 comptant parmi les objectifs de la liberté de réunion pacifique telle que la consacre l'article 11. Selon sa jurisprudence constante, l'arrestation d'une personne à l'occasion d'une manifestation doit être examinée sur le terrain de l'article 11 de la Convention, l'article 10 s'analysant en une *lex generalis* par rapport à l'article 11, qui constitue une *lex specialis* [...] »[33].

La liberté d'expression, comme celle de réunion, représentent des fondements essentiels d'une société démocratique[34]. Elles ne doivent donc pas faire l'objet d'une interprétation restrictive[35]. En ce qui concerne la liberté d'expression, l'art. 10 § 2

---

[30] Entrée en vigueur pour la Suisse le 28 novembre 1974.

[31] L'art. 16 Cst garantit les libertés d'opinion et d'information et l'art. 22 Cst protège celle de réunion.

[32] G. Genton, P. Favrod-Coune, « L'acte expressif répondant à une qualification pénale à l'aune de la jurisprudence de la Cour européenne des droits de l'homme », *Semaine judiciaire 2022*, p. 630.

[33] Arrêt de la Cour européenne des droits de l'homme *Navalny c. Russie* du 15 novembre 2018, § 101 (art 11 CEDH).

[34] Arrêt de la Cour européenne des droits de l'homme *Erkizia Almandoz c. Espagne* du 22 juin 2021, § 37 (art. 10 CEDH) ; arrêt de la Cour européenne des droits de l'homme *Navalny c. Russie* du 15 novembre 2018, § 98.

[35] Arrêt de la Cour européenne des droits de l'homme *Erkizia Almandoz c. Espagne* du 22 juin 2021, § 37 ; arrêt de la Cour européenne des droits de l'homme *Navalny c. Russie* du 15 novembre 2018, § 98.

CEDH ne laisse guère de place pour des restrictions dans le domaine du domaine du discours et du débat politique ou des questions d'intérêt général[36]. La Cour européenne des droits de l'homme a précisé « qu'une peine d'emprisonnement infligée pour une infraction commise dans le cadre du débat politique n'est compatible avec la liberté d'expression que dans des circonstances exceptionnelles et [...] l'élément essentiel à prendre en considération est le fait que le discours exhorte à l'usage de la violence ou qu'il constitue un discours de haine [...] »[37].

B. La sanction pénale comme restriction aux libertés d'expression ou de réunion

Selon les art. 10 § 2 et 11 § 2 CEDH, la liberté peut être restreinte par l'État si celui-ci peut se fonder sur une *base légale*, s'il poursuit un *but légitime*, par exemple la défense de l'ordre, et si cette limitation s'avère *nécessaire dans une société démocratique*. En droit suisse, de manière similaire, la restriction d'un droit fondamental doit reposer sur une base légale, être justifiée par un intérêt public (ou la protection d'un droit fondamental d'autrui) et être proportionnée au but visé (art. 36 Cst.). Le principe de proportionnalité « exige qu'une mesure restrictive soit apte à produire les résultats escomptés (règle de l'aptitude) et que ceux-ci ne puissent pas être atteints par une mesure moins incisive (règle de la nécessité) ; en outre, il interdit toute limitation allant au-delà du but visé et il exige un rapport raisonnable entre celui-ci et les intérêts publics ou privés compromis (principe de la proportionnalité au sens étroit [...]) »[38].

En droit pénal suisse, les conditions de la base légale et du but légitime devraient en principe être satisfaites. Les principales infractions que nous avons mentionnées, susceptibles de s'appliquer aux activistes du climat, ont été adoptées par le Parlement fédéral. En ce qui concerne la condition du but poursuivi, nous pouvons citer comme exemple une affaire qui s'est déroulée dans le canton de Vaud. Le 14 décembre 2019, des militants du climat s'étaient réunis à la rue Centrale, à Lausanne, sans autorisation, et avaient bloqué la circulation. Ils ont été notamment condamnés pour entrave aux services d'intérêt général (art. 239 CPS). Ils ont admis que la condamnation reposait sur une base légale suffisante au sens de l'art. 11 § 2 CEDH. Toutefois, ils soutenaient que l'ingérence dans l'exercice de leur droit à la liberté de réunion ne poursuivait pas un but légitime. Selon eux, « les mesures prises par les autorités poursuivaient un but inavoué, à savoir celui de punir leur participation à une manifestation, sous la forme d'une persécution politique »[39]. Dans son arrêt, le Tribunal fédéral jugea que leur argumentaire n'était pas convainquant. « À le suivre, il ne serait possible de sanctionner aucun des actes commis dans le cadre d'une manifestation pacifique, au risque de voir ces ingérences automatiquement qualifiées de but inavoué ou de 'persécution politique'»[40]. La condamnation des

[36] Arrêt de la Cour européenne des droits de l'homme *Erkizia Almandoz c. Espagne* du 22 juin 2021, § 38.
[37] Arrêt de la Cour européenne des droits de l'homme *Erkizia Almandoz c. Espagne* du 22 juin 2021, § 39.
[38] ATF 147 IV 145, consid. 2.4.1. et les références citées.
[39] Arrêt du TF 6B_1460/2022 du 16 janvier 2024, consid. 10.4.
[40] Arrêt du TF 6B_1460/2022 du 16 janvier 2024, consid. 10.4.4.

manifestants « poursuivait un but triple, à savoir la sûreté publique (en particulier la sécurité de la circulation compte tenu de la présence des recourants sur la route, mais également celle des nombreuses personnes amenées à se déplacer sur cet axe central), la défense de l'ordre (dans la mesure notamment où la manifestation n'était pas autorisée) et la protection des droits et libertés d'autrui (notamment le droit de circuler sans contrainte sur les voies publiques [...]) »[41].

Si une action de militants du climat constitue une infraction, mais qu'elle bénéficie néanmoins de la protection des art. 10 ou 11 CEDH, la question centrale à résoudre est celle de savoir si la restriction que représenterait une sanction pénale s'avère nécessaire dans une société démocratique. Cette ingérence doit résulter d'un « besoin social impérieux »[42]. Il faut la considérer « à la lumière de l'ensemble de l'affaire pour déterminer si elle était proportionnée au but légitime poursuivi, et si les motifs invoqués par les autorités nationales pour la justifier apparaissaient pertinents et suffisants »[43].

C. Deux exemples judiciaires

Le 3 juillet 2023, la Cour des affaires pénales du Tribunal pénal fédéral (TPF) a rendu un jugement relatif à des militants du climat qui avaient appelé à boycotter l'armée[44], notamment parce que celle-ci serait une institution nuisible au regard des enjeux environnementaux. Le comportement de deux d'entre eux a été considéré comme constitutif de provocation à la violation des devoirs militaires (art. 276 CPS). La Cour a ensuite examiné si cette sanction pénale représentait une atteinte excessive à la liberté d'expression garantie par l'art. 10 CEDH. Elle a considéré que l'art. 276 CPS constituait une base légale suffisante et que la restriction poursuivait un but légitime, soit assurer la puissance de l'armée et par conséquent la sécurité intérieure et extérieure du pays[45]. Toutefois, après examen des circonstances du cas, à la lumière des exigences posées par la jurisprudence de la Cour européenne des droits de l'homme, elle a estimé qu'une condamnation pénale violerait le principe de proportionnalité et ne serait pas nécessaire dans une société démocratique[46].

Le vendredi 29 novembre 2019, dans le canton de Fribourg, lors de la journée commerciale *« black friday »*, des sympathisants des mouvements « Extinction rébellion » et « Grève du climat » ont manifesté pour lutter contre ce qu'ils considèrent comme les effets de la surproduction et la surconsommation sur le climat. Ils se sont placés dans le hall d'entrée principale d'un centre commercial et

---

[41] Arrêt du TF 6B_1460/2022 du 16 janvier 2024, consid. 10.4.3.

[42] Arrêt de la Cour européenne des droits de l'homme *Erkizia Almandoz c. Espagne* du 22 juin 2021, § 37.

[43] Arrêt de la Cour européenne des droits de l'homme *Erkizia Almandoz c. Espagne* du 22 juin 2021, § 37, parmi une jurisprudence bien établie ; arrêt de la Cour européenne des droits de l'homme *Navalny c. Russie* du 15 novembre 2018, § 143, parmi une jurisprudence bien établie.

[44] Arrêt du TPF SK.2023.4 du 4 juillet 2023. Disponible sur le site du tribunal : Home (bstger.ch). La Cour des affaires pénales du Tribunal pénal fédéral est le tribunal de première instance compétent pour statuer sur les affaires relevant de la juridiction fédérale. Le jugement en question est entré en force, puisqu'il n'a pas fait l'objet d'un appel.

[45] Arrêt du TPF SK.2023.5 du 4 juillet 2023, consid. 6.1.16.

[46] Arrêt du TPF SK.2023.5 du 4 juillet 2023, consid. 6.1.23.

ont barré l'accès au public. Ils ont été condamnés en première instance pour contrainte, puis acquittés par la juridiction d'appel. Le ministère public a fait recours au Tribunal fédéral, qui l'a rejeté[47].

Le Tribunal fédéral a précisé que « dans la mesure où les actes des [manifestants] se sont inscrits dans une démarche de protestation politique, il convient d'examiner si ceux-ci sont protégés par la liberté d'expression et de réunion »[48]. Il a considéré que la manifestation à laquelle ils ont participé « s'est déroulée de manière pacifique. Elle n'avait pas de but violent et ne s'est pas déroulée dans une atmosphère agressive. Certes, les intimés ont mis en place un barrage dans la galerie commerciale et devant l'entrée principale, à l'aide de caddies et se sont enchaînés les uns aux autres, de manière à empêcher des passants de pénétrer dans le centre commercial. Un tel comportement n'est toutefois pas d'une nature ou d'une gravité propre à faire échapper la participation des manifestants au domaine de protection du droit à la liberté de réunion pacifique [...] »[49]. Il a conclu qu'« au vu des circonstances, notamment de la possibilité d'emprunter d'autres entrées/ sorties, l'obstruction de l'entrée principale du centre commercial qui était en lien direct avec le but de la manifestation ne saurait en conséquence constituer une perturbation sérieuse de la vie quotidienne et constituer un 'acte répréhensible' »[50].

Conclusion et perspectives

Les actions des militants du climat revêtent, de toute évidence, une dimension politique. D'un côté, elles interpellent sur la dramatique problématique de la pollution qui met en danger l'existence même de l'humanité. De l'autre, dans les pays démocratiques, elles représentent un défi au contrat social qui repose sur le respect des lois qui ont été adoptées par le peuple, directement ou par l'intermédiaire de ses représentants, et sur le recours aux institutions légitimement établies pour régler les désaccords.

Sur le plan pénal, en Suisse comme ailleurs, la problématique doit être envisagée à l'aune des libertés fondamentales garanties par les conventions internationales et l'ordre juridique national. Le principe de proportionnalité, si subtil intellectuellement et si essentiel dans un État de droit, se trouve au cœur de la réflexion et représente la principale solution aux tensions qui naissent entre la défense d'intérêts légitimes et le respect des droits fondamentaux.

Il reste encore une question théorique, dogmatique, importante à résoudre. Si l'une des conditions à la restriction de la liberté fondamentale n'est pas remplie, quelle doit être la conséquence sur la sanction pénale et sur la base de quel raisonnement ? L'examen doit-il s'opérer après avoir établi les trois conditions de la punissabilité ? La conséquence doit-elle, dans ce cas, être une réduction, une exemption de peine ou un acquittement ? L'examen doit-il plutôt se faire

---

[47] Arrêt du TF 6B_138/2023 du 18 octobre 2023.
[48] Arrêt du TF 6B_138/2023 du 18 octobre 2023, consid. 3.3.
[49] Arrêt du TF 6B_138/2023 du 18 octobre 2023, consid. 3.4.1.
[50] Arrêt du TF 6B_138/2023 du 18 octobre 2023, consid. 3.4.2.

concurremment à celui de la punissabilité, en considérant que la CEDH constitue un fait justificatif, ce qui implique que le comportement est rendu licite lorsque l'ingérence étatique ne peut pas valablement se fonder sur un motif de restriction ?

Le droit suisse ne fournit pas de réponse claire et explicite à cette question peu débattue. Implicitement, la jurisprudence semble privilégier la seconde approche, que nous défendons[51]. Nous nous trouvons face à une question passionnante qui ne devrait pas manquer d'animer le débat doctrinal, en Suisse et dans d'autres pays.

[51] Elle est également privilégiée par G. Genton, P. Favrod-Coune, *op.cit.*

Les crispations au sujet de l'émancipation de la parole en temps de crise : la résolution des enjeux entre liberté d'expression et fonction préventive du droit pénal[1]

Pierre RAINVILLE

Professeur titulaire, faculté de droit, Université Laval
Cotitulaire de la Chaire de recherche France-Québec sur les enjeux contemporains de la liberté d'expression (FRQ/ CNRS).

> « Là où il n'y a aucun débat, il est difficile de continuer à se rappeler, chaque jour, que chaque argument a un côté étouffé. »[2]

Alain le déclare sans fard : « L'homme, parce qu'il est aussi nature, ne porte pas aisément la pensée. Son premier mouvement, d'après une juste prétention à l'universel, c'est la violence. Et ce mouvement se retrouve encore dans la moindre discussion »[3]. Cette inclination supposée se voit assurément avivée par temps de crise. Qui dit crise dit crispation, et voilà l'émergence d'un terreau propice à l'emportement. Le droit pénal se voit sitôt convié, lui a pour habitude de s'intéresser aux discours nocifs[4] et de battre, à vrai dire, « toute la campagne des vices et autres déviations de l'homme »[5].

La crise féconde naturellement l'enfièvrement des prises de position. La parole se délie en situation de tourmente et elle se fait souvent de plus en plus virulente. Cette désinhibition du propos procède normalement de deux causes. D'une part, qui dit crise dit fréquemment colère. D'autre part, qui dit crise dit souvent volonté de dénonciation. Ce ruissellement de mécontentement vaut pour les crises en tous

---

[1] Le présent texte s'inscrit également dans le cadre de deux projets de recherche internationaux auxquels participe l'auteur à titre de coresponsable scientifique. Le projet « Liberté de conscience, liberté d'expression et liberté de création : recherches interdisciplinaires en diachronie et en synchronie » (dir. princ. D. Lagorgette) reçoit l'appui monétaire de l'Agence nationale de la recherche de France, tandis que le projet intitulé « L'art en procès. Conflits de normes autour de la liberté de création » (dir. princ. M. Barraband) est financé par le Conseil de recherches en sciences humaines du Canada.

[2] S. Rushdie, *Essais 1981-2022*, Paris, Éditions Gallimard, 2024, p. 66.

[3] Alain, *Idées. Introduction à la philosophie*, Paris, Éditions Flammarion, Champs essais, 1983, p. 206.

[4] Les infractions langagières sont nombreuses. Sont de ce nombre, les menaces, l'instigation, l'incitation à la haine, le négationnisme, le leurre informatique, le harcèlement…

[5] J. Pradel, « Préface » dans P. Rainville, *Les humeurs du droit pénal au sujet de l'humour et du rire*, Coll. Dikè, Québec, Presses de l'Université Laval, 2005, p. XII.

genres : politiques, sanitaires, migratoires ... Les crises attisent et le discours public devient régulièrement terre de dérapages.

Le juriste comme le sociologue se doivent pourtant de *sérier* les élans de résistance offerts en riposte à une crise et les modes d'opposition déployés. La résistance se fait – par hypothèse – protéiforme. Il est des contestations en temps de crise qui se veulent concertées et s'inscrivent dans le temps. La crise de la Covid aura généré pareille connivence dans l'action et dans l'opposition aux mesures sanitaires en vigueur : la capitale canadienne aura vécu intimement les contrecoups de ces frasques, elle qui vit son centre-ville assiégé par des manifestants, des semaines durant à l'hiver 2022, jusqu'à ce que cette paralysie urbaine et économique ne déclenche le recours à la loi fédérale sur les mesures d'urgence[6].

Il est cependant des résistances plus spontanées et individuelles – plus spirituelles aussi, dès lors qu'elles se contentent d'une simple prise de parole. Il suffira d'évoquer l'emploi de menaces en guise de fronde ou le recours à l'ironie pour combattre une situation jugée intolérable. Ce sont ces dérapages verbaux ou écrits qui intéressent la présente étude. C'est donc de *résistance* individuelle, sous forme d'expressions dérangeantes, et non de *militantisme* dont il s'agit en l'espèce. Le concept de résistance ne comporte pas de volet collectif obligé ; la quintessence de la résistance procède d'un refus d'assujettissement à une norme ou d'un élan d'opposition à une réalité.

Certes, le droit, à l'instar de la société, ne se propose guère d'encourager les phénomènes de résistance[7]. Mais rien ne s'oppose à ce que le droit s'innerve des phénomènes ambiants et module ses réponses en conséquence. Aussi est-il de mise pour le pénaliste de sonder l'aptitude du droit à prendre en compte une velléité de résistance ou d'insubordination lors de l'appréciation de la culpabilité morale. N'a-t-on pas signalé que « le droit règle les conflits, mais il s'y forme aussi »[8] ? Il sied d'élargir cette question au règlement des crises comme telles afin de saisir dans

---

[6] Une commission d'enquête fédérale (« Commission sur l'état d'urgence » aussi dite « Commission Rouleau ») aura conclu au caractère raisonnable de la décision gouvernementale de recourir à la *Loi sur les mesures d'urgence*, LRC 1985, c 22 (4e supp) : Commission sur l'état d'urgence, *Rapport de l'Enquête publique sur l'état d'urgence déclaré en 2022*, volume 1 : *Aperçu*, 2023. Or, la Cour fédérale, division de première instance, en aura ensuite jugé autrement. Est déclarée déraisonnable la décision du gouverneur en conseil de déclarer l'état d'urgence pour mettre un terme aux manifestations perturbatrices à Ottawa et dans d'autres régions canadiennes. La Cour estime que les motifs invoqués pour justifier la décision de déclarer l'état d'urgence ne satisfont pas aux exigences de la *Loi sur les mesures d'urgence,* LRC 1985, c 22 (4e supp). Aura notamment joué le fait que les mesures d'urgence furent étendues à l'ensemble du territoire canadien et non pas aux seules régions aux prises avec une situation de blocage prolongé : *Canadian Frontline Nurses* c. *Canada (Procureur général)*, 2024 CF 42, par. 248, 249, 255 et 354. Indépendamment de ces considérations, des procès pour méfait, entrave au travail d'un agent de la paix et intimidation ont toujours cours au printemps 2024 à l'encontre de certains organisateurs et participants au « Convoi de la liberté ».

[7] E. Cartier, R. de Bellecize et M. Ubéda-Saillard, « Résister – Du verbe et de l'action saisis par le droit », dans *Résistance du droit et droit de la résistance* (dir. E. Cartier, R. de Bellecize et M. Ubéda-Saillard), Bruxelles, Bruylant, 2023, p. 11-15, à la p. 12.

[8] S. Zygart, « Chapitre introductif. Éclairage philosophique. Droit, discours et pratiques de résistance » dans *Résistance du droit et droit de la résistance* (dir. E. Cartier, R. de Bellecize et M. Ubéda-Saillard), Bruxelles, Bruylant, 2023, p. 17-29, à la p. 17.

quelle mesure le droit répressif se laisse imprégner des formes de résistance écrite ou orale afin de moduler, même en filigrane, la détermination de la responsabilité pénale.

I. Les obstacles à l'élargissement inconsidéré de la répression du propos contestataire

A. Le propos contestataire sous l'égide du droit constitutionnel à la liberté d'expression

Pareil arbitrage au nom d'une certaine prise en compte des mécanismes de résistance paraît d'ailleurs incontournable dès lors que les droits fondamentaux sont interpellés au stade de l'intervention du droit répressif. La finalité préventive du droit pénal comme garante de la protection de la sécurité et de l'ordre public en temps trouble se trouve d'autant circonscrite qu'elle est en butte à divers droits fondamentaux, telles les libertés de pensée et d'opinion et, plus encore, la liberté d'expression, laquelle se hisse au rang de « principe général qui conditionne l'existence de la démocratie et de l'ensemble des droits fondamentaux »[9].

N'est aucunement envisageable en la matière une quelconque fuite en avant du droit répressif. C'est, à vrai dire, l'hypothèse contraire qui domine : la crise interpelle l'instauration d'un arbitrage dès lors qu'elle commande la recherche et l'atteinte du juste équilibrage entre liberté et sécurité[10]. La médiation entre l'impératif de protection sociale et la défense des droits fondamentaux relève de l'inéluctable.

1. Le ton ulcéré au regard de la liberté d'expression

À cette enseigne, l'agitation ne fait aucunement barrage à l'exercice de la liberté d'expression. Une prise de position outrée ou colérique n'en bénéficie pas moins de la protection de l'article 2 b) de la *Charte canadienne des droits et libertés*[11]. À cela, plusieurs raisons. La portée de la liberté d'expression ne s'atténue pas en présence de paroles contestataires ou indignées : un ton emporté ne suffit pas à se voir priver

---

[9] X. Bioy, « La protection renforcée de la liberté d'expression politique dans le contexte de la Convention européenne des droits de l'homme », (2012) 53 *Cahiers de droit* 739; https://id.erudit.org/iderudit/1013005ar, par. 7; *Leray* c. *Meta Platforms Inc.*, 2024 QCCS 1513, par. 19 : « Même s'il n'existe pas de hiérarchie entre les différents droits et libertés fondamentaux, il s'agit de la liberté dont découleraient les autres, selon certains enseignements de la Cour suprême du Canada qui affirme qu'« il est difficile d'imaginer une liberté garantie qui soit plus importante que la liberté d'expression dans une société démocratique » ou encore que « la liberté d'expression est au cœur même de notre conception de la démocratie » »; P. Trudel, « Bonne journée de la liberté de presse », *Le Devoir*, 2 mai 2023. En droit français, *cf.* Cons. const. 17 mai 2024, n° 2024-866 DC, par. 19 et 72; Cons. const., 19 juin 2020, n° 2020-845 QPC, par. 12; Cons. const., 15 décembre 2017, n° 2017-682 QPC, par. 4. Voir encore E. Heinze, *The Most Human Right. Why Free Speech is Everything*, Cambridge (MA), The MIT Press, 2023.

[10] Comp. C. Le Bris, « La crise sanitaire en France au regard du droit international des droits de l'homme ou les limitations des libertés en quête d'un juste équilibre », *La Revue des droits de l'homme* [En ligne], 19 | 2021, mis en ligne le 04 février 2021, consulté le 23 avril 2024. URL : http://journals.openedition.org/revdh/10931 ; DOI : https://doi.org/10.4000/revdh.10931re, au par. 11.

[11] Art. 2 b) : « Chacun a les libertés fondamentales suivantes : [...] b) liberté de pensée, de croyance, d'opinion et d'expression, y compris la liberté de la presse et des autres moyens de communication ».

de la protection de l'article 2 b)[12]. Seules échappent à la garantie constitutionnelle, les menaces à proprement parler[13].

Le champ de l'exclusion relative aux menaces demeure d'ailleurs fort circonscrit. Une expression impopulaire ou troublante jouit de la liberté d'expression : les tribunaux refusent de nier la protection de l'art 2 b) au motif que le propos est susceptible de susciter de l'émoi[14]. L'insécurité ressentie du fait d'une parole contestataire troublante ou enragée ne suffit pas à écarter les droits constitutionnels du locuteur[15]. En somme, une prise de position colérique ou outrée ne fait aucunement échec en soi à la protection offerte par la constitutionnalisation de la liberté d'expression.

De fait, la volonté d'accommodement à l'égard de la prise de parole du locuteur rebiffé ou rebellé trouve d'autres appuis dans la jurisprudence constitutionnelle. Une gamme élargie de propos tombe sous le coup des garanties fondamentales. À preuve : les déclarations excessives, voire mensongères, de nature à contribuer à un débat politique ne sauraient être bannies malgré la distorsion dont elles sont capables. Le militant politique ou écologique qui force le trait en exagérant délibérément la réalité ne saurait, de ce seul fait, être inquiété pénalement[16]. L'excès

---

[12] *Bracken* c. *Fort Erie (Town)*, 2017 ONCA 668, par. 51: « Political protesters can be subject to restrictions to prevent them from disrupting others, but they are not required to limit their upset in order to engage their constitutional right to engage in protest ».

[13] *Bracken* c. *Niagara Parks Police*, 2018 ONCA 261, par. 36; *Bracken* c. *Fort Erie (Town)*, 2017 ONCA 668; *R.* c. *Steele*, 2014 CSC 61, par. 49; *Saskatchewan (Human Rights Commission)* c. *Whatcott*, 2013 CSC 11, par. 112.

[14] *Bracken* c. *Niagara Parks Police*, 2018 ONCA 261, par. 38: « In its written submissions, the respondent proposed an expansion to the violence exception to encompass "emotionally violent" expression. This submission was expressly rejected by this court in *Fort Erie*, at para. 49. Put simply, the emotional impact of expression on a third party has no bearing on the question of whether that expression was conveyed through a violent act »; *Bracken* c. *Fort Erie (Town)*, 2017 ONCA 668; *R.* c. *Batista*, 2008 ONCA 804, par. 35 et s. Rappr. *R.* c. *Têtu*, 2022 QCCQ 5582, par. 240 à 243 (jugement porté en appel : 2023 QCCA 684).

[15] *Bracken* c. *Fort Erie (Town)*, 2017 ONCA 668, par. 49: « Violence is not the mere absence of civility. The application judge extended the concept of violence to include actions and words associated with a traditional form of political protest, on the basis that some town employees claimed they felt "unsafe". This goes much too far. A person's subjective feelings of disquiet, unease, and even fear, are not in themselves capable of ousting expression categorically from the protection of s. 2(*b*) ». Comme l'exprime à juste titre le professeur Pierre Trudel au sujet de l'affaire *Medvedovsky* c. *Solidarity for Palestinian Human Rights McGill (SPHR McGill)*, 2024 QCCS 1518: « ce n'est pas parce qu'il est préférable que les débats se déroulent de façon civilisée qu'on peut interdire une activité expressive pour le seul fait qu'elle est controversée. La civilité se cultive, elle doit être encouragée, mais elle ne se décrète pas » : P. Trudel, « Manifester, ce qu'en dit la juge », Le Devoir, 8 mai 2024, en ligne https://www.ledevoir.com/opinion/chroniques/812329/chronique-manifester-ce-dit-juge. Comp., dans un contexte publicitaire : « La norme socialement reconnue de la tolérance peut constituer un rempart raisonnable contre la publicité offensante, mais l'exclusion de toute publicité pouvant « susciter la controverse » a une portée trop grande. Dans une société démocratique, on s'attend des citoyens, y compris des usagers du transport en commun, qu'ils tolèrent un certain degré de controverse » (*Greater Vancouver Transportation Authority c. Fédération canadienne des étudiantes et étudiants — Section Colombie-Britannique*), 2009 CSC 31, par. 77).

[16] *R. c. Lucas*, [1998] 1 R.C.S. 439, par. 26; *R.* c. *Zundel*, [1992] 2 R.C.S. 731, 772. Au demeurant, la liberté d'expression s'intéresse pour l'essentiel à « l'existence même du message et la possibilité de l'afficher ou d'en prendre connaissance », non pas au contenu du message lui-même : *Leray* c. *Meta Platforms Inc.*, 2024 QCCS 1513, par. 29.

du propos n'est pas davantage de nature à faire ombrage à la protection constitutionnelle. Contrevient à la liberté d'expression le fait de sévir contre le manifestant qui brandit, dans un parc public, une pancarte comportant les mots « Trump is right. Fuck China. Fuck Mexico »[17]. La révulsion éprouvée par les citoyens des nations éclaboussées ne permet en rien d'entailler la portée du droit constitutionnel à l'œuvre[18].

2. Les caractéristiques du préjudice susceptibles d'atténuer la liberté d'expression

Les balises à la répression sont nombreuses. Seul un préjudice suffisamment circonscrit et important peut justifier un interdit langagier. Des craintes nimbées de flou ou l'appréhension d'un préjudice lui-même diffus ne suffisent point.

Soucieuse de ne point écorner indûment la liberté d'expression, la jurisprudence invalide les textes d'incrimination dont la vaste portée est de nature à présenter un effet « paralysant » ou « inhibiteur » en matière de discours public. Une interdiction langagière trop imprécise ou trop large est de nature à accroître les risques d'autocensure et à favoriser le bâillonnement de membres de la société[19]. A dès lors été déclaré inconstitutionnel l'article 181 C.cr. qui interdisait de publier volontairement une nouvelle ou une déclaration que l'accusé sait fausse lorsque ce texte est de nature à causer « une atteinte ou du tort à quelque intérêt public »[20]. Cette disposition aux origines fort anciennes avait vraisemblablement eu pour finalité première d'endiguer, dès le XIIIe siècle, les débordements sociaux et la contestation du pouvoir établi de manière à préserver une forme d'harmonie politique[21]. Autant dire qu'elle participait de la volonté d'enrayer toute crise naissante... Or, les risques que faisait désormais peser cette disposition sur le militantisme ou la résistance engagée auront contribué à l'inconstitutionnalité du texte d'incrimination à la toute fin du XXe siècle[22].

---

[17] *Bracken* c. *Niagara Parks Police*, 2018 ONCA 261.

[18] *Bracken* c. *Niagara Parks Police*, 2018 ONCA 261, par. 31: « The officer's concern that citizens of Mexico or China who happened upon the sign might be offended by it, was well wide of the mark. The sign, which effectively stated that the national interests of other countries should be subordinate to domestic interests, disparaged no one ». Voir pareillement *R.* c. *Batista*, 2008 ONCA 804, par. 37.

[19] *R.* c. *Marsden,* 2019 ONSC 6424, par. 63: « A lack of definitional rigor can stultify free expression by the chilling threat of prosecution.» ; *R.* c. *Zundel*, [1992] 2 R.C.S. 731, 766, 772 à 774, 777 et 778. La crainte de l'autocensure n'est cependant pas toujours dirimante. À preuve l'affaire *Canada (Commission des droits de la personne)* c. *Taylor*, [1990] 3 R.C.S. 892 abordée dans l'arrêt *Saskatchewan (Human Rights Commission)* c. *Whatcott*, 2013 CSC 11, par. 126.

[20] Déclaré invalide dans l'arrêt *R.* c. *Zundel*, [1992] 2 R.C.S. 731, l'article 181 C.cr. a finalement été abrogé en 2019.

[21] *R.* c. *Zundel*, [1992] 2 R.C.S. 731, 744, 745, 763 et 766.

[22] *R.* c. *Zundel*, [1992] 2 R.C.S. 731, 772. Les risques de dérives appréhendés par la Cour suprême n'ont rien d'invraisemblable. *Cf.*, au sujet d'une infraction apparentée, l'interpellation, en Tunisie, d'une avocate rapportée dans l'article du Monde et de l'AFP paru le 12 mai 2024 : https://www.lemonde.fr/afrique/article/2024/05/12/en-tunisie-arrestation-de-deux-autres-chroniqueurs-pour-avoir-critique-la-situation-du-pays_6232803_3212.html de même que la condamnation et l'emprisonnement controversés de chroniqueurs politiques, le 22 mai 2024, sur la foi d'une inculpation pour fausse nouvelle visant le chef de l'État tunisien. Leur furent reprochés des propos de nature politique prononcés en ondes et dans les réseaux sociaux :

Le champ d'action du droit pénal à l'égard des interdits langagiers est assujetti à des exigences cumulatives. Seul un « préjudice « évident et urgent »[23] peut justifier pareil bâillonnement et l'interdit doit être, de surcroît, « suffisamment circonscrit »[24]. Le triple impératif d'un préjudice urgent, suffisamment précis[25] et défini de manière objective[26] obéit à la nécessité de bien baliser l'interdit langagier de crainte qu'une prohibition trop imprécise n'ait un effet inhibiteur sur le discours en amenant insidieusement d'autres personnes à se taire[27]. Entre autres exemples, l'appréhension d'un tort « à quelque intérêt public », sans autre précision, ne saurait fonder un interdit langagier[28].

La finalité préventive du droit pénal se voit ainsi enserrée de digues multiples. S'en trouve d'autant préservée la prise de parole contestataire en temps de crise.

Cette mise en étau de l'action répressive sur la foi de critères destinés à enrayer le bannissement inconsidéré de la parole s'entend à plus forte raison en présence d'une manifestation verbale ou écrite de résistance politique. Certes, le discours ne se soustrait pas à l'interdit du seul fait de sa nature politique. Entre autres exemples, le législateur demeure fondé, constitutionnellement parlant, de châtier les propos politiques voués à essaimer la discrimination et la ségrégation de groupes vulnérables[29]. L'incitation à la haine demeure punissable encore qu'elle se pare d'atours politiques[30].

---

https://www.lemonde.fr/afrique/article/2024/05/23/en-tunisie-deux-chroniqueurs-condamnes-a-un-an-de-prison-pour-avoir-critique-le-president_6234917_3212.html

[23] *R.* c. *Zundel*, [1992] 2 R.C.S. 731, 774 (notre accentuation).

[24] *R.* c. *Zundel*, [1992] 2 R.C.S. 731, 774.

[25] *Ward c. Québec (Commission des droits de la personne et des droits de la jeunesse)*, 2021 CSC 43, par. 61, 62 et 80; *R.* c. *Zundel*, [1992] 2 R.C.S. 731.

[26] Rappr. *Ward c. Québec (Commission des droits de la personne et des droits de la jeunesse)*, 2021 CSC 43, par. 57, 58, 62, 77, 82 et 111; *Saskatchewan (Human Rights Commission)* c. *Whatcott*, 2013 CSC 11; *R.* c. *Zundel*, [1992] 2 R.C.S. 731.

[27] *R.* c. *Marsden*, 2019 ONSC 6424, par. 63; *Bracken* c. *Niagara Parks Police*, 2018 ONCA 261, par. 79 à 84; *R.* c. *Zundel*, [1992] 2 R.C.S. 731, 772 à 774, 777 et 778.

[28] *R.* c. *Zundel*, [1992] 2 R.C.S. 731; *Ward c. Québec (Commission des droits de la personne et des droits de la jeunesse)*, 2021 CSC 43, par. 62.

[29] La jurisprudence se fait circonspecte et nuancée. Les lois relatives à la discrimination « n'interdisent pas les propos dans lesquels on débat de l'opportunité de restreindre ou non les droits des groupes vulnérables de la société. » (*Saskatchewan (Human Rights Commission)* c. *Whatcott*, 2013 CSC 11, par. 51). Si pareil discours peut passer pour répugnant, il demeure licite (*id*). En revanche, il est interdit, dans le cadre de pareil débat, d'exposer autrui à la haine (*Whatcott*, par. 51 et 145). Ainsi, un individu est libre « de prêcher en dénonçant les activités homosexuelles, de réclamer qu'on retire cette question du programme d'études des écoles publiques et de tenter de rallier d'autres personnes à son point de vue » (*Whatcott*, par. 163, de concert avec le par. 119). Mais il ne saurait, du même souffle, décrire les homosexuels comme des êtres impurs, dégénérés, dégoûtants ainsi que des vecteurs de maladie (*Whatcott*, par. 187 à 190). Si pareilles paroles atteignent alors le seuil de gravité voulu, encore faut-il vérifier si, en raison du contexte, le propos reproché peut mener, dans les circonstances, au traitement discriminatoire du groupe ciblé (*Whatcott*, par. 191).

[30] La nature politique ou morale du discours ne peut donner libre cours à l'exclusion : *Lemire* c. *Canada (Commission canadienne des droits de la personne)*, 2014 CAF 18, par. 66 ; *Saskatchewan (Human Rights Commission)* c. *Whatcott*, 2013 CSC 11, par. 116. L'histoire, de souligner la Cour suprême, se fait garante de ce que certains des discours haineux les plus dommageables sont des discours « moraux », « politiques » ou d'« intérêt public » (*Whatcott*, précité).

Cela étant, les infractions destinées à faire ombrage au discours politique se doivent d'être finement ciselées de manière à étayer l'existence d'un objectif proprement urgent et de façon à porter atteinte le moins possible aux droits constitutionnels du locuteur. Cet impératif devient a fortiori dirimant lorsque le propos réprouvé possède une résonance politique. Se situant au cœur même de la garantie constitutionnelle de l'article 2 b) de la Charte canadienne, le discours à connotation politique jouit d'un degré de protection accru[31]. La protection renforcée de la liberté d'expression politique se constate pareillement dans d'autres ressorts juridictionnels[32].

L'exigence de retenue en matière de bannissement des propos contestataires, fussent-ils enfiévrés ou écervelés, possède d'autres raisons d'être. L'incrimination des dires se situe aux confins de la vocation du droit pénal. Par une intervention destinée à sévir souvent très en amont de la naissance du moindre préjudice, ce sens de l'anticipation dans la répression dessine un système sanctionnel à la singularité juridique appuyée.

B. Le particularisme juridique des infractions langagières

Les infractions langagières présentent un particularisme juridique accusé. La répression mise en œuvre au moyen des crimes de parole se trouve souvent en complet décalage avec l'éclosion du préjudice appréhendé. Il suffit de songer à l'incrimination du complot ou à celle de l'incitation à la haine[33] pour s'en convaincre. L'intervention du droit pénal se situe très en amont de la naissance du mal supposé. Le crime de menaces obéit d'ailleurs à la même logique sanctionnelle : loin d'être une infraction de résultat[34], l'article 264.1 C.cr. avalise le châtiment sans nécessité

---

[31] *Canadian Constitution Foundation* c. *Canada (Attorney General)*, 2021 ONSC 1224, par 1: « Political speech is the most valuable and protected type of expression [...]; *Greater Vancouver Transportation Authority c. Fédération canadienne des étudiantes et étudiants — Section Colombie-Britannique*), 2009 CSC 31, par. 77; *R.* c. *Keegstra*, [1990] 3 R.C.S. 697, p. 763 et 764: « Le lien entre la liberté d'expression et le processus politique est peut-être la cheville ouvrière de la garantie énoncée à l'al. 2*b*), et ce lien tient dans une large mesure à l'engagement du Canada envers la démocratie. La liberté d'expression est un aspect crucial de cet engagement démocratique, non pas simplement parce qu'elle permet de choisir les meilleures politiques parmi la vaste gamme des possibilités offertes, mais en outre parce qu'elle contribue à assurer un processus politique ouvert à la participation de tous. Cette possibilité d'y participer doit reposer dans une mesure importante sur la notion que tous méritent le même respect et la même dignité. *L'État ne saurait en conséquence entraver l'expression d'une opinion politique ni la condamner sans nuire jusqu'à un certain point au caractère ouvert de la démocratie canadienne et au principe connexe de l'égalité de tous.* » (notre accentuation); *R.* c. *Batista*, 2008 ONCA 804, par. 35 et s. Dans le contexte précis des conflits au Moyen-Orient, *cf. R.* c. *Hamdan*, 2017 BCSC 1770, par. 44 et 75.

[32] X. Bioy, « La protection renforcée de la liberté d'expression politique dans le contexte de la Convention européenne des droits de l'homme », (2012) 53 *Cahiers de droit* 739; https://id.erudit.org/iderudit/1013005ar

[33] Nul besoin de prouver que les propos ont réellement attisé la haine à l'encontre d'un groupe identifiable : *R.* c. *Rioux*, 2016 QCCQ 6762, par. 18; *Mugesera* c *Canada*, 2005 CSC 40, par. 102.

[34] *R.* c. *Aragon*, 2023 QCCQ 9304, par. 88; *Patoine* c. *R.*, 2022 QCCA 1517, par. 19; *Poulin* c. *R.*, 2020 QCCA 1713, par. 16; *R.* c. *McRae*, 2013 CSC 68, par. 13; *R.* c. *Noble (P.D.J.)*, 2010 MBCA 60, par. 7.

de prouver un quelconque sentiment d'effroi ou la moindre crainte. La démonstration de l'intimidation ne s'impose en rien[35].

Éléments phares de la finalité préventive du droit pénal, les infractions langagières épousent un régime juridique qui les singularise. Leur particularisme ne se limite pas au fait de porter atteinte à la parole d'autrui. Elles se démarquent des autres crimes sur plusieurs plans.

Une toute première caractéristique les distingue. L'amenuisement de l'élément matériel de l'infraction y est à son comble. Aucune conduite n'est sanctionnée : la charpente de l'infraction est tout entière logée dans le simple usage de la parole. La composante comportementale ou physique du crime se trouve réduite à sa plus simple expression.

Un second trait les caractérise. Les crimes de parole traduisent un devancement inédit du stade de la répression. La culpabilité est acquise avant toute tentative de commettre l'infraction ; de fait, la répression se permet d'intervenir, le plus souvent, très antérieurement aux actes préparatoires. Il en va ainsi du complot, mais aussi de l'incitation à la haine, du leurre informatique ou du conseil illicite[36].

Un troisième élément exacerbe cette rigueur répressive : il n'est point de défense de désistement d'admise lors même que le stade de la répression se fait extrêmement précoce. L'emploi des mots réprouvés suffit à parfaire l'infraction. Un repentir même rapide n'y peut rien[37]. La jurisprudence ne semble encline à faire exception à cette règle implacable qu'à propos de l'outrage au tribunal criminel[38].

Les singularités de ce régime de responsabilité inflexible proclament la nécessité de cerner les bornes mises au déclenchement de la responsabilité pénale. Des balises s'imposent d'autant que la personne en butte à une crise risque fort de prononcer des paroles qui dépassent sa pensée. Délimiter les confins de la répression s'impose à un autre titre : la liberté d'expression est invariablement en jeu, y compris lorsque le locuteur use d'un mensonge[39] ou s'abandonne à un propos enfiévré[40] sans frôler pour autant le seuil de la menace ou de l'incitation à la haine[41]. Voilà qui revient à sonder l'ampleur précise du préjudice recherchée en matière criminelle. Voilà qui suppose également d'arrêter le seuil en deçà duquel la répression ne saurait opérer.

---

[35] *Id.*

[36] Usitée dans le code criminel canadien, l'expression « conseil » illicite renvoie à l'instigation ou à l'incitation. *Cf.* les art. 22, 83.221 (1) et 464 C.cr.

[37] Cette règle vaut pour de nombreuses infractions langagières tels le complot (*R.* c. *Pizzardi*; *R.* c. *Levis*, [1994] 3 R.C.S. 1018), la sollicitation de personnes prostituées (*R.* c. *Bains*, 2019 ABPC 291, par. 187; *R.* c. *Ellison*, 2017 NSPC 5, par. 13; *R.* c. *Pake*, 1995 ABCA 493, par. 25) ou encore les menaces (*R.* c. *Hainsworth*, 2016 ONCJ 552, par. 22).

[38] *R.* c. *Charbonneau*, 2003 CanLII 45361 (C.S. Qué.).

[39] Voir les autorités citées *supra*, note 16

[40] Voir les décisions citées *supra*, notes 12, 14, 15 et 17.

[41] Le discours haineux relève de la liberté d'expression, mais son châtiment tel qu'orchestré au sein du code criminel canadien se justifie au regard de l'article premier de la Charte canadienne : *R.* c. *Keegstra*, [1990] 3 R.C.S. 697.

Pareille analyse amène obligatoirement à interroger les confins et les limites de la finalité préventive du droit pénal.

Trois crimes serviront de trame à l'analyse : l'instigation aussi désignée sous les vocables d'incitation ou de conseil illicite ; les menaces; la fomentation volontaire de la haine[42].

Interviendra l'examen des modalités de la répression de la parole, orale ou écrite, lorsqu'une personne s'insurge en temps de crise ou en contexte apparenté. Avec, pour double finalité, le fait :

- de préciser les garde-fous nécessaires lorsqu'une parole est auscultée afin de déterminer si elle se projette dans le champ de l'interdit langagier ;

- de vérifier concomitamment en quoi un contexte de crise infléchit – ou non – les critères d'évaluation de la responsabilité pénale.

II. La pluralité des attitudes contestataires en réaction à une crise : l'examen de leur incidence juridique

La déclinaison des réactions langagières en temps de crise emprunte à la diversité des genres. Les paroles contestataires peuvent se faire rudimentaires : elles sont alors empreintes de désarroi ou bien de frustration. Elles peuvent traduire, au contraire, un mode de raisonnement et de résistance plus élaboré. Soit qu'elles font appel à l'ironie en guise de fronde, soit qu'elles épousent plus ouvertement les formes de la contestation ou de l'opposition.

La diversité des genres n'exclut pas la formulation de principes. Les prochaines pages se vouent à faire ressortir des lignes directrices destinées à baliser la répression du propos et à exhumer la part de liberté indispensable à toute volonté contestataire.

A. Crise et opposition

L'opposition arbore un aspect frontal. Elle délaisse les méandres de l'ironie et ne s'abîme point dans les excès de parole momentanés. Elle ne laisse pas l'exaspération ou la frustration l'emporter. Elle ne se satisfait pas davantage de la simple dénonciation. L'opposition préconise l'élaboration d'une solution autre.

La formulation d'une solution expose. Le droit pénal ne peut pourtant se satisfaire, à tout coup, du sens premier des solutions esquissées.

Diverses affaires illustrent la nécessaire circonspection qui s'impose ainsi au droit.

Cette inéluctable circonspection ne s'attache point au crime reproché. Deux espèces, l'une propre au crime de menaces, l'autre intéressant l'infraction d'instigation, laissent poindre des enseignements communs.

---

[42] *Cf.* les art. 22, 83.221 (1), 264.1, 319 (2) et 464 C.cr.

La solution violente préconisée en guise de riposte à une crise n'offre pas la certitude d'une condamnation criminelle. Il convient tout d'abord de départager le sens apparent des mots et le sens recherché par l'accusé. Il convient tout autant d'opposer la contemption à l'exhortation. Et l'élément matériel et l'élément mental peuvent faire défaut en présence d'une apparente incitation à l'action.

Le premier exemple en ce sens s'inspire des éléments constitutifs du crime de menace.

1. L'opposition aux allures de menace

Une situation corsée voire une crise peut – paradoxalement – démentir la présence d'une menace réelle. L'existence d'une discorde, surtout lors d'un litige politique, peut s'opposer quelquefois à l'interprétation littérale des propos tenus.

L'arrêt de principe prononcé par la Cour d'appel de l'Ontario dans l'affaire *Batista* l'illustre à point nommé. L'accusé a maille à partir avec un membre du conseil municipal depuis belle lurette. Leurs démêlés sont nombreux et l'accusé s'estime injustement traité par cette échevine. Il finira par se fendre d'un poème affiché à dessein dans plusieurs lieux publics. Dans les dernières strophes, l'accusé évoque l'exécution et la mise en terre de la conseillère municipale en question.

La Cour d'appel ontarienne casse le verdict de culpabilité. En l'occurrence, l'affichage public dépouille le texte de son caractère véritablement menaçant[43] ; cette mise en scène à grand déploiement traduit plutôt l'existence d'une contestation politique sous forme de satire malencontreuse. De par sa forme, cette prise de position exposée ostensiblement accrédite la thèse du débat politique. Les faibles aptitudes linguistiques de l'immigré italien en question contribuent aussi à démentir l'existence d'une menace authentique[44]. Surtout, la Cour d'appel refuse de s'en tenir à l'impression de divers citoyens effrayés à la vue du texte en question. Cette saine distanciation entre la perception des témoins des dires et le critère proprement *juridique* de la personne raisonnable reçoit d'ailleurs l'assentiment de la Cour suprême du Canada[45].

Le refus de s'en remettre obligatoirement à l'impression laissée au destinataire des propos ou encore à la compréhension de l'auditoire possède des raisons multiples. D'une part, le critère objectif destiné à cerner la présence d'une menace

---

[43] Il eût pu en être autrement si l'inculpé avait acheminé son poème directement à sa conseillère municipale. *Cf. R.* c. *Batista*, 2008 ONCA 804, par. 33.

[44] *Cf.* pareillement dans le cadre d'une inculpation pour instigation : *R.* c. *Jeffers*, 2012 QCCA 1.

[45] *Cf. R.* c. *McRae* 2013 CSC 68, par. 15: « [...] pour l'application de ce critère objectif, bien que l'on puisse examiner le témoignage de personnes qui ont entendu la menace ou qui en ont été l'objet, la question relative à l'acte prohibé n'est pas de savoir si des personnes se sont effectivement senties menacées. Comme l'a dit la Cour d'appel de l'Ontario dans *Batista*, les opinions de témoins sont pertinentes pour l'application du critère de la personne raisonnable; toutefois, elles ne sont pas décisives, vu qu'elles équivalent à des opinions personnelles et [...] « ne satisf[ont] pas nécessairement aux exigences du critère juridique »». *Cf.* pareillement *R.* c. *Dobbin*, (2013) 334 Nfl d. & P.E.I.R. 284, par. 30 (C. prov. T.-N.); *R.* c. *Smorodin*, (2004) 63 W.C.B. (2d) 209, [2004] B.C.J. n° 1810, au par. 22 (C. sup. C.-B.); *R.* c. *Barrett*, 2004 NSCA 38, par. 22.

renvoie à de nombreux facteurs qui ne seront pas forcément ceux qu'a en tête le témoin des paroles. D'autre part, le critère de la personne raisonnable façonné pour s'assurer de la présence de l'élément matériel du crime de menaces fait écho à un individu bien renseigné *sur l'ensemble du contexte* tout en étant, de surcroît, sensé et réaliste[46].

En somme, la détermination de la composante matérielle de l'infraction fait défiler éléments factuels et éléments juridiques. Le badaud, témoin des dires, n'est pas forcément au fait de l'ensemble de ces facteurs. Une partie du contexte peut très bien échapper à l'auditeur. Le lecteur ou l'auditeur peut fort bien tout ignorer de la teneur de la relation unissant le locuteur et la personne prise pour cible ou ne point connaître l'existence d'un différend politique entre eux.

De même, ce qui capte l'attention de l'auditeur ne retient pas forcément l'attention du droit. La perspective d'une figure de style ou l'emploi d'un sens second n'auront pas forcément saisi le témoin des paroles. C'est sans compter les degrés d'émotivité, variables. Pour des raisons d'objectivité et de stabilité des verdicts, le droit tend à se prémunir contre la volatilité des émotions. Le crime de harcèlement criminel témoigne de ces nécessaires remparts. Pour emporter une condamnation, la crainte ressentie par le plaignant se doit d'être « raisonnable »[47].

a) L'interpénétration des éléments de l'infraction et de la liberté d'expression

La liberté d'expression s'infiltre dans le cadre de la détermination de la culpabilité en contribuant au façonnement des éléments de l'infraction. Le critère objectif destiné à cerner l'existence d'une menace se doit de tenir compte de la liberté d'expression politique[48].

Non pas que la liberté d'expression s'invite obligatoirement lors de l'interprétation de la composante matérielle d'un crime. La prise en compte des droits fondamentaux dans le cadre de la définition des éléments d'une infraction obéit à des exigences multiples. Donner voix aux droits fondamentaux suppose une double exigence : un texte d'incrimination à la facture relativement ouverte et une interprétation prétorienne qui ne fausse en rien la volonté du législateur[49]. Si le texte d'incrimination retenu favorise – expressément ou implicitement – la thèse de l'amenuisement de la liberté d'expression, force est de s'en tenir à la volonté

---

[46] *R.* c. *Batista*, 2008 ONCA 804 dans un passage repris dans *R.* c. *McRae* 2013 CSC 68, par. 14. Il en va de même pour le crime d'instigation (art. 464 C.cr.) : *R.* c. *Jeffers*, 2012 QCCA 1, par. 26 et 31 et s.

[47] Art. 264 (1) C.cr.

[48] *R.* c. *Batista*, 2008 ONCA 804, par. 35 à 44.

[49] En présence d'une disposition dépourvue d'ambiguïté, le tribunal doit donner effet à l'intention manifeste du législateur et s'abstenir de recourir à la Charte canadienne pour en arriver à un résultat différent : *Febles* c. *Canada (Citoyenneté et immigration)*, 2014 CSC 68, par. 67; *R.* c. *Clarke*, 2014 CSC 28, par. 12 ; *R.* c. *Rodgers*, 2006 CSC 15, par. 18 à 21; *Medovarski* c. *Canada (Ministre de la citoyenneté et de l'immigration)*, [2005] 2 R.C.S. 539, p. 556-557.

législative[50]. Le sort de la disposition sera alors fonction d'une contestation constitutionnelle en bonne et due forme[51].

Autrement dit, l'interprétation d'un texte d'incrimination de façon à concilier l'interdit avec le respect des droits fondamentaux suppose la conjugaison de deux facteurs. D'une part, la disposition du code se prête à interprétation. Ambiguïté, il doit y avoir. D'autre part, la prise en compte de la liberté d'expression ne doit pas s'opposer à la volonté apparente du législateur. À supposer ces conditions réunies, la détermination de l'élément matériel d'un crime peut intégrer le respect de la liberté d'expression.

Pareil aménagement n'a rien d'inusité. L'interprétation jurisprudentielle de la composante matérielle du crime de tapage témoigne pareillement des égards accordés à la liberté d'expression[52]. Offusquer autrui ne saurait suffire en rien[53]. La perpétration du crime de tapage suppose la création d'un désordre aux preuves tangibles (interruption des activités de l'entourage, départ des personnes sur place, etc.)[54] : la simple contrariété émotive ne caractérise aucunement ce crime. De surcroît, le préjudice observé doit avoir été prévisible en fonction de deux critères : le lieu et le moment de la journée ou de la nuit en cause[55].

L'interprétation prétorienne du crime de méfait fait montre des mêmes considérations envers la liberté de communication : la notion de « détérioration » d'un bien reçoit une acception destinée à ne point brimer l'affichage – notamment

---

[50] *Canadian Constitution Foundation* c. *Canada (Attorney General),* 2021 ONSC 1224.

[51] *Canadian Constitution Foundation* c. *Canada (Attorney General),* 2021 ONSC 1224.

[52] Voir, par exemple, *R.* c. *Lohnes*, [1992] 1 R.C.S. 167, au sujet de la définition du crime de tapage édicté à l'art. 175 C.cr.

[53] La simple indignation ressentie ne traduit généralement pas un préjudice suffisamment prononcé du point de vue du droit criminel. Cet énoncé vaut pour le crime de tapage à l'instar d'autres infractions : *R.* c. *Penton*, 2022 NLCA 47; *Ward c. Québec (Commission des droits de la personne et des droits de la jeunesse)*, 2021 CSC 43, par. 80 et 82; *R.* c. *Asrula*, 2018 ONCJ 148 ; *R.* c. *Topaloski*, 2017 QCCM 90 ; *R.* c. *Kukemueller*, 2014 ONCA 295 ; *R.* c. *Swinkels*, 2010 ONCA 742, par. 18 à 20 et 28 à 30; *R.* c. *Labaye*, 2005 CSC 80; *R.* c. *Kouri*, 2005 CSC 81 ; *Roux* c. *R.*, [2001] R.J.Q. 567, par 10 (C.A.; requête en autorisation de pourvoi à la Cour suprême du Canada rejetée); *Little Sisters Book and Art Emporium* c. *Canada (Ministre de la Justice)*, [2000] 2 R.C.S. 1120; *R.* c. *Lohnes*, [1992] 1 R.C.S. 167; *Skoke-Graham* c. *La Reine*, [1985] 1 R.C.S. 106. Rappr. *Brackens* c. *Niagara Parks Police*, 2018 ONCA 261, par. 28 à 31, 75 et 93 ; *Saskatchewan (Human Rights Commission)* c. *Whatcott*, 2013 CSC 11.

[54] *R.* c. *Lohnes*, [1992] 1 R.C.S. 167, 181: « D'après la norme de l'arrêt *Swinimer*, [...] constituerait une infraction criminelle le fait de chanter ou de crier dans des circonstances où une personne a des raisons de croire que sa conduite peut contrarier ou déranger autrui, même si personne n'a entendu le bruit et encore moins n'a été gênée [*sic*] par celui-ci. À l'appui de cette interprétation, on a soutenu qu'une telle norme rigoureuse est nécessaire pour écraser dans l'œuf les désordres avant qu'ils ne dérangent vraiment le public. Toutefois, il est loin d'être évident en soi que l'objectif de faire régner la paix et l'ordre dans nos endroits publics exige que le droit criminel entre en jeu à l'étape de la prévisibilité d'une contrariété. En fait, notre société a coutume de tolérer un bon nombre d'activités dans nos rues et sur nos routes, qui peuvent déranger et contrarier d'autres personnes qui partagent ces endroits publics, et qui le font effectivement. Étant donné l'empiétement sur la liberté publique et l'incertitude qu'une telle règle créerait dans le droit criminel, on peut soutenir qu'une certaine manifestation extérieure de désordre au sens d'une entrave à l'utilisation normale de l'endroit visé devrait être nécessaire pour transformer une conduite légale en infraction criminelle ».

[55] *R.* c. *Lohnes*, [1992] 1 R.C.S. 167.

politique – susceptible d'entraîner des frais de remise en l'état[56]. En somme, la définition de la composante matérielle d'un crime peut se laisser imprégner de considérations favorables à la sauvegarde de la liberté d'expression.

b) L'interpénétration des éléments de l'infraction et du contexte politique

L'arrêt *Batista*[57] recèle un enseignement supplémentaire : l'analyse du message reproché ne saurait faire fi du contexte politique dans lequel il intervient. Autant une réelle menace à l'encontre d'un dirigeant public se doit d'être sanctionnée, autant il importe de contextualiser le propos afin de vérifier s'il ne relève pas plutôt d'un simple énoncé véhément ou railleur à pure vocation d'opposition[58].

La jurisprudence canadienne est donc attentive quant au fait qu'il puisse y avoir *distanciation entre le sens réel des paroles employées et leur sens apparent*[59]. Des propos aux allures menaçantes peuvent relever, à la vérité, de l'allégorie.

Le procédé analytique destiné à cerner l'existence de l'élément matériel du crime de menaces favorise cette tâche de détection et de départage. Les critères d'évaluation de la composante matérielle de l'infraction sont souvent à même d'opérer une scission entre le sens apparent et le sens réel des paroles prononcées, lorsque le contexte suggère pareille dissonance.

Le droit est porté, dès la prise en compte de l'élément matériel, à fouiller le sens réel des paroles en cause. Mais cette étude demeure incomplète, car le sens voulu par l'inculpé ne joue pas de rôle décisif à ce stade initial.

Le juge ne s'interdit pourtant pas de débusquer les « fausses menaces » au stade de l'examen de l'élément matériel. Dès l'étude de l'actus reus, la parole est auscultée afin de reconstituer son sens *le plus vraisemblable*. Autrement dit, même à l'étape de l'appréciation de l'actus reus, *le sens premier des mots n'acquiert pas forcément une portée irréfutable*.

La Cour suprême déclare certes que le point de départ doit « toujours être le sens ordinaire »[60] des mots prononcés. Mais cette proposition est aussitôt assortie d'une réserve. La Cour s'empresse de déclarer qu'il convient de vérifier si le contexte est de nature à indiquer un sens contraire[61]. Pareille vérification s'avère indispensable *afin de contextualiser*, comme il se doit, les paroles formulées. Comme l'expose la Cour suprême, le sens premier des mots énoncés ne va l'emporter que

---

[56] *Cf., inter alia*, *R.* c. *Jeffers*, 2012 QCCA 1, par. 21.

[57] *R.* c. *Batista*, 2008 ONCA 804.

[58] *R.* c. *Batista*, 2008 ONCA 804, par. 35 à 44. De manière apparentée au sujet d'une inculpation pour incitation à la perpétration de crimes en contexte terroriste, voir les extraits de l'affaire *R.* c. *Hamdan*, 2017 BCSC 1770, cités *infra*, note 74.

[59] Voir l'analyse approfondie de la jurisprudence canadienne sur le sujet dans P. Rainville, « Paroles de déraison et paroles de dérision : les excès de langage à l'épreuve du droit criminel canadien » (2015) 49 RJTUM 35, aux p. 86 à 89 et 126 à 132, en ligne https://ssl.editionsthemis.com/uploaded/revue/article/31165_03_Pierre_Rainville.pdf

[60] *R.* c. *McRae*, 2013 CSC 68, par. 11.

[61] *Idem*.

s'il « n'y a *aucune raison* de croire qu'ils avaient un sens secondaire ou moins évident »[62].

Cet affinement des critères analytiques est illustré de manière saisissante dans l'affaire *Têtu*. Les propos exaltés reprochés sont formulés dans un contexte de revendication politique aux allures de crise. Le juge se garde à bon escient de succomber au sens apparent des termes employés :

> « [...] il est reproché à Monsieur Têtu d'avoir écrit sur son compte *Twitter*: « it will be soon time to take arms to parliament and clean up house » [...]
> Les propos de l'accusé sont matière à interprétation. Ils sont écrits par l'accusé sur son compte *Twitter* en réponse à une publication concernant la gestion des ressources naturelles en Alberta. Ils sont susceptibles de constituer une déclaration de nature politique, d'avoir une signification secondaire, de constituer une figure de style, par exemple, de viser à changer de gouvernement ou à prendre les grands moyens pour élire d'autres parlementaires.
> Certes, les propos de l'accusé soient [*sic*] troublants et offensants. Toutefois, le Tribunal constate qu'à leur face même, ils ne sont pas suffisamment explicites pour constituer une menace de mort ou de lésions corporelles selon la norme hors de tout doute raisonnable. Il faut donc recourir au contexte »[63].

Ayant procédé par preuve purement documentaire, le ministère public s'est interdit de présenter le moindre élément contextuel de nature à caractériser l'élément matériel du crime. Ce serait inverser la charge de la preuve et porter atteinte au droit constitutionnel au silence que de demander à l'inculpé de s'expliquer au sujet du sens de ses propos.

La vocation préventive du droit pénal ne suffit donc pas à justifier une condamnation fondée sur la seule foi du sens apparent des mots. Le sens premier du texte n'est pas obligatoirement concluant. Évacuer ce pan d'analyse – *c.-à-d.* la question de savoir si le sens apparent des paroles traduit fidèlement le contexte – reviendrait d'ailleurs à faire fi du doute raisonnable qui peut jaillir au sujet de la signification véritable des paroles exprimées. La culpabilité doit être l'unique conclusion logique possible afin d'asseoir un verdict de culpabilité[64]. Il doit donc en être de même de la portée attribuée aux paroles de l'accusé[65].

L'étude de l'élément matériel se veut donc suffisamment approfondie pour différencier, au premier abord du moins, le sens apparent des paroles et leur sens

---

[62] *R* c. *McRae*, 2013 CSC 68, par. 11 (notre accentuation). Le contexte peut faire en sorte qu'un « sens secondaire ou moins évident » soit retenu : *R.* c. *McRae*, 2013 CSC 68, par. 11. L'inverse est tout aussi vrai. Le contexte peut élever des paroles en apparence anodines au rang de menaces. À preuve les énoncés suivants : « t'es la prochaine » ou « je t'envoie de la visite ». *Cf. R.* c. *Thibodeau-Beauchamp*, 2024 QCCQ 202.

[63] *R.* c. *Têtu*, 2022 QCCQ 5582, par. 240 à 243 (jugement porté en appel : 2023 QCCA 684).

[64] *R.* c. *Griffin*, 2009 CSC 28, par. 33 et 34 ; *R.* c. *Neveu*, 2004 CanLII 31404 (C.A. Qué.).

[65] Voir l'analyse de l'abondante jurisprudence en la matière dans Rainville, *supra*, note 59, aux p. 77 et s., 87, 88 et 99. Pour une illustration supplémentaire dans le contexte d'une inculpation pour instigation : *R.* c. *Hamdan*, 2017 BCSC 1770, par. 149 et 150.

avéré[66]. Des éléments de contextualisation[67] participent à cette quête *initiale* de vérité. La recherche *ultime* de la vérité intervient, quant à elle, lors de l'examen du sens attribué par l'accusé à ses propres dires[68]. Est obligatoire l'examen du *dessein de l'inculpé* au moment de la formulation des paroles[69]. Il lui faut avoir voulu être pris au sérieux ou avoir voulu intimider autrui. Le caractère obligatoire de l'intention spécifique[70] ne se dément pas en jurisprudence[71]; une condamnation ne saurait se satisfaire de la simple insouciance de l'accusé quant à la portée de ses dires[72].

2. L'opposition aux allures de conseil illicite (instigation)

Ce qui vaut pour l'infraction de menaces vaut tout autant pour d'autres crimes de paroles telle l'instigation. Des propositions enfiévrées à l'occasion d'une crise ne sauraient – à tout coup – être prises au pied de la lettre. Les solutions formulées afin d'enjamber une crise ne méritent pas obligatoirement d'être prises au sens propre. Tout est affaire de circonstances. Un double objet d'étude s'impose : il convient de scruter la teneur des propos employés en fonction de leur contexte précis, mais force est également de sonder le dessein réel du locuteur. Au demeurant, les déductions d'ordre factuel doivent l'être dans le respect intégral de la norme de preuve en la matière : une forte probabilité n'est aucunement le seuil de persuasion indiqué[73].

La révolte d'un citoyen à l'occasion du drame syrien en offre la preuve. Une triple crise a cours : militaire, politique, sociale. Cet enchevêtrement de malheurs suscite le propos révolté d'un ressortissant syrien vivant au Québec. Il s'insurge et fait paraître sur Facebook un réquisitoire virulent contre le régime de son pays d'origine. Sous la forme d'une exhortation, il appelle, à répétition, à l'élimination physique de journalistes syriens. Ce plaidoyer lui vaudra une double inculpation, l'une pour menaces de mort et de lésions corporelles, l'autre pour incitation au meurtre.

---

[66] Certes, la signification des mots *voulue par l'inculpé* ne sera élucidée qu'au terme de l'examen de son dessein. En revanche, l'étude de l'élément matériel de l'infraction *ne peut se contenter des seules apparences* pour conclure à l'existence d'une vraie menace.

[67] Les éléments de contextualisation des paroles prononcés sont nombreux. Mentionnons, *inter alia*, la teneur des rapports entre l'accusé et la cible des dires (ex : *R.* c. *Boswick*, 2021 ONCJ 170; *R.* c. *Batista*, 2008 ONCA 804), le ton employé, la perception des témoins des paroles (un indice, sans plus; ce facteur n'a rien de concluant pour les motifs exposés précédemment), le mode de diffusion privilégié, le réalisme ou non du sort envisagé. L'ensemble de ces éléments fait l'objet d'une étude approfondie et d'illustrations jurisprudentielles dans une étude disponible en ligne : Rainville, *supra*, note 59, aux p. 75 à 86 et 98.

[68] Outre les précisions en la matière dans le présent texte, voir les considérations et décisions supplémentaires analysées dans Rainville, *supra*, note 59, p. 86 à 99 et 124 à 132.

[69] *Martel* c. *R.*, 2023 QCCA 205, par. 34; *R.* c. *Aragon*, 2023 QCCQ 9304, par. 101 et 126; *Patoine* c. *R.*, 2022 QCCA 1517, par. 23; *Dulac* c. *R.*, 2015 QCCA 1625, par. 13.

[70] Cette notion s'apparente au dol spécial du droit continental européen.

[71] *Martel* c. *R.*, 2023 QCCA 205, par. 34 et 35 : « La finalité des propos est importante [...] le crime de menaces implique un dessein criminel »; *R.* c. *Aragon*, 2023 QCCQ 9304, par. 101; *Patoine* c. *R.*, 2022 QCCA 1517, par. 23; *Dulac* c. *R.*, 2015 QCCA 1625, par. 13.

[72] *Martel* c. *R.*, 2023 QCCA 205, par. 34; *R.* c. *Aragon*, 2023 QCCQ 9304, par. 102 et 129; *Patoine* c. *R.*, 2022 QCCA 1517, par. 23; *Dulac* c. *R.*, 2015 QCCA 1625, par. 13; *R.* c. *Noble (P.D.J.)*, 2010 MBCA 60.

[73] *R.* c. *Layton*, 2009 CSC 36, par. 26 ; *R.* c. *Starr*, 2000 CSC 40, par. 242 ; *R.* c. *Call*, 1999 CanLII 13526 (C.A. Qué.); *R.* c. *Demers*, 1998 CanLII 12836 (C.A. Qué.).

Le texte réprouvé se doit d'être cité dans son intégralité :

« Nidal Joad
1 décembre

Il faut tuer tous les journalistes syriens : ceux qui ont participé à justifier les actions de Assad. Il faut les tuer tous et avoir la paix. C'est la peine capitale. Ce ne pas pour se vanger, mais pour la paix. C'est la mort que je réclame pour ces journalistes. Que leur mort soit une peine exemplaire. C'est eux, avec leur idéologie, étaient l'arme le plus nocif. Les mensonges ont fait en sorte que la guerre a durée plus long temps qu'il est supposé d'être. Les faits. C'est les avions, les missiles et les canons de Assad qui ont détruit les villes. Car la révolutionnaire ne pouvaient détruire. Avec le peu d'armes qu'il possédaient initialement, il n'avait pas la capacité de détruire des villes. C'est Assad qui a organisé les explosions dans des régions pour utiliser le prétexte de guerre de religion, danger islamistes. Non la Syrie est un pays laïc. Les syrien, depuis toujours ont vécu ensemble en paix. C'est Assad qui est le terroriste. C'est son armée qui était l'outil de la destruction massive.

Non, il n'a pas eu un complot contre la Syrie, et, il y a eu des pays dont les dirigeants sont humains et qui ont aidé les révolution pour protéger la Syrie.

Il y avait eu des manifestations qui réclamaient le changement du régime. Il y avait des gens pacifiques qui réclamaient la démocratie.

Ceci est la vérité dont la journaliste auraient dû dire. Si les journalistes avaient dit la vérité, il n'y aurait pas eu de violence. Non pour l'UNO : Je ne suis plus en faveur de l'intervention de l'UNO pour réaliser la paix en Syrie. Or, maintenant, la guerre civile a été déclenchée par Assad régime et le régime Assad sont en train de se faire achevés. Les syriens effaceront Assad et les membre de ses régimes.

Il faut commencer par tuer les journalistes des médias de Assad. Non pour l'intervention de l'UNO, car il faut donner la chance à faire la justice. Il faut massacrer ceux qui ont massacré les syriens, les civils et les femmes. Il faut massacrer tous ceux qui ont été impliqués dans la destructions massives que les gangsters Assad ont faites. Peu importe leur race et peu importe les religions de leurs parents, de ces gangsters, il est de tout évidence que, l'ensemble des 'gens' qui formaient le régime Assad ne sont pas humains et leurs actions destructives sont une preuve irréfutable. Membres dirigeant de l'armée Assad il faut que les radicaux exterminent le régime Assad avec tous ceux qui ont aidé ce régime à abuser des citoyens syriens. Par la suite, il faut arrêter les radicaux et refaire de la Syrie un pays laïc. »

À l'audience, l'inculpé clame son innocence au motif que son texte revendiquait en réalité l'imposition de la peine de mort pour les journalistes en question au terme d'un vrai procès. Il s'en explique du fait de l'emploi des expressions « peine capitale » et « peine exemplaire », autant de renvois au châtiment suprême reconnu par le droit syrien. Il fonde aussi son innocence sur sa décision de supprimer son plaidoyer sur Facebook dès sa constatation de la confusion suscitée par son texte.

Rien n'y fait. Le juge du procès le condamne doublement pour menaces et pour incitation au meurtre. Il estime le texte reproché « clairement incitatif », « complet par lui-même » « très compréhensible » ou, à tout le moins, « assez compréhensible ». En appel de ce verdict, le ministère public reconnaît que le juge du procès ne s'est pas attardé aux explications de l'inculpé sans pourtant juger cette défaillance un tant soit peu significative. Ces explications, d'exposer le ministère public, relèvent du mobile, soit la volonté de rétablissement de la paix en Syrie. Or, un mobile louable ne saurait se traduire par un acquittement.

La Cour d'appel en juge tout autrement. Il était impératif de s'attarder à la déposition de l'accusé :

> « Le juge de première instance ne pouvait pas trancher la question de la *mens rea* pour l'une ou l'autre des deux accusations sans se pencher d'abord sur les explications de l'appelant. Ces explications dépassent de beaucoup la question du mobile qui l'animait. Elles touchent à l'interprétation même de son message et par voie de conséquence, à ses intentions en écrivant ce texte. Le juge de première instance se devait, dans les circonstances, d'en traiter. L'appelant n'a pas à deviner ce que le juge a pensé, et fait de ses explications ; il doit pouvoir l'entendre ou le lire. Il s'agit d'une lacune importante dans le jugement dont appel, justifiant l'intervention de la Cour [...] »[74].

L'arrêt rendu revêt une importance cardinale. La volonté de l'accusé de contribuer à la cessation d'une crise ne peut se voir reléguée au simple rang de mobile. Pareille volonté ne permet pas davantage de faire l'économie de l'étude des éléments de l'infraction. Une volonté rebelle ne dit rien de la culpabilité du locuteur. À ce titre, l'examen de sa déposition est proprement indispensable[75]. Deux éléments de réflexion s'imposent au juge : la détermination du sens attribué par l'accusé à ses paroles <u>et</u> la détermination de ce que l'accusé a anticipé – ou non – quant aux répercussions vraisemblables de ses propos. À défaut d'avoir constaté l'existence d'un risque « injustifié et important »[76] que le conseil prodigué débouche sur la

---

[74] *Joad* c. *R.*, 2016 QCCA 1940, par. 23. Voir pareillement *Martel* c. *R.*, 2023 QCCA 205, par. 35 et s.; *Patoine* c. *R.*, 2022 QCCA 1517, par. 24 et 27 à 29; *R.* c. *Hamdan*, 2017 BCSC 1770, par. 158 et s. et, au par. 166 : «Mr. Hamdan's political views are highly relevant to the question of intent. If, as I accept, he holds views that would be unacceptable to ISIS members or ideologues, it lends support to his contention that his intent in administering the Facebook pages and profiles was to highlight injustice, speak truth to power and generate discussion rather than to further the goals of ISIS or encourage criminal terrorist activity »; *R.* c. *Jeffers*, 2012 QCCA 1, par. 34-35.

[75] Au même effet : *Martel* c. *R.*, 2023 QCCA 205, par. 35 et s.; *Patoine* c. *R.*, 2022 QCCA 1517, par. 24 et 27 à 29.

[76] *R.* c. *Hamilton*, 2005 CSC 47. La Cour suprême retient donc une insouciance *caractérisée* puisque l'indifférence affichée doit s'accompagner de la connaissance d'un risque « important ». Comme l'expose l'arrêt *R.* c. *Zora*, 2020 CSC 14, par. 118 : « [...] l'accent doit être mis sur la question de savoir si la personne prévenue avait conscience du risque important qu'elle prenait et de tout facteur faisant en sorte que le risque n'était pas justifié ». Les motifs majoritaires formulés dans l'arrêt *Hamilton* n'emportent pourtant pas l'adhésion. Outre le libellé intégral de l'article 22 (3) C.cr. passé sous silence dans cet arrêt (l'art. 22 (3) précise bien : « l'encouragement *visant à* amener ou à inciter »), de nombreux arguments

perpétration d'une infraction criminelle de la nature de celle évoquée, aucune condamnation pour instigation ne saurait être retenue contre l'auteur des paroles incriminées. L'inculpé doit croire en la faisabilité du crime proposé et en anticiper la réalisation, sans quoi il ne saurait être conscient de ce que ses paroles présentent un risque « important et injustifié »[77].

Le sens équivoque des solutions revendiquées peut donc se traduire par un acquittement[78]. Il en est a fortiori de même si le sort évoqué relève, à la vérité, de l'allégorie. La littérature française en offre une illustration de premier plan sur fond de turbulence des classes sociales. Paru dans un recueil intitulé *Persécuté persécuteur*, le poème révolutionnaire d'Aragon, *Front rouge*, lui vaut une double inculpation pour incitation de militaires à la désobéissance et provocation au meurtre dans un but de propagande anarchiste :

> «Pliez les réverbères comme des fétus de pailles/ Faites valser les kiosques les bancs les fontaines Wallace/ Descendez les flics/ Camarades/ descendez les flics/ Plus loin plus loin vers l'ouest où dorment/ les enfants riches et les putains de première classe/ [..] Prolétariat connais ta force/ connais ta force et déchaîne-la/ Il prépare son jour il attend son heure sa minute la seconde /où le coup porté sera mortel et la balle à ce point sûre que tous les médecins social-fascistes/Penchés sur le corps de la victime/Auront beau promener leurs doigts chercheurs sous la chemise de dentelle/ ausculter avec les appareils de précision son cœur déjà pourrissant/[...]/Feu sur Léon Blum/ Feu sur Boncour Frossard Déat/ Feu sur les ours savants de la social-démocratie/ [...]»[79].

L'invitation lancée aux camarades de descendre des flics entraîne la poésie dans l'enceinte judiciaire. Les poursuites intentées contre Aragon finiront pourtant par tourner court[80].

Le sens littéral et le sens littéraire ne sauraient se confondre[81]. L'imprécation et l'instigation ne sont point synonymes. N'a-t-on pas souligné que le tort d'Aragon fut de parler « à ceux qui peuvent le comprendre avec des mots et des images *que la censure ne comprend pas* »[82]...

---

supplémentaires militent en faveur de la nécessité d'une intention spécifique : K. Roach, *Criminal Law*, 7e éd., Toronto, Irwin Law, 2018, p. 162-164; M. Manning et P. Sankoff, *Manning, Mewett & Sankoff – Criminal Law*, 5e éd., Markham, LexisNexis Canada, 2015, p. 387-389; D. Stuart, *Canadian Criminal Law*, Toronto, Carswell, 2011, p. 740; E. Colvin et S. Anand, *Principles of Criminal Law*, 3e éd., Toronto, Thomson Carswell, 2007, p. 569, 570 et 574; P. Rainville, « Le verbe fait crime: la répression de l'instigation et les avatars de l'arrêt *Hamilton* », (2007) 11 *Revue canadienne de droit pénal* 177 à 215.

77 *St-Jacques* c. *R.*, 2012 QCCA 1482.

78 Pareille équivocité peut aussi faire barrage à la preuve de l'actus reus (*supra*, note 65).

79 Aragon, «Front Rouge» (1931) dans *Persécuté persécuteur*, Stock, Paris, 1998, p. 17 et 18 (extrait).

80 M. Rigo, « «Salut à vous, ricaneurs !»: relecture de Hourra l'Oural d'Aragon », 1er mai 2001 (www.regard-est.com/home/breve_contenu.php?id=228).

81 Rainville, *supra*, note 59, aux p. 82 et s.

82 M. Ulrich, «Aragon cet enfant sans nom» (www.humanite.presse.fr/journal/2002-06-19/2002-06-19-35770) (notre accentuation).

L'irréalité du contenu lyrique combat toute volonté de prendre les paroles au pied de la lettre. Comme l'affirme Breton venu au secours d'Aragon, le poème est « *tel* qu'en matière d'interprétation la considération de son sens littéral ne [parvient] aucunement à l'épuiser »[83]. Il est dès lors « abusif de prétendre l'identifier devant la loi à toute espèce de texte répondant au désir d'expression *exacte*, autrement dit *mesurée* et *pesée* de la pensée »[84].

Ce genre littéraire s'oppose *en soi* à une prise en compte décontextualisée. Comme le prêche Breton avec une infinie justesse :

> « ce poème, de par sa situation dans l'œuvre d'Aragon, d'une part, et dans l'histoire de la poésie, d'autre part, répond à un certain nombre de déterminations formelles qui s'opposent à ce qu'on en isole tel groupe de mots (« Camarades, descendez les flics») pour exploiter son sens littéral alors que pour tel autre groupe («Les astres descendent familièrement sur la terre») la question de ce sens littéral ne se pose pas. [...] Le poème n'est pas à juger sur les représentations successives qu'il entraîne, mais bien sur le pouvoir d'incarnation d'une idée, à quoi ces représentations, libérées de tout besoin d'enchaînement rationnel, ne servent que de point d'appui. La portée et la signification du poème sont *autre chose* que la somme de tout ce que l'analyse des éléments définis qu'il met en œuvre [...] S'il n'en était pas ainsi, il y a longtemps que le langage poétique se fût aboli dans le prosaïque et sa survivance jusqu'à nous, nous est le meilleur garant de sa nécessité »[85].

La jurisprudence canadienne n'est pas rétive à cet *exercice de distanciation du sens recherché par opposition au sens littéral* des mots employés. L'emplacement précis des mots reprochés et leur mise en perspective par rapport à l'ensemble du texte ou du discours tout comme la séquence des échanges[86] font obligatoirement partie des facteurs dont l'analyse s'impose, à défaut de quoi une condamnation pourra être invalidée[87]. Des mots a priori menaçants peuvent donc perdre leur sens premier s'ils s'insèrent, par exemple, dans un texte caractérisé par la dérision[88] ou s'ils répondent à une pure charge littéraire.

---

[83] Extrait de l'analyse d'André Breton (« Misères de la Poésie. « L'Affaire Aragon» devant l'opinion publique », 1932) tiré du site : http://www.uni-muenster.de/Romanistik/Aragon/werk/frueh/perper_m.htm (italique dans l'original). Voir aussi L. Jenny, «Méthodes et problèmes. La poésie», Département de français moderne, Université de Genève, 2003 (http://unige.ch/lettres/framo/enseignements/methodes/elyrique/elintegr.html.

[84] *Ibid.* (italique dans l'original).

[85] *Ibid.* (italique dans l'original). Ce pan de notre analyse s'inspire d'un article paru antérieurement (*supra*, note 59).

[86] Ces trois facteurs sont illustrés de manière minutieuse dans les affaires *R.* c. *Aragon*, 2023 QCCQ 9304, *R.* c. *Morin*, J.E. 2014-607 (C.Q.), *R.* c. *Jeffers*, 2012 QCCA 1 et *R.* c. *Batista*, (2008) 238 C.C.C. (3d) 97, par. 41 et 44 (C.A. Ont.).

[87] *R.* c. *Jeffers*, 2012 QCCA 1; *R.* c. *Batista*, (2008) 238 C.C.C. (3d) 97 (C.A. Ont.).

[88] Ce qui est vrai du crime de menaces (*R.* c. *Batista*, (2008) 238 C.C.C. (3d) 97, par. 22 et 44 (C.A. Ont.)) l'est aussi pour le chef d'incitation au suicide : *R.* c. *Morin*, J.E. 2014-607 (C.Q.). p. 98 à 100. Ce sujet est approfondi, décisions nombreuses à l'appui, dans Rainville, *supra*, note 59, aux p. 71 à 76, 86 à 100, 123 à 132 (article en ligne).

B. Crise et contestation

La volonté contestataire ne sacrifie en rien le droit de revendiquer l'intervention de la Charte canadienne. L'enflure du propos n'y change rien non plus. Des déclarations excessives ou mensongères destinées à protester contre un état de fait relèvent de la liberté d'expression[89]. La déformation de la vérité ne freine pas, à elle seule, la mise en œuvre du droit énoncé à l'article 2 b) de la Charte.

La marginalité de la position exprimée n'est pas davantage facteur de mise au ban. La consécration constitutionnelle de la liberté d'expression est conçue, avant toute chose, en faveur des opinions minoritaires[90]. L'esseulement de la pensée ne s'accompagne pas de l'effritement des droits fondamentaux.

Ces gages constitutionnels ne scellent pas, à eux seuls, l'issue du procès pénal. D'autres garde-fous interviennent en faveur de la pensée récalcitrante ou outrée. À vrai dire, la portée insufflée à la liberté d'expression trouve parfois une résonance supplémentaire dans la définition même des éléments constitutifs du crime. Cette assertion se vérifie au sujet de l'élément matériel du crime de menaces. Un propos d'apparence comminatoire ne répond pas forcément à la définition de l'élément matériel de l'infraction, si la déclamation reprochée présente un sens incertain ou second[91].

L'élément mental n'est pas en reste. Le droit pardonne les déclarations outrées, non pas les condamnations outrancières.

La jurisprudence canadienne élabore deux séries de critères afin de cerner avec justesse la portée précise des propos incriminés et éviter, de ce fait même, les déclarations de culpabilité friables.

La première méthode d'élucidation du sens des propos reprochés vise l'élément matériel de l'infraction. Le critère à l'œuvre est axé sur l'opinion qu'acquerrait la personne raisonnable quant à la véritable signification des paroles en jeu. L'élément matériel de l'infraction est avéré si la personne raisonnable, bien informée du contexte dans son intégralité, estimait que les propos reprochés traduisent une réelle menace.

Le processus analytique n'est point clos pour autant. À cette donnée préliminaire s'ajoute, dans un second temps, l'examen du dessein de l'inculpé au moment de la formulation des paroles. Force est de s'assurer qu'il était bel et bien animé d'une intention spécifique au moment de s'exprimer. Apparentée à la notion de dol spécial du droit pénal continental, cette intention spécifique ou ultérieure s'entend de deux façons. Il suffit à l'accusé d'avoir voulu être pris au sérieux ou d'avoir entendu intimider autrui. Le caractère obligatoire de l'intention spécifique

---

[89] Voir les pages 219 à 221 de la présente étude.

[90] *Leray* c. *Meta Platforms Inc.*, 2024 QCCS 1513, par. 19; *R.* c. *Zundel*, [1992] 2 R.C.S. 731, 752, 753 et 765.

[91] *Cf.* nos explications aux p. 226, 227 et 229 à 235.

est consacré par la jurisprudence[92]; l'indifférence ou l'insouciance de l'accusé quant aux répercussions possibles de ses paroles ne suffit pas à valoir condamnation[93].

Autant dire que l'emportement ou l'indignation n'est pas le gage d'une condamnation. La fronde écrite ou orale en guise de contestation sur fond de crise sociale ne suffit tout simplement pas à incarner l'élément mental nécessaire à une condamnation pour menace.

Le crime de menace exige un *dessein criminel*[94]. L'accusé se doit d'être animé de la volonté d'intimider ou d'être pris au sérieux. L'une ou l'autre de ces finalités est indispensable. L'insouciance est évacuée de la définition de l'élément mental[95]. La seule formulation d'un propos en connaissance du risque – sans plus – d'être pris au sérieux ne suffit pas à consommer l'infraction. Le crime de menaces ne se satisfait pas d'un élément mental si peu caractérisé.

L'arrêt *Dulac* rendu par la Cour d'appel du Québec enserre à juste titre la définition de l'élément mental du crime de menace. Étudiant en arts visuels à l'université, l'inculpé se voit reprocher la remise d'un texte au premier abord menaçant[96]. Autant l'existence même de l'actus reus est pourtant éminemment discutable[97], autant le sort du pourvoi est tout entier axé sur la définition de la faute morale.

Dulac se devait de présenter, dans le cadre d'un cours, le résumé d'un projet d'œuvre, réelle ou fictive. Le texte remis suscite l'émoi. Des professeurs jugent l'écrit menaçant et sont pris d'effroi, alors que d'autres se gardent bien de prendre au pied de la lettre la proposition formulée et invoquent une volonté transgressive courante en arts.

Homme de peu de mots et de peu d'éloquence, Dulac déclare lors de son procès, d'une manière un rien brouillonne, avoir souhaité contester le système institutionnel.

---

[92] *R.* c. *Aragon*, 2023 QCCQ 9304, par. 101 et 126; *Patoine* c. *R.*, 2022 QCCA 1517, par. 23; ; *Dulac* c. *R.*, 2015 QCCA 1625, par. 13.

[93] *Martel* c. *R.*, 2023 QCCA 205, par. 34; *R.* c. *Aragon*, 2023 QCCQ 9304, par. 102 et 129; *Patoine* c. *R.*, 2022 QCCA 1517, par. 23; *Dulac* c. *R.*, 2015 QCCA 1625, par. 13; *R.* c. *Noble (P.D.J.)*, 2010 MBCA 60.

[94] *Martel* c. *R.*, 2023 QCCA 205, par. 34; *R.* c. *Aragon*, 2023 QCCQ 9304; *Patoine* c. *R.*, 2022 QCCA 1517, par. 23; *Dulac* c. *R.*, 2015 QCCA 1625, par. 6 et 13. Ces décisions retiennent l'avis exprimé antérieurement dans P. Rainville, « Paroles de déraison et paroles de dérision; les excès de langage à l'épreuve du droit criminel canadien », (2015) 49 *R.J.T.U.M.* 35; P. Ranville, « De la dérision à la sanction : le sort réservé aux dérives langagières en droit pénal canadien », (2011) 34 *Langues et linguistique* 1.

[95] *Cf.* les autorités citées *supra*, note 72.

[96] *Dulac* c. *R.*, 2014 QCCS 972 (pourvoi accueilli à 2015 QCCA 1625). Le texte réprouvé est libellé comme suit : « Mon projet sera performatif et consistera d'abord à kidnapper le plus d'enfant (*sic*) possible en les attirant dans ma voiture près d'une école primaire de la région à l'aide de bonbon, de jeu vidéo ou de gadget, style IPod, et de les enfermer dans des vieilles poches de patates ou de sacs de pailles (*sic*), et pendant une performance, une fois qu'ils serons (*sic*) tous accroché (*sic*) au plafond, je me banderai les yeux je les frapper (*sic*) avec une masse de fer. Le sens de l'œuvre sera de démontrer comment les beaux et petits enfants innocents vont vieillir au travers le monde contemporain pour devenir des adultes amorphes de demain. Moi je représenterai bien sûr l'humanité, ou son héritage, cela dépend du point de vue ».

[97] Rainville, *supra*, note 59, aux p. 82 et 83.

La Cour d'appel fait le départ entre une parole agitée et une parole proprement comminatoire. D'une part, il n'est point de condamnation en l'absence de volonté de voir ses propos être pris au sérieux[98]. D'autre part, la volonté de contester n'est pas l'équivalent de la volonté de menacer :

> « Le juge de la Cour du Québec mentionne lui-même [...] que le but était de contester le système institutionnel, ce qui ne correspond pas à l'intention spécifique de voir une menace prise au sérieux ou encore de susciter la crainte »[99].

Cet arrêt trie, à raison, les desseins selon leur gravité et leur intensité. L'envie de contestation, fantasque ou même acérée, ne possède pas, à elle seule, les attributs d'un propos *destiné* à semer l'effroi.

C. Crise et frustration

La frustration incarne un état d'esprit. Grevée par l'insatisfaction ressentie, elle n'aspire à aucune solution immédiate. Elle abandonne toute ambition à l'impuissance.

Il est pourtant nécessaire de différencier deux formes d'expression, l'une et l'autre alanguies de par l'incapacité éprouvée à influencer le cours des choses. La frustration et le désarroi[100] appellent deux modes d'analyse distincts.

La volonté dépitée trouve réconfort et amplitude grâce à l'apport des réseaux sociaux. Dépossédée de toute ambition destinée à redresser le fil des événements, elle peut se satisfaire de sa simple formulation adressée au plus grand nombre. Les réseaux sociaux font office de caisses de résonance à l'amertume.

Un texte menaçant affiché sur ces plateformes virtuelles peut-il, en temps de crise, donner lieu à une condamnation pour menaces ?

---

[98] *Dulac* c. *R.*, 2015 QCCA 1625, par. 6 : « Le professeur Rainville explique fort bien l'intention requise pour qu'une déclaration de culpabilité soit prononcée à l'égard de l'infraction de menaces. L'insouciance ne suffit pas : Le degré de prise de conscience de l'accusé suppose quelques remarques supplémentaires. Sa perception du sens de ses paroles est déterminante. Il a droit à l'acquittement si l'idée ne lui effleure pas l'esprit que ses paroles puissent être prises au sérieux. Même l'insouciance possible du plaisantin quant aux conséquences de ses paroles ne saurait, selon nous, suffire à le faire condamner. L'insouciance suppose la réalisation par l'accusé du risque que ses paroles revêtent une signification intimidante. Cette prise de conscience est insuffisante. Le crime de menaces exige un dessein criminel. Cette infraction obéit au principe classique du droit pénal canadien selon lequel un crime d'intention spécifique ne saurait se satisfaire de l'insouciance du prévenu. Le crime de menaces exige l'intention spécifique d'intimider autrui. La Cour suprême préconise la définition suivante dans l'arrêt *McCraw* : « *Une menace est un moyen d'intimidation visant à susciter un sentiment de crainte chez son destinataire* ». Et la Cour de renchérir dans l'arrêt *Clemente* : « *La menace est une manifestation par laquelle on marque à quelqu'un sa colère, avec l'intention de lui faire craindre le mal qu'on lui prépare* ». La finalité des propos du prévenu est donc déterminante. Il leur faut se vouer à l'intimidation d'autrui. La simple insouciance ne semble donc aucunement visée. [Soulignement ajouté – références omises] ». Voir pareillement *R.* c. *Martel*, 2023 QCCA 205, par. 34; *R.* c. *Aragon*, 2023 QCCQ 9304, par. 101 et 129; *R.* c. *Patoine*, 2022 QCCA 1517, par. 23; *R.* c. *Noble (P.D.J.)*, 2010 MBCA 60.

[99] *Dulac* c. *R.*, 2015 QCCA 1625, par. 13. Pour un raisonnement analogue au sujet du crime de fomentation volontaire de la haine, *cf. R.* c. *Buzzanga and Durocher*, (1979) 49 C.C.C. (2d) 369 (C.A. Ont.).

[100] Le thème du désarroi est abordé *infra*.

En principe, rien ne s'y oppose : point n'est besoin que la personne ciblée lise le message[101] ou, si elle l'a lu, qu'elle ait ressenti le moindre effroi[102]. L'article 264.1 C.cr. se garde bien d'énoncer une infraction de résultat. Le verbe assassin n'a pas besoin de victime pour être écroué.

Ce ne sont pas pour autant tous les textes inquiétants versés sur Facebook qui enfreignent le Code criminel.

La Cour d'appel du Québec se fait la garante d'une répression circonstanciée et mesurée. Les paroles de dépit et de frustration en temps de crise ne sont pas toutes vouées à une déclaration de culpabilité[103]. L'arrêt *Patoine* trace avec finesse les bornes du droit criminel.

L'accusé découvre sur le fil d'actualité de Facebook un article de journal intitulé « Le port du masque jusqu'à la découverte d'un vaccin »; ce texte s'accompagne d'un commentaire très peu amène de la part d'un internaute outré. L'inculpé s'emballe à son tour. Il retransmet l'article en y adossant le commentaire suivant : « Les dirigeants nous déclarent la guerre !!! C pas compliquer Lui qui m'oblige au vaccin je le tue Point à ligne ». Son emportement numérique lui vaut une inculpation pour menaces de mort à l'encontre des dirigeants gouvernementaux québécois. Penaud, il nie toute volonté comminatoire lors de son procès et précise : « C'est envoyé de même, c'est du lexique de gars de garage ».

La Cour d'appel du Québec infirme la condamnation prononcée à son encontre. La gravité objective des paroles formulées ne fait pas foi, à elle seule, du verdict à rendre. La détermination de l'état d'esprit du locuteur demeure indispensable :

> « [...] le juge insiste sur la gravité des propos écrits par l'appelant, mais la portée que ce dernier souhaitait leur accorder n'est pas discutée. [...]
> S'il est raisonnable de conclure que l'appelant a écrit ces commentaires sous le coup de la colère et de la frustration, il est tout à fait plausible, vu ses explications et le contexte entier de l'affaire, qu'il n'a eu aucune intention d'être pris au sérieux ou de menacer quiconque avec de tels propos. En absence d'explications de la part du juge qui justifient pourquoi le témoignage de l'appelant à cet égard doit être écarté, on peine à comprendre comment il a pu conclure à une intention spécifique dans cette affaire »[104].

---

[101] *R.* c. *Aragon*, 2023 QCCQ 9304, par. 88; *Patoine* c. *R.*, 2022 QCCA 1517, par. 19; *Poulin* c. *R.*, 2020 QCCA 1713, par. 16; *R.* c. *McRae*, 2013 CSC 68, par. 13; *R.* c. *Noble (P.D.J.)*, 2010 MBCA 60, par. 7.

[102] *R.* c. *Aragon*, 2023 QCCQ 9304, par. 88; *Patoine* c. *R.*, 2022 QCCA 1517, par. 19; *Poulin* c. *R.*, 2020 QCCA 1713, par. 16; *R.* c. *McRae*, 2013 CSC 68, par. 13.

[103] Rappr. *Martel* c. *R.*, 2023 QCCA 205; *R.* c. *Tutino*, 2012 QCCA 889; *LSJPA — 1026*, 2010 QCCA 1241. La jurisprudence, abondante, est étudiée dans une étude disponible en ligne : Rainville, *supra*, note 59, aux p. 88, 94-95 et 98-100 et 125-126.

[104] *R.* c. *Patoine*, 2022 QCCA 1517, par. 30 et 32. Voir encore *Martel* c. *R.*, 2023 QCCA 205, par. 35 à 41 et 46 ; *R.* c. *Armstrong*, 2012 BCCA 248, par. 31: «[...] something more than an assessment of the words on an objective standard is required » (demande pour autorisation d'appel rejetée); *LSJPA — 1026*, 2010 QCCA 1241; *Dyckow* c. *La Reine*, R.J.P.Q 96-111 (C.A. Qué.).

Cette décision – et d'autres rendues dans le droit fil – emportent cinq conclusions :

1) Le droit criminel n'a pas pour visée de sanctionner les simples débordements de langage[105].

Les ambitions du droit criminel canadien se font bien plus modestes. Cette retenue répressive s'impose pour des motifs constitutionnels d'une double nature. Est en jeu autant le respect du partage des compétences voulant que le Parlement canadien s'en tienne aux seuls comportements pourvus d'une gravité suffisante[106] que le respect de la liberté d'expression dicté par la Charte canadienne.

2) Le caractère objectivement menaçant des propos ne suffit pas à emporter une condamnation.

La culpabilité morale est le prélude à toute condamnation de nature criminelle. Partant, l'examen de l'état d'esprit de l'accusé se veut déterminant en matière d'infractions langagières[107].

Faire l'impasse sur la détermination de l'état d'esprit du locuteur emporte une triple contravention à la Charte canadienne. L'article 7 se trouve enfreint lorsqu'une condamnation ne s'accompagne pas d'un état d'esprit foncièrement coupable[108]. L'atteinte à la liberté d'expression ne se justifie pas davantage lorsqu'une condamnation de nature criminelle est prononcée en l'absence d'intention suffisamment répréhensible[109]. Enfin, la présomption d'innocence est violée lorsque la déclaration de culpabilité intervient sans la preuve hors de tout doute raisonnable de l'un des éléments essentiels du crime.

---

[105] Cette thèse est défendue, exemples à l'appui, dans un article consultable en ligne : Rainville, *supra*, note 59.

[106] Un double critère intervient de manière à s'assurer du respect du partage des compétences. Sont étudiées la gravité de la norme enfreinte ainsi que la gravité du préjudice appréhendé : Rainville, *supra*, note 59, p. 46 à 51.

[107] *Martel* c. *R.*, 2023 QCCA 205; *R.* c. *Patoine*, 2022 QCCA 1517; *Joad* c. *R.*, 2016 QCCA 1940; *Dulac* c. *R.*, 2015 QCCA 1625; *R.* c. *Armstrong*, 2012 BCCA 248 (demande pour autorisation d'appel rejetée); *LSJPA — 1026*, 2010 QCCA 1241; *Dyckow* c. *La Reine*, R.J.P.Q 96-111 (C.A. Qué.). Ce thème fait l'objet d'une étude fouillée portant sur l'ensemble des crimes de parole : Rainville, *supra*, note 59 (article disponible en ligne).

[108] La présence d'une faute revêt un caractère obligatoire : *R.* c. *Hess*; *R. c. Nguyen*, [1990] 2 R.C.S. 906.

[109] L'article 301 C.cr. sanctionne le libelle diffamatoire sans se soucier de la connaissance ou non qu'a l'accusé de la fausseté des faits rapportés. L'invalidité de cette disposition semble acquise: *R.* c. *Prior*, (2008) 57 C.R. (6th) 387; [2008] N.J. n° 134 (C. sup. T.-N & Lab.); *R.* c. *Gill*, (1996) 29 O.R. (3d) 250 (C. div.gén.); P. Downard, *Halsbury's Laws of Canada, Defamation in Canadian Law*, 2013, HDE-5; M. Manning et P. Sankoff, *Mewett, Manning & Sankoff, Criminal Law*, 4e éd., LexisNexis, 2009, p. 859. L'insuffisance de la faute subjective reprochée aura pareillement mené à l'invalidation d'une infraction fédérale en droit pénal électoral : *Canadian Constitution Foundation* c. *Canada (Attorney General)*, 2021 ONSC 1224.

3) La colère ne disculpe[110] ni n'inculpe[111].

L'emportement *per se* ne dit rien du verdict à prononcer. Tout est fonction de l'incidence de l'ire sur l'état d'esprit de l'accusé. La culpabilité est acquise si la personne hors d'elle-même entend faire craindre le pire à son interlocuteur. En revanche, les propos enflammés échappent à la répression, si l'accusé ne mesure pas leurs répercussions au moment de s'exprimer. Les paroles regrettées aussitôt prononcées n'ont pas vocation à être saisies par le droit pénal.

L'analogie avec le droit pénal spécial français est de circonstance. L'article 222-17 du Code pénal use d'une saine précaution. La réitération est en principe obligatoire pour qu'une menace verbale bascule dans l'interdit[112]. Comme l'expose un pénaliste de renom, le législateur « souhaite distinguer les simples mouvements d'humeur spontanés des comportements réfléchis »[113].

La précaution prise en droit canadien est d'un autre ordre. Elle sonde plutôt l'ampleur de la faute morale. Et elle subordonne la culpabilité à l'importance de cette faute morale.

Fort nombreux sont d'ailleurs les verdicts d'acquittement rendus au sujet de personnes ayant prononcé sous le coup de l'emportement des paroles ayant dépassé leur pensée[114].

Cette perspective n'a rien d'inusité d'autant que le droit ne se satisfait pas davantage de la simple insouciance au moment de la formulation des propos reprochés[115].

Autant la détermination de l'état d'esprit de l'accusé renvoie à une appréciation purement factuelle, autant un moment d'emportement soudain peut se soustraire à l'emprise du droit criminel.

Du reste, la faculté d'évaluation du juge du procès demeure circonscrite. Il lui est rigoureusement interdit de faire l'économie de l'examen des explications

---

[110] *R.* c. *Ratt*, 2021 SKCA 7; *R.* c. *McRae*, 2013 CSC 68.

[111] *Patoine* c. *R.*, 2022 QCCA 1517, par. 25 et, au par. 31 : « [...] dans l'arrêt *R. c. McRae*, la Cour suprême prend soin de préciser que la colère ou la frustration qui peut animer un accusé à prononcer certaines paroles ne s'assimile pas nécessairement à son intention quant à la manière dont il souhaitait que ses paroles soient reçues » ; *LSJPA — 1026*, 2010 QCCA 1241. Les critères destinés à cerner l'incidence de la colère sur la culpabilité en matière d'infractions langagières sont analysés dans un article paru en ligne : Rainville, *supra*, note 59, p. 88, 94-95 et 98-100 et 125-126.

[112] Art. 222-17 du Code pénal français : « La menace de commettre un crime ou un délit contre les personnes dont la tentative est punissable est punie de six mois d'emprisonnement et de 7 500 euros d'amende lorsqu'elle est, soit réitérée, soit matérialisée par un écrit, une image ou tout autre objet ».

[113] D. Dechenaud, « Menaces », dans JurisClasseur France, coll. « Pénal Code », art. 222-17 à 222-18-3, fasc. 20, Paris, LexisNexis France, par. 24. Déjà, dans l'arrêt *Nabis*, le juge Beetz prévenait, au sujet du prédécesseur de l'art. 331 (1) C.cr. : « countless are those who do not weigh their words » (*R.* c. *Nabis*, [1975] 2 R.C.S. 485, 493).

[114] Voir les décisions analysées dans Rainville, *supra*, note 59, p. 88, 94-95 et 98-100 et 125-126.

[115] Cette proposition touchant le crime de menaces se voit consacrée dans la jurisprudence énoncée *supra*, note 72.

fournies par l'accusé au sujet d'un accès spontané de colère et de l'absence de volonté d'être pris au pied de la lettre[116].

L'emportement ne justifie pas, à lui seul, l'interposition du droit criminel :

> « L'article 264.1 C.cr. ne punit pas les propos colériques : il s'intéresse uniquement aux énoncés *destinés à convaincre* autrui du passage vraisemblable de la parole à l'acte. L'inculpé doit vouloir imprégner à ses paroles le sérieux nécessaire à la persuasion. Or, l'emportement peut fort bien l'empêcher de constater la teneur de ses paroles et surtout leur répercussion dans l'esprit de la victime. Si la colère n'absout pas en soi la personne qui se fait menaçante, encore lui faut-il constater la portée de ses paroles et leur force de persuasion. »[117]

En somme, l'accusé doit vouloir convaincre autrui de son passage vraisemblable à l'acte[118]. *La volonté de persuasion fait corps avec l'élément mental du crime de menaces*[119]. Cet élément mental irréductible découle inévitablement du libellé même du texte d'incrimination d'après lequel l'inculpé doit « sciemment » proférer une menace : aussi doit-il constater – au moment de les prononcer – l'effet de ses paroles sur autrui[120]. Comme le déclare le juge Fish au nom de la Cour d'appel du Québec : «Any one who speaks words which he does not wish to be construed as a threat does not commit the offence »[121]. Or, l'on ne saurait présumer qu'une personne pèse forcément ses mots[122]. Le degré de réflexion de l'accusé fait figure de critère d'analyse incontournable.

---

[116] *Martel* c. *R.*, 2023 QCCA 205, par. 35 et s.; *R.* c. *Patoine*, 2022 QCCA 1517, par. 27 à 32.

[117] Rainville, *supra*, note 59, p. 99-100 (italique dans l'original; références omises).

[118] La mens rea s'entend de deux manières : la volonté d'être pris au sérieux ou bien la volonté d'intimider autrui (*R.* c. *McRae*, 2013 CSC 68). L'une ou l'autre de ces formes de mens rea suppose obligatoirement la volonté de convaincre autrui de la vraisemblance du passage à l'acte.

[119] Cette proposition a pour effet de laisser impunies plusieurs catégories de propos déplacés. *Cf.* les illustrations jurisprudentielles dans Rainville, *supra*, note 59, p. 93 à 97 et 125 et s. (consultable en ligne).

[120] « La mens rea est l'intention de faire en sorte que les paroles prononcées ou les mots écrits soient perçus comme une menace [...] » : *R.* c. *Clemente*, [1994] 2 R.C.S. 758, 763 (soulignement dans l'original). Quant à l'incidence possible de l'état d'ébriété de l'accusé sur cette prise de conscience, *cf. R.* c. *Paul-Germain*, 2023 QCCQ 6991; *R.* c. *Ratt*, 2021 SKCA 7, par 36 et 38; *Dyckow* c. *La Reine*, R.J.P.Q 96-111 (C.A. Qué.) et les nuances à faire dans Rainville, *supra*, note 59, p. 97.

[121] *R.* c. *Mathurin*, 1990 CanLII 2917 (C.A.Q.). Voir encore *R.* c. *Range*, (1998) 37 W.C.B. (2d) 365, [1998] B.C.J. n° 361 (C.A. C.-B.): «First, it is not merely what the words spoken to another would convey but what the appellant meant or intended by them»; *R.* c *McRae*, 2013 CSC 68, par. 19; *R.* c. *Armstrong*, 2012 BCCA 248, par. 31: «[...] something more than an assessment of the words on an objective standard is required » (demande pour autorisation d'appel rejetée); *R.* c. *Noble (P.D.J.)*, 2010 MBCA 60, par. 8; *R.* c. *Gaete*, 2011 ONSC 2957; *R.* c. *Kendel*, 2004 SKPC 103; *Sigouin* c. *R.*, J.E. 2002-916 (C.S.); *R.* c. *Waddell*, [1993] O.J. n° 856 (C. just.); *R.* c. *Tucker*, (1987) 36 C.R.R. 365 (C. dist. Ont.). *Adde* notre analyse de ce sujet, exemples jurisprudentiels à l'appui, dans Rainville, *supra*, note 59, p. 86-97 et 124-131 (disponible en ligne).

[122] Voir les explications et illustrations jurisprudentielles dans Rainville, *supra*, note 59, p. 89 à 96 et 129 et s. (consultable en ligne).

4) La formulation d'un sentiment d'impuissance dément l'existence d'une menace.

L'agressivité exprimée n'est pas, en soi, le gage d'une condamnation[123].

Des propos véhéments peuvent traduire – à l'occasion – un pur sentiment d'impuissance. Or, un aveu d'incapacité plus ou moins tu ne s'apparente guère à une menace à proprement parler : la faiblesse à peine inavouée peine à se parer d'atours inquiétants...

Il en va ainsi de la personne menottée qui promet, par pur dépit, des représailles aux policiers présidant à son interpellation[124]. Il en va de même de l'emportement verbalisé par un frêle citoyen expulsé d'une salle d'audience par un huissier costaud[125]. Il en est pareillement d'une femme menue qui, dans un accès de colère, déclare à son ancien conjoint de forte stature qu'elle ira le battre[126].

Ces sautes d'intempestivité ne traduisent en rien une menace à consonance criminelle. En somme, l'inefficacité patente de la sanction annoncée dément l'existence d'une menace[127], tout comme l'évocation d'un scénario manifestement irréaliste ne saurait incarner l'existence d'un conseil illicite[128].

Un sentiment d'impuissance peine à incarner une menace un tant soit peu tangible. Une promesse de rétorsion vaine à sa face même ne possède guère un quelconque aspect comminatoire. Le propos supposément menaçant se fait parfois

---

[123] *Dufour* c. *R.*, 2023 QCCS 804; *Martel* c. *R.*, 2023 QCCA 205 ; *R.* c. *Patoine*, 2022 QCCA 1517; *Veillette* c. *R.*, 2022 QCCA 477; *R. c. Tutino*, 2012 QCCA 889; *LSJPA — 1026*, 2010 QCCA 1241; *R.* c. *Jalbert*, 2015 QCCQ 10800; *R.* c. *Mobarakizadeh* JE 94-816; 1994 CanLII 5611 (CA).

[124] *R.* c. *Tutino*, 2012 QCCA 889, par. 13 et 14: « In this instance, there is no doubt that the words the trial judge found to have been pronounced, if looked at in isolation from their context, would constitute a death threat or a threat to cause bodily harm. *That, however, is not enough to engage the respondent's criminal liability* [...] the respondent had lost his self-control, resenting the way in which he had been treated for such a trivial infraction as not paying for his subway ticket, and who had uttered the impugned words in a state of frustration. Moreover, the threats had not been uttered in a way that a reasonable person, in the same circumstances, would have objectively feared for his or life, nor had it been established that the respondent intended the patrol officers to take them seriously » (notre accentuation). Voir encore *LSJPA — 1026*, 2010 QCCA 1241, par .6 : « Les paroles ont été prononcées par un adolescent séquestré dans sa chambre dans un moment de colère pour manifester sa frustration et non pour inquiéter ou intimider son éducatrice, qui était d'ailleurs accompagnée d'un agent d'intervention lors de l'événement. À cet égard, celle-ci a déclaré qu'elle ne s'était pas sentie troublée par l'événement – comme ne l'aurait pas été une personne raisonnable placée dans les mêmes circonstances – et qu'elle avait continué normalement son quart de travail »; *R.* c. *Pierre*, 2023 QCCM 63 (le prévenu prononce une parole intimidante tout en se laissant choir pour que l'on procède à son arrestation). Voir pourtant *R.* c. *Churchill*, 2023 NLCA 26; *R.* c. *Malu Mende*, 2019 QCCM 139.

[125] *R.* c. *Mobarakizadeh* JE 94-816; 1994 CanLII 5611 (CA). Rapp. *Veillette* c. *R.*, 2022 QCCA 477.

[126] *R.* c. *Jalbert*, 2015 QCCQ 10800.

[127] Voir les explications et illustrations en la matière dans Rainville, *supra*, note 59, p. 80, 81 et 96 (consultable en ligne). En revanche, une menace « conditionnelle » est susceptible de tomber sous le coup de l'art. 264.1 C.cr. encore que des nuances importantes soient à faire. Les distinguos formulés dans la jurisprudence sont relatés dans Rainville, précité, p. 80 et 81.

[128] *R.* c. *Ross*, 2022 ONSC 4877.

très chenu. Les acquittements prononcés en pareilles circonstances se comprennent d'autant.

Si de tels éléments sont généralement de nature à démentir la mens rea, ils sont tout autant aptes à contredire l'existence de l'élément matériel. L'accusé ne peut prêter foi à ce qu'il dit si la menace est irréalisable à sa face même. L'actus reus peut dont être démenti lorsque *l'inexistence d'un quelconque danger d'exécution de la menace est patente* de par le profil de l'accusé, les connaissances de l'auditoire à cet égard[129] et le mode de diffusion privilégié[130].

D. Crise et désarroi

Les crises bousculent et bouleversent. Leur magnitude heurte les certitudes sociales autant qu'elle inquiète l'individu. Leur déploiement s'accompagne d'un retentissement collectif et d'un tintement personnel.

À son paroxysme, la crise sociale plonge l'individu dans un état de crise. Or, le désarroi est pétri d'incertitude. Le désemparement est en proie à l'indécision et aux solutions imprécises. Les options semblent grugées ou évanescentes. Qu'en est-il lorsque pareille impuissance s'accompagne de formulations comminatoires ?

L'hypothèse est donc celle de crises en cascades : une crise sociétale entraîne, à son tour, un état de crise personnel qui vaut à une personne de sombrer dans des propos menaçants.

Cette sombre perspective aura pris corps durant la crise pandémique de Covid-19. Le désemparement aura guetté plusieurs personnes rétives à l'amplification des mesures sanitaires. Pareille angoisse se sera parfois traduite par des égarements langagiers.

La jurisprudence québécoise a été saisie de tels propos. Un individu effaré à la perspective que le port obligatoire d'un couvre-visage sanitaire soit étendu aux lieux extérieurs appelle le centre d'aide psychologique offert par son employeur. Après quelques hésitations, il confie à son interlocutrice la cause de son désarroi. Il lui déclare qu'il est « hors de question » de revêtir pareille protection qu'il assimile à ce que les esclaves portaient autrefois. Inquiet de ce que cette nouvelle mesure sanitaire ne finisse par s'imposer au Québec, il évoque une tuerie survenue dans une province voisine et précise qu'il fera « probablement » de même : « je vais en tuer le maximum avant de m'en tirer une ». Non sans confier son désemparement (« je ne sais pas quoi faire avec ça ») et déclarer chercher « une solution » avant « de faire

[129] Que l'interlocuteur ne se soit senti aucunement intimidé lors de la saute d'humeur de l'accusé est susceptible de traduire l'inexistence d'une menace : *R.* c. *Jalbert*, 2015 QCCQ 10800. La mens rea fera *parfois* défaut en pareilles circonstances : *LSJPA — 1026*, 2010 QCCA 1241, par. 6; *R. c. O'Brien*, 2013 CSC 2. Les nuances en la matière sont exposées, décisions à l'appui, dans un article en ligne : Rainville, *supra*, note 59, p. 89-90 et 98-99.

[130] Rappr. *Veillette* c. *R.*, 2022 QCCA 477; *R.* c. *Jalbert*, 2015 QCCQ 10800; *R.* c. *Koyina*, 2014 NWTTC 14, par. 20; *R.* c. *Wasylyk*, (2004) 246 Sask. R. 188 (C. prov. Sask.); *R.* c. *Nidal*, 2004 CanLII 58286 (C. mun. Q.); *R.* c. *Lee*, (1988) 3 W.C.B. (2d) 430 (C. dist. Ont.). Certaines décisions s'en remettent plutôt à l'absence d'élément mental: *LSJPA — 1026*, 2010 QCCA 1241; *R.* c. *James*, 2010 BCSC 1891, par. 47.

des conneries ». À l'occasion d'un échange téléphonique avec un nouvel intervenant dans l'heure d'après, il reprend les mêmes formules menaçantes et le même désir de trouver une solution tout en indiquant qu'il « allait mourir debout plutôt qu'à genoux ». Informé de ce que ses propos sont inquiétants et devront être signalés, l'inculpé rappelle peu après le service d'aide pour clamer sa volonté de ne faire de mal à personne et réitérer sa nécessité d'être aidé.

Une condamnation pour menaces est prononcée au procès au double motif que l'inculpé « voulait être pris au sérieux » et que le crime était déjà consommé lorsqu'il fut saisi de regret. Cette décision sera infirmée à bon droit par la Cour d'appel du Québec.

L'examen des motifs de la Cour d'appel ne saurait se faire sans aborder préalablement l'étonnant et problématique élargissement de l'élément mental du crime de menaces dans la jurisprudence contemporaine de la Cour suprême du Canada.

1. L'accroissement discutable de la finalité préventive du droit pénal : l'élargissement de l'élément mental du crime de menaces

La jurisprudence la plus récente de la Cour suprême du Canada avalise un devancement inédit du stade de la répression. L'intervention du droit criminel se fait désormais extrêmement précoce.

Dans l'arrêt *McRae*[131] rendu en 2013, la Cour suprême désavoue sa jurisprudence précédente et remodèle l'élément mental du crime de menaces. Ses décisions antérieures estimaient que les expressions « volonté d'intimider » et « volonté d'être pris au sérieux » pouvaient s'employer indifféremment. L'une et l'autre étaient envisagées comme de purs synonymes. Or, l'arrêt *McRae* opère désormais une dissociation. Loin d'être considérées comme interchangeables, ces deux expressions sont dorénavant jugées distinctes.

La Cour suprême du Canada reformule l'élément mental du crime de menaces de manière à évincer le caractère obligatoire de la volonté d'intimidation. La mens rea est désormais définie de manière dissociative. Soit que l'inculpé veuille être pris au sérieux, soit qu'il entende intimider autrui. L'une *ou* l'autre de ces intentions suffit à parfaire l'infraction. Il devient ainsi possible de condamner au titre du crime de menaces, l'individu qui confie sa volonté d'infliger des lésions corporelles à autrui et sollicite pour ce faire l'aide de comparses. S'ouvrir au sujet d'un dessein criminel, sans la moindre volonté d'effaroucher l'interlocuteur, rend passible d'une condamnation pour menaces.

Cet élargissement de l'élément mental est éminemment problématique. Il devance de manière inédite le seuil de la répression. Or, dans un autre arrêt fort indiqué, la Cour suprême jugea inopportun le télescopage de deux infractions préventives, le complot et la tentative, de manière à sanctionner la « tentative de

---

131 *R.* c. *McRae*, 2013 CSC 68.

complot ». L'arrêt *Déry* s'oppose à pareil devancement du stade d'intervention du droit pénal. Par son refus d'avaliser l'existence du crime de tentative de complot, la Cour suprême du Canada affiche sa volonté d'assurer l'impunité à une dérive langagière jugée bien trop embryonnaire :

> « [...] une tentative de complot constitue, au mieux, un risque qu'un risque se matérialise. [...] bien que M. Déry ait discuté du crime en espérant éventuellement le commettre avec d'autres personnes, ni lui ni ces autres personnes n'ont commis ni même convenu de commettre le crime dont ils ont parlé. Le droit criminel ne punit pas les mauvaises pensées de cette sorte qui sont abandonnées avant que les personnes ne concluent d'entente ou ne tentent de passer à l'acte »[132].

Or, la redéfinition de l'élément mental opérée dans l'arrêt *McRae* a pour résultante de sanctionner une tentative de complot sous le couvert du crime de menaces... Par le truchement de l'article 264.1 C.cr., la Cour suprême réprime des paroles auxquelles elle avait tenu à assurer l'impunité.

L'arrêt *McRae* encourt des griefs supplémentaires :

i) il dénature la vocation même du crime de menaces. Cette infraction devient entièrement dissociée de son fondement : l'intimidation ne fait plus partie, de près ou de loin, des éléments constitutifs du crime de menaces[133]. À telle enseigne que la volonté de menacer est évacuée de l'infraction de menaces...
ii) il devance indûment le stade de la répression à l'encontre de l'ordonnancement préconisé au sein du Code criminel[134]. L'intimidation et la menace sont indissociables. L'oublier revient à sanctionner la simple formulation d'un dessein criminel et à devancer de manière insolite le seuil temporel de la répression[135]. Sanctionner du chef de menaces, la personne qui énonce son dessein illicite sans vouloir effrayer son interlocuteur revient à édicter une nouvelle infraction inchoative qui se déploie à un stade antérieur à tout ce qu'avait conçu le législateur. Vidée de toute notion d'intimidation, cette infraction revient à

---

[132] *R.* c. *Déry*, 2006 CSC 53, par. 50 et 51.

[133] Ni l'actus reus ni la mens rea ne renvoient désormais à la notion d'intimidation. Nul besoin qu'une personne soit effrayée, intimidée, <u>et</u> nul besoin que l'inculpé veuille intimider ou effrayer quiconque. Autant cet état de choses s'entend pour l'actus reus (l'art. 264.1 C.cr. n'est pas une infraction de résultat), autant l'élargissement de la mens rea est éminemment problématique : nous nous en expliquons bien davantage dans l'étude en ligne mentionnée *supra*, note 59, aux p. 101 à 110.

[134] L'interprétation retenue dans l'arrêt *McRae* met à mal l'agencement préconisé par le Code criminel. Le législateur a plutôt choisi d'ordonnancer la répression sur la foi d'un double critère, temporel (le degré d'avancement des démarches de l'accusé) et moral (le degré de turpitude morale affiché par l'accusé). Le Code affiche une répugnance à sévir à un stade trop précoce : il préfère permettre au justiciable de se raviser et de renoncer à son propos illicite, tant que sa détermination et le risque de préjudice ne seront pas suffisamment avérés. *L'énonciation d'un dessein illicite profite de l'impunité, car le degré d'avancement vers l'atteinte de l'infraction est par trop embryonnaire*. L'inculpé est encore à même de renoncer à son projet illicite et le risque de préjudice demeure suffisamment faible pour fonder l'attentisme du droit. Voir nos développements dans l'article mentionné *supra*, note 59, p. 104 à 106.

[135] Comp. *Yessaian* c. *La Reine*, 2014 QCCA 1161, par. 42 : « Puisque le droit criminel canadien ne sanctionne pas la simple formulation d'une intention criminelle, l'entente doit donc constituer plus que de simples discussions ou négociations ou qu'une intention [...] ».

sanctionner la simple formulation d'une pensée illicite pour peu que l'inculpé se sache entendu.

iii) sanctionne des paroles d'une manière attentatoire à la liberté d'expression[136]. En dilatant l'élément moral du crime de menaces de manière à sanctionner toute personne désireuse d'être prise au sérieux, la Cour suprême se trouve à favoriser le châtiment de la personne tourmentée qui lance un appel à l'aide sous la forme certes maladroite d'un propos inquiétant.

Un appel de détresse à une ligne téléphonique d'assistance ou une consultation destinée à freiner une pulsion ravageuse suppose *de toute évidence* la volonté d'être pris au sérieux... Or, se contenter de la simple volonté d'être pris au sérieux a pour effet pernicieux de favoriser la culpabilité de celui qui tente sincèrement de résister aux pensées qui l'envahissent. Il ne s'agit pas là d'une vue de l'esprit. La jurisprudence qui s'en tient à une interprétation réductrice de la *mens rea* prône la condamnation, puisque l'appel à l'aide suppose la volonté de voir le projet illicite évoqué être pris au sérieux. Les travers de cette approche sont illustrés de manière saisissante dans le jugement au procès dans l'affaire *Martel* à l'instar d'autres décisions du genre[137].

Les griefs à l'encontre de cette approche ont été amplement exposés dans une étude précédente[138]. Qu'il suffise de rappeler qu'un *sentiment de désarroi* ne saurait rimer avec une *intention violente*. Le souci d'*évacuer* des pensées meurtrières semble tout à fait contraire à l'intention violente inhérente à la menace[139]. Une personne désireuse de faire comprendre à son interlocuteur sa détresse ou sa frustration *et non pas* sa volonté arrêtée de passer à l'acte ne saurait écoper d'une déclaration de culpabilité[140]. La finalité préventive des infractions langagières ne saurait s'opposer à l'acquittement de l'individu tourmenté qui cherche, encore que maladroitement, à résister à une pulsion dangereuse.

Le souci de cohérence du droit pénal préventif importe pareillement. Autant la jurisprudence estime indiqué de façonner une défense de désistement au profit du complice qui se désiste antérieurement à la perpétration de l'infraction[141], autant

---

[136] La formulation d'une menace n'est pas protégée par l'article 2 b) de la Charte canadienne, puisque cette parole ne possède aucune valeur intrinsèque. Or, cette justification tombe lorsque l'auteur des paroles menaçantes lance un appel à l'aide dans l'espoir de s'amender et de résister aux pulsions qui l'assaillent. Voir les développements dans l'article mentionné *supra*, note 59, p. 109.

[137] *R.* c. *Kent,* [1989] M.J. n° 667 (C. prov.): «He wanted the worker to believe his threat because he wanted attention.». Comp. *Rudnicki* c. *R.*, [2004] R.J.Q. 2954 (C.A.): la lettre adressée par un détenu à un psychologue donne lieu à deux interprétations contraires. Les juges majoritaires y voient la volonté de menacer autrui, tandis que la dissidence conclut, non sans raison, à un appel à l'aide et à la ventilation de frustrations agrémentée de fabulations.

[138] Rainville, *supra*, note 59, p. 106 à 110.

[139] Rappr. *R.* c. *Sather*, 2008 ONCJ 98, 78 W.C.B. (2d) 285; *R.* c. *Chanderbhan*, [2002] O.J. n° 1991 (C. just.Ont.).

[140] L'arrêt *R.* c. *Martel*, 2023 QCCA 205, par. 44 fait sienne cette proposition formulée dans Rainville, *supra*, note 59, p. 107. Rappr. *R.* c. *Jex*, [2004] O.J. n° 1907 (C. sup. just.); *R.* c. *Dubois*, 2002 CanLII 26469 (C.Q.); *R.* c. *Payne-Binder*, (1991) 7 C.R. (4th) 308 (C.A. Yuk.).

[141] *Cf.* le passage de l'arrêt *Gauthier* cité *infra*, note 143.

elle se doit d'inciter les personnes tourmentées à s'amender en temps opportun. Condamner pour menaces celui qui ébruite son dessein illicite dans l'espoir de l'endiguer ou d'exposer sa détresse ne sert aucune fin utile.

2. Les nécessaires digues à la finalité préventive du droit pénal : le resserrement opportun de l'élément mental du crime de menaces

La Cour d'appel du Québec aura su concilier au mieux la finalité préventive du droit pénal et le sort réservé aux écarts langagiers. Elle subordonne la répression à la preuve d'une dangerosité suffisamment accentuée.

De manière adroite, la Cour d'appel s'affranchit sans mot dire de la jurisprudence de la Cour suprême. La volonté d'être pris au sérieux n'offre plus le gage d'une condamnation. La Cour d'appel réussit à éluder les obstacles posés par l'arrêt *McRae* en insistant sur la nécessité de ne point châtier les appels de détresse destinés à conjurer une pensée criminelle :

> « Comme le souligne le professeur Rainville, une consultation visant à freiner des pensées noires « suppose de toute évidence la volonté d'être pris au sérieux », mais les paroles prononcées pour expliquer la détresse ne constituent pas nécessairement des menaces. Il explique qu'il faut analyser ce type de confidence dans le contexte où les paroles sont prononcées. Un cri de désespoir ou un cri du cœur ne s'apparente généralement pas à une menace [...]
>
> Les circonstances dans lesquelles les paroles ont été prononcées revêtent donc la plus haute importance pour déterminer si elles doivent faire l'objet de sanctions criminelles. Il ne faut pas faire en sorte que des personnes qui cherchent de l'aide évitent de le faire de peur que leurs paroles soient mal interprétées. Un appel à l'aide ne devrait pas être visé par l'article 264.1 C.cr. »[142].

La Cour d'appel ne dit mot de la liberté d'expression, mais sa décision en favorise l'essor et le respect en mettant à l'abri du droit pénal la parole destinée à conjurer une pensée ravageuse. Aucune sanction ne s'impose lorsque le verbe se fait le paraphe de la détresse et non celui de la délinquance avérée.

Au surplus, cet arrêt se concilie avec la vocation du droit pénal canadien contemporain qui se voue à favoriser le désistement en temps utile[143]. La finalité préventive du droit pénal se défausse si elle emprisonne les pensées destinées à dominer une pulsion répréhensible.

---

[142] *Martel* c. *R.*, 2023 QCCA 205, par. 44 et 45. Au même effet : *R.* c. *Aragon*, 2023 QCCQ 9304.

[143] Ainsi s'exprime la Cour suprême au sujet de la défense d'abandon façonnée en faveur du complice : « Il n'est pas inutile de réitérer les raisons qui justifient, en droit canadien, la reconnaissance de la défense d'abandon d'intention. Deux raisons de politique générale en matière criminelle expliquent la possibilité pour les participants à des infractions criminelles d'invoquer cette défense. D'une part, il y a l'impératif de veiller à ce que seules les personnes moralement coupables soient punies et, d'autre part, il y a l'avantage que tire la société du fait d'encourager les individus impliqués dans des activités infractionnelles à s'en désister et à les dénoncer » (*R.* c. *Gauthier*, 2013 CSC 32, par. 40).

L'arrêt *Martel* est porteur d'autres enseignements primordiaux. Il est indispensable de ne point cantonner l'analyse de la culpabilité au seul stade du prononcé des paroles reprochées. Obligation est faite au juge du procès d'examiner la conduite ultérieure de l'accusé[144]. Il est impossible de faire l'économie de l'étude de la séquence des événements : les propos subséquents, tout comme les explications fournies au procès, se doivent d'être abordés, sauf à commettre une erreur de droit en procédant à une analyse atrophiée de la preuve[145]. Autant un crime de parole est consommé sitôt l'ensemble des éléments du crime réunis[146], autant la détermination de l'état d'esprit de l'accusé sollicite la prise en compte de l'ensemble des faits pertinents :

> « [...] le juge a commis une erreur de droit en concluant que l'appelant avait l'intention requise pour commettre l'infraction de menace. L'ensemble des circonstances, incluant les explications données par l'appelant tant au moment du troisième appel au [programme d'aide aux employés], de sa déclaration aux policiers que lors du procès, indique qu'il n'avait pas l'intention requise pour être déclaré coupable en vertu de l'article 264.1 *C.cr.* »[147].

D. Crise et ironie

La crise avive les résistances. Certaines se veulent avant tout intellectuelles ; l'ironie est de ce nombre.

Elle fourbit discrètement les armes. L'ironie revêt les atours du combat langagier, mais à mots couverts. Elle persifle sans dévoiler ostensiblement le fond de la pensée du locuteur. En somme, elle « consent à être comprise, mais non directement »[148]. La dissimulation demeure pourtant de pure façade : « Un énoncé ironique est un énoncé par lequel on dit autre chose que ce que l'on pense en faisant comprendre autre chose que ce qu'on dit »[149].

L'efficacité de l'ironie tient à cet artifice : le déguisement de l'humour assure son rôle moralisateur. L'ironie pense une chose et, à sa manière, en dit une autre[150]. Comme l'expose brillamment Jankélévitch, l'ironie forme

> « un chapitre de l' «art de persuader » : elle cherche, littéralement, à *convaincre* les grotesques plutôt qu'à les *vaincre*. [...] la volonté ironique, évitant de heurter

[144] Voir pareillement *R.* c. *Aragon*, 2023 QCCQ 9304, par. 118; *R.* c. *Jeffers*, 2012 QCCA 1, par. 36.

[145] *Martel* c. *R.*, 2023 QCCA 205, par. 46; *R.* c. *Huggins*, 2014 ABQB 145. Cette règle vaut pour l'ensemble des crimes de parole (*cf.* la jurisprudence abordée dans Rainville, *supra*, note 59, p. 130). Pour des illustrations supplémentaires, voir, en matière de fomentation volontaire de la haine, *R.* c. *Buzzanga and Durocher*, (1979) 49 C.C.C. (2d) 369 (C.A. Ont.) et en matière d'instigation, *R.* c. *Jeffers*, 2012 QCCA 1.

[146] *R.* c. *Bains*, 2019 ABPC 291, par 187; *R.* c. *Ellison*, 2017 NSPC 5, par. 13; *R.* c. *Pake*, 1995 ABCA 493, par. 25.

[147] *Martel* c. *R.*, 2023 QCCA 205, par. 46. Voir encore *R.* c. *Aragon*, 2023 QCCQ 9304, par. 118 et 128.; *R.* c. *Hamdan*, 2017 BCSC 1770, par. 158,170, 171 et 181; *R.* c. *Jeffers*, 2012 QCCA 1, par. 36.

[148] Cette formulation de S. Kierkegaard est relatée par C. Margat, « Esthétiques de la provocation » dans *L'ironie. Le sourire de l'esprit*, Paris, Éditions Autrement, 1998, p. 61-77, à la p. 64.

[149] Cette définition énoncée par P. Lejeune est reprise par J.-J. Robrieux, « Plume satirique » dans *L'ironie. Le sourire de l'esprit*, Paris, Éditions Autrement, 1998, p. 140-159, à la p. 143.

[150] V. Jankélévitch, *L'ironie*, Manchecourt, Flammarion, 1997, p. 42.

> de plein fouet, par un blâme direct, la volonté adverse, l'induit à se vouloir elle-même abolie ou amendée. [...] il est des résistances – et avant tout les résistances d'origine spirituelle – qu'on ne fléchit jamais directement. [...] Voilà une ironie éducative, secourable aux consciences, maîtresse dans l'art des concessions spécieuses [...] »[151].

La finalité moralisatrice de l'ironie la rend d'autant plus seyante par temps de crise.

1. Les périls de l'ironie : le risque de l'incompréhension

Ce combat ourdi n'est pas sans danger puisqu'il est assourdi. L'ironie consiste à dire *le contraire* de ce que l'on veut suggérer. Aussi donne-t-elle souvent cours à la méprise : « Comme elle est subtile, ambiguë ou menaçante, la signification de la satire est souvent source d'incompréhension. [...] L'auditoire peut fort bien croire que la satire promeut le mal qu'elle souhaitait pourtant dénoncer »[152].

Pareil écueil guette le locuteur et interpelle le droit. La confusion entretenue peut valoir au propos ironique la convocation de la justice pénale.

L'arrêt *Buzzanga and Durocher* en est l'illustration même[153]. Deux Franco-Ontariens rédigent un pamphlet sur fond de crise linguistique. Le projet de construction d'une école en faveur de la minorité francophone est en proie aux atermoiements et volte-face d'un conseil scolaire très peu enclin à lancer les travaux d'édification. Les deux compères décident de créer le scandale dans l'espoir de dénouer l'impasse et faire cesser la crise. Désireux de se moquer des préjugés du conseil scolaire envers les Franco-Ontariens, ils s'adonnent à la rédaction d'un texte anonyme dans lequel il est suggéré de réserver à la minorité francophone le sort infligé aux Acadiens à l'époque de la Conquête : la déportation.

S'il convenait de faire cesser l'obstructionnisme du conseil scolaire, il s'agissait aussi et avant tout de solliciter, par le scandale ainsi créé, l'intervention du gouvernement provincial afin de faire procéder à la construction de l'école.

Voilà réunies la force morale et la force mobilisatrice de l'ironie. Comme le fait observer Stéphane Zygart,

> « [...] une résistance ne peut pas consister seulement en un point d'arrêt, elle cherche nécessairement le mouvement, puisqu'elle a lieu non pas parce qu'une limite va être franchie, mais parce que celle-ci a été franchie, ce dont la diffusion de discours témoigne, discours d'alerte, de contestation et de proposition »[154].

---

[151] Jankélévitch, *supra*, note 150, p. 102 (italique dans l'original).

[152] Traduction libre d'un passage de C. Wilson, *Jokes, Form, Content, Use and Function*, Londres, Academy Press, 1979, p. 201 et 230.

[153] *R.* c. *Buzzanga and Durocher*, (1979) 49 C.C.C. (2d) 369 (C.A. Ont.).

[154] S. Zygart, « Chapitre introductif. Éclairage philosophique. Droit, discours et pratiques de résistance » dans *Résistance du droit et droit de la résistance* (dir. E. Cartier, R. de Bellecize et M. Ubéda-Saillard), Bruxelles, Bruylant, 2023, p. 17-29, à la p. 27.

Il n'empêche. Les risques d'incompréhension inhérents à l'ironie se traduisent, en l'espère, par une inculpation pour fomentation volontaire de la haine envers les Franco-Ontariens. Il est en somme reproché aux accusés d'attiser la détestation à l'encontre des leurs...

C'est dire le danger que suscite, sur le plan juridique, l'ambiguïté du discours ironique. Plus le discours ironique est réussi, plus il cèle adroitement la pensée du locuteur, plus il devient suspect en droit. Pourtant, la quête de vérité du droit pénal lui interdit de s'en tenir aux seules apparences. La notion de doute raisonnable doit d'ailleurs s'aborder forcément de pair avec l'ambiguïté du discours ironique[155].

La Cour d'appel de l'Ontario ne se montre pas insensible au péril qui guette l'ironie pétrie de mobiles nobles. Elle casse la condamnation prononcée en l'espèce et reproche au juge du procès d'avoir ignoré les explications offertes par les inculpés.

Là encore, *le procès des mots ne saurait faire abstraction de celui des intentions de l'auteur*. Le dessein des inculpés pouvait certes démentir toute volonté fielleuse. La thèse retenue n'est pourtant pas celle de l'acquittement assuré. Telle une mèche, l'ironie peut embraser ; telle la poudre, elle peut souffler. L'ironiste en sera quitte pour une condamnation s'il est conscient de *l'amplitude* du risque ainsi suscité. Aussi un nouveau procès est-il ordonné afin de déterminer si les inculpés étaient au fait que leur pamphlet anonyme créerait « certainement ou quasi certainement » la haine à l'encontre de la minorité francophone. Cela dit, la simple insouciance envers les répercussions fortement probables de l'écrit reproché ne saurait être retenue à charge[156]. Le degré d'appréhension exigé pour une condamnation suppose que l'ironiste prenne conscience de ce que l'éclosion de la haine s'avère inéluctable ou quasi inéluctable[157].

Pareil arbitrage se fait sensé. Il favorise le libre discours et participe d'autant au respect obligé de la liberté d'expression dicté par la Charte canadienne[158]. Mais il fait

---

[155] Rainville, *supra*, note 59, p. 120 à 123 et 126 à 132 (consultable en ligne); P. Rainville, *Les humeurs du droit pénal au sujet de l'humour et du rire*, Coll. Dikè, Québec, Presses de l'Université Laval, 2005, p. 44 à 48 et 121 et s. Comp., en droit français, J.-B. Thierry, « Presse et communication. – Provocations aux crimes et délits », *JurisClasseur Lois pénales spéciales*, fasc. 60, 2018, par. 31 et 32.

[156] L'insouciance affichée à l'égard du retentissement vraisemblable des paroles prononcées ne saurait se traduire par une condamnation: *R.* c. *Têtu*, 2022 QCCQ 5582, par. 314, 357 et 358 (jugement porté en appel : 2023 QCCA 684); *Mugesera* c *Canada*, 2005 CSC 40, par. 104; *R.* c *Keegstra*, [1990] 3 R.C.S. 697, 775; *R.* c. *Buzzanga and Durocher*, (1979) 49 C.C.C. (2d) 369 (C.A. Ont.) : « I do not consider [...] that the actor's foresight that a consequence is highly probable, as opposed to substantially certain, is the same thing as an intention to bring it about [...] ». En revanche, l'aveuglement volontaire pourrait asseoir un verdict de culpabilité: *R.* c. *Rochefort*, 2022 QCCS 2991, par. 258 (jugement porté en appel); *R.* c *Elms*, (2006) 217 C.C.C. (3d) 217, par. 21 (C.A. Ont.; requête en autorisation de pourvoi à la Cour suprême du Canada rejetée); *R.* c *Harding*, (2002) 160 C.C.C. (3d) 225 (C.A. Ont.).

[157] *R.* c. *Sohier-Chaput*, 2023 QCCQ 223, par. 84 et 254 (jugement porté en appel), dans un passage faisant sienne la proposition énoncée dans Rainville, *supra*, note 59, p. 117 à 120.

[158] L'intensité de la faute subjective ainsi recherchée aura contribué au constat de validité constitutionnelle de l'article 319 (2) C.cr. : *Canada (Commission des droits de la personne)* c. *Taylor*, [1990] 3 R.C.S. 892, 931; *R.* c *Keegstra*, [1990] 3 R.C.S. 697, 775.

aussi barrage aux propos tenus en toute connaissance de la magnitude du risque créé.

Aussi rare soit-il[159], le procès de l'ironie n'est pas inenvisageable pour peu que cette forme d'humour, portée par une cause noble, ne s'éprenne d'un combat au point d'attiser sciemment le mal qu'il faut terrasser.

C'est sans compter une hypothèse tout à fait contraire qui expose, elle aussi, l'ironie au droit pénal.

2. Les périls de l'ironie : le risque de la subversion

Il arrive à l'ironie de se départir de toute ambition moralisatrice ; il lui arrive de s'abandonner à la duperie. L'ironie devient tout bonnement *feinte* : le discours est soi-disant humoristique, alors qu'il cherche discrètement à discréditer socialement.

L'artifice déployé n'est pas sans conséquence. Des propos sulfureux tenus sous le couvert de la dérision sont passibles de sanction pénale. Il en va ainsi du spectacle destiné à tourner en dérision la déportation et l'extermination des juifs par les nazis. Sans sourciller, la Cour européenne des droits de l'homme démasque ce travestissement de l'humour : « une prise de position haineuse et antisémite caractérisée, travestie sous l'apparence d'une production artistique, est aussi dangereuse qu'une attaque frontale et abrupte »[160].

Le contexte peut ainsi démentir la thèse de l'ironie innocente ou follement insouciante, lorsque le rire sert de mascarade à un texte sournoisement subversif. Une caricature à tirage conséquent dessinant en singe une personnalité noire, afin d'attiser la haine à son encontre et ses pairs, est également susceptible de tomber sous le coup de la loi pénale[161]. Est judicieusement proscrite la dissimulation de messages haineux sous le couvert de la satire employée afin de masquer une idéologie haineuse[162]. Du reste, l'inculpé ne saurait s'abriter derrière un personnage imaginaire

---

[159] La raillerie n'arbore, le plus souvent, ni la gravité ni la méchanceté constitutive de l'incitation à la haine. La jurisprudence, canadienne comme française, convient que la provocation ironique ne peut généralement être prise au pied de la lettre ni induire une animosité ou un sentiment de rejet envers le raillé. *Cf. Saskatchewan (Human Rights Commission)* c. *Whatcott*, 2013 CSC 11; *Ward* c. *Québec (Commission des droits de la personne et des droits de la jeunesse)*, 2021 CSC 43; P. Rainville, *La répression de l'art et l'art de la répression. La profanation de la religion à l'épreuve des mutations du droit pénal au sujet du blasphème et de la protection des identités religieuses*, Coll. Dikè, Québec, Presses de l'Université Laval, 2019, p. 67 à 78, au sujet des décisions françaises et canadiennes.

[160] *M'Bala M'Bala* c. *France*, Cour européenne des droits de l'homme, 10 nov. 2015 (requête n° 25239/13), par. 40.

[161] Rappr., en droit pénal français, G. Calvès, *Envoyer les racistes en prison ? Le procès des insulteurs de Christiane Taubira*, Issy-les-Moulineaux, LGDJ, 2015; M.-H. Gozzi, « Droit d'en rire, les frontières pénales de l'humour » dans *Rire, droit et société* (dir. D. Guignard, S. Regourd et S. Saunier), Institut universitaire Varenne, Collection Colloques & Essais, 2018, p. 31-42, à la p. 35.

[162] *R.* c. *Sohier-Chaput*, 2023 QCCQ 223, par. 255 (jugement porté en appel). Et le tribunal d'ajouter : « [...] le lien que fait l'accusé entre le nazisme et l'Holocauste dans un forum public et la fréquence de ses écrits antisémites sont un indice révélateur de sa volonté de promouvoir activement la détestation de personnes de foi juive. Non seulement il fomente de la haine, mais il incite et encourage les lecteurs à passer à l'action : « Non-Stop Nazism, everywhere, until the very streets are flooded with the tears of our enemies. » [...] De l'avis du Tribunal, il n'y a pas de plaisanteries émanant des écrits en question. Se

afin d'essaimer, dans des écrits, un discours résolument orienté vers l'avilissement d'un segment de la population[163].

Cette fabrique de l'ironie simulée dénature et entache l'humour. Ainsi pervertie, l'ironie perd alors ses attributs traditionnels de rempart pour devenir à part entière semeur de haine et fomenteur de crise.

Conclusion

Il est parfois fait grief au droit *d'aggraver* les crises. L'inadaptation de la norme en serait supposément la cause : « Tout viendrait [...] d'un arbitrage non pertinent entre des exigences contradictoires présentées au nom de la rigidité ou, à l'inverse, de la souplesse de la norme »[164].

Pareil procès en inadéquation ne saurait être instruit en l'espèce à l'égard du droit prétorien canadien[165]. Aucune « crise du droit » n'est davantage à déplorer. Les mécanismes de détermination de la responsabilité pénale ne se sont pas trouvés dévoyés en moment de crise. Mieux encore, ils ont su intégrer le phénomène de la résistance individuelle en période d'agitation en modulant minutieusement la réplique du droit pénal aux excès de parole constatés.

Quatre éléments concourent à la conclusion selon laquelle le droit criminel canadien sait raison garder en temps de crise.

Le Parlement fédéral s'est abstenu, en période de tourment et de tourmente, de tout élargissement indu de l'espace sanctionnel. Participe de ce constat son refus d'incriminer l'apologie du terrorisme. L'assemblée parlementaire canadienne n'a pas souhaité pénaliser des propos destinés à glorifier un acte antérieur, si sinistre soit-il. Ce choix s'entend[166]. C'est une chose que de se réjouir d'un acte de terrorisme et de le faire publiquement tout en souhaitant convaincre l'auditoire de la légitimité de l'acte ignoble posé. C'en est une tout autre que de s'exprimer ainsi afin de susciter des vocations[167]. Le premier cas de figure témoigne d'une bassesse morale. Le

---

moquer et banaliser le génocide où plusieurs millions de personnes ont péri n'est pas un sujet insignifiant ou qui se prête à des plaisanteries : « 1.3 million is a good start. Nothing less than 6 million is acceptable » » (par. 256 et 258).

[163] *R.* c. *Rochefort*, 2022 QCCS 2991, par. 119, 124, 141, 162, 199 et s. dont le par. 206 (jugement porté en appel).

[164] A. Cabanis et M. L. Martin, « La faute au droit : les crises économiques » dans *Crise(s) et Droit* (dir. J. Larrieu), Presses de l'Université Toulouse 1 Capitole / L.G.D.J., 2012, p. 15-23, à la p. 17.

[165] Comme l'expose notre introduction, notre analyse s'en tient aux dérives langagières individuelles, non pas aux actions concertées. Aussi n'est-il point question de la jurisprudence relative à l'aménagement de la liberté d'expression dans le cadre de la répression du méfait lors d'actions collectives de contestation (*R.* c. *Soranno*, 2024 BCCA 5; *R.* c. *Lévesque*, 2022 QCCA 510), ni de la mise en œuvre de la loi sur les mesures d'urgence à la suite de l'érection de barricades en plein centre-ville d'Ottawa (*supra*, note 6) et des procès pénaux pour méfait et d'entrave au travail d'agents de la paix toujours en cours.

[166] Du reste, le *risque de préjudice* sera parfois carrément inexistant. Songeons à la personne qui se réjouit ostensiblement de l'assassinat d'un dictateur et de la chute d'un régime. En quoi y aurait-il alors le ferment d'une quelconque récidive ? Sévir revient alors à sanctionner purement l'ignominie supposée du propos.

[167] Cette distinction n'aura pas échappé à la jurisprudence canadienne. Comme l'expose l'affaire *R.* c. *Hamdan*, 2017 BCSC 1770, par. 108: « [...] the posts do not contain statements that could be considered

second atteste un danger futur. Les motifs d'intervention pénale ne procèdent pas des mêmes logiques dans ces deux hypothèses et les écueils constitutionnels pouvant s'interposer ne présentent aucunement la même intensité dans ces deux espèces distinctes.

Or, le législateur canadien s'est sagement détourné de toute volonté punitive à l'égard de l'apologie strictement axée vers le passé, tout en sévissant à bon escient contre les conseils destinés à favoriser la perpétration à venir d'une infraction terroriste, même indéterminée[168]. Ce juste arbitrage arbore un enseignement : la lucidité n'interdit pas le sens de la mesure.

Pareille circonspection aura eu pour avantage supplémentaire de mettre le droit fédéral à l'abri des risques d'instrumentalisation du processus pénal plus ou moins incontournables en matière de répression de l'apologie du terrorisme. L'actualité judiciaire et policière toute récente illustre l'acuité de cette forme pernicieuse de détournement[169]. Le dévoiement de la mise en œuvre du processus pénal est souvent le fait d'associations voire d'individus enclins à solliciter l'action du droit répressif afin de mettre dans l'embarras le locuteur jugé indésirable[170]. Cette volonté de censure[171] agit certes en marge du Code pénal dès lors que l'infraction alléguée

active inducement or encouragement for a reader to go and commit similar acts. There is a significant difference between a message that says, "the lone wolf attacks in Canada are happening because of wrongheaded government policies" and one that incites or induces a reader to "seek martyrdom by committing lone wolf terrorist acts similar to those of Mr. Rouleau or Mr. Zehaf-Bibeau". Mr. Hamdan did the former, not the latter. The former is an expression of a political point of view; the latter is the act of counselling an offence » (voir aussi les par. 113-114 de la décision). Il se trouve néanmoins des auteurs favorables à la répression de l'apologie du terrorisme. Pour la déclinaison des différents fondements envisageables à l'appui de cette incrimination, *cf.* B. Dzierlatka, *La propagande terroriste saisie par le droit pénal : étude comparée du droit français et du droit canadien*, thèse, Université de Sherbrooke et Université de Bordeaux, 2024.

[168] *Cf.* l'art. 83.221 (1) C.cr. L'avènement de cette disposition et de celle l'ayant précédée au sein du code criminel est relaté par K. Roach, « Terrorist Speech Under Bills C-51 and C-59 and the Othman Hamdan Case : The Continued Incoherence of Canada's Approach », (2017) 57 *Alta. L. Rev.* 203.

[169] A. Mestre, « En France, l'inquiétude montante des défenseurs des libertés individuelles », Le Monde, 27 avril 2024, en ligne En France, l'inquiétude montante des défenseurs des libertés individuelles (lemonde.fr); E. Plenel, « Contre la solidarité avec la Palestine, un maccarthysme à la française », Mediapart, 20 avril 2024, en ligne https://www.mediapart.fr/journal/france/200424/contre-la-solidarite-avec-la-palestine-un-maccarthysme-la-francaise?utm_source=article_offert&utm_medium=email&utm_campaign=TRANSAC&utm_content=&utm_term=&xtor=EPR-1013-%5Barticle-offert%5D%20%20&M_BT=9009849068529.l.

[170] Sur les phénomènes divers d'instrumentalisation de la justice en matière d'infractions langagières, *cf.* T. Besse, *La pénalisation de l'expression publique*, Institut francophone pour la justice et la démocratie, Collection des thèses, 2019, Monts, Présence graphique.

[171] Sur la polysémie du vocable « censure » ainsi que sur l'accroissement des actes de pression destinés à faire taire le propos jugé contraire aux valeurs chères à un groupe, *cf.* X. Bioy, « Artistic Censorship and Freedoms in French Public Law », *International Journal of Legal Information*, publié en ligne par Cambridge University Press, 2022, et, du même auteur et dans une forme abrégée, « Censure artistique en droit public français » dans *Censure et arts* (dir. S. Saunier), collection « Colloques et Essais », Institut francophone pour la justice et la démocratie, Monts, Présence graphique, 2023, p. 51-66; J.-M. Pontier, « Censure, moralité et dignité » dans *Censure et arts* , précité, p. 115-131, p. 126 et s., lequel signale la pluralité contemporaine des visages de la censure ; D. Truchet, « La censure, quelle définition juridique ? », dans *Censure et arts*, précité, p. 15-28. À noter pareillement l'élargissement de la portée du terme « censure » dans la jurisprudence relative à l'ère numérique. Voir *Leray* c. *Meta Platforms Inc.*, 2024 QCCS

n'est pas caractérisée *in fine*[172], mais elle s'appuie néanmoins sur la loi pénale puisque le dépôt de plaintes tire profit de textes d'incrimination amples ou peu balisés. L'invocation de la loi pénale n'a alors rien d'innocent. L'activisme plus ou malveillant des uns a alors pour cible espérée le silence obligé des autres. Le législateur canadien s'est prémuni contre de tels abus procéduriers grâce à son refus d'élargir indûment la palette des infractions langagières.

Trois autres formes de retenue attestées dans la présente étude sont l'apanage de la magistrature. Primo, la répression s'abstient de viser les paroles simplement déplacées ou vexantes. Secundo, l'existence d'un dessein proprement criminel demeure une figure imposée, le prélude obligé de la culpabilité : la gravité objective des propos ne suffit pas – en soi – à emporter une condamnation.

Une troisième observation atteste le sens de la mesure du droit prétorien canadien : l'examen du mobile ne suffit pas à trancher la question de la culpabilité morale de l'inculpé. La volonté de se rebiffer ou de s'insurger en temps de crise ne permet ni de faire l'économie de l'analyse du sens réel des mots voulu par l'accusé, ni d'omettre d'évaluer son sens de l'anticipation quant aux répercussions nocives de ses paroles. La jurisprudence se garde bien de châtier des paroles répréhensibles sans s'interroger sur le degré d'appréhension de l'accusé à l'égard des conséquences néfastes redoutées par suite de ses propos.

Cette exigence est d'autant fondée que l'on ne saurait présumer qu'une personne pèse forcément ses mots, a fortiori lors d'un accès d'exaspération ou un instant d'emportement. Une telle présomption serait, du reste, contraire à la présomption d'innocence garantie à l'article 11d) de la *Charte canadienne des droits de la personne*[173]. Le degré de réflexion de l'accusé lors de la formulation de ses dires fait office de critère de culpabilité incontournable. Partant, la jurisprudence canadienne se fait fort de différencier soigneusement des paroles de pure exaspération, des propos ironiques, de simples insultes, des termes de bravade et, à l'opposé, des déclarations proprement criminelles[174].

Il est dès lors loisible d'affirmer que le droit criminel canadien a su résister, même en temps de crise, à la « judiciarisation de la pensée »[175]. C'est d'ailleurs là la

---

1513, par. 48 : « [...] le verbe « censurer » m'apparait suffisamment large pour inclure la suppression d'affichages, les avertissements écrits ou encore les sanctions comme les suspensions et fermetures de comptes. J'estime en effet que ce verbe comprend toutes les mesures de contrôle, tant au niveau de ces messages que vis-à-vis les [*sic*] usagers ».

[172] Rappr. P. Rainville, « L'affaire Meurice vue depuis le Québec : excès de rire ou excès de condamnation », Mediapart, 12 mai 2024 : https://blogs.mediapart.fr/pierrerainville/blog/120524/laffaire-meurice-vue-depuis-le-quebec-exces-de-rire-ou-exces-de-condamnation

[173] Rainville, *supra*, note 59, p. 89-90 et 128 et s. (consultable en ligne).

[174] L'inventaire de ces distinctions de même que la détermination des critères destinés à départager les paroles déplacées et les propos criminels sont analysés dans Rainville, *supra*, note 59 (article en ligne).

[175] La « judiciarisation de la pensée » est une notion empruntée à Philippe Bilger, Président de l'Institut de la parole, dans un entretien au quotidien *Le Figaro*, 30 juin 2014.

ligne de partage entre le châtiment et la persécution ... La répression suppose que l'éclosion du mal soit réellement en vue[176].

La circonspection ainsi observée en droit pénal canadien n'est pas dépourvue de causes. L'on ne saurait mésestimer le rôle de l'interstice du temps qui s'infiltre entre l'action reprochée et le verdict prononcé. Les crises ont alors eu le loisir de s'atténuer voire de disparaître et ce, d'autant que le droit canadien ignore la procédure de la comparution dite immédiate[177].

Ce n'est plus tant le droit pénal en temps de crise que le droit « issu de la crise »[178] qui entre en scène. La sérénité ainsi recouvrée participe de la quête d'équilibre affichée par le droit prétorien. Un temps aimable aux verdicts apaisés.

---

[176] Non sans raison, la jurisprudence canadienne laisse impunie la tentative de commettre un crime imaginaire : l'infraction envisagée se doit de correspondre à un texte d'incrimination. Voir *États-Unis d'Amérique* c. *Dynar*, [1997] 2 R.C.S. 462, par 65 : « Il y a toutefois une différence pertinente entre le crime manqué et le crime imaginaire. Voir Pierre Rainville, « La gradation de la culpabilité morale et des formes de risque de préjudice dans le cadre de la répression de la tentative» (1996), 37 *C. de D.* 909, aux pp. 954 et 955. C'est une chose de tenter de voler un porte-monnaie, croyant qu'un tel vol est un crime, mais c'en est une autre de tenter d'introduire du sucre au Canada, croyant que l'importation de sucre est un crime ». La sanction perd toute raison d'être, dès lors que le préjudice envisagé ne possède pas la gravité voulue pour justifier une infraction.

Non sans raison, la magistrature française invalide l'infraction de consultation habituelle de sites internet terroristes au motif qu'elle porte indûment atteinte à « la liberté de communication ». L'appréhension d'un risque de préjudice se fait, en l'occurrence, *bien trop lointaine et incertaine*. Ni la manifestation de l'adhésion à l'idéologie terroriste exprimée sur ces services, ni la consultation régulière de ces sites ne sont « susceptibles d'établir à elles seules l'existence d'une volonté de commettre des actes terroristes » : Cons. const., 15 décembre 2017, n° 2017-682 QPC, par 14. Voir encore Cons. const., 19 juin 2020, n° 2020-845 QPC, par. 24; Cons. const., 10 février 2017, n° 2016-611 QPC. Comme le résume habilement un auteur, la jurisprudence abroge cette infraction vu « [...] le caractère trop distant du risque visé, la faiblesse de l'élément matériel et l'absence d'une exigence intentionnelle permettant de conclure à la culpabilité morale de l'individu [...] » : V. Anglehart, *Le temps et la culpabilité morale en droit pénal de fond. Étude comparée des systèmes canadien et français*, mémoire de maîtrise, Université Laval et Université Toulouse 1 Capitole, 2022, p. 29. Voir également N Mallet-Poujol, « Faut-il pénaliser la consultation de sites haineux ? : retour sur un égarement législatif » dans *Les discours de haine* (dir. B. Nicaud), Le Kremlin-Bicêtre, Mare & Martin, 2023, p. 213-236; N. Droin, « Discours de haine et liberté d'expression dans la jurisprudence du Conseil constitutionnel » dans *Les discours de haine*, précité, p. 177-195, aux p. 190 et s.; G. Beaussonie, « Sanction du recel de fichiers caractérisant l'apologie d'actes de terrorisme », (2020) 12 JCP G 341.

[177] Dans le cadre de cette procédure ayant cours notamment en droit français, le prévenu « comparaît *le jour même* devant le tribunal, après y avoir été conduit sous escorte » ; « *si le prévenu y consent* en présence de l'avocat, et si l'affaire est en état, il est alors *jugé le jour même* : sa comparution est donc *immédiate* » : J. Larguier, P. Conte et S. Detraz, *Procédure pénale*, 26ᵉ édition, Paris, Dalloz, 2023, p. 297 (italique dans l'original). Sur la constitutionnalité des procédures accélérées de jugement portant sur certaines infractions langagières, voir Cons. const., 17 mai 2024, n° 2024-1088 QPC; G. Lécuyer, « Droit public et liberté d'expression », Légipresse 2024 p. 386; B. Ader, « La loi sur la presse et le Conseil constitutionnel », Légipresse 2024 p. 269.

[178] Aussi glisse-t-on parfois de « la gestion des crises par le droit » au « droit issu de la crise », pour emprunter à la division opérée dans l'ouvrage *Crise(s) et Droit* (dir. J. Larrieu), Presses universitaires de Toulouse 1 Capitole / L.G.D.J., 2012.

5. Crise et société

Droit pénal et crise(s) identitaire(s) : la question de l'identité pénale dans les Outre-mer français

Emmanuelle GINDRE

Maître de conférences HDR en droit privé et sciences criminelles à l'Université de la Polynésie française, GDI EA 4240, Punaauia, Tahiti
Membre associée du Centre de recherche sur la justice pénale et pénitentiaire (CRJ2P/IFTJ de l'Université de Pau et des Pays de l'Adour

L'identité est une notion polysémique, voire galvaudée selon certains[1]. Diverses définitions peuvent en être données. Selon le dictionnaire Larousse, l'identité est le « caractère permanent et fondamental de quelqu'un, d'un groupe, qui fait son individualité, sa singularité ». Pour M. Castra « L'identité est constituée par l'ensemble des caractéristiques et des attributs qui font qu'un individu ou un groupe se perçoit comme une entité spécifique et qu'il est perçu comme tel par les autres. »[2]. Dans cette seconde définition, l'identité est définie en pensant l'altérité[3].

Le Grand Robert de la langue française donne quant à lui la définition suivante de l'identité culturelle : « Le fait d'appartenir à un groupe humain et de le ressentir ». La construction identitaire n'est en effet pas seulement individuelle, elle est aussi collective.

Or depuis plusieurs années, certains auteurs, sociologues notamment, ont souligné la « montée des identités », et étudié des situations de crise identitaire. Durkheim et Merton définissent la crise identitaire sur le registre de l'anomie, c'est-à-dire la disparition des valeurs communes à un groupe. Ils mettent en évidence qu'une situation de crise dans laquelle peut se trouver le système culturel, défini comme un ensemble organisé de règles morales et sociales (crise objective), peut à son tour déclencher une crise subjective (défaillance dans l'équilibre intérieur d'un individu entre sensibilité et besoins notamment de sûreté). Pour Merton, la crise de la structure culturelle a lieu lorsque les buts cohérents avec les valeurs qui la constituent ne peuvent pas/plus être atteints par les membres en utilisant les moyens normaux, à savoir les règles juridiques et sociales[4].

---

[1] A. Grosser, « Les identités abusives », Le *Monde,* 28 janvier 1994, ... « Peu de mots sont autant galvaudés ces temps-ci que celui d'identité ».

[2] M. Castra, « Identité », in S. Paugam (dir.), *Les 100 mots de la sociologie*, Paris, Presses universitaires de France, coll. « Que Sais-Je ? », pp. 72-73.

[3] C. Dubar, *La crise des identités, l'interprétation d'une mutation*, Paris, PUF, coll. Le lien social, 2010.

[4] « Crise » in A.J Arnaud (dir.), *Dictionnaire encyclopédique de théorie et de sociologie du droit*, LGDJ, anthologie du droit, 2018

« Les crises identitaires provoquent une déstabilisation des repères, des appellations et des systèmes symboliques... Ceci conduit à une crise de l'altérité, c'est-à-dire à la perturbation du rapport à autrui qui engendre des conflits »[5] ou autrement dit une crise du lien social.

En France, des études sociologiques s'intéressent aux crises identitaires des minorités revendiquant leur reconnaissance et leurs spécificités. La notion d'identité est ainsi centrale dans les travaux sur l'immigration ayant pour origine les anciennes colonies françaises d'Afrique. Ces travaux mettent en évidence que *des* identités s'opposent alors à *une* identité nationale qui résulte de l'universalisme républicain, d'un modèle d'intégration français[6]. Les répercussions juridiques, et notamment pénales, de ces revendications conduisent à la multiplication des interdictions liées à la protection du principe de laïcité[7], ou des interdictions des discriminations raciales, ethniques ou religieuses dans un souci de protection des minorités.

La France est par ailleurs également composée de territoires ultra-marins dont les populations préétablies sont devenues françaises par la colonisation. Les études des crises identitaires dans les colonies intégrées à la République posent la problématique en d'autres termes, puisqu'ici c'est l'Etat français, et donc son droit pénal, qui s'impose sur le sol autochtone. La problématique est celle des droits autochtones[8].

Des populations de ces territoires revendiquent leur autochtonie : les Amérindiens de Guyane, les Maorais de Mayotte, les Polynésiens de Polynésie française ou les Mélanésiens de Wallis et Futuna et de Nouvelle-Calédonie (les Kanak en Nouvelle-Calédonie). Or la Constitution française de 1958 en vigueur ne reconnaît pas d'autre peuple que le peuple français (art. 1er), même si elle reconnaît « au sein du peuple français, les populations d'outre-mer, dans un idéal commun de liberté, d'égalité et de fraternité. » (art. 72-3).

Dans ces collectivités territoriales, la crise identitaire des populations autochtones se manifeste dans la soumission à un système normatif étatique et la mise à l'écart d'un système normatif coutumier, traditionnel. Depuis plusieurs années émerge cependant un renouveau identitaire, d'abord culturel, un mouvement dans lequel les populations se réapproprient leurs savoirs et savoir-faire[9].

---

[5] S. Sahraouia, N. Sellam, et A. Teguia. « Fabrique de la crise et identité », *Spécificités*, vol. 4, no. 1, 2011, pp. 36.https://www.cairn.info/revue-specificites-2011-1-page-35.htm

[6] G. Noiriel, "Petite histoire de l'intégration à la française", *Le Monde Diplomatique*, Janvier 2002

[7] E. Gindre, « Droit pénal et spiritualité » , *AJ pénal* déc. 2023, p. 533-537.

[8] «Il n'existe pas à l'heure actuelle de définition juridique des peuples autochtones en droit international (seule l'OIT a défini en 1989 dans sa Convention n° 169 les peuples aborigènes et tribaux; ce sont, dans les Etats indépendants, les descendants de ceux qui habitaient le pays à l'époque de la conquête et conservent à l'heure actuelle tout ou partie de leurs spécificités, et ont le sentiment de leur appartenance à un groupe distinct).» N. Rouland, « Note d'anthropologie juridique: l'inscription juridique des identités », *RTDCiv*. 1994 p. 287.

[9] V. Notamment pour la Polynésie française, N. Gagné, « Changements et résistances culturelles de 1960 à nos jours », in E. Conte (Dir.) *Une histoire de Tahiti, des origines à nos jours*, Au Vent des Îles, UPF, MSHP, 2019, p. 311s.

Le mouvement identitaire se manifeste également par des réflexions et actions politiques et juridiques plus profondes. Plus poussées en Nouvelle-Calédonie depuis les Accords de Nouméa en 1998, elles émergent de manière plus intermittente en Polynésie française, à la faveur d'élections plaçant les indépendantistes au pouvoir. Ainsi, le député indépendantiste Tumatai Le Gayic a proposé la création d'une citoyenneté *Ma'ohi* et en a interrogé la faisabilité et la pertinence en organisant récemment un colloque. La notion de *Ma'ohi* n'emporte pas consensus[10], mais la revendication oui : le gouvernement local a formulé le 20 septembre 2023 le vœu « de l'institution d'une citoyenneté *Ma'ohi* entraînant des conséquences juridiques pour celui qui l'acquiert, citoyenneté consacrée et sacralisée dans la Constitution »[11].

Aujourd'hui, la crise identitaire des populations autochtones cherche des solutions dans le cadre du statut des collectivités ultra-marines au sein de l'Etat. Mais les revendications d'évolution du statut au sein de la République interrogent également sur l'existence d'une crise identitaire des collectivités d'outre-mer elles-mêmes. Les statuts, notamment d'autonomie, semblent insuffisants à répondre aux attentes locales : comment ces collectivités se définissent-elles, s'identifient-elle dans l'Etat ? Comment l'appartenance à l'Etat peut se concilier avec une identité propre ?

La Constitution distingue trois types de collectivités territoriales applicables aux Outre-mer : les collectivités de l'article 73 (DOM ROM et hybrides), celles de l'article 74 et la Nouvelle-Calédonie, collectivité dite *sui generis*.

Les dernières décennies sont particulièrement marquées par des revendications autonomistes voire indépendantistes. Certaines collectivités ont ainsi acquis une plus grande autonomie comme Saint-Martin et Saint-Barthélémy en 2007, détachées de la Guadeloupe pour devenir des collectivités d'outre-mer au sens de l'article 74 de la Constitution. La question de l'évolution statutaire de la Nouvelle-Calédonie à la suite du dernier référendum d'autodétermination[12], ou de celle de la Polynésie au lendemain de la victoire indépendantiste aux élections locales de 2023 soulignent également la nécessité d'une réflexion sur leur place, leur identité, au sein de la République.

Dans ce contexte de crises identitaires multiples, le droit pénal en tant que compétence régalienne par excellence peut apparaître comme un symbole dans l'affirmation d'une identité : il incarne le droit de punir ou de ne pas punir, un versant majeur de la souveraineté, mais il est aussi un droit expressif, porteur des valeurs d'une société.

---

[10] V. entre autres: Polynésie la 1ère, « Citoyenneté Ma'ohi: qui est ma'ohi, qui ne l'est pas ?, https://la1ere.francetvinfo.fr/polynesie/tahiti/polynesie-francaise/citoyennete-ma-ohi-qui-est-ma-ohi-et-qui-ne-l-est-pas-1428992.html , TNTV, "Une usine à gaz », https://www.tntv.pf/tntvnews/polynesie/societe/pour-jean-marc-regnault-la-citoyennete-maohi-risque-detre-une-usine-a-gaz/

[11] Arrêté n° 1654 CM du 20 septembre 2023 portant vœu du gouvernement de la Polynésie française pour l'institution d'une citoyenneté Ma'ohi.

[12] Sénat, Avenir institutionnel de la Nouvelle-Calédonie, Rapport d'information n° 831 (2021-2022) de MM. François-Noël BUFFET, Philippe BAS, Jean-Pierre SUEUR et Hervé MARSEILLE, fait au nom de la commission des lois, déposé le 27 juillet 2022 ; V. Aussi Conseil d'État, Avis relatif à la continuité des institutions en Nouvelle-Calédonie, n°407713 du 7 décembre 2023.

Quelle est alors la place du droit pénal, voire son rôle dans les crises identitaires touchant tant les populations autochtones des Outre-mer que les collectivités ultra-marines au sein de la République ? Autrement dit quelle « identité pénale » peut s'affirmer dans les collectivités ultra-marines françaises ?

Nous nous risquons ici sur la notion « d'identité pénale »[13] qui pourrait se définir comme l'ensemble des caractères fondamentaux qui feraient la singularité du système répressif d'un groupe. En effet, le droit pénal (ou répressif) est un droit expressif, porteur de valeurs institutionnalisées et garanties, qui contribuent à la construction identitaire individuelle et collective des individus qui les partagent et sont tenus de les respecter. Cette identité pénale peut être recherchée à deux niveaux : l'identité pénale autochtone et l'identité pénale de la collectivité dans la République.

I. L'identité pénale autochtone impossible

L'identité pénale autochtone a été évincée par une identité pénale nationale au sein du système juridique étatique qui s'est imposé dans les Outre-mer. Si elle survit, c'est alors en marge de l'État, tout statut juridique reconnu étant impossible.

A. Le principe de l'identité pénale nationale

L'identité pénale des autochtones commence à disparaître dès le XVIIIe siècle. Lors des missions religieuses puis de la colonisation française, les coutumes autochtones sont peu à peu interdites, parfois de façon très répressive, tandis que les autorités coutumières sont déchues notamment du pouvoir de rendre la justice. Il en est ainsi à Tahiti, avec l'adoption du code dit Pomare en 1819[14], ou encore en Nouvelle-Calédonie dès 1854 avec le code de la tribu Pouma, sous l'impulsion de Louis Tardy de Montravel désireux de mettre fin aux vieilles coutumes et rétablir l'ordre public[15].

Les interdits imposés aux autochtones sont alors fondés sur les valeurs portées par la religion chrétienne (catholique ou protestante) et mixent des considérations sociales, politiques, ou morales, voire de politesse élémentaire. Certains délits punis de mort à la discrétion du souverain consistent simplement en un sommeil agité, un clignement des yeux, un grincement de dents ou le bruit fait avec le ventre[16]. En Nouvelle-Calédonie, les chefs de clans deviennent des agents garants de l'ordre public au service de l'État[17].

---

[13] Le terme pénal n'est sans doute pas adapté du point de vue autochtone tant il renvoie à l'État mais a le mérite d'être suffisamment évocateur pour les pénalistes du CIPF.

[14] L.-J. Bouge, « Première législation tahitienne. Le Code Pomaré de 1819. Historique et traduction », *Journal de la Société des Océanistes*, 1952, 8, pp. 5-26.

[15] Y. Person, « La Nouvelle-Calédonie et l'Europe, de la découverte à la de Nouméa (1774-1854) », *Outre-Mers. Revue d'histoire*, 1953, 138 pp. 5-215.

[16] E. Gindre et B. De Loynes de Fumichon, « La réception du droit pénal français à Tahiti (1842 - 2000) », *Arch. Pol. Crim.*, 2014, 36 p. 89-109.

[17] L'Etat colonial, en réorganisant les chefferies a confié le maintien de l'ordre aux grands chefs, sous l'autorité de l'Etat dès la fin du XIXème siècle, prérogative confirmée en 1954 par l'article 10 de l'arrêté

Aujourd'hui le droit pénal français s'appuie sur un principe de territorialité, garant de l'égalité des citoyens. L'article 113-2 du code pénal dispose que « La loi pénale française est applicable aux infractions commises sur le territoire de la République. ».

Ce principe est conforté par l'impossibilité constitutionnelle de transférer le droit pénal au sens large aux collectivités ultra-marines, quel que soit leur statut[18].

C'est donc un principe d'assimilation qui prévaut dans les collectivités d'outre-mer régies par l'article 73 de la Constitution ainsi que dans les collectivités les plus récentes créées sur le fondement de l'article 74 : le droit pénal étatique est applicable de plein droit.

Dans les autres collectivités de l'articles 74 (Polynésie française, Wallis et Futuna) et la Nouvelle-Calédonie, c'est un principe de spécialité qui s'applique : le droit pénal étatique (compétence pénale de l'Etat) s'applique sous réserve d'une mention expresse dans le texte normatif. Cette application non automatique du droit pénal étatique ne laisse pour autant pas de place à une justice pénale locale, et encore moins autochtone.

Si certaines populations se voient reconnaître un statut civil coutumier (à Mayotte, Wallis et Futuna, et en Nouvelle-Calédonie), il n'existe aucun statut pénal autochtone, comme cela a pu être revendiqué[19].

Ces divers principes assurent tout autant l'unité de la République que l'unité du détenteur du pouvoir de punir qui reste l'État. Les systèmes pénaux coutumiers édictant les transgressions et les sanctions au sein des tribus ou des chefferies, ainsi que la justice pénale rendue par les autorités coutumières deviennent contraires à la loi de l'État. C'est donc bien une identité pénale étatique qui s'impose aux populations autochtones.

Les conséquences de la suprématie de l'identité pénale étatique apparaissent assez nettement en Nouvelle-Calédonie, où les manifestations coutumières et les revendications d'une identité pénale autochtone sont encore les plus fortes, face à un droit « colonial » qui les a opprimés lors de l'installation française[20].

La jurisprudence condamne fermement les sanctions coutumières, qu'elles soient corporelles ou d'une autre nature : « aucun texte ne reconnaît aux autorités coutumières une quelconque compétence pour prononcer et appliquer des sanctions à caractère de punition, même aux personnes relevant de statut civil

---

n° 895 du 6 juillet 1954, fixant les attributions du service des affaires autochtones, JONC du 19 juillet 1954, p. 346, mais supprimée en 1956. V. R. Lafargue, *La coutume judiciaire en Nouvelle-Calédonie. Aux sources d'un droit commun coutumier,* PUAM, 2003, pp. 119-123 ; V. égal. Y. Person, *op.cit.*

[18] Constitution, art. 73 al.4.

[19] J.-P. Martres, J. Larrieu, *Coutumes et droit en Guyane; Amérindiens, Noirs- Marrons, Hmong*, Economica, coll. Caraïbe-Amérique Latine, 1993, not. l'analyse de G. Vermelle, « Les aspects pénaux de l'avant-projet de 1984 », p. 129. V. égal. V. Parisot, « Justice pénale républicaine et droit coutumier kanak », *Cahiers d'anthropologie du droit,* 2011-2012, p. 183.

[20] R. Lafargue, « Juger ailleurs, juger autrement - L'histoire kanak et la Nouvelle-Calédonie : le droit comme enjeu de civilisation », *Les cahiers de la justice*, 2013, p. 119

coutumier ; qu'aux termes des Accords de Nouméa et de la loi organique du 19 mars 1999, l'Etat reste à ce jour compétent en matière de justice, d'ordre public, et de garantie des libertés publiques »[21]. Alors que les Accords de Nouméa en Nouvelle-Calédonie en 1998 ont permis « l'ouverture sur le droit de l'autre et, au travers du droit, sur la civilisation de l'autre » en consacrant un statut personnel et une justice civile coutumière, il n'en est rien en matière pénale « car la justice pénale, elle, enfermée dans un dogmatisme d'un autre temps, ne veut pas en connaître »[22].

Les autorités coutumières se trouvent alors démunies, privées des sanctions permettant d'assurer le respect des règles coutumières si la transgression ne constitue pas elle-même une infraction sanctionnée par le code pénal étatique. C'est leur autorité qui est remise en cause, d'autant plus lorsque la justice pénale étatique est instrumentalisée par les auteurs des transgressions à la coutume qui deviennent victimes de sanctions coutumières prohibées[23].

Dans ce contexte, il devient difficile d'affirmer une identité pénale autochtone. Au contraire, les frustrations identitaires, dans un contexte d'incompréhension mutuelle, pourraient exacerber la délinquance.

Certains auteurs se sont interrogés sur les conséquences d'un recul de l'autorité coutumière, de la perte de repères et donc de cette crise identitaire pour la jeunesse actuelle en termes de progression de la délinquance. Les « coutumiers » souhaitent que les autorités étatiques leur rendent le pouvoir d'imposer des châtiments corporels (l'astiquage), considérés aujourd'hui par les jeunes des tribus comme des maltraitances, alors que les anciens y voient la solution pour enrayer la délinquance. Cette nostalgie du passé n'est cependant pas fondée, notamment pour les violences sexuelles intrafamiliales qui impliquent des auteurs ayant connu les sanctions corporelles[24].

L'on peut aussi s'interroger sur les différences de valeurs véhiculées par l'identité pénale étatique à travers ses interdits, qui ne sont pas forcément les mêmes que les interdits définis par les communautés autochtones, et qui ont pu ou pourraient encore dans certains cas expliquer certaines formes de délinquance. Si la répression de l'infanticide semble aujourd'hui communément admise par les

---

[21] Crim. 10 octobre 2000, n° 00-81959, décision rendue à propos de châtiments corporels appliqués sur décision des autorités coutumières au refus d'exécution d'un bannissement, V. R. Lafargue, *La coutume face à son destin. Réflexions sur la coutume judiciaire en Nouvelle-Calédonie et la résilience des ordres juridiques infra-étatiques*, Paris, LGDJ-Lextenso Éditions, 2010, p. 144. V. Également V. Malabat, « La prise en compte de la coutume kanak en droit pénal », in E. Cornut, P. Deumier (Dir.), *La coutume kanak dans le pluralisme juridique calédonien*, Presses Universitaires de Nouvelle-Calédonie, UNC, LARJE, 2018, pp. 214-235, particulièrement p. 116s.

[22] R. Lafargue, op.cit. p. 3-4.

[23] E. Gindre, « La sanction corporelle en terres océanes », in Y. Guenzoui (dir.), *Lettres d'Outre-mer et d'ailleurs, Récits de juristes-voyageurs d'Océanie et d'Amérique Latine*, PUAM 2022, p.

[24] C. Salomon, « Parcours pénaux et sorties de la délinquance », in Y. Mouchenik, *Recherche-action sur la pertinence d'une prise en charge spécifique en Outre-mer pour les populations autochtones*, Rapport à la mission des services pénitentiaires de l'Outre-mer, juin 2020, p. 241-243; V. égal. M. Naepels., « Sur l'emprisonnement et le sens de la peine à Houaïlou », *ibid*. p. 224.

polynésiens influencés par une certaine modernité apportée par les valeurs européennes, il n'en a pas toujours été ainsi et l'infanticide était même la norme pour une partie de la société polynésienne, les *arioi*, dont les pratiques vouées au culte du dieu 'Oro ont été interdites par le code Pomare de 1819[25]. De même, le vol n'est pas une notion connue des premiers polynésiens, à part dans certaines légendes, puisque les biens étaient communs et répartis au sein de la communauté par le chef. Cette conception culturelle de la propriété et le décalage avec les valeurs européennes pourraient participer à la compréhension des nombreux détournements de fonds publics poursuivis à l'encontre des élus municipaux polynésiens[26].

Le système de sanctions imposé par le code pénal français remet également profondément en cause les conceptions autochtones du châtiment coutumier. La sanction d'une transgression de la coutume est immédiate et sévère, selon une échelle de valeurs propres à la communauté. Elle s'accompagne d'un pardon, qui assure la réintégration de l'auteur dans sa communauté tout autant que le rétablissement de l'équilibre rompu par la transgression.

Le châtiment corporel individuel ou collectif et le bannissement sont les sanctions les plus sévères ; la peine de mort n'était pas prononcée en dehors des guerres ou des sacrifices humains dans un contexte religieux[27] et l'enfermement était inconnu de ces populations. C'est pourquoi la peine de privation de liberté est si mal vécue dans les Outre-mer et notamment en Nouvelle-Calédonie où elle ne fait pas sens[28], pas plus qu'en Polynésie française où l'on « porte sa peine » dans un contexte de malentendu culturel et linguistique[29].

Certaines solutions ont été recherchées pour intégrer la coutume dans l'ordre répressif étatique en Nouvelle-Calédonie. Les Accords de Nouméa en 1998 ont ainsi institué un dispositif de médiation pénale coutumière. Il consiste dans l'établissement d'un protocole d'accord entre les deux parties en conflit, visant à restaurer le lien rompu par le litige. La médiation pénale coutumière, mise en pratique seulement en 2011, ne correspond cependant pas exactement aux attentes des coutumiers qui souhaitent davantage se voir confier un pouvoir de police. Elle reste

---

[25] A. Babadzan, *Les dépouilles des dieux. Essai sur la religion tahitienne à l'époque de la découverte*, Ed. De la Maison des sciences de l'Homme, Paris, 1993.

[26] S. Al Wardi, « Vie politique en Outre-mer : la question des rapports de proximité », in S.-M. Cabon et E. Gindre (dir.), *L'efficacité des dispositifs de lutte contre les atteintes à la probité : la nécessité d'une réflexion pour les Outre-mer*, *op.cit.* p. 107s.

[27] B. De Loynes de Fumichon, « La résistance des coutumes polynésiennes à la réception du droit français », in Liber amicorum, Mélanges réunis en hommage au professeur J.-L. Thireau, *Revue d'histoire des facultés de droit et de la culture juridique*, n°hors-série, 2019, p. 247. « il faut rappeler que le Parlement tahitien a aboli la peine de mort, en 1824, avant l'établissement du protectorat français, en 1842. La promulgation du Code criminel français, en 1868, l'a *rétablie* pour plus d'un siècle. »

[28] M. Naepels, « Sur l'emprisonnement et le sens de la peine à Houaïlou », in Y. Mouchenik, *Recherche-action sur la pertinence d'une prise en charge spécifique en Outre-mer pour les populations autochtones*, Rapport à la mission des services pénitentiaires de l'Outre-mer, juin 2020, not. p. 220-224.

[29] M. Paia, M. Salaün, J. Vernaudon, « Amo i te utu'a. Porter sa peine. Enquête sur la condition carcérale à Tahiti », in Y. Mouchenik, *Recherche-action sur la pertinence d'une prise en charge spécifique en Outre-mer pour les populations autochtones*, Rapport à la mission des services pénitentiaires de l'Outre-mer, juin 2020, p. 99-210.

en outre sous la supervision du Parquet et donc de l'État. Le dispositif peine alors à recruter des médiateurs et son bilan est assez décevant[30].

Ne parvenant pas à être acceptée par l'ordre répressif étatique ou à y être intégrée, la justice répressive autochtone persiste alors en dehors de l'État.

B. La survivance d'une justice répressive coutumière en dehors de l'Etat

Le peuple Kanak revendique de longue date la mise en œuvre d'une justice répressive coutumière. La Charte du peuple Kanak, proclamée le 26 avril 2014 fait de l'autorité coutumière la garante de l'ordre public coutumier ; elle se réfère au régime des sanctions coutumières s'appliquant de manière graduée aux fautes relevant de l'éducation, du respect de l'ordre public coutumier et de la morale coutumière ; elle prône une justice étatique décloisonnée faisant place à la coutume dans un système reposant sur un pluralisme juridique coopératif (points 100 et suivants).

À défaut de l'existence d'un tel pluralisme, il faut se rendre à l'évidence de la « vie indépendante du droit coutumier »[31] en dehors du système étatique. La justice étatique n'en connaîtra que si par exemple une plainte est déposée contre des sanctions coutumières[32].

Faut-il alors accepter l'inévitable et développer une tolérance jurisprudentielle ? Face aux sanctions corporelles coutumières, une telle tolérance s'avère inconciliable avec l'adhésion de la France aux droits fondamentaux interdisant les peines ou traitements inhumains ou dégradants[33]. Pourtant, quelques pratiques judiciaires indulgentes, mais très discrètes face au fait coutumier ont pu être relevées en Nouvelle-Calédonie : classements sans suite, correctionnalisation, abandon des circonstances aggravantes...[34]. Elles restent cependant très marginales, alors que d'autres États de la zone Pacifique les généralisent et les assument[35].

Par ailleurs, la justice répressive coutumière peut se lire en négatif. Là où elle ne reproche aucune faute, la justice étatique peut au contraire y voir une infraction. La tolérance jurisprudentielle face au fait coutumier peut alors se manifester dans l'admission d'une exception culturelle. Nous l'aurons compris, l'exception culturelle ne peut être admise concernant les châtiments corporels, mais la jurisprudence a pu

---

[30] C. Demmer (Dir.), *Faire de la coutume kanak un droit. Enjeux, histoire, questionnements.* [Rapport de recherche] Mission de recherche Droit & Justice. 2017, not. p. 61s.

[31] G. Nicolau, « Le droit très privé des peuples autochtones de Nouvelle-Calédonie », *Droit et cultures*, 37, 1999-1, pp. 53-70.

[32] Gilda Nicolau précise : « c'est la coutume qui régit les infractions qualifiées par le droit commun de pénales entre deux Mélanésiens de statut particulier et commises hors de portée de la connaissance des autorités », G. Nicolau, « Le droit très privé des peuples autochtones de Nouvelle-Calédonie », *op.cit.*

[33] Conv. EDH. Art. 3.

[34] Pour des exemples V. R. Lafargue, *La coutume judiciaire en Nouvelle-Calédonie. Aux sources d'un droit commun coutumier*, PUAM, 2003.

[35] Ibid.

se montrer sensible à certaines pratiques culturelles susceptibles de constituer une infraction.

Ainsi, la Cour d'appel de Papeete reconnaît la coutume polynésienne de consommation de viande de chien : « ... il est incontestable que, suivant une tradition ancestrale de la Polynésie dont il est notamment fait état dans l'encyclopédie de la Polynésie de B. Salvat, dans la société maohi ancienne, le chien constituait l'apport carné essentiel et que la consommation de viande carnée n'a pas cessé, la population chinoise ayant d'ailleurs renouvelé les recettes culinaires. Il y a lieu de préciser que le sacrifice des chiens se fait sans qu'ils soient saignés. L'abattage par noyade permet d'éviter que le chien ne soit saigné et aucune des déclarations recueillies ne permet d'établir que les chiens subissent au cours de la noyade une souffrance intense ou à tout le moins supérieure à celle strictement exigée par leur sacrifice en vue de leur consommation. Il n'est donc pas établi que le prévenu ait commis des sévices graves ou des actes de cruauté sur les chiens abattus par ses soins ou à sa demande. Dans ces conditions, le jugement entrepris sera réformé et M. Tchoun You Thung Hee relaxé »[36].

Bien que la relaxe soit fondée sur le défaut d'un élément constitutif de l'infraction de sévices et actes de cruauté sur les animaux de l'article 521-1 du code pénal (la cruauté), la Cour semble influencée dans son appréciation du mode d'abattage par l'existence de la tradition locale. De plus, elle prend soin de justifier l'existence d'une tradition locale ininterrompue, comme elle devrait le faire pour la tauromachie ou les combats de coqs érigés en exception culturelle par l'article 521-1 du code pénal, qui ne mentionne pourtant pas cette coutume polynésienne. La Cour se plaçait presque sur le terrain d'une interprétation par analogie, pourtant proscrite en droit pénal.

Si la tolérance jurisprudentielle face au fait coutumier ou à l'existence d'une justice répressive coutumière reste exceptionnelle, certaines communautés peuvent compter sur la tolérance de l'État en amont de toute poursuite.

Ainsi, en Polynésie française, alors que la coutume ne bénéficie d'aucun statut constitutionnel, deux îles peuvent être prises en exemple. Il s'agit d'abord de Maiao. Cette île au large de Tahiti, surnommée l'île interdite, conserve un mode de vie traditionnel et protégé de l'extérieur depuis un arrêté du gouverneur des Établissements Français d'Océanie du 3 juillet 1936 interdisant à tout français ou étranger non originaire de l'île d'y séjourner plus de 48 heures[37]. Un règlement communautaire prévoit de nombreuses interdictions assorties parfois d'une amende (comme le non-respect de l'obligation de porter une tenue décente), voire de la saisie du matériel de pêche en cas de non-respect du *rāhui*[38]. Lors de son contrôle

[36] Papeete, 19 févr. 1998, Dr. pénal 1999, n° 51, obs. M. Véron ; V. aussi C. Duvert, « Exception culturelle et droit pénal », *Arch. Pol. Crim.*, n°36, p.23.

[37] Arrêté n° 675 c., limitant le séjour dans l'île Maiaô (Tubuai- Manu) aux personnes qui ne sont pas originaires de cette île, JO. EFO, 16 juillet 1936, p. 406. Pour l'histoire de cette interdiction, V. C. Atem, « Mai'ao, l'île interdite », Bulletin de la Société des Études Océaniennes, n° 336, 2015, p. 70-94.

[38] V. *Infra*.

de la brigade de Gendarmerie de Mo'orea en 2012, le contrôleur général des lieux de privation de liberté (CGLPL) soulignait : « Les habitants y règlent leurs problèmes « en interne » ou avec l'intervention de l'unique policier municipal local »[39].

Rapa, île de l'archipel des Australes, conserve également une organisation et un fonctionnement traditionnels. Un règlement du conseil des sages modifié en 2006 mentionne des sanctions et une justice coutumière. Ainsi, en cas de culture de cannabis sur l'île, l'auteur non originaire de l'île, même marié à un Rapa est banni et rapatrié sur son île. Si l'auteur est Rapa, il doit planter 100 bananiers et en cas de récidive il est remis à la justice[40]. Par ailleurs, le règlement édicte plusieurs interdictions en matière de pêche et prévoit que toute personne surprise en infraction sera sanctionnée par le conseil des sages et à défaut de respecter la sanction prononcée, sera jugée par la population[41].

La persistance de coutumes répressives démontre ici la coexistence spontanée des systèmes coutumiers et étatiques, l'existence d'un pluralisme répressif, mais précaire et contingent : la tolérance n'est pas générale et ne concerne que de rares cas particuliers, elle reste en outre du ressort des juges ou des organes de contrôle et de poursuite, en fonction des impacts sur l'ordre public. Le CGLPL, dans son rapport précité, indique d'ailleurs qu'« en cas d'urgence, un hélicoptère de Tahiti vient chercher les gendarmes à Mo'orea pour les conduire à Maiao »[42].

Ce pluralisme est en outre *hors-la-loi,* en marge de l'État, dans la mesure où la Constitution ne reconnaît pas l'existence d'une justice pénale coutumière ni n'autorise l'État à transférer sa compétence pénale aux collectivités territoriales, donc a fortiori aux autorités coutumières.

Il faut par ailleurs prendre conscience que l'efficacité du droit pénal dans les Outre-mer et notamment de son caractère dissuasif, nécessite des incriminations en conformité avec des valeurs partagées par les autochtones, et des sanctions qui fassent sens, qui soient comprises comme telles et acceptées.

C'est pourquoi, si la justice pénale autochtone est impossible, constitutionnellement, au sein de la République, l'identité pénale pourrait être recherchée dans l'autonomie consentie de manière plus étendue aux collectivités de l'article 74 de la Constitution et à la Nouvelle-Calédonie, qui leur permet de participer à la compétence pénale de l'État. L'autonomie pénale qui leur est en quelque sorte accordée reste cependant strictement encadrée et précaire face à la primauté du droit pénal étatique, rendant là encore difficile l'affirmation d'une identité pénale propre à la collectivité.

---

[39] CGLPL, *Brigade territoriale de proximité de gendarmerie de Mo'orea*, Rapport du 14 décembre 2012, p.3.

[40] Le règlement ne précise pas à quelle justice.

[41] V. aussi C. Ghasarian, *Rapa, Île du bout du monde, île dans le monde*, Demopolis, Quaero, 2014.

[42] CGLPL, *Brigade territoriale de proximité de gendarmerie de Mo'orea*, *op.cit.*, p.3.

II. L'identité pénale des collectivités d'outre-mer limitée

La définition d'une certaine identité pénale des collectivités ultra-marines peut être le fait de l'État, adaptant lui-même le droit pénal national aux spécificités locales, mais elle peut également provenir des collectivités elles-mêmes pour celles qui bénéficient d'un statut d'autonomie.

A. La définition étatique d'une identité pénale des collectivités

Si la Constitution ne permet pas à l'État de transférer sa compétence pénale aux collectivités territoriales, et notamment aux collectivités ultra-marines des articles 73 et 74 et à la Nouvelle-Calédonie, en vertu de l'article 73 al.4, elle prévoit cependant la possibilité d'adapter les dispositions applicables aux spécificités locales.

L'article 73 dispose en effet que les lois et règlements applicables de plein droit dans les collectivités qu'il régit « peuvent faire l'objet d'adaptations tenant aux caractéristiques et contraintes particulières de ces collectivités. » Pour les collectivités régies par l'article 74 et la Nouvelle-Calédonie, l'article 74-1 de la Constitution prévoit qu'une ordonnance du gouvernement peut étendre des dispositions législatives demeurant de la compétence de l'État (comme le droit pénal et la procédure pénale) avec les adaptations nécessaires, ou adapter les dispositions de nature législative en vigueur à l'organisation particulière de la collectivité concernée.

Le droit pénal national ou la procédure pénale nationale peuvent donc être adaptés à chacune des collectivités ultra-marines, façonnant alors une identité pénale de la collectivité concernée. Dans ces hypothèses cependant, seul l'État procède aux éventuelles adaptations : il reste le détenteur du pouvoir de punir en conservant le pouvoir d'adaptation de la législation pénale nationale.

Ces adaptations permettent de prendre en compte le contexte culturel, coutumier. Ainsi, le droit de la chasse n'est pas applicable en Guyane (sauf dans le Parc Amazonien de Guyane) et certaines infractions forestières sont neutralisées pour tenir compte des usages traditionnels des populations autochtones : les feux allumés lors d'un campement, la coupe d'arbres pour la construction de bivouacs non professionnels ou l'entaillage des arbres pour marquer un itinéraire ne sont, par exemple, pas punissables, par exception aux dispositions de droit commun du code forestier[43].

En Nouvelle-Calédonie, la volonté d'impliquer les autorités coutumières dans la justice pénale étatique, à défaut d'autoriser une justice répressive coutumière, a conduit l'État à créer la médiation pénale coutumière[44] et à autoriser les institutions coutumières habilitées à mettre en œuvre des travaux d'intérêt général[45]. Les TIG en

---

[43] V. E. Gindre, « Pénal (Compétence pénale des outre-mer) », in G. Giraudeau et M. Maisonneuve (dir.) *Dictionnaire juridique des outre-mer*, LexisNexis, 2021.

[44] V. *Supra*.

[45] C. Pén. art. 712-1 A créé par la loi n° 2019-222 du 23 mars 2019 de programmation 2018-2022 et de réforme pour la justice.

tribu, quoiqu'encore récents, connaissent eux aussi des difficultés de mise en œuvre et un premier bilan mitigé[46].

Ces expériences plus ou moins concluantes conduisent à donner ou tenter de donner une identité pénale aux collectivités ultra-marines. Mais ce sont bien des normes étatiques qui permettent de forger cette identité : l'État reste titulaire du choix des adaptations qu'il admet et opère donc un tri parmi les normes coutumières qu'il choisit d'intégrer dans l'ordre répressif étatique.

Pour autant, certaines collectivités régies par l'article 74 de la Constitution et la Nouvelle-Calédonie, qui disposent d'une plus grande autonomie, ont obtenu la possibilité de participer aux compétences pénales de l'État, leur permettant de se définir une identité pénale. Cette possibilité reste cependant strictement encadrée et limitée.

B. La définition limitée d'une identité pénale par les collectivités

L'article 74 de la Constitution renvoie à des lois organiques le soin de fixer le statut applicable dans les collectivités concernées et notamment les compétences qui leur sont transférées[47]. Il rappelle l'impossibilité de transférer les compétences pénales de l'État aux collectivités d'outre-mer (sous réserve des compétences déjà exercées par la collectivité antérieurement à l'adoption de la loi organique). Il prévoit cependant que la loi organique peut déterminer les conditions dans lesquelles « la collectivité peut participer, sous le contrôle de l'État, à l'exercice des compétences qu'il conserve, dans le respect des garanties accordées sur l'ensemble du territoire national pour l'exercice des libertés publiques. »

À ce titre, les collectivités de Saint-Martin[48], Saint-Barthélemy[49], Saint-Pierre-et-Miquelon[50], la Polynésie française[51] et la Nouvelle-Calédonie[52] sont autorisées à assortir leurs règlementations, intervenant dans les domaines de compétences transférées, de sanctions pénales dans les conditions et limites fixées par leur statut respectif. Elles peuvent édicter des peines contraventionnelles et correctionnelles ainsi que des peines complémentaires par référence à une infraction de même nature existant en droit national. Elles doivent respecter les garanties accordées sur l'ensemble du territoire national pour l'exercice des libertés publiques, la classification des contraventions et des délits, ainsi que le maximum des peines prévues pour les infractions de même nature par les lois et règlements en vigueur. En outre, les dispositions pénales doivent faire l'objet soit d'un aval préalable de

---

[46] V. Les études réalisées par M. Naepels et C. Demmer, in Y. Mouchenik, *Recherche-action sur la pertinence d'une prise en charge spécifique en Outre-mer pour les populations autochtones, op.cit.*, pp. 227s. et 316s.

[47] C'est l'article 77 de la Constitution pour la Nouvelle-Calédonie.

[48] Code Général des Collectivités Territoriales (CGCT), LO6214-5 et LO6251-3.

[49] CGCT, LO6314-5 et LO6351-3.

[50] CGCT, LO6414-1 et 6461-4

[51] Art. 20, 21 et 94 de la loi organique n° 2004-192 du 27 février 2004 portant statut d'autonomie de la Polynésie française.

[52] Art. 86 et 87 et 157 de la loi organique n° 99-209 du 19 mars 1999 relative à la Nouvelle-Calédonie

l'État[53], soit d'une homologation législative a posteriori des peines délictuelles[54] ou seulement des peines d'emprisonnement[55].

Cette prérogative des collectivités citées pourrait permettre de faire prévaloir des valeurs locales, de mieux intégrer les normes coutumières dans la répression des atteintes aux règlementations relevant de leur compétence. Pourtant l'affirmation d'une identité pénale par l'exercice de cette prérogative reste limitée, principalement par le cadre contraignant imposé par leur statut organique respectif.

Le cadre statutaire strict a notamment pour objectif de garantir la légalité formelle des sanctions pénales ainsi adoptées, puisqu'en matière de délits, la compétence est législative, alors que les actes adoptés par les collectivités n'ont qu'une valeur règlementaire[56]. L'accord préalable ratifié par une loi, ou l'homologation législative selon les cas, les revêtissent du sceau de la loi.

Les conditions statutaires permettent également d'assurer l'exclusivité du pouvoir de punir de l'État, qui contrôle la légalité matérielle de la sanction édictée dans le cadre d'une simple participation de la collectivité à la compétence pénale étatique. En exigeant la référence à une infraction nationale de même nature, l'État affirme que les collectivités ne peuvent créer des infractions qui n'existent pas déjà en droit national. Cette exigence permet en outre un contrôle comparatif de la nature et du quantum de la sanction prévue et garantit ainsi le principe d'égalité devant la loi pénale[57]. Les collectivités ne peuvent réprimer plus sévèrement qu'en droit national des comportements similaires, et ne devraient pas pouvoir réprimer moins sévèrement, en vertu de ce principe d'égalité.

L'on comprend alors la difficulté d'affirmer une identité pénale particulière, sans pouvoir créateur, et avec une faculté limitée d'adapter les infractions existantes au contexte local puisque les sanctions pénales ne semblent pas pouvoir être modulées selon une échelle des valeurs à protéger propre à chacune des collectivités dotées d'autonomie. La Polynésie française s'est heurtée à cette difficulté en matière de biopiraterie, en adoptant un texte assorti de sanctions pénales avant que la France

---

[53] Pour Saint-Martin et Saint-Barthélemy, par décret éventuellement ratifié par une loi si dispositions concernées relèvent de la compétence législative.

[54] Pour Saint-Pierre-et-Miquelon.

[55] Pour la Nouvelle-Calédonie et la Polynésie française.

[56] Par exception, la loi du pays calédonienne, au contraire de la loi du pays polynésienne, dispose d'une valeur législative. L'homologation des peines d'emprisonnement poursuit donc davantage l'objectif d'en garantir la légalité matérielle.

[57] Garanti par la Déclaration des droits de l'homme et du citoyen de 1789, art. 6, ce que le Conseil constitutionnel a récemment rappelé dans sa décision QPC n° 2021-906 du 14 mai 2021 : « 10. Dès lors, les dispositions contestées ont pour effet d'instituer, pour la même infraction, une peine d'emprisonnement alors que la législation nationale n'en prévoit pas lorsque les faits sont commis pour la première fois et, en cas de récidive, une peine d'emprisonnement d'une durée supérieure à celle prévue par la législation nationale. Cette différence de traitement, qui n'est pas justifiée par une différence de situation entre les employeurs, n'est pas en rapport direct avec l'objet de la loi. Par conséquent, ces dispositions méconnaissent le principe d'égalité devant la loi pénale et doivent donc être déclarées contraires à la Constitution. »

ne légifère en la matière. Faute d'infraction de même nature, les peines d'emprisonnement prévues n'ont pu être homologuées et les peines d'amende ne pouvaient trouver à s'appliquer[58]. La même limite apparaît à propos des éléments constitutifs des infractions qui ne peuvent rendre la répression plus sévère en comparaison avec l'infraction nationale de référence.

Par ailleurs, la possibilité pour les collectivités concernées de participer à la compétence pénale de l'État ne remet pas en cause la primauté de cette compétence : l'État reste libre d'étendre dans la collectivité des sanctions pénales nationales adoptées dans des matières relevant de compétences transférées, comme l'a rappelé le Conseil constitutionnel à propos du droit de propriété intellectuelle en Polynésie française[59]. Il en est ainsi de l'article 717-2 du code pénal, applicable dans les collectivités d'outre-mer de l'article 74 de la Constitution et en Nouvelle-Calédonie. Cet article recopie l'infraction d'action illicite sur les prix du code de commerce national (art. L 442-9), non applicable dans ces collectivités. L'État étend donc ici une infraction et les sanctions afférentes en droit commercial, qui est une compétence transférée. Les collectivités concernées sont donc privées de l'exercice de leur faculté de participer à la compétence pénale de l'État et a contrario, elles sont privées de leur choix de la nature des sanctions en la matière : administratives ou pénales, l'État imposant la voie pénale.

Cela constitue un facteur supplémentaire limitant la possibilité d'affirmer une identité pénale singulière, et questionnant la portée de l'autonomie de la collectivité au sein de la République.

Aujourd'hui, les normes coutumières intégrées par les collectivités dans leur réglementation locale sont marginales, précaires et réduites à ce que permet le droit local dans le cadre de la hiérarchie étatique des normes[60]. En voici deux exemples emblématiques.

En Nouvelle-Calédonie, les autorités coutumières des Îles Loyauté, peinant à garantir la protection des aires coutumières faute de pouvoir appliquer des sanctions coutumières, ont concédé un montage juridique permettant à la Province des Îles Loyauté, collectivité au sein de la collectivité de la Nouvelle-Calédonie, d'appliquer des sanctions pénales règlementaires. Ainsi, sous la condition d'une mise à disposition de la Province des terres coutumières concernées par une convention coutumière de développement durable, le code de l'environnement de la Province prévoit l'instauration de servitudes écologiques et coutumières qui peuvent

[58] V. E. Gindre et *al.*, « Droit des Outre-mer: chronique de droit pénal, procédure pénale, droit pénitentiaire, politique criminelle », *Revue de science criminelle et de droit pénal comparé*, 2022, 04, pp.905-919; cette incrimination a connu d'autres déboires après l'adoption du texte national, faute de respecter la nature et le quantum des peines prévues par l'infraction de référence, V. E. Gindre et *al.*, « Droit des Outre-mer: chronique de droit pénal, procédure pénale, droit pénitentiaire, politique criminelle », *Revue de science*.

[59] Décision n° 2014-6 LOM du 7 novembre 2014.

[60] V. E. Gindre, « Norme culturelle et droit pénal : les voies d'un pluralisme normatif », in Y. Guenzoui (dir.), *La norme culturelle dans l'ordre juridique, Réflexions sur le vivre ensemble*, LGDJ Lextenso, coll. Contextes culture du droit, 2020, p. 239, 21p.

comporter des interdictions et des restrictions d'usage. Ces dernières sont alors soumises à l'application des règles provinciales en matière de contrôle et de sanctions pénales.

En Polynésie française, le *rāhui* ancien est une pratique coutumière ancestrale qui consiste à décréter un espace terrestre et/ou marin et toutes les ressources qu'il contient *tapu,* interdit, pour un temps donné. C'était d'après les anthropologues un acte autant sacré que politique et il s'accompagnait de croyances très enracinées qui en faisait un acte respecté. Le *rāhui* était décrété par le chef *Ari'i,* qui seul pouvait le lever. Il était accompagné de cérémonies rituelles et les infractions étaient menacées de sanctions divines[61].

Ayant conservé toute sa symbolique, le *rāhui* apparaît aujourd'hui comme une solution utile et respectée à la protection de l'environnement. La volonté de réintroduire cette pratique se heurte cependant à l'impossibilité de lui associer des sanctions coutumières, au-delà des sanctions divines ayant perdu une certaine crédibilité[62]. La définition du *rāhui* figure désormais dans le code polynésien de l'environnement, à l'article LP. 2122-1, ce qui lui assure sa reconnaissance. S'agissant de règles non écrites, il ne peut cependant contredire une autre règle du code, et il ne bénéficie pas des sanctions prévues pour les aires protégées règlementairement.

Le *rāhui* ne constitue alors qu'une contrainte morale, et s'il est relativement bien respecté par les populations riveraines de l'espace *tapu*, les communautés ne peuvent en garantir le respect vis-à-vis des tiers. La possibilité de l'assortir d'une contrainte juridique repose donc sur un habillage juridique, et l'on retrouve ainsi la délimitation et la réglementation de certains *rāhui* au sein de textes règlementaires créant des zones de pêche règlementées[63].

Parallèlement, l'administration locale a instrumentalisé la terminologie de *rāhui* porteuse de symbolique et convoquant le respect, pour asseoir un plus grand respect de ses propres règlementations, notamment en matière de pêche. La direction des ressources marines dénomme ainsi *rāhui* l'ensemble des interdictions et restrictions règlementaires s'appliquant à certaines espèces pêchées.

Ces deux exemples illustrent une codification de la coutume par sa redéfinition et son intégration dans une catégorie juridique préexistante (les espaces réglementés pour la protection de la nature, le partage des usages et la gestion des ressources). Cela lui permet de bénéficier du système répressif local applicable, ce système étant lui-même fondé sur le cadre statutaire de la collectivité et la nécessité

---

[61] T. Bambridge, F. Gaulme, C. Montet, *Communs et océan: le rahui en Polynésie,* Papeete, Tahiti, Au Vent des îles, 2020.

[62] Rapa et Maiao appliquant une gestion communautaire de l'île, constituent des exceptions. Le règlement coutumier de Rapa indique la possibilité pour le conseil des sages de prononcer des sanctions coutumières en cas d'infraction au *rāhui*. V. *supra*.

[63] V. Par ex. l'Arrêté n° 66 CM du 16 janvier 2020, disponible en ligne http://lexpol.cloud.pf/LexpolAfficheTexte.php?texte=546992&idr=184&np=1 , consulté le 13 décembre 2023 : cet arrêté du conseil des ministres polynésien crée une zone de pêche réglementée sur l'espace maritime au droit de la commune de Papara dénommée « Rahui No Patere I Papara ».

de s'adosser à une infraction nationale de même nature. L'affirmation d'une identité pénale propre de la collectivité se trouve donc ici encore relativisée.

En conclusion, le droit pénal constitue l'un des révélateurs des cicatrices de la colonisation qui restent difficiles à effacer : l'identité « pénale » des populations des outre-mer a été balayée par l'affirmation d'un droit pénal étatique et l'État est réticent à céder des portions de son pouvoir de punir à des territoires de la République que la Constitution proclame « une et indivisible ». Mais face aux crises identitaires, aux pertes de repères des autochtones pouvant conduire à une criminalité « conséquence » la justice répressive coutumière pourrait apporter certaines solutions. Elle pourrait aussi permettre de mieux atteindre des objectifs de respect des normes que ne permet pas la défiance dans le droit étatique éprouvée par les populations de ces collectivités.

Reste la question de déterminer quelle justice pénale coutumière pourrait être admise ? S'agirait-il d'une justice traditionnelle dont les anciens peuvent être nostalgiques, admettant des châtiments corporels, ou s'agirait-il d'une justice teintée de modernité et respectueuse des droits de l'Homme ? Mais quels droits de l'Homme lorsque se pose la question de leur universalité face à des conceptions divergentes de la faute, de la sanction ou encore de la victime ? Les principes directeurs de cette justice répressive coutumière admettraient-ils des sanctions collectives comme elles existent aujourd'hui encore dans certaines tribus ? ... Tant de questions qui exigent pour y répondre de sortir du cadre occidental et de porter le regard sur l'Autre.

Droit pénal. Entre rationalisme et populisme

Piotr STEPNIAK

Professeur à l'Université im. Adama Mickiewicza de Poznań (Pologne)

Les perspectives d'évolution du droit pénal ne peuvent pas être considérées isolément de la situation géopolitique et sociale générale.

Le début du XXI siècle a apporté de nombreux phénomènes criminels nouveaux et dangereux. Les attentats terroristes à New York le 11 septembre 2001 étaient la clé. En conséquence, les troubles sociaux ont considérablement augmenté dans de nombreux pays et l'idéologie de la "peur sans frontières" a commencé à se développer[1]. Cela a initié la transformation des sociétés démocratiques en sociétés avec un degré de sécurité plus élevé. En conséquence, le phénomène de populisme criminel s'est nettement intensifié, non seulement aux États-Unis, mais aussi en Europe. Cela est évident dans la demande assez répandue d'une politique pénale et d'un droit pénal plus sévère.

Dans cette perspective, il convient de se demander si et dans quelle mesure le populisme pénal influencera l'évolution du droit pénal dans les années à venir.

Pour tenter d'y répondre, il convient de noter d'emblée que le populisme, de plus en plus visible, a intensifié la "volonté sociale de punir". Cela doit influencer la forme et les priorités de la politique pénale, ainsi que le développement du droit pénal. Les sociétés de nombreux pays l'attendent de plus en plus, ce à quoi aucun homme politique ne peut rester indifférent.

Le terme "populisme" doit donc être compris comme flattant des groupes sociaux spécifiques en proclamant des slogans calculés pour un effet facile, en se passant de promesses vides et en réveillant des espoirs non réalisés pour obtenir des applaudissements[2]. L'ajout de l'adjectif "pénal" signifie qu'il s'agit d'une activité politique, consistant à susciter l'espoir d'une solution facile et rapide au problème de la délinquance en renforçant la responsabilité pénale pour les crimes. Le populisme signifie aussi une tendance à succomber à de telles actions.

Les délibérations ultérieures sur l'avenir du droit pénal dans ce contexte se concentreront sur l'analyse de la situation dans la législation polonaise. Puisqu'elle s'est éloignée ces dernières années du rationalisme, la question clé est de savoir si et dans quelle mesure il est possible d'inverser cette tendance. En 2005, des partis politiques de droite sont arrivés au pouvoir en Pologne, avec une pause dans les années 2007 - 2015. Dans leurs programmes et la rhétorique qui s'en inspire, ils

---

[1] D. Salas, Volonté de punir, Essai sur populisme pénal, Hachette Littérature 2005, p. 548.

[2] W. Kopaliński, Słownik wyrazów obcych i zwrotów obcojęzycznych, Warszawa 1994, p. 115 et 403.

incluaient un durcissement de la politique pénale. Mettant en œuvre ces slogans, ils ont présenté un certain nombre de projets de modifications législatives, dont une grande partie est devenue une loi contraignante. De l'avis unanime des experts, les changements introduits se caractérisent par un populisme pénal. La question se pose alors de savoir comment ce populisme se rapporte au rationalisme dans le processus d'amendement du Code pénal de 1997, mais aussi pourquoi il prévaut sur lui.

En réponse, il convient de noter d'emblée que juxtaposer « rationalisme » et « populisme » n'est pas tout à fait exact. Le populisme présenté comme une certaine idéologie amenant des changements dans le droit pénal n'est pas irrationnel. Au contraire, elle fixe non seulement des objectifs spécifiques de politique criminelle, mais également des moyens rationnels d'atteindre ces objectifs. Le populisme a ses experts qui peuvent évaluer de manière critique l'efficacité de ces mesures. Par conséquent, le populisme diffère du « rationalisme » traditionnellement compris du droit pénal en termes de contenu des objectifs fixés. Ils se concentrent sur la gestion des émotions sociales, en particulier la peur plus ou moins éveillée du crime.

L'efficacité du populisme pénal dépend du degré de soutien social des personnes ou des groupes politiques qui gèrent les émotions sociales. L'établissement et l'application de sanctions pénales n'ont pas pour but de réduire ou de prévenir réellement le phénomène de la criminalité. Il s'agit de fournir une satisfaction émotionnelle et morale au plus grand groupe social possible. Il s'agit d'accroître le soutien politique aux personnes proposant des solutions concrètes et faciles, c'est-à-dire des modifications du droit pénal. En conséquence, en réponse à un événement précis, le plus souvent largement médiatisé et commenté par les médias, une législation pénale affective est créée. En termes d'application de la loi, le populisme pénal se manifeste dans la soumission des tribunaux et des parquets aux politiciens qui utilisent le chantage émotionnel pour forcer certaines décisions, ainsi que dans la soumission aux médias.

Contrairement au populisme, le « rationalisme pénal » fait référence à des facteurs objectifs déterminant la forme du droit pénal. L'un d'eux est l'opportunité empiriquement confirmée de criminaliser un type d'acte donné. Il s'agit de l'impact de la sanction pénale de tels actes sur leur nombre réel, et dans une perspective plus large, sur le niveau de délinquance d'un type donné. Le rationalisme suppose donc de dresser un bilan des gains et des pertes individuels et sociaux à cet égard, notamment ceux qui peuvent survenir à long terme[3].

De ce fait, le "rationalisme pénal" repose sur le respect du principe d'individualisation de la responsabilité pénale, ainsi que sur le traitement du droit pénal comme *l'ultima ratio* dans la prévention du crime. Il met l'accent sur la protection de l'indépendance du tribunal, ainsi que sur sa compétence exclusive pour administrer la justice. Le droit pénal basé sur le rationalisme repose sur des principes de nature garantie, avec le principe de culpabilité au premier plan. Le droit pénal rationnel

---

[3] W. Wróbel, Czy powrót do racjonalizmu ? Projekty nowelizacji kodeksu karnego w perspektywie zmian dokonywanych w prawie karnym w latach 2005 – 2007 (in:) Populizm penalny w i jego przejawy w Polsce pod red. Zofii Sienkiewicz i i Rajnhardta Kokota, Kolonia Limited 2009, p. 105.

suppose également la détermination des valeurs et des biens protégés par des mesures pénales sur la base de critères et de prémisses objectifs[4].

L'adoption du paradigme du rationalisme pénal se traduit par un effort de cohérence interne du droit pénal et de modération dans l'extension du champ de la criminalisation et dans l'augmentation de son intensité. Le rationalisme prend ses distances avec les évaluations actuelles, souvent émotionnelles, formulées par l'opinion publique. Il évite de se référer au symbolisme associé au droit pénal, défendant les principes de garantie du droit pénal.

Contrairement aux rationalistes, les populistes traitent le durcissement des peines comme une simple réaction à toute augmentation, même à court terme, de la criminalité. Selon eux, elle est causée par une trop faible sévérité des sanctions prononcées par les tribunaux, qui ne répond pas aux attentes sociales. Le droit pénal ainsi construit suppose que pour décharger les émotions sociales, il faut recourir à la répression pénale dont l'intensité va au-delà du degré de culpabilité déterminé individuellement.

Dans cette perspective, il est possible d'indiquer plusieurs types d'amendements au droit pénal polonais qui ont été apportés ou proposés après l'entrée en vigueur du Code pénal de 1997, c'est-à-dire du 1er septembre 1998 à aujourd'hui. Ces changements ont été introduits par divers partis et coalitions politiques, ce qui montre que le populisme pénal est intemporel. La typologie suivante de la modification du droit pénal, montrant l'impact du populisme pénal sur celui-ci, est donc universelle.

1. Le premier type d'un tel amendement de droit, et en même temps le type de législation le plus caractéristique, est la création pressée ou hâtive de la loi de la satisfaction morale émotionnelle. Son essence consiste à renforcer la responsabilité pénale ou à introduire de nouveaux types d'actes interdits en réponse à un événement criminel spécifique, le plus souvent individuel, qui suscite des émotions sociales. De tels événements sont généralement de nature extraordinaire et les projets de modifications législatives apparaissent avant que leurs auteurs ne soient jugés par le tribunal. L'objectif est donc d'apaiser ces émotions en faisant de nouvelles lois. Il est censé prouver que les politiciens se soucient de la sécurité des citoyens. C'est aussi une punition symbolique de l'acte commis par le législateur. Dans cette situation, peu importe que des comportements qualifiés soient introduits dans la législation dans le cadre d'un type d'acte interdit donné. Ils dépassent largement le degré de nocivité sociale du comportement qui est à l'origine des modifications législatives.

2. Un autre type d'amendement de droit pénal est la création du "droit pénal des ennemis publics". Il permet d'abaisser les normes de garantie dans le domaine du droit pénal envers des groupes spécifiques d'auteurs de l'infraction, mis en œuvre sous le slogan : « les citoyens respectueux des lois n'ont rien à craindre ».

---

[4] W. Wróbel, *op.cit.*, p. 105.

Le droit pénal des ennemis vise à concentrer les émotions sociales sur certains groupes sociaux considérés comme responsables de l'insécurité. Ces groupes peuvent inclure des récidivistes, des hooligans, des amateurs de sport, des délinquants sexuels, des délinquants juvéniles et même des mineurs. Des sanctions sévères sont donc introduites contre des groupes d'auteurs ainsi définis. Dans un sens plus large, chaque membre de ce groupe est considéré comme un citoyen de seconde zone. S'il viole sciemment l'ordre juridique, il ne peut être protégé de la même manière que les autres membres de la société, notamment les victimes d'actes criminels.

L'ingénierie sociale, sur laquelle s'appuient les populistes, suggère que l'extinction des émotions sociales, ainsi que la satisfaction du désir de vengeance, ne peuvent attendre qu'un jugement définitif soit rendu par le tribunal. Comme on le sait, les procédures judiciaires prennent beaucoup de temps, les émotions s'apaisent et les politiciens perdent l'occasion de faire preuve d'une efficacité suffisante. Ainsi, les évaluations et les réponses doivent être immédiates, suite à la divulgation d'un crime concret. La limitation de la norme de la présomption d'innocence est reléguée au second plan.

Il y a plus de trois décennies, G. Jakobs attirait l'attention sur un tel phénomène législatif lorsqu'il analysait les tendances actuelles de l'évolution du droit pénal européen[5]. Au vu des années, et surtout des processus qui se sont intensifiés en Europe après les attentats terroristes du 11 septembre 2001, il est clair que l'abaissement des normes de garantie envers des groupes spécifiques de criminels est devenu une pratique législative courante.

3. Le troisième type de modification du droit pénal est la création d'un droit pénal basé sur la construction de l'état de danger (dangerosité). On utilise ici le mythe du législateur tout-puissant, qui, réagissant à toutes les pathologies et les comportements contraires aux normes sociales, peut les éliminer complètement. La conséquence de tels changements est l'élargissement du catalogue de mesures de sécurité. Le populisme pénal fait référence à l'attente sociale que l'État assure une sécurité absolue à chaque individu. Selon les populistes, son sentiment de sécurité dépend de la capacité de l'État à identifier et à isoler les auteurs potentiels de crimes. Pour un tel isolement, il suffit qu'ils créent ce qu'on appelle état de danger. Dans la législation polonaise, il est défini comme "probabilité de commettre un crime" (cf. art. 93b § 3 du code pénal), ou de constituer une menace" (cf. art. 14 de la loi du 22 novembre 2013 relative aux poursuites contre les personnes atteintes de troubles mentaux créant une menace pour la vie, la santé ou la liberté sexuelle d'autrui[6]).

Dans cette perspective, la commission d'un crime est traitée comme une lacune dans le système de sécurité causée par une mauvaise réglementation juridique. Par conséquent, le but de la modification du droit pénal est de supprimer la faille alléguée dans la loi, qui est généralement une peine trop faible. Cela conduit, pas seulement dans les conditions polonaises, à l'utilisation de sanctions, en particulier l'emprisonnement, comme mesure de sécurité. De ce fait, la fonction d'une telle

---

[5] G. Jakobs, Strafrecht. Allgemeiner Teil. Die Grundlagenund die Zurechnuglslehre, Berlin 1991, p. 123.
[6] Dz.U. 2014, pos. 24.

mesure se confond et se mélange avec les fonctions de punition, notamment avec sa fonction rétributive.

Un autre effet est le recours massif à la détention provisoire et aux autres mesures prévues par le Code de procédure pénale, notamment la détention, en réponse à des menaces potentielles. Dans cette tendance, le concept de « détention répressive », c'est-à-dire de détention extrajudiciaire, apparaît. L'arrestation obligatoire dans le cadre d'une procédure accélérée en est un exemple.

4. Enfin, le quatrième type de modification du droit pénal est le changement purement politique. Il est entrepris uniquement pour renforcer temporairement la position l'un des partis, qui font la coalition au pouvoir. Bien qu'elle soit précipitée, elle est censée témoigner de la haute activité du Ministre de la Justice, qui vient de ce parti. Donc peu importe qu'elle soit superficielle et incompatible d'un point de vue systémique.

Un exemple en est la dernière modification du Code pénal du 13 mai 2023. Elle est de nature générale et modifie une partie importante du Code pénal, notamment le catalogue des peines. Cependant, les raisons de fond d'une telle reconstruction du droit pénal sont sans grande importance. Il s'agissait de montrer à son électorat, généralement peu éduqué, la nature intransigeante du Ministre de la Justice dans la lutte contre les phénomènes criminels. Il ne connaît pas les principes d'une politique criminelle rationnelle, mais il ressent fortement diverses peurs, angoisses et obsessions liées au crime. Par conséquent, il accepte facilement les assurances que seul le renforcement du droit pénal peut effectivement les réduire. Ces amendements sont préparés sur un ordre politique clair, par les fonctionnaires du ministre. La rhétorique officielle qui la justifie, pratiquée par les soi-disant Droite Unie était schématique et tordue.

D'autre part, l'intérêt général à l'application d'une loi pénale aussi rigoureuse et ses effets futurs étaient ignorés dans un silence total. Cependant, ce genre de manipulation du droit pénal visait à montrer l'importance et la force du petit parti dont était issu le Ministre de la Justice dans le cadre de l'accord de coalition de la Droite Unie. En Pologne, il s'agit d'un regroupement politique appelé Solidarna Polska, qui gère l'électorat abandonné par d'autres formations. Sans elle, cependant, la coalition au pouvoir n'aurait pas de majorité parlementaire. Dans une telle situation, le droit pénal devient un instrument dans les appels d'offres de la coalition. En d'autres termes, la coalition devient l'otage d'un petit groupe politique. C'est une sorte de langue sur la balance.

En résumé, il convient de souligner que les types de changements indiqués dans le droit pénal ne visent pas à accroître l'efficacité de la politique pénale. Les personnes et les groupes politiques qui les commettent n'ont donc aucun intérêt à réduire ou même à limiter l'ampleur des crimes commis. Ce n'est pas le but qu'ils veulent atteindre. Ils traitent la pratique du populisme, visible dans les réformes ultérieures du droit pénal, comme un moyen de maintenir leur attractivité politique. Il s'exprime en proposant des moyens de décharger rapidement et facilement des émotions précédemment exacerbées et de répondre aux attentes sociales. Cela vise à renforcer la confiance dans la compétence et l'efficacité des personnes au pouvoir. Ainsi, le populisme pénal devient l'un des instruments permettant d'obtenir un soutien social pour accéder au pouvoir. Cependant, ceux qui l'exercent doivent tenir compte de certaines limites dans son utilisation. En raison de cette politique pénale, les prisons et les centres de détention surpeuplés doivent être vidés à l'aide de lois d'amnistie, ou de nouveaux établissements doivent être construits. Ce n'est plus si attractif socialement.

Le problème est grave, car selon les données de l'office statistique européen Eurostat[7], datant de 2023, pas moins de quatorze États membres de l'Union européenne ont augmenté le nombre de personnes condamnées à des peines de prison par rapport à l'année précédente. Les prisons étaient surpeuplées dans huit pays.

Un taux de surpeuplement plus élevé s'est produit à Chypre, où le nombre de détenus dépassait de près de moitié le nombre de places de prison (146 places sur 100). À son tour, pour la Roumanie, l'indicateur correspondant était de 116, la France de 114, la Grèce et l'Italie de 108. La situation était légèrement meilleure en Suède (102), en Croatie et au Danemark (101 chacun).

Dans ce contexte, l'indicateur pour la Pologne pourrait sembler plus favorable puisqu'au 8 août 2023 il n'y avait que de 91 détenus pour 100 places[8]. Il convient de noter que le nombre absolu de places dans les prisons polonaises ce jour-là était de 85 535, ce qui était beaucoup plus élevé que dans d'autres pays européens. En conséquence, on dénombrait 191 détenus pour 100 000 habitants, alors qu'il n'y avait que 51 détenus en Finlande, 54 en Slovénie, 65 aux Pays-Bas et 69 en Allemagne. Il convient de noter que la moyenne de l'UE était de 106. La Hongrie a un bilan tout aussi défavorable indicateur.

Cependant, des taux de détention aussi élevés dans le cas des femmes polonaises ne sont pas justifiés par les données sur l'état et la menace de criminalité, dont le niveau seulement un peu a augmenté ces dernières années. Selon les statistiques de la police, depuis le début de la décennie précédente, le nombre de crimes le plus important a été enregistré en 2011, 2012 et 2013. Puis, en 2014, il y a eu une baisse significative de près de 200 000 actes. Depuis cette année-là, le nombre de crimes a varié d'environ 750 000 à 870 000. En 2021, un peu plus que 820 000 ont été répertoriés en Pologne[9]. En revanche, le nombre de crimes les plus graves, y compris les homicides, est en baisse.

Une situation similaire était également présente dans le passé. La décrivant, M. Melezini estime que le virage radical après 2000 vers le durcissement de la répression pénale s'est fait sous la pression du ministère de la justice[10]. Ils se sont

---

[7] https://www.rp.pl/prawo-karne/art38467521-rekordowa-liczba-osadzonych-w-polsce-i-na-wegrzech; acces 15.08.23.

[8] https://www.sw.gov.pl/strona/Statystyka (Informacja o zaludnieniu jednostek penitencjarnych); acces 15.08.23.

[9] https://statystyka.policja.pl/st/informacje; accès 15.08.23.

[10] M. Melezini, Punitywność wymiaru sprawiedliwości karnej w Polsce w XX wieku, Białystok 2003, s. 540

accompagnés d'une tentative d'introduction des changements fondamentaux dans la nouvelle codification pénale, augmentant considérablement le caractère punitif du droit pénal[11], malgré le fait que les taux de criminalité se situaient au niveau européen moyen. Cela était lié à la prise de fonctions de ministre de la Justice par un homme politique du parti forcément conservatif de Droit et Justice - Lech Kaczyński et aux efforts visant à élargir son soi-disant électorat dur (2000 – 2001). La politique criminelle populiste est poursuivie par un autre ministre de la Justice - Zbigniew Ziobro (2005 - 2007 - membre du parti Droit et Justice ; à partir de 2015 jusqu'à présent – Solidarna Polska). Afin de gagner les faveurs de ses électeurs, il lance un programme visant à augmenter la capacité du système pénitentiaire polonais de 17 000 nouvelles places. Peu importait que le taux de détention en Pologne soit et demeure l'un des plus élevés d'Europe (207 détenus pour 100 000 habitants)[12] . Une telle politique pénale populiste est une certaine constante et persiste à ce jour. Une certaine déviation par rapport à celle-ci n'a pu être constatée que dans les années 2008-2015, lorsqu'une coalition de parti libéral et paysan (Plateforme Des Citoyens, Parti Populaire Polonais) est arrivée au pouvoir.

Pire, le populisme pénal pratiqué par les partis au pouvoir à partir de 2015, a un impact destructeur, non seulement sur le droit pénal, mais aussi sur le fonctionnement de la justice en général. Le facteur politique interfère avec la sphère de l'indépendance judiciaire dans la détermination de la peine. Le pouvoir judiciaire, s'est dispersé de 2015 à nos jours, après que Zbigniew Ziobro, homme politique de Solidarna Polska ait assumé le portefeuille de ministre de la Justice (partenaire de coalition de la Droite Unie), et ne dispose pas actuellement d'une représentation centrale forte et indépendante. Le Conseil national de la magistrature, extrêmement politisé, ne joue pas un tel rôle, bien qu'il soit constitutionnellement désigné pour le faire. Ainsi, il ne peut se défendre contre les attaques de l'exécutif. De plus, il est dépourvu de mécanismes lui permettant d'influencer l'opinion publique dans la même mesure qu'il le fait.

Dans une telle situation, les juges n'ont plus que des mécanismes de défense internes contre les pressions des politiciens. Leur utilisation entraîne souvent des procédures disciplinaires. En revanche, certains d'entre eux manifestent des attitudes conformistes, consistant à se soumettre au pouvoir exécutif et aux médias contrôlés par lui. La récompense en est des promotions rapides, non soutenues par de bonnes évaluations de fond de leur travail.

Dans le contexte décrit ci-dessus, la dernière modification très importante du Code pénal du 13 mai 2023 est particulièrement préoccupante. Cette année-là, le 15 octobre, les élections à la Diète et au Sénat de la République de Pologne ont eu lieu, cela s'inscrit donc dans le contexte de la campagne électorale. Il s'agit de montrer

---

[11] Ustawa z dnia 24 sierpnia 2001 r. (La loi du 24 août 2001) introduisant ces changements a fait l'objet du veto du Président de la République de Pologne.

[12] En 2006, ce chiffre s'élevait à 227/100 000. Voir : Rocznik Statystyczny Rzeczypospolitej Polskiej (Annuaire statistique de la République de Pologne), Warszawa 2006, p. 182.

aux électeurs la détermination à assurer la sécurité sociale, de la part de Droite Unie, qui veut rester au pouvoir.

Cependant, des arguments de fond de cette dernière modification de droit pénal s'opposaient à un changement aussi inattendu et en profondeur du droit pénal. En effet, 173 professeurs et experts en droit pénal polonais, dont l'auteur de ce texte, ont appelé le Président de la République à opposer son veto à cet amendement. Malheureusement, en vain, car le président est associé au camp de la Droite Unie. L'amendement indiqué est une preuve spectaculaire d'une rupture avec le rationalisme pénal et les critères objectifs d'évolution du droit pénal. Un tel critère est l'analyse de l'état de la délinquance. Les changements rationnels de la loi devraient se baser sur elle. D'autres critères incluent : l'analyse de la finalité de la criminalisation dans la perspective de l'impact d'une sanction pénale spécifique sur l'état réel de la délinquance, un bilan fiable des gains et des pertes individuels et sociaux - en particulier ceux qui peuvent survenir à l'avenir. Sans les prendre en compte, le dernier amendement affaiblit gravement le principe d'individualisation de la responsabilité pénale. De plus, cela est favorisé par l'affaiblissement sus-mentionné de l'indépendance des tribunaux, ainsi que par l'affaiblissement de leur compétence exclusive pour façonner la peine imposée.

Il convient donc de caractériser brièvement les changements introduits dans la législation par la modification du Code pénal de 2023.

Afin d'indiquer pleinement son caractère populiste, il est nécessaire de fournir quelques informations sur la structure et la dynamique de la criminalité dans les années qui l'ont immédiatement précédé. Comme le montrent les statistiques judiciaires, la criminalité en Pologne n'augmente pas. En 2020, 251 359 adultes ont finalement été reconnus coupables de crimes faisant l'objet de poursuites publiques. Les années précédentes, le nombre de condamnés était de : en 2019 - 287 978 personnes, en 2018 - 275 768, en 2017 - 241 436, en 2016 - 289 512, en 2015 - 260 034 personnes. Ainsi, il y a une tendance à la baisse puisqu'en 2010 étaient répertoriés 432 891 condamnés. A partir de 2015, les indicateurs se sont stabilisés à un niveau beaucoup plus bas.

Des conclusions similaires peuvent être tirées de l'analyse de la dynamique des crimes contre la vie et la santé, la liberté et la liberté sexuelle, et la propriété des biens, dont la protection a été déclarée par les auteurs de la modification de droit pénal. En 2018, 293 personnes ont été condamnées pour meurtre dans tous ses composantes, en 2010 - 540 personnes, en 2014 - 384, en 2015 - 364, en 2016 - 354 et en 2017 – 313 personnes. Une dynamique similaire est illustrée par les indicateurs pour bagarres et coups, ainsi que pour d'autres infractions.

Selon l'enquête de cette année du Centre de Recherche sur l'Opinion Publique (CBOS), 83,00 % des personnes interrogées considèrent la Pologne comme un pays sûr. Selon le rapport de recherche : « Les évaluations de l'état de la sécurité en Pologne sont à un niveau élevé depuis de nombreuses années. Ils ont obtenu de bons résultats, en particulier ces dernières années - à partir de 2016, le pourcentage de personnes interrogées considérant la Pologne comme un endroit sûr où vivre est invariablement resté au niveau d'au moins 80,00 % » [13].

Alors, comment les changements introduits dans le droit pénal sont-ils liés aux taux de criminalité ci-dessus ?

Le changement qui a suscité les plus grandes protestations des experts est l'introduction du soi-disant emprisonnement à perpétuité absolue. C'est une modification de l'article 77 du Code pénal. Aux termes du paragraphe 3 de cette disposition, le tribunal, lorsqu'il prononce la peine d'emprisonnement à perpétuité à l'encontre de l'auteur d'un acte commis par lui après avoir été légalement condamné pour un crime contre la vie et la santé, la liberté, la liberté sexuelle, la sécurité publique ou pour une infraction terroriste, à la réclusion à perpétuité ou à la liberté pour une période d'au moins 20 ans, peut ordonner l'interdiction de la libération conditionnelle.

D'autre part, conformément au paragraphe 4, le tribunal, lorsqu'il prononce une peine d'emprisonnement à perpétuité, peut ordonner l'interdiction de la libération conditionnelle de l'auteur, si la nature et les circonstances de l'acte et les caractéristiques personnelles de l'auteur indiquent que son maintien en liberté constitue une menace permanente pour la vie, la santé, la liberté ou la liberté sexuelle d'autrui.

Donc, on peut estimer que la modification indiquée peut aboutir à l'élaboration d'une peine de mort spécifique par la jurisprudence, mais reportée dans le temps. Le législateur a donné une telle possibilité aux juges. En cas de réclusion à perpétuité, ils pourront appliquer l'interdiction de libération conditionnelle au stade de la condamnation, bien qu'il s'agisse d'une institution de droit exécutif.

Les auteurs d'une telle solution, c'est-à-dire les hauts fonctionnaires du ministère de la Justice, y compris le sous-ministre, ont ignoré le fait qu'elle prive le condamné d'espoir et prive sa vie de sens. Elle est également contraire à la Constitution (voir article 40) et à la Convention Européenne des Droits de l'Homme (article 3).

En mars 2019, la Cour Européenne des Droits de l'Homme, dans l'un de ses jugements concernant l'Ukraine a rappelé sa jurisprudence, selon laquelle la peine d'emprisonnement à perpétuité sans espoir de libération est une violation de l'interdiction de la torture et des traitements inhumains et dégradants[14].

Cependant, justifiant l'introduction de la réclusion à perpétuité absolue, le ministre de la Justice a ignoré ces circonstances. Il a déclaré que le but des peines est d'intimider et non d'éduquer et qu'il est du devoir de l'État de traiter les criminels avec sévérité. C'est ce qu'attendait son électorat, pour qui les arguments des experts

---

[13] https://statystyka.policja.pl/st/opinia-publiczna/231719,Polacy-czuja-sie-bardzo-bezpiecznie ; accès le 15.08.23.

[14] Petukhov vs Ukraine – arrêt de la Cour européenne des droits de l'homme de 13 mars 2019, plainte n° 41216/13 ; https://www.prawo.pl/prawnicy-sady/bezwzgledne-dozywocie-niedopuszczalne-wyrok-etpc,386143.html ; accès le 16.08.23

importent peu. La possibilité d'exclure la libération anticipée conditionnelle du reste de la peine perpétuelle sera donc déterminée par une prévision sociale et criminologique négative au moment où la peine est prononcée. Il rejette la possibilité de tout changement positif ou de réhabilitation du délinquant. C'est d'autant plus surprenant que l'électorat de la Droite Unie est composé de catholiques engagés et pratiquants qui, selon leur foi, doivent faire preuve de miséricorde. Dans cette situation, un message adressé à un destinataire peu versé dans le fond des choses doit être qualifié de populisme classique. Selon lui, l'interdiction de la libération anticipée conditionnelle vise à protéger efficacement la société contre des crimes particulièrement brutaux commis par des personnes qui ont déjà commis de tels actes dans le passé, et de l'avis de la cour, il existe une forte probabilité qu'elles les commettent à nouveau.

Il s'agit donc des délinquants les plus dangereux, pour lesquels tant le sens de la justice que les considérations préventives s'opposent à la libération conditionnelle. A leur égard, la priorité est donnée à l'aspect éliminatoire de l'incarcération. Il y a eu quelques criminels de ce type ces dernières années, mais cela a suffi à changer toute la philosophie de la punition. Cela a été fait pour répondre aux attentes des groupes sociaux conservateurs les moins éduqués. Selon le ministre de la Justice, après l'amendement, la punition est d'intimider, pas d'éduquer. Par conséquent, peu importe que le criminel soit ainsi privé de son humanité et traité de manière inhumaine. L'avantage politique vient de la satisfaction de volonté de punir présentée par la partie la plus conservatrice de l'électorat.

La seconde des modifications les plus significatives du Code pénal, qui s'inscrit dans cette perspective, est l'augmentation du seuil supérieur d'emprisonnement de 15 à 30 ans (cf. article 32 point 3 du Code pénal). En conséquence, l'amendement discuté augmente les peines pour de nombreuses infractions. Voici quelques exemples :

1. l'homicide involontaire (article 155 du Code pénal), auparavant menacé d'une peine de 3 mois à 5 ans, est désormais menacé d'une peine de 6 mois à 8 ans ;

2. l'infection par le VIH ou une maladie vénérienne ou contagieuse, une maladie grave incurable ou potentiellement mortelle sera punie d'un emprisonnement de 3 mois à 5 ans (article 161 du Code pénal), et en cas d'infection de plusieurs personnes - de 1 à 10 ans, la limite inférieure de la peine a été augmentée ;

3. La piraterie, auparavant punie d'un emprisonnement de 2 à 12 ans, est punie d'un emprisonnement de 2 à 15 ans dans le type de base (article 166§1) et d'une peine de 3 à 20 ans dans le type qualifié, et lorsqu'elle s'accompagne de la mort humaine - jusqu'à 25 ans.

4. la traite des personnes (article 189a du Code pénal) - un crime auparavant passible d'une peine de 3 à 15 ans, doit être puni d'une peine de 3 à 20 ans[15] ;

[15] Il convient de noter que les délits définis comme la piraterie ou la traite des personnes humaines sont commis de manière sporadique.

5. La pornographie soi-disant dure (article 202 du Code pénal), qui était punie d'une peine d'emprisonnement pouvant aller jusqu'à 12 ans, doit être punie d'une peine pouvant aller jusqu'à 15 ans ;

6. Le fait de contraindre à se livrer à la prostitution qualifiée (article 203 §2) est passible d'une peine d'emprisonnement de 2 à 15 ans.

Comme vous pouvez le voir, les auteurs de l'amendement au Code pénal font des suppositions que des sanctions sévères entraîneront une diminution de la criminalité, dont les taux ne sont de toute façon pas trop élevés. L'absurdité de cette affirmation consiste en un mépris total des découvertes de la science criminelle, mais elle s'inscrit parfaitement dans les attentes de la partie rétorsive de la société, dont les votes lors de la campagne électorale peuvent être décisifs.

En résumé, le populisme pénal décrit dans ce texte inverse finalement le développement social associé à la création d'une culture sublime de réaction aux comportements non conformistes. Dans son développement historique, le droit pénal visait à canaliser les émotions sociales liées à la commission d'un acte criminel, assurant ainsi la paix sociale. La sévérité de la sanction pénale, suffisante à un stade culturel donné pour atteindre cet objectif, est une question relative. Elle a été relevée, entre autres, par M. Foucault dans le célèbre ouvrage "Surveiller et Punir. La naissance de la prison"[16]. Un signe d'évolution sociale peut donc être considéré comme une situation dans laquelle des sanctions d'une moindre sévérité suffisent à atteindre les mêmes objectifs en termes de satisfaction du sens social de la justice. La réduction de la sévérité des peines est un processus de longue haleine et nécessite des changements culturels. Le populisme pénal non seulement inhibe ce processus, mais conduit également à une régression dans ce domaine. Elle suscite des émotions sociales que le droit pénal était censé limiter et sublimer. Comme le souligne D. Salas, le populisme pénal renforce et justifie l'escalade des attentes sociales pour des peines plus sévères[17].

Cependant, le populisme pénal est une technologie universelle pour obtenir un soutien social. Elle ne peut être associée à l'exercice du pouvoir par l'un ou l'autre groupe politique. L'examen de l'impact du populisme sur l'évolution du droit pénal en Pologne après 1997 permet d'identifier de nombreux projets de loi et leurs amendements. Ils ont été créés sous le règne de diverses coalitions gouvernementales et ministres de la justice. L'année 2000 ou 2015, c'est-à-dire la date d'arrivée au pouvoir du groupe de droite, ne peut donc être considérée que comme une date contractuelle. De nombreuses lois adoptées après cette année-là ont été préparées beaucoup plus tôt. Ils utilisent la catégorie des auteurs dangereux (crimes sexuels, hooligans), ils vivent dans le mythe d'un législateur omnipotent qui veut combattre les déviations mentales par des peines élevées (renforcement des peines pour pédophilie) ou se substituer au tribunal en matière de sanction (introduction de peine strictement marquée, d'un "point" pour homicide aggravé, allongement

---

[16] Première édition Paris 1975, Ed. Gallimard.

[17] D. Salaz, Volonté de punir, Essai sur le populisme pénal, Paris 2005.

des délais de prescription pour les besoins de poursuites spécifiques). Une manifestation spectaculaire du populisme a été le projet très médiatisé, cette fois de la coalition gouvernementale libérale populaire de 2008. Son sujet était la soi-disant castration chimique. Il a été préparé rapidement, en une dizaine de jours, à la suite du discours du Premier ministre Donald Tusk devant la Plate-forme des Citoyens. Dans ce document, il a annoncé une politique de "tolérance zéro pour les pédophiles" en réponse aux reportages des médias sur le cas de la fille violée par son père. Pour le justifier, le Premier ministre a déclaré : "Je ne pense pas que le terme "humain" puisse s'appliquer à de tels individus, de telles créatures, et donc je ne pense pas que la protection des droits de l'homme s'applique à de tels événements"[18].

Un tel langage correspondait parfaitement aux attentes sociales, car le projet de castration chimique forcée des pédophiles a reçu un énorme soutien. Pas moins de 84,00 % des répondants de la CBOS interrogés y étaient favorables, bien que les politiciens libéraux et les médecins aient affirmé que la castration forcée viole les droits de l'homme et humilie la profession médicale.

En même temps, peu importait que l'événement qui a servi de prétexte aux changements ne porte pas les caractéristiques de la pédophilie, mais de l'inceste, car il concernait les adultes. En conséquence, il a été proposé d'augmenter la peine pour le crime d'inceste et de traiter le viol incestueux comme un type de crime de viol qualifié, traité sur un pied d'égalité avec le viol d'un mineur. Il n'avait aucune justification de politique criminelle. L'inceste, lorsqu'il se produit entre adultes, ne constitue pas un crime contre la liberté sexuelle, mais seulement contre la pudeur.

La rationalité du droit pénal exige que les modifications du montant des peines prévues par le droit pénal ne soient pas arbitraires. La référence à la conviction subjective de l'inadéquation au degré de nocivité sociale des délits individuels imaginés de quelque manière que ce soit est typique pour les populistes. Le principe constitutionnel de proportionnalité exige une justification détaillée de l'augmentation de la peine (cf. article 31(3) de la Constitution de la République de Pologne). Selon elle, le législateur doit justifier sa croyance en la nécessité d'introduire des mesures spécifiques de nature pénale. Il s'agit de montrer de manière non équivoque la nécessité de durcir les mesures prévues par la loi pénale. Le rationalisme dans la création du droit pénal exige également que le système de sanctions pénales maintienne une cohérence interne. Le sens de certains intérêts juridiques, et donc le degré de répression de leur violation, ne peut correctement être interprété qu'en relation avec la violation d'autres droits et les types d'actes interdits qui les criminalisent.

Alors, est-ce que et dans quelle mesure un retour au rationalisme dans la création du droit pénal est réel ?

---

[18] https://www.newsweek.pl/polska/chemiczna-kastracja-pedofilow-to-fikcja-newsweekpl/0rm5nmc; accès le 15.08.23.

Beaucoup de promesses ont été faites en 2007. Elle devait être une année décisive en matière de politique pénale, puisque la coalition libérale - populaire (PO, PSL) est arrivée au pouvoir. Beaucoup dépendra désormais des résultats des élections. Elles auront lieu le 15 octobre 2023 et amèneront peut-être un changement de pouvoir vers un pouvoir plus libéral, ouvert au progrès.

Or, une analyse des vagues actuelles de populisme pénal en Pologne conduit à la conclusion que le parti vainqueur devient facilement son otage, même s'il obtient une majorité parlementaire stable. Le principal adversaire de la rationalité en droit pénal est la dictature des sondages d'opinions, privant de fait les politiciens du courage de s'opposer à la liquidation des humeurs et des troubles sociaux.

Il faut donc anticiper une diminution de l'importance de la codification du droit pénal en tant que tel. Il est très facile de modifier les codes criminels, et un droit pénal stable devient un mythe. Les tendances à ses changements constants s'intensifieront. Ils seront plus ou moins populistes selon le système politique et les attentes et émotions sociales. C'est désormais un phénomène paneuropéen.

Il convient de rappeler que les réformes du droit pénal les plus répressives en Angleterre ont été introduites dans les années 1990 par le Parti de Travail de Tony Blair, lorsque le problème des crimes violents a été largement médiatisé. Des conseillers en marketing politique lui ont dit que pour gagner les élections, il fallait convaincre l'opinion publique d'une plus grande cruauté envers les criminels que celle déclarée par ses concurrents politiques conservateurs. Ainsi, le plus grand durcissement de la politique pénale a eu lieu dans la période où la criminalité violente dans ce pays a montré une légère tendance à la baisse. Cela n'a pas changé la position de ces forces politiques. Au contraire, il a été salué comme un succès de la politique répressive du gouvernement.

La situation en France était assez similaire à cet égard. Il convient de rappeler les réformes en matière de protection de l'ordre public entreprises au début de ce siècle par le ministre de l'Intérieur de l'époque, Nicolas Sarkozy.

La loi de 2004 d'adaptation de la justice à l'évolution de la délinquance, qui a donné lieu au programme national de construction de prisons pour mineurs, est le résultat de ce mouvement[19]. N. Sarkozy a utilisé le thème de la lutte contre la criminalité avec beaucoup de succès lors de la campagne présidentielle de 2007. Elle s'est terminée par son succès. Plus tôt, cependant, les médias ont fortement médiatisé le problème des soi-disant les "quartiers sensibles" habités par des minorités ethniques, notamment d'ascendance africaine, qui n'ont aucune chance d'intégration sociale. Dans ces quartiers, situés dans la banlieue nord de Paris, il y a eu des émeutes au printemps 2007, déclenchées par un incident racial mineur.

Cependant, de telles tendances en matière de politique pénale, et plus largement de politique pénale, dans divers pays européens, dont la Pologne, conduisent à la dépréciation du droit statutaire. Ils peuvent être modifiés facilement et

---

[19] Loi n° 2004-204 du 9 mars 2004 portant adaptation de la justice aux évolutions de la criminalité; https://www.legifrance.gouv.fr/loda/id/JORFTEXT000000249995 ; accès le 16.08.23.

rapidement, en fonction des attentes actuelles des différents groupes sociaux et des besoins des centres de pouvoir.

Cette situation déplace l'attention vers le droit judiciaire. Il devient le garant de la « rationalité » du droit pénal. Dans cet état de choses, le principal obstacle au populisme est la compétence approfondie des juges en matière d'interprétation et d'application de la loi. Malheureusement, le problème des tribunaux n'est pas tant le manque de résistance aux pressions médiatiques ou politiques, mais le manque de telles compétences, qui se manifeste dans certaines situations.

Dès lors, la science et la doctrine du droit pénal deviennent un partenaire et un allié naturel des tribunaux. Il semble que son développement futur dépendra de la capacité de ses représentants à redéfinir les règles d'interprétation judiciaire et les principes de jugement rationnel en matière pénale.

6. Crise et droit pénal international

La figure du complice en droit pénal international
Vers un changement de paradigme

Delphine BRACH-THIEL

Maître de conférences à l'Université de Lorraine, HDR

« Auteur et complice sont cousus dans le même sac »[1]. Si cette affirmation du Doyen Carbonnier n'a jamais été remise en cause et justifie les fondamentaux de la répression de la complicité en droit pénal interne[2], une telle métaphore peut apparaître largement sujette à caution en droit pénal international. Et par droit pénal international, il convient d'entendre les hypothèses où l'acte principal et l'acte de complicité sont localisés dans au moins deux Etats dont la France, voire entièrement à l'étranger dès lors qu'un élément permet de rattacher l'infraction à la France.

De fait, si « auteur et complice sont cousus dans le même sac[3] » lorsque l'infraction principale - ou à tout le moins un fait constitutif[4] de l'infraction principale – est commise en France de même que l'acte de complicité, aucune évidence en termes de répression n'existe plus au-delà concernant trois autres hypothèses possibles : fait principal commis en France et acte de complicité commis à l'étranger, fait principal et acte de complicité localisés tous deux à l'étranger et enfin fait principal commis à l'étranger pour un acte de complicité commis en France.

Dans la première hypothèse, il est fait appel de longue date à la théorie de l'emprunt de criminalité afin que le juge pénal français établisse sa compétence pour entrer en voie de condamnation à l'égard du complice dont l'acte aura été localisé à l'étranger[5], ce qui n'est pas sans poser difficulté au regard du principe de légalité criminelle pour ledit complice[6]. Cousus dans le même sac - au moins en théorie.

---

[1] J. Carbonnier, « *Du sens de la répression applicable aux complices* », JCP. G, 1952, I, 1034.

[2] L'article 121-6 du Code Pénal dispose que « le complice est puni comme auteur ».

[33] J. Carbonnier, voir *supra* note 1.

[4] L'article 113-2 du Code pénal dispose que : « la loi pénale française est applicable aux infractions commises sur le territoire de la République. L'infraction est réputée commise sur le territoire de la République dès lors qu'un de ses faits constitutifs a eu lieu sur ce territoire ». Mettre en jeu notre compétence territoriale suppose donc qu'une infraction ait été commise en France, au moins partiellement, avec la caractérisation d'un « fait constitutif » commis en France, peu importe alors la nationalité de l'auteur de l'infraction.

[5] L. Desessard, *JurisClasseur Pénal Code* ; Art. 113-1 à 113-14, Fasc. 10 : Application de la loi pénale dans l'espace. – Infractions commises ou réputées commises sur le territoire de la République, n°80 et 81. Pour cet auteur, il est « logique » que l'acte de complicité d'une infraction commise en France relève de la loi pénale française. Aujourd'hui: Cass. crim., 30 oct. 2013, n° 12-83.995, Gaz. Pal. 11 févr. 2014, obs. E. DRreyer; Cass. crim., 29 nov. 2016, n° 15-86.712, Dr. pén. 2017, comm. 32, note P. Conte

[6] V. ainsi E. Dreyer, *Droit pénal général*, LexisNexis, 6e éd., 2021, n° 2010.

La deuxième hypothèse offre quant à elle de riches querelles doctrinales[7] - en l'absence d'un texte spécifique – et la répression mal aisée se niche alors dans les arcanes des compétences extraterritoriales énoncées dans le Code pénal et le Code de procédure pénale[8].

Concernant la troisième hypothèse, on relèvera que pendant des siècles, le complice en France d'une infraction commise à l'étranger bénéficiait d'une totale impunité[9], notamment lorsqu'il était Français et donc non extradable[10]. Il faudra attendre 1958 et le Code de procédure pénale pour que le législateur édicte un titre de compétence fleurant bon un « territorialisme renforcé[11] » – l'ancien article 690 qui deviendra en 1992 l'article 113-5 du Code pénal[12] - néanmoins lesté de telles conditions qu'il ne permettait en pratique que peu de poursuites pénales efficientes.

Ainsi, ce n'est que très récemment – en temps de crise – que le législateur s'est saisi de la difficulté, notamment en réponse au développement sordide du « *live streaming* », pratique apparue en 2012 dans la sphère pédo-criminelle[13] ayant littéralement explosée à la faveur des différents confinements.

L'angle mort de la répression n'est plus. Le droit pénal en temps de crise s'est mué en un droit qui sanctionne, malgré les difficultés liées à l'extranéité des situations. Le législateur affiche sa volonté de poursuivre les actes de complicité présentant un élément d'extranéité. Il le fait au détour de l'unique texte relatif à la complicité internationale dans le chapitre 3 du titre 1 du livre premier du Code pénal consacré à l'application de la loi pénale dans l'espace. Il le fait également au détour d'autres dispositions législatives, mû par une prise de conscience concernant la nécessité de réprimer l'acte de complicité, quelles que soient les difficultés liées à l'extranéité de la situation.

En temps de crise, le juge n'est pas en reste non plus, développant ces dernières années une jurisprudence audacieuse à l'encontre du complice en France d'une infraction commise à l'étranger dans des domaines diplomatiquement sensibles où il était jusqu'alors de bon ton de fermer les yeux. La retentissante mise en examen

---

[7] V. notamment A. Huet, R.Koering-Joulin et K. Mariat, *Compétence des tribunaux répressifs français et de la loi pénale française. Infractions commises à l'étranger : JCl. Procédure pénale, Art. 689 à 693*, fasc. 30, 2022, n°6 et s.

[8] Les règles générales fixant la compétence de la loi pénale française et du juge français se trouvent aux articles 113-2 et suivants du Code pénal et 689 et suivants du Code de procédure pénale.

[9] V. Cass. crim., 17 oct. 1834, S. 1835, 1, p. 33; Cass. crim., 19 avr. 1888, D. 1888, p. 284.

[10] C. Lombois, *Droit pénal international*, 1re éd., Dalloz, 1971, n° 245, p. 266.

[11] A. Fournier, La répression de la complicité et ses avatars en droit pénal international, RSC 2003. p. 13.

[12] Article 113-5 du Code pénal : « la loi pénale française est applicable à quiconque s'est rendu coupable sur le territoire de la République, comme complice, d'un crime ou d'un délit commis à l'étranger si le crime ou le délit est puni à la fois par la loi française et par la loi étrangère et s'il a été constaté par une décision définitive de la juridiction étrangère.

(En vigueur au 1er août 2020) Elle est également applicable aux actes de complicité prévus au second alinéa de l'article 121-7 commis sur le territoire de la République et concernant, lorsqu'ils sont commis à l'étranger, les crimes prévus au livre II ».

[13] P. Rousseau, « *Le renforcement de la lutte contre les commanditaires d'abus sexuels en live streaming*», AJ Pénal 2020, p. 396.

de l'entreprise Lafarge pour complicité de crimes contre l'humanité constitue assurément un tournant en la matière. La non moins retentissante décision de l'Assemblée plénière[14] concernant notamment un ressortissant syrien poursuivi pour complicité de crime contre l'humanité démontre une volonté implacable du juge judiciaire de faciliter la poursuite, et des auteurs, et des complices de crimes internationaux. La répression de la complicité en droit pénal international est en marche, au soutien du droit pénal en temps de crise.

I. L'activité législative à l'égard des complices

Unique texte général relativement au champ d'application de la loi pénale dans l'espace concernant le complice, l'article 113-5 du Code pénal restera le plus souvent lettre morte au regard des conditions restrictives exigées pour établir la compétence du juge pénal français envers l'acte de complicité pourtant accompli depuis notre sol. C'est récemment, par petite touche d'abord, puis de façon plus franche au sein même dudit texte, que le législateur a choisi de s'affranchir des différents obstacles afin de donner au juge les moyens d'établir sa compétence juridictionnelle à l'égard du complice. Dans son viseur, les complices d'actes de corruption d'abord, les complices de crimes contre les personnes ensuite.

A. La lutte contre la corruption

C'est sous l'auspice de l'article 435-6-2 du Code pénal[15] que l'on s'intéressera pour la première fois aux modalités pratiques visant à poursuivre le complice - depuis la France – d'un délit de corruption commis depuis l'étranger, afin de les mettre plus en adéquation avec les réalités procédurales en la matière. De fait, le droit commun de la répression de la complicité internationale - l'article 113-5 du Code pénal - exige pour établir notre compétence juridictionnelle de vérifier la double incrimination de l'infraction principale (par hypothèse commise à l'étranger) et l'existence d'une décision définitive de la juridiction étrangère concernant ladite infraction principale[16], nous rendant *de facto* et inévitablement dépendant de l'État étranger, lieu de commission de l'infraction principale. Ainsi de façon dérogatoire, afin d'encourager le juge judiciaire français à poursuivre des faits de complicité commis en France, l'article 435-6-2 du Code pénal - issu de la loi du 9 décembre 2016 - fait disparaître cette dernière exigence, tout en maintenant l'exigence de double incrimination « sans que l'on perçoive clairement la raison[17] ». Moins dépendant. Un premier pas en somme du côté de la complicité.

---

[14] Ass. Plén. 12 mai 2023, n°22-80057 et 22-84468, K. Mariat, *La compétence universelle, à quel prix ?* AJ Pénal 2023 p. 277 ; D. Brach-Thiel, *Compétence universelle, une décision pour l'Histoire*, Le billet Dalloz étudiant, 22 mai 2023 ; Y. Mayaud, *Les crimes contre l'humanité et les crimes et les délits de guerre confrontés à la compétence universelle*, RSC 2023 p. 553.

[15] Crée par la loi n°2013-1117 du 6 décembre 2013, ainsi que son frère d'arme : l'article 435-11-2 du Code pénal.

[16] « Parce que la poursuite en France d'un acte de complicité d'une infraction commise à l'étranger ne doit souffrir aucune incertitude sur celle-ci », D. Rebut, *Droit pénal international*, Dalloz, 4ème éd., 2022, n° 56.

[17] F. Stasiak, « *Une incrimination attendue : le trafic d'influence auprès d'agents publics étrangers* », publié in « Le risque de corruption » ss la dir. de J-M. Brigant, Dalloz, 2018, p. 85.

Deuxième pas : l'ordonnance du 18 septembre 2019 venue transposer la directive (UE) 2017/1371 du 5 juillet 2017 relative à la lutte contre la fraude portant atteinte aux intérêts financiers de l'Union au moyen du droit pénal[18]. À cette occasion, le législateur a fait le choix d'insérer un nouveau titre de compétence internationale dans le chapitre 3 du titre 1er du livre 1er du Code pénal consacré à l'application de la loi pénale dans l'espace. C'est ainsi qu'est né un nouvel article 113-14 du Code pénal[19], avec pour objectif de faciliter la poursuite des auteurs de certaines infractions – notamment l'escroquerie, l'abus de confiance, la corruption ou le blanchiment - lorsqu'elles porteront atteinte aux intérêts financiers de l'Union européenne, en ne s'embarrassant pas des conditions restrictives de droit commun exigées pour poursuivre les auteurs français de délits de toute nature commis à l'étranger[20].

Mais il est remarquable de constater que l'ordonnance du 18 septembre 2019[21] va plus loin concernant les complices - sous les auspices de l'article 113-14 du Code pénal – pour tous les délits visés portant atteinte aux intérêts financiers de l'Union européenne : aucune condition restrictive de l'article 113-5 du Code pénal n'est plus alors exigée ; ni double incrimination ni décision définitive concernant le fait principal par la juridiction étrangère[22]. Autrement dit, nous sommes compétents

---

[18] Dir. n° 2019/713/UE du 17 avr. 2019, JOUE, n° L 123, 10 mai, Ord. n° 2019-963 du 18 sept. 2019, JO 19 sept. ; D. actu. 30 sept. 2019, obs. L. Robiliard.

[19] Article 113-14 du Code pénal : « par dérogation au deuxième alinéa de l'article 113-6, la loi pénale française est applicable en toutes circonstances, et la seconde phrase de l'article 113-8 n'est pas applicable, aux infractions suivantes commises à l'étranger par un Français ou par une personne résidant habituellement ou exerçant tout ou partie de son activité économique sur le territoire français, lorsqu'elles portent atteinte aux recettes perçues, aux dépenses exposées ou aux avoirs qui relèvent du budget de l'Union européenne, des budgets des institutions, organes et organismes de l'Union européenne ou des budgets gérés et contrôlés directement par eux :
1° Délits d'escroquerie prévus à la section 1ère du chapitre III du titre Ier du livre III ;
2° Délits d'abus de confiance prévus à la section 1ère du chapitre IV du titre Ier du livre III ;
3° Délits de soustraction, détournement ou destruction de biens prévus aux articles 432-15 et 433-4 ;
4° Délits de corruption prévus aux articles 432-11 et 433-1, ainsi que, sans préjudice de l'article 435-11-2, aux articles 435-1 et 435-3 ;
5° Délits de contrebande, d'importation ou d'exportation frauduleuse prévus à l'article 414-2 du code des douanes ;
6° Délits de blanchiment prévus à la section 1ère du chapitre IV du titre II du livre III des délits mentionnés au présent article.
Pour la poursuite de la personne qui s'est rendue coupable sur le territoire français, comme complice, d'une infraction prévue aux 1° à 6° commise à l'étranger et portant atteinte aux intérêts financiers de l'Union européenne mentionnés au premier alinéa du présent article, les conditions prévues à l'article 113-5 ne sont pas applicables ».

[20] En l'espèce, il s'agit de la double incrimination (droit commun : article 113-6 du Code pénal) et de la plainte de la victime ou la dénonciation officielle par l'Etat du lieu de commission de l'infraction (droit commun : article 113-8 du Code pénal). Sur l'article 113-14, v. D. Rebut, *op.cit.* n°151.

[21] V. *supra* note 18.

[22] « Cette absence d'application découle de la Directive 2017/1371 du 5 juillet 2017 que l'article 113-14 transpose en droit français. La Directive 2017/1371 prescrit en effet aux Etats membres d'établir leur compétence à l'égard des complices des infractions qu'elle définit. Cette prescription n'est pas assortie de limite, ce qui a conduit le législateur français à écarter les conditions de l'article 113-5 pour les délits entrant dans le champ d'application de l'article 113-14. », D. Rebut, *op.cit.* n°57.

sans condition pour juger le complice - français ou étranger - d'un acte de complicité commis en France alors même que l'infraction principale aura été commise à l'étranger en matière de grande délinquance financière au préjudice de l'Union européenne.

B. La lutte contre les crimes contre les personnes

En disposant que « la loi pénale française est applicable à quiconque s'est rendu coupable sur le territoire de la République, comme complice, d'un crime ou d'un délit commis à l'étranger si le crime ou le délit est puni à la fois par la loi française et par la loi étrangère et s'il a été constaté par une décision définitive de la juridiction étrangère », l'article 113-5 du Code pénal impose au juge pénal français qui voudrait établir sa compétence envers le complice en France d'une infraction principale commise à l'étranger de se soumettre à la fois à une loi étrangère, mais également à une décision de justice étrangère – la fameuse « double subsidiarité [23]» - tout en n'étant pas tenu de surseoir à statuer dans l'attente d'une telle décision[24] – impliquant *de facto* l'impunité en France[25], et bien sûr à l'étranger. La loi du 30 juillet 2020[26] a levé toutes les exigences procédurales de l'article 113-5 al1 du Code pénal pour les actes de complicité « *prévus au second alinéa de l'article 121-7* » du Code pénal - don, promesse, menace, ordre, abus d'autorité ou de pouvoir - concernant les crimes du livre II du Code pénal comme le meurtre, le viol ou encore les tortures et actes de barbarie. Il y a aujourd'hui un régime dérogatoire pour ces crimes et l'on ne peut qu'approuver.

C'est le « *live streaming* » pédo-criminel qui a incité le législateur à lever toutes les barrières procédurales. Industrie particulièrement développée dans les pays d'Asie du Sud, l'archipel des Philippines est le premier pays producteur d'images d'exploitations pédopornographiques. Il s'agit d'abord pour des occidentaux d'entrer en contact sur les réseaux sociaux avec des familles philippines. De l'argent est ensuite envoyé aux parents via le *darknet*, puis les enfants sont violés devant des webcams, sous le regard des commanditaires se trouvant de l'autre côté de la planète et ayant précisés les scénarii pour satisfaire au mieux leur fantasme.

Ainsi, pour ce qui concerne la répression de la complicité internationale, la modification en 2020 de l'article 113-5 du Code pénal permet désormais au juge français d'établir sa compétence juridictionnelle pour réprimer – sous sa plus haute qualification pénale - les personnes coupables de complicité de viol. Sur le plan de la

---

[23] A. Fournier, *op.cit.* p. 16.

[24] V. Cass. crim., 10 sept. 2008, n° 06-80.687 et 07-84.774 ; Dr. pén. 2009, comm. 5, obs. M. Véron.

[25] « Condition qui souvent vient bloquer la poursuite du complice en France », A. GIUDICELLI, *Extension du champ de la compétence punissable*, RSC 2021 p. 541 et de citer cass. crim. 29 janv. 2008, n° 07-82.872 et cass. crim. 10 sept. 2008, n° 06-80.687.

[26] Loi n°2020-936 du 30 juillet 2020, JO 31 juillet, texte n°2. Le texte permet de mettre en conformité le droit français avec les articles 17, § 3 et 4 de la Dir. 2011/92/UE, 13 déc. 2011, relative à la lutte contre les abus sexuels et l'exploitation sexuelle des enfants, ainsi que la pédopornographie : JOUE n° L 335/1, 17 déc. 2011. V. également A. Giudicelli, *supra* note 25; D. Rebut *op.cit.* n° 57.

légistique, les crimes contre les personnes du livre 2 du Code pénal se trouvent au même niveau que les délits en col blanc visés à l'article 113-14.

Néanmoins, ladite loi du 30 juillet 2020 a également créé plusieurs nouvelles incriminations et notamment, sous l'article 222-26-1 du Code pénal punissant de 10 ans d'emprisonnement, *« le fait de faire à une personne des offres ou des promesses ou de lui proposer des dons, présents ou avantages quelconques afin qu'elle commette un viol, y compris hors du territoire national [...] lorsque ce crime n'a été ni commis ni tenté »*. Une pratique ancienne pour le législateur : celle de créer une infraction autonome lorsque des difficultés se posent pour entrer en voie de condamnation concernant l'acte de complicité. En l'espèce, un délit commis en France[27] permettant de correctionnaliser une complicité de viol ou de tentative de viol commis à l'étranger, notamment lorsque l'on aura des difficultés probatoires ou si l'on veut s'épargner les longueurs d'une procédure criminelle.

Pourquoi alors modifier l'article 113-5 du Code pénal ? Il en va évidemment du symbole. Peut-on également y voir un lien avec la certitude doctrinale[28] - étayée par un arrêt ancien de 1990[29] - selon laquelle l'article 113-5 du Code pénal – dans le prolongement de l'ancien article 690 du Code de procédure pénale - n'est pas applicable à l'acte de complicité en France d'une infraction principale commise à l'étranger lorsque nous sommes compétents pour juger l'auteur principal de ladite infraction notamment au titre de notre compétence personnelle, réelle ou universelle ? Soulignons que l'article 113-5 du Code pénal n'a jamais distingué selon que la France est compétente ou non pour juger l'auteur de l'infraction principale et que par ailleurs, le texte vise « quiconque » accompli l'acte de complicité en France. A but utilitariste, la position doctrinale avait pour objectif d'éviter l'impunité du complice, tout en s'épargnant la réunion de conditions souvent impossible à remplir. Aujourd'hui, point de conditions pour les crimes du livre 2. Ira-t-on plus loin en visant tous les crimes ? Tous les délits ? Tous les crimes et délits supérieurs à 5 ans d'emprisonnement ? La répression de la complicité en droit pénal international est en marche, au soutien du droit pénal en temps de crise.

II. L'activité judiciaire à l'égard des complices de crimes internationaux

Si la Cour pénale internationale s'avère assurément compétente pour juger les auteurs et les complices des crimes internationaux[30], force est de constater qu'il

---

[27] « Conception extensive du principe de territorialité, conception cette fois-ci renforcée, non par le juge, mais par le législateur », A. Giudicelli, *ibid.*

[28] V. notamment A. Huet, R. Koering-Joulin et K. Mariat, *op.cit.* n°8 et les nombreux renvois et références.

[29] Cass. crim., 20 févr. 1990, n° 89-86.610 et 89-86.611 ; Bull. crim. n° 84 ; JCP G 1990, IV, p. 186 ; D. 1991, jurispr. p. 395, note A. Fournier. En l'espèce, le fait principal était commis à l'étranger par un Français.

[30] L'article 25 du Statut de Rome évoque les règles concernant la poursuite du complice rappelant celles prévues à l'article 121-7 du Code pénal : « La Cour est compétente à l'égard des personnes physiques en vertu du présent Statut. 2. Quiconque commet un crime relevant de la compétence de la Cour est individuellement responsable et peut être puni conformément au présent Statut. 3. Aux termes du présent Statut, une personne est pénalement responsable et peut être punie pour un crime relevant de la compétence de la Cour si b) Elle ordonne, sollicite ou encourage la commission d'un tel crime, dès lors qu'il y a commission ou tentative de commission de ce crime; c) En vue de faciliter la commission d'un tel

appartient d'abord aux juridictions nationales d'établir leur compétence en la matière. Or, côté français, c'est la frilosité voire la réticence qui a caractérisé la jurisprudence du début du 21e siècle qu'il s'agisse de l'auteur ou du complice d'un crime contre l'humanité. Néanmoins, le vent tourne fondamentalement en la matière sous l'effet conjugué de plusieurs facteurs dont l'ineffectivité de la Cour pénale internationale notamment. Aujourd'hui, la Haute juridiction a commencé sa mue approuvant des poursuites sensibles en la matière. Ainsi – en l'espace de dix-huit mois – elle a consacré la possibilité de poursuivre une personne morale pour complicité de crime contre l'humanité, ainsi que des officiers syriens pour les mêmes crimes ès qualités. Pied de nez à la Cour pénale internationale ?

A. La personne morale complice d'un crime contre l'humanité

C'est le cimentier français - notamment poursuivi pour complicité de crime contre l'humanité et financement du terrorisme par le juge pénal français – qui inaugurera cette volonté de la chambre criminelle de poursuivre une personne morale pour un crime international commis à l'étranger, autrement dit sur le fondement de la compétence universelle[31]. En l'espèce, par l'intermédiaire d'une sous-filiale syrienne, la société Lafarge avait maintenu en activité une cimenterie dans le nord de la Syrie pendant la guerre civile de 2011 jusqu'à son évacuation précipitée en 2014, alors que les autres multinationales avaient quitté la Syrie dès 2012, époque à laquelle l'Union européenne avait établi un embargo en raison de l'occupation par l'Etat islamique. Or, selon des articles de presse parus en 2016, la poursuite de l'activité de la société s'était accompagnée du recours à des intermédiaires pour négocier le versement de fonds aux factions armées ou commercer avec elles. Une information judiciaire sera finalement ouverte en 2017. « Les quatre décisions rendues par la Cour de cassation le 7 septembre 2021 attirent par conséquent l'attention. Elles sont à l'origine de solutions notables concernant surtout la mise en examen de la société, notamment pour complicité de crimes contre l'humanité [32]». La Cour de cassation se positionne pour la première fois sur la question de l'élément moral de la complicité de crimes contre l'humanité s'agissant de personnes morales et estime que la complicité est constituée dès lors que les personnes morales ont conscience d'avoir facilité, par aide ou assistance, la préparation ou la consommation de l'infraction (en l'espèce, par le financement). Ainsi, elles n'ont pas besoin d'agir en exécution d'un plan concerté pour se rendre coupable de complicité de crime contre l'humanité : le versement de quinze millions de dollars à une organisation criminelle - en l'occurrence l'Etat islamique - est

crime, elle apporte son aide, son concours ou toute autre forme d'assistance à la commission ou à la tentative de commission de ce crime, y compris en fournissant les moyens de cette commission ».

[31] Crim. 7 sept. 2021, n° 19-87.031; Crim. 7 sept. 2021, n° 19-87.036, D. 2021. 1629, et les obs. ; Crim. 7 sept. 2021, n° 19-87.040 ; Crim. 7 sept. 2021, n°s 19-87.367, 19-87.376 et 19-87.662, D. actu. 13 sept. 2021, obs. E. Daoud et G. Sabbah ; JCP E 2021, n° 37, actu. 630. V. également J. Lasserre-Capdeville, *Affaire Lafarge : précisions sur l'information judiciaire ouverte pour complicité de crime contre l'humanité*, AJ Pénal 2021 p. 469 ; Y. Mayaud, L'affaire Lafarge dans sa dimension attentatoire aux personnes, RSC 2021 p. 827.

[32] J. Lasserre-Capdeville, *ibid.*

suffisant pour caractériser ladite complicité, peu importe le mobile ici à savoir la poursuite de l'activité commerciale.

Le risque est-il alors de banaliser le crime contre l'humanité et plus précisément les actes constitutifs de complicité de crime contre l'humanité ? La Haute juridiction répond elle-même à cette question en retenant qu'une interprétation autre de la lecture combinée des articles 121-7 et 212-1 du Code pénal « aurait pour conséquence de laisser de nombreux actes de complicité impunis, alors que c'est la multiplication de tels actes qui permet le crime contre l'humanité [33]». Le renforcement de la répression de la complicité du crime contre l'humanité apparaît donc au cœur de l'arrêt Lafarge[34] à la fois pour ce qui concerne l'interprétation desdits articles, mais également quant à la personnalité du complice : en l'occurrence une personne morale. Et il s'agit également là d'une première. N'oublions pas que les textes énonçant le champ d'application de la loi pénale dans l'espace sous les articles 113-2 et suivants du Code pénal et 689-1 et suivants du Code de procédure pénale ne visent au sens premier du texte que les personnes physiques. Par ailleurs, au moment de la refonte du Code pénal en 1992 entrée en vigueur le 1er mars 1994 – date depuis laquelle il est possible de rechercher la responsabilité pénale d'une personne morale en France – nul n'avait envisagé la question de savoir si une personne morale française pouvait être l'auteur ou la victime d'une infraction commise à l'étranger. « C'est par le relais de la complicité qu'elle est potentiellement responsable, un relais dont l'originalité est de procéder d'une technique de répression autonome, applicable à toutes les infractions, quel qu'en soit la gravité ou le niveau d'horreur, répondant ainsi à une philosophie d'action très particulière, ce que la Cour de cassation décrit avec une minutie d'autant plus intéressante que l'espèce est d'une exceptionnelle portée »[35].

Cette décision – premier pas en France avant la décision historique de l'Assemblée plénière du 12 mai 2023[36] – invite aux dépôts de plainte et à la saisine du juge judiciaire français. En témoigne par exemple la plainte pour complicité de crimes de guerre en Ukraine déposée contre TotalEnergies par deux associations accusant le groupe français d'avoir continué à exploiter un gisement en Russie et permis de fabriquer du carburant pour des avions russes engagés en Ukraine. La plainte souligne « l'évolution juridique de la notion de complicité, revenant à considérer que les grands acteurs privés (et publics) peuvent être poursuivis (...) même si la preuve n'est pas rapportée qu'ils partagent le dessein de l'auteur principal [37]». Aussi, « la souplesse avec laquelle il est possible d'entrer dans une complicité, y compris de crimes contre l'humanité [38]» témoigne d'une nouvelle volonté inébranlable de combattre l'impunité sur la scène internationale y compris pour les crimes les plus graves - surtout ? - quelle que soit la figure du complice –

---

[33] Cass. Crim 7 sept 2021, v. *supra* note 31.
[34] V. ainsi également Y. Mayaud, *supra* note 31.
[35] Y. Mayaud, *supra* note 31.
[36] V. *supra* note 14.
[37] V. Le Figaro, édition du 14 octobre 2022.
[38] Y. Mayaud, *supra* note 31.

personne physique ou personne morale, que cela concerne les fleurons de l'industrie française ou les zélés tortionnaires de Bachar- el- Assad.

B. La personne physique complice d'un crime contre l'humanité

Entre 2010 et 2023, si l'on souhaitait poursuivre en France l'auteur ou le complice d'un crime contre l'humanité commis à l'étranger, il fallait passer entre les redoutables fourches caudines de l'article 689-11 du Code de procédure pénale. Pas moins de quatre conditions cumulatives devaient être remplies sonnant immédiatement le glas des poursuites et l'impunité de ces Hommes se trouvant sur notre sol. Sauf à trouver une victime française, ces crimes notamment commis en Syrie étaient voués à l'impunité jusqu'à la décision historique rendue par l'Assemblée plénière de la Cour de cassation le 12 mai 2023[39].

Les faits concernaient Abdulhamid Chaban - un réserviste de l'armée syrienne- arrêté en France en 2019 et poursuivi notamment pour complicité de crime contre l'humanité commis entre 2011 et 2013. La Cour de cassation réunie en Assemblée plénière[40] a donné une lecture souple des dispositions répressives permettant la mise en œuvre de notre compétence universelle. Elle permet ainsi aux juridictions pénales françaises de poursuivre et réprimer plus aisément les auteurs de crimes internationaux commis à l'étranger, et notamment les complices de crimes contre l'humanité. Nul doute qu'il s'est agi pour l'Assemblée plénière de clairement donner le la pour que des poursuites effectives puissent être menées sur notre sol afin que tous les complices – notamment de crimes contre l'humanité – ne parviennent à y trouver un salutaire refuge, par exemple lorsque l'Etat du lieu de commission de l'infraction n'incrimine pas en tant que telle ladite infraction sous sa plus haute qualification[41].

Pour ce qui concerne la double incrimination, il convient d'en avoir une interprétation souple sans que les faits soient qualifiés de façon identique par les deux pays. Elle rajoute qu'il convient d'avoir la même interprétation qu'en matière de droit extraditionnel motif étant pris que « *le mécanisme de la compétence universelle constitue une alternative au mécanisme de coopération pénale qu'est l'extradition et trouve à s'appliquer dans le cas où l'État étranger est défaillant dans son obligation de poursuivre les crimes internationaux* ». *Aut dedere, aut judicare.* La

---

[39] Le législateur en a tiré les conséquences par la loi n° 2023-1059 du 20 novembre 2023 modifiant pour la 3ème fois depuis 2010 l'article 689-11 du Code de procédure pénale.

[40] Ass. Plén. 12 mai 2023, n°22-80057 et 22-84468, v. *supra* note 14.

[41] La chambre criminelle avait en effet - par un retentissant arrêt du 24 novembre 2021- pris une position inédite estimant que la condition de double incrimination n'était pas remplie, le droit pénal syrien ne réprimant pas - en tant que tel - les crimes contre l'humanité. Etait posé ici le problème de l'élément contextuel du crime contre l'humanité (une attaque généralisée ou systématique contre une population civile) qui n'est pas visé par l'incrimination étrangère, la loi syrienne réprimant par ailleurs le meurtre, le viol etc. (Cass. Crim. 24 novembre 2021, n° 21-81344, P. Beauvais, *Les paradoxes de la compétence universelle de la France pour juger les crimes contre l'humanité*, RSC 2022. 41 ; G. Poissonnier, *Crimes internationaux commis en Syrie : la Cour de cassation enterre la compétence du juge français,* D. 2022. 150).

Cour de cassation nous rappelle ainsi les fondamentaux de la justice pénale internationale développés dès le 17e siècle par Grotius[42].

La France ne saurait devenir une terre d'asile pour les auteurs – et *a fortiori* les complices – de crimes internationaux. Pour ces crimes, s'il est difficile de démontrer la réunion de tous les éléments constitutifs de l'infraction sur la tête d'un individu se trouvant en France, force est de constater que la matérialité de l'acte de complicité est plus évidente. L'arrêt d'Assemblée plénière - suivie d'une modification législative – invite le juge à ne pas se censurer. C'est à un changement de paradigme que l'on assiste pour ce qui concerne la figure du complice en droit pénal international. Un changement heureux du droit pénal en temps de crise.

[42] Grotius, *Le droit de la guerre et de la paix,* 1625, L. II, ch. XX, LX, 3.

Les allégations de crime de génocide dans le conflit armé en Ukraine : analyse selon le droit pénal international

Carlos Eduardo Adriano JAPIASSÚ

Professeur à l'Université d'Etat de Rio de Janeiro

Introduction

Depuis les travaux préparatoires pour l'adoption de la Convention de l'Organisation des Nations Unies (ONU) contre le Génocide (CCG), de nombreuses controverses ont émergé sur le plan juridique concernant le concept de génocide.

Les débats portent sur plusieurs questions, telles que l'exclusion des pratiques culturelles de la définition de la CCG (qui étaient à l'origine définies par Rafael Lemkin), ainsi que l'élément mental du crime, notamment en ce qui concerne les groupes visés par les pratiques criminalisées, en particulier l'exclusion des groupes politiques des minorités protégées par la CCG.

Ces discussions ont, pourtant, dépassé les limites du débat juridique dans le contexte du conflit armé entre l'Ukraine et la Fédération de Russie, puisque les chefs d'État des deux pays impliqués s'accusent réciproquement de génocide.

Par ailleurs, comme plusieurs dirigeants de la scène politique internationale véhiculent dans leurs discours des allégations de génocide ; allégations dirigées particulièrement contre le chef d'État russe, les tensions prennent alors une dimension dépassant les limites régionales du conflit.

Ces allégations ont en outre été soumises à un examen juridique devant la Cour internationale de Justice (CIJ) dans l'affaire Situation en Ukraine (Ukraine c. Fédération de Russie).

Dans ce contexte, cet article propose d'examiner les allégations de génocide dans le contexte du conflit en Ukraine du point de vue du droit pénal international, en se basant sur la CCG et la jurisprudence des tribunaux pénaux internationaux, tels que le Tribunal pénal international pour le Rwanda, le Tribunal pénal international pour l'ex-Yougoslavie et la Cour pénale internationale.

L'article sera divisé en quatre parties. La première section examinera les allégations de génocide des chefs d'État de la Fédération de Russie et de l'Ukraine, et celles d'autres membres de la communauté internationale, examinant les accusations réciproques entre russes et ukrainiens dans le contexte du conflit courant et des conflits passés comme l'annexion de la Crimée en 2014. La deuxième partie traitera des procédures concernant les allégations de génocides d'après la

Cour Internationale de Justice et la Cour Pénale Internationale. La troisième section traitera de la définition du crime de génocide selon la CCG et la jurisprudence des tribunaux pénaux internationaux. La quatrième partie analysera le débat du point de vue juridique, conformément à la définition de génocide dans le droit pénal international. Enfin, des considérations finales seront apportées sur les idées présentées dans les sections précédentes.

I. Les allégations de génocide dans le contexte du conflit entre la Fédération de la Russie et l'Ukraine

L'invasion de l'Ukraine le 24 février 2022 - la première guerre interétatique en Europe visant la conquête de territoires depuis 1945 - est considérée par plusieurs politiciens de haut niveau et juristes internationaux comme un crime d'agression.

Il s'agit d'un conflit armé international (qui fait partie d'une série d'évènements survenus depuis l'annexion de la Crimée en 2014) qualifié par l'Union Européenne, comme une "guerre hybride" non déclarée contre l'Ukraine, c'est à dire, un conflit qui combine des éléments de guerre électronique, l'utilisation de forces régulières et irrégulières, et de la propagande[1].

La guerre hybride (ou cyberguerre) contre l'Ukraine a commencé avant que la Russie n'envahisse l'Ukraine, plus précisément le 15 février 2022, lorsqu'une attaque par Déni de Service (ci-après « DDoS ») a bloqué les sites gouvernementaux (ministère de la défense, ministère de l'intérieur et ministère des affaires étrangères) et de certaines banques, affectant les applications mobiles et les distributeurs automatiques de billets des banques[2].

Néanmoins, le Président Poutine a justifié l'usage des armes cinétiques traditionnelles, au sein de "l'opération militaire spéciale" menée par la Fédération de Russie, en s'adressant aux citoyens russes, le 21 février 2022, pour les informer que l'invasion aurait pour but de "protéger ceux et celles qui, huit années durant, subissent les outrages du régime de Kiev et le génocide orchestré par lui", ajoutant que la Fédération de Russie devait mettre fin "au génocide" perpétré contre des millions de personnes.

Le représentant permanent de la Fédération de Russie auprès de l'ONU, a aussi expliqué, lors d'une réunion du Conseil de Sécurité sur l'Ukraine le 24 février 2022, que "l'objectif de cette opération spéciale était de protéger les personnes qui

---

[1] Résolution n° 2016/C 300/06 du Parlement européen du 15 janvier 2015 sur la situation en Ukraine, JOUE C 300 27, 15 janv. 2015, p. 5. Selon Arroyo Zapatero, c'est une guerre traditionnelle et au même temps hybride, parce qu'elle "combine l'action militaire avec la cybernétique et l'économie, mais aussi avec la manipulation de la distribution de l'énergie et des matières premières." L. Arroyo Zapatero, *Criminologie de la guerre et politique criminelle de l'Union européenne. La Revue Européenne du Droit*, (1), 15-22. (2023).

[2] O. Ihreieva, *Russian Invasion of Ukraine through the Prism of International Law: a Critical Overview, Peace & Security – Paix et Sécurité Internationales*, No 10, 2022.

[avaient] été soumises à des abus et à un génocide par le régime de Kiev pendant huit ans"[3].

Le chef d'État russe a répété cette déclaration pendant son entretien avec le Président Emmanuel Macron, le 3 mars 2022, en soulignant que les autorités ukrainiennes auraient commis un génocide contre la population civile dans la région du Donbass pendant plusieurs années[4].

D'un autre côté, différents responsables politiques ont caractérisé les frappes russes, notamment le blocus de Marioupol, le massacre de Boutcha ou la déportation massive d'enfants ukrainiens en Russie, comme une campagne génocidaire de la part des forces russes contre les Ukrainiens[5].

Le Président Vlodymyr Zelenskyy, par exemple, a utilisé le mot "génocide" pour qualifier le bombardement d'un hôpital pour enfants et la maternité de Marioupol[6].

Plusieurs chefs d'État ont fait aussi des allégations de génocide envers la Fédération de la Russie, parmi lesquels, le Président des États-Unis, Joe Biden, en disant aux agriculteurs d'Iowa, que « leur budget familier, leur capacité de remplir leurs réservoirs d'essence, rien de ça ne doit être conditionné par la décision d'un dictateur de déclarer une guerre ou de commettre un génocide dans un pays éloigné »[7].

Cependant, ce n'était pas la première fois où les autorités russes et ukrainiennes ont utilisé le discours de génocide, soit en s'accusant mutuellement de génocide au sein des conflits courants, soit en cherchant à promouvoir une nouvelle interprétation des évènements passés pour les caractériser comme génocide.

Les allégations de génocide ont déjà été employées par l'État russe, en 2008, pendant l'invasion de la Géorgie, par rapport aux Géorgiens (accusés d'avoir commis un génocide contre les Ossètes) et encore, en 2014, pour justifier l'annexion de la Crimée.

En autre, en 2015, lorsque l'approvisionnement en gaz ukrainien de certaines parties du Donbass a été suspendu, Poutine a déclaré que cela « sentait le génocide. » Également, la mort de 42 civils dans l'incendie de la Maison des syndicats à Odessa,

---

[3] O. Dudko. *A conceptual limbo of genocide: Russian rhetoric, mass atrocities in Ukraine, and the current definition's limits, Canadian Slavonic Papers*, 64:2-3(2022)

[4] O. Ihreieva, *Russian Invasion of Ukraine through the Prism of International Law: a Critical Overview, Peace & Security – Paix et Sécurité Internationales*, No 10, 2022.

[5] M. Bardet, *Le conflit russo-ukrainien face à la justice pénale internationale* : Quelles qualifications pénales pour les crimes commis ? *Journal d'actualité du Droit International et Européen*, (23). (2023)

[6] Europeans must tighten sanctions against Russia so that it has no chance to continue the genocide *in* Ukraine — Address by President Volodymyr Zelenskyy', 9 March 2022. https://www.president.gov.ua/en/news/yevropejci-povinni-posilyuvati-sankciyi-protirosiyi-tak-sho-73465.

[7] Le mot génocide a été utilisé par les politiciens de l'Albanie, du Canada, de l'Estonie, de l'Irlande, du Kosovo, de la Lettonie, de la Pologne et de l'Espagne. W. A. Schabas, (2022). *Genocide and Ukraine*: Do words mean what we choose them to mean? *Journal of International Criminal Justice*, *20*(4), 843-857. (2022).

en mai 2014, a été décrite par la propagande russe comme un massacre de sympathisants pro-russes par l'État ukrainien.

Les accusations réciproques de génocide existent, d'ailleurs, au moins depuis la Révolution Orange de 2004, voire quelques années avant, puisque, pendant la campagne électorale de 2003, les journalistes russes ont caractérisé le candidat présidentiel Viktor Yshchenko comme un nazi qui poursuivait la purification de la nation dans la région du Donbass.

Au même moment, Viktor Yshchenko utilisait l'expression « génocide politique » pour faire référence aux accusations de génocide que la propagande russe lui avait adressé[8].

D'autre part, le gouvernement ukrainien nationaliste cherchait à mettre fin à la forte influence russe sur l'Ukraine, en consacrant une part importante de ses énergies à prouver que la famine des années 1930 et 1940 constituait un génocide. Selon les allégations du gouvernement, la domination politique, sociale et économique de la Russie serait une conséquence directe du génocide des années 1930[9].

Cependant, lorsque la Fédération de Russie a annexé la Crimée en 2014, le gouvernement russe niait que les soviétiques aient commis un génocide en Ukraine, accusant le gouvernement ukrainien de fabriquer des génocides soviétiques, en caractérisant la famine des années 1930-40 comme génocide (Holodomor) pour cacher le vrai génocide, commis par les autorités ukrainiennes contre les Russes[10].

Conformément à cette logique, l'essai de Raphael Lemkin de 1953 sur le génocide soviétique en Ukraine a été qualifié par le ministère russe de la Justice comme « littérature extrémiste »[11].

Néanmoins, il n'est pas clair si le mot génocide est utilisé dans les discours politiques au sens juridique du terme, conformément au droit international, ou comme un instrument stratégique, qui sert à attirer le soutien de la population et promouvoir la cohésion du groupe autour d'un objectif particulier.

En fait, les discours de génocide sont souvent employés, selon Irvin-Erickson, comme des récits stratégiques qui utilisent le concept de génocide pour créer un cadre structurel qui sert comme programme d'action collective, en définissant l'identité de la communauté, ses valeurs et ses objectifs[12].

---

[8] E. L. J. Fortuin, *Ukraine commits genocide on Russians: the term "genocide" in Russian propaganda. Russian Linguistics,* (46), 313–347. (2022).

[9] D.Irvin-Erickson, *Genocide Discourses: American and Russian Strategic Narratives of Conflict in Iraq and Ukraine. Politics and Governance,* 5(3), 130-145. (2017).

[10] D.Irvin-Erickson, Genocide Discourses: American and Russian Strategic Narratives of Conflict in Iraq and Ukraine. Politics and Governance, 5(3), 130-145. (2017)

[11] *Op. cit.* 10.

[12] *Op. cit.* 10

Dans le contexte d'un conflit armé, le discours de génocide peut jouer un rôle génératif, en exerçant plus d'influence sur les décisions des groupes sociaux et des États que les facteurs socioéconomiques.

Quand les autorités utilisent le terme génocide, elles ne caractérisent pas les conflits en tant que conflits, mais plutôt en tant que luttes primordiales entre le bien et le mal, en générant le soutien des communautés vers les politiques d'interventions militaires pour réprimer le génocide.

Les discours de génocide mettent fin à l'analyse des conflits, avec tous leurs complexités et enjeux, donnant lieu à un jugement moral fondé sur le clivage bon/mauvais, selon lequel l'opposition à l'utilisation de la violence contre les groupes d'agresseurs est perçue comme une décision de s'associer aux coupables contre les victimes.

Ainsi, plusieurs politiciens utilisent le mot génocide, tout simplement, pour stigmatiser leur ennemie, puisque le génocide constitue le crime des crimes, la suprême violation des droits de l'homme et l'emblème plus définitif pour un tyran, une ligne qui permet de distinguer les criminels de droit commun des intouchables[13].

II. Les allégations de génocide et les tribunaux internationaux

Le 26 février 2022, l'Ukraine a déclenché, auprès de la Cour Internationale de Justice, une requête introductive d'instance contre la Fédération de Russie au sujet d'un différend concernant l'interprétation, l'application et l'exécution" de la Convention de 1948 sur le Génocide.

De l'autre côté, la Fédération de la Russie a soutenu, dans le document communiqué à la Cour le 7 mars 2022, qu'"en réalité, son « opération militaire spéciale » sur le territoire ukrainien est fondée sur l'article 51 de la Charte des Nations Unies et le droit international coutumier, et que la Convention [sur le génocide] ne peut offrir de fondement juridique à une opération militaire, car celle-ci n'entre pas dans le champ de la convention ".

La Fédération de Russie a ajouté que "s'il est possible que l'allocution du président Poutine « aux citoyens de la Fédération de Russie » jointe à ladite notification ait, par certains aspects, fait référence à un génocide, une telle évocation ne revient pas à invoquer la convention pour justifier en droit son opération ni à indiquer qu'elle reconnaît l'existence d'un différend au regard de la convention. Elle souligne que l'allocution de son président en date du 24 février 2022 n'évoquait nullement la convention sur le génocide ".

Le 16 mars 2022, la CIJ a adopté une ordonnance, en indiquant à titre provisoire les mesures conservatoires suivantes : A) La Fédération de Russie doit suspendre immédiatement les opérations militaires qu'elle a commencées le 24 février 2022 sur le territoire de l'Ukraine (treize voix contre deux) ; B) La Fédération de Russie doit

[13] W. A. Schabas, (2022). *Genocide and Ukraine*: Do words mean what we choose them to mean? *Journal of International Criminal Justice*, *20*(4), 843-857. (2022).

veiller à ce qu'aucune des unités militaires ou unités armées irrégulières qui pourraient agir sous sa direction ou bénéficier de son appui ni aucune organisation ou personne qui pourrait se trouver sous son contrôle ou sa direction ne commettent d'actes tendant à la poursuite des opérations militaires visées au point 1) ci-dessus (treize voix contre deux) ; C) Les deux Parties doivent s'abstenir de tout acte qui risquerait d'aggraver ou d'étendre le différend dont la Cour est saisie ou d'en rendre le règlement plus difficile (unanimité).

Cependant, en ce qui concerne les allégations de génocide, la CIJ a observé : i) que la Cour ne dispose pas d'éléments de preuve étayant l'allégation, par la Fédération de Russie, qu'un génocide aurait été commis sur le territoire ukrainien ; ii) Qu'il est douteux que la Convention autorise l'emploi unilatéral de la force par une partie contractante sur le territoire d'un autre État, aux fins de prévenir ou de punir un génocide allégué. Donc, l'Ukraine a un droit plausible de ne pas faire l'objet d'opérations militaires par la Fédération de Russie aux fins de prévenir et punir un génocide allégué sur le territoire ukrainien.

Aussi la Cour Pénale Internationale (CPI) a été saisie à propos des crimes commis au sein du conflit armé entre la Fédération de la Russie et l'Ukraine, y compris le crime de génocide.

Même si l'Ukraine n'est pas un État partie du Statut de Rome, elle a exercé sa prérogative consistant à reconnaître la compétence de la Cour, au titre de l'article 12-3 du Statut de Rome, à l'égard des crimes présumés commis sur son territoire et visés par le Statut à deux reprises. La première déclaration déposée par le Gouvernement de l'Ukraine a reconnu la compétence de la CPI à l'égard des crimes qui auraient été commis sur le territoire ukrainien du 21 novembre 2013 au 22 février 2014. La deuxième déclaration a élargi ce cadre temporel pour une durée indéterminée afin d'englober les crimes qui continueraient d'être commis sur l'ensemble du territoire de l'Ukraine depuis le 20 février 2014.

Ainsi, le Procureur de la CPI a demandé, le 18 février 2022, l'autorisation d'ouvrir une enquête sur la situation en Ukraine, en portant sur tout crime présumé nouvellement commis relevant de la compétence de la Cour.

Le 1er mars 2022, la situation a été déférée au Bureau par la République de Lituanie, État partie au Statut de Rome. Le 2 mars 2022, le groupe coordonné d'États parties suivants a soumis un renvoi collectif : la République d'Albanie, la République fédérale d'Allemagne, le Commonwealth d'Australie, la République d'Autriche, le Royaume de Belgique, la République de Bulgarie, le Canada, la République de Chypre, la République de Colombie, la République du Costa Rica, la République de Croatie, le Royaume du Danemark, le Royaume d'Espagne, la République d'Estonie, la République de Finlande, la République française, la Géorgie, le Royaume-Uni de Grande-Bretagne et d'Irlande du Nord, la République hellénique, la Hongrie, la République d'Islande, l'Irlande, la République italienne, la République de Lettonie, la Principauté du Liechtenstein, le Grand-Duché de Luxembourg, la République de Malte, la Nouvelle-Zélande, le Royaume de Norvège, le Royaume des Pays-Bas, la République de Pologne, la République portugaise, la Roumanie, la République slovaque, la République de Slovénie, le Royaume de Suède, la Confédération suisse et la République tchèque.

Le 2 mars 2022, le Procureur a procédé à l'ouverture d'une enquête sur la situation en Ukraine sur la base des renvois reçus. La portée de la situation englobe, selon le Procureur, toute allégation passée et actuelle de crimes de guerre, de crimes contre l'humanité ou de génocide commis sur une partie quelconque du territoire de l'Ukraine par quiconque depuis le 21 novembre 2013[14].

Le 17 mars 2023, la Chambre préliminaire II de la CPI a délivré des mandats d'arrêt à l'encontre de deux personnes dans le cadre de la situation en Ukraine : Vladimir Vladimirovitch Poutine, Président de la Fédération de Russie, et Maria Alekseïevna Lvova-Belova, Commissaire aux droits de l'enfant au sein du Cabinet du Président de la Fédération de Russie, puisqu'il existerait des motifs raisonnables de croire que la responsabilité de chacun des suspects est engagée à raison du crime de guerre de déportation illégale de population et du crime de guerre de transfert illégal de population depuis certaines zones occupées de l'Ukraine vers la Fédération de Russie, ces crimes ayant été commis à l'encontre d'enfants ukrainiens.

En outre, le collectif d'universitaires "Pour l'Ukraine, pour leur liberté et la nôtre" a déposé, le 21 décembre 2023, un dossier auprès de la Cour pénale internationale pour lui demander d'ouvrir une enquête pour génocide, en s'appuyant sur des témoignages recueillis par des journalistes et de ONG, ainsi que documents officiels russes et ukrainiens par rapport à la déportation de dizaines de milliers d'enfants ukrainiens[15].

III. Le crime de Génocide dans le Droit Pénal International

Le génocide, le soi-disant crime des crimes, constitue le premier crime contre l'humanité. À la différence d'autres crimes internationaux, qui ont été élaborés à la suite d'une succession d'instruments internationaux, le crime de génocide est réglementé exclusivement dans un seul instrument et son modèle est reproduit dans la législation internationale[16].

Le génocide protège un intérêt juridique collectif, à savoir le droit de certains groupes humains à exister et, par conséquent, l'un des attributs essentiels de la condition humaine : la diversité[17].

D'autre part, certaines législations nationales ont adopté des approches divergentes en matière de réglementation du génocide. La loi espagnole a adopté la définition de la Convention sur le génocide jusqu'en 2010, date à laquelle le législateur l'a modifiée pour inclure les groupes définis par l'incapacité de ses membres (art 607 CP).

---

[14] CPI. Situation en Ukraine, Enquête. ICC-01/22/ https://www.icc-cpi.int/fr/ukraine

[15] M. Foucher et A. Garapon, A. *La justice au cœur de la guerre en Ukraine. Esprit*, (3), 63-71. (2023).

[16] W. Schabas *Genocide in international law: the crimes of crimes*. Cambridge University Press. (2000).

[17] K. Ambos Treatise on International Criminal Law: Volume II: The Crimes and Sentencing. Oxford University Press. (2022).

En Colombie, où les crimes contre l'humanité ne sont pas réglementés, la définition a été élargie pour inclure les pratiques dirigées contre des groupes politiques. La législation française considère comme objet de protection tout groupe défini selon un paramètre arbitraire.[18]

La définition du crime de génocide s'entend de l'un quelconque des actes ci-après ; des actes objectifs spécifiques, commis dans l'intention de détruire, en tout ou en partie, un groupe national, ethnique, racial ou religieux, comme tel : meurtre de membres d'un groupe protégé ; atteinte grave à l'intégrité physique ou mentale de membres du groupe ; soumission intentionnelle du groupe à des conditions d'existence devant entraîner la destruction physique totale ou partielle ; l'imposition de mesures visant à entraver les naissances au sein du groupe et le transfert forcé des enfants du groupe à un autre groupe.

En ce qui concerne l'élément moral, il faut que l'auteur agisse avec une intention inavouée (transcendant la tendance interne), c'est-à-dire l'intention de favoriser la destruction du groupe national, racial, ethnique ou religieux en tout ou en partie (intention spécifique ou spéciale)[19].

C'est cette intention spécifique de détruire qui fait du crime de génocide une infraction particulièrement grave. En l'absence d'intention spécifique de destruction, l'auteur peut être puni pour persécution (Statut de la CPI, art. 7(1) (h)).

Cependant, la nature de l'exigence relative à l'intention spécifique a fait l'objet d'un vif débat, en particulier en ce qui concerne le sens concret et le degré de ladite intention.

L'opinion dominante dans la jurisprudence et la doctrine juridique met l'accent sur la tendance volontaire ou fondée sur un but.[20] Or, certains juristes ont récemment remis en question cette interprétation traditionnelle de l'intention de détruire, arguant qu'elle devrait être remplacée par des approches fondées sur la connaissance[21].

À l'inverse, Kai Ambos soutient que l'approche fondée sur l'objectif devrait être appliquée aux auteurs de niveau supérieur et intermédiaire, tandis que l'approche fondée sur la connaissance devrait suffire à punir les auteurs de niveau inférieur[22].

---

[18] E. Maculan, La contribución iberoamericana al debate sobre la ampliación de los grupos protegidos en el delito de genocidio. La evolución de la definición y la aplicación del delito de genocidio, 255. (2019).

[19] K. Ambos, What does 'intent to destroy 'in genocide mean? International Review of the Red Cross, 91(876), 833-858. (2009).

[20] W. Schabas, Genocide in international law: the crimes of crimes. Cambridge University Press. (2000). A. Cassese, Cassese's international criminal law. Oxford University Press, USA. (2013). P. Akhavan, The crime of genocide in the ICTR jurisprudence. Journal of International Criminal Justice, 3(4), 989-1006(2005).

[21] A. K. Greenawalt, Rethinking genocidal intent : the case for a knowledge-based interpretation. Columbia Law Review, 2259-2294. (1999).

[22] K. Ambos, What does 'intent to destroy 'in genocide mean? International Review of the Red Cross, 91(876), 833-858 (2009).

L'intention de détruire suscite aussi des controverses sur la portée des actes objectifs décrits dans les différentes formes de génocide par rapport aux actes décrits dans le Statut.

Selon certains auteurs et une partie de la jurisprudence, le texte de la Convention va dans le sens d'une vision plus large, permettant d'étendre la Convention aux cas où l'intention est de détruire l'existence sociale des groupes, comme le nettoyage ethnique ou la destruction des communautés autochtones[23].

Cependant, le génocide culturel n'a pas été inclus dans la convention et, par conséquent, l'intention de détruire doit être interprétée de manière restrictive, exigeant la destruction physique ou biologique[24].

La délimitation des groupes protégés a été l'un des sujets le plus débattus lors de la rédaction de la convention et le vif débat autour de la question fait rage depuis.

Le caractère controversé de l'institut se reflète dans les termes plutôt imprécis utilisés dans la législation, ainsi que dans la jurisprudence des tribunaux internationaux, qui n'ont pas réussi à établir des paramètres fiables pour la définition de chacune des catégories.

Nonobstant les débats sur le sujet, il a été établi qu'un groupe national fait référence à un ensemble de personnes qui sont perçues comme partageant un lien juridique fondé sur une citoyenneté commune, couplé à la réciprocité des droits et des devoirs[25].

Il a également été établi qu'un groupe ethnique est un ensemble d'individus qui partagent des caractéristiques physiques et culturelles communes ou qui ont une origine commune. Dans l'affaire *Akayesu*, la Chambre de première instance a défini un groupe ethnique comme "un groupe dont les membres partagent une langue ou une culture commune".

Le concept de groupe racial, en revanche, est plus restrictif que celui de groupe ethnique (bien que les deux se rapportent à des attributs externes), car il se rapporte à des traits physiques héréditaires et est souvent associé à une origine géographique[26].

La Convention sur le génocide et d'autres instruments juridiques internationaux ont également été critiqués pour avoir exclu les groupes politiques, économiques et culturels de la définition du crime, s'écartant ainsi de la vision plus large de l'œuvre de Raphael Lemkin et de la résolution 96(1) de l'Assemblée générale, qui faisait référence à « d'autres groupes ».

---

[23] B. Van Schaack, The crime of political genocide: repairing the genocide convention's blind spot. In Genocide and Human Rights (pp. 145-177). Routledge. (2017).

[24] W. Schabas, Genocide in international law: the crimes of crimes. Cambridge University Press.

[25] Le Procureur c/ Jean-Paul Akayesu [2001] ICTR-96-4-A [2001]

[26] K. Ambos, *Selected Issues Regarding the Core Crimes in International Criminal Law.* international Criminal law: Quo vadis, 19, 219-282. (2004).

Le champ d'application restreint de la Convention a eu pour conséquence que « les victimes d'une atrocité particulière, qui autrement répondraient aux termes de la Convention, ne rentrent pas parfaitement dans les quatre catégories.

Malgré le risque d'impunité pour les auteurs de crimes graves, l'approche restrictive est censée limiter la protection aux groupes stables, excluant ainsi les groupes non permanents, tels que les groupes économiques, politiques et culturels.

Néanmoins, l'exclusion des groupes politiques de la définition du crime de génocide ne signifie pas que les actes commis contre ces groupes ne seront pas punis. Même s'ils ne sont pas protégés par la Convention sur le génocide, l'échappatoire peut être comblée par le crime de persécution[27].

IV. Le débat actuel sur les allégations de génocide en rapport avec la guerre en Ukraine du point de vue juridique

Selon de nombreux juristes et avocats internationaux, les actes commis par la Fédération de Russie constituent le crime défini par l'article 6 du Statut de Rome. De ce point de vue, plusieurs actes, commis par la Fédération de la Russie à Marioupol (nombre élevé de victimes d'extermination, surtout des hommes, la déportation et le transfert forcé de femmes, des enfants et des personnes âgées, etc.) sont similaires à ceux qui ont eu lieu à Srebrenica,[28] en indiquant le *dolus specialis* du crime de génocide[29].

En outre, la soumission des soldats et de la population civile dans l'aciérie Azovstal à la faim et la soif, la disparition à Marioupol de nombreux enfants, orphelins ou kidnappés et leur déportation vers la Fédération de Russie, constituent des actes qui peuvent être caractérisés comme génocide[30].

Les viols des femmes ukrainiennes, si perpétrés avec la même intention spécifique similaire identifiée lors des viols des femmes musulmanes dans l'ex-Yougoslavie par les serbes, c'est-à-dire, la 'russification' de l'Ukraine peuvent aussi constituer les actes de génocide[31].

---

[27] K. Ambos Treatise on International Criminal Law: Volume II: The Crimes and Sentencing. Oxford University Press. (2022).

[28] K. Ambos, *Selected Issues Regarding the Core Crimes in International Criminal Law*. international Criminal law: Quo vadis, 19, 219-282. (2004).

[29] F. *Lattanzi. Quale giustizia per icrimini in Ucraina? Formiche,* 29 avril 2022. https://formiche.net/2022/04/crimini-putin-lattanzi/. Voir aussi D. Azarov, D. Koval, G. Nuridzhanian, & V. Venher, *Understanding Russia's Actions in Ukraine as the Crime of Genocide. Journal of International Criminal Justice*, (2023). New Lines Institute/Raoul Wallenberg Institute for Human Rights, An Independent Legal Analysis. Y. Loffe *Forcibly Transferring Ukrainian Children to the Russian Federation: A Genocide ?, Journal of Genocide Research of the Russian Federation's Breaches of the Genocide Convention in Ukraine and the Duty to Prevent*, May 2022. T. Snyder, *Russia Intends to Commit Genocide in Ukraine, Six Ways to Prove It, European Pravda*, 23 October 2022.

[30] M. Foucher, & A. Garapon, A. *La justice au cœur de la guerre en Ukraine. Esprit*, (3), 63-71. (2023).

[31] F. *Lattanzi. Quale giustizia per icrimini in Ucraina? Formiche,* 29 avril 2022. https://formiche.net/2022/04/crimini-putin-lattanzi/.

De ce point de vue, le vrai but de la campagne de dénazification de l'Ukraine, avoué par Poutine à plusieurs reprises, constitue la preuve de l'intention de détruire des Ukrainiens comme groupe national[32].

De l'autre côté, selon plusieurs juristes, les actes commis par la Fédération de Russie ne constituent pas le crime défini à l'article 6 du Statut de Rome.

Certes, les frappes russes sont souvent dirigées contre des civils ukrainiens, lesquels, par définition, ne participent pas aux hostilités. C'était le cas du « massacre de Boutcha, une ville du Nord-Est de Kiev, au cours duquel des centaines de civils ont été exécutés, torturés et parfois violés ; de la destruction et du pillage des habitations, du bombardement de certaines infrastructures sanitaires (la maternité de Marioupol par exemple) ou de transport (la gare de Kramatorsk qui abritait de nombreux civils) ou encore de la déportation massive d'enfants ukrainiens en Russie[33].

En fait, il est possible d'identifier deux logiques distinctes dans la politique conduite, c'est à dire, une logique martiale ainsi qu'une logique de persécution de la population.

Il est donc vrai que le conflit en Ukraine a commencé avec des affrontements entre forces armées. Or, les forces russes ont par la suite ciblé les civils, en ouvrant la voie pour l'application de qualifications de crimes contre l'humanité, voire de génocide, par rapport à la situation en Ukraine.

Pourtant, les allégations mettent normalement l'accent sur les éléments objectifs du crime (l'article 6 du Statut), en oublient la nécessité de preuve de l'intention particulière ou spécifique (*dolus specialis)*, la composante propre du génocide, qui le distingue d'autres crimes graves. Il ne suffit pas, par exemple, que l'auteur présumé de l'acte soit animé d'une forme quelconque d'intention discriminatoire comme telle[34].

En outre, le standard de preuve requis pour le crime de génocide peut constituer un obstacle insurmontable. En fait, les cours pénales internationales n'ont reconnu la commission du crime de génocide que très rarement, notamment dans le cas où plus de 8.000 hommes et enfants musulmans ont été tués à Srebrenica, alors que la mort d'une centaine de personnes à Vukovar, Croatie, n'est pas considérée comme un génocide[35].

---

[32] D. Azarov, D. Koval, G. Nuridzhanian, & V. Venher, *Understanding Russia's Actions in Ukraine as the Crime of Genocide. Journal of International Criminal Justice*, (2023). T. Snyder, Russia's genocide handbook. *The evidence of atrocity and of intent mounts Substack, 8.* (2022). D. Irvin-Erikson, *Is Russia Committing Genocide? Opinio Juris*, 24 April 2022, disponible sur https://opiniojuris.org/2022/04/21/is-russia-committing-genocide-in-ukraine/;

[33] M. Bardet, *Le conflit russo-ukrainien* face à la justice pénale internationale : Quelles qualifications pénales pour les crimes commis ?, *Journal d'actualité du Droit International et Européen*, (23). (2023).

[34] W.A. Schabas, 'Genocide and Ukraine: Do Words Mean What We Choose them to Mean?', 20 Journal of International Criminal Justice ('JICJ') (2022) 843–857.

[35] P. Sands, What *the Inventor of the Word 'Genocide'Might Have Said About Putin's War.* New York Times. April, 28, 2022

De l'autre côté, touchant le groupe ciblé, les attaques visent surtout les soutiens actifs du pouvoir ukrainien (ses représentants politiques, ses combattants, militaires ou civils) comme ses soutiens passifs (les partisans du régime), dont la nationalité commune ne paraît pas être le critère de leur stigmatisation, voire persécution.

Par suite, le but déclaré des autorités russes, notamment l'opération de dénazification ou « désukrainisation » du territoire, semble davantage correspondre au concept de nettoyage ethnique – en ce sens qu'il appelle à l'élimination de l'identité et de la culture ukrainienne, plutôt qu'à l'intention génocidaire de destruction physique ou biologique du groupe, c'est-à-dire son anéantissement matériel[36].

En plus, la Commission d'enquête internationale indépendante sur l'Ukraine a affirmé qu'elle n'a pas de preuves qu'un génocide a été commis en Ukraine, même s'il existe quelques évènements qui peuvent être mis en question par rapport au concept de génocide[37].

Quoi qu'il en soit, le débat sur les allégations de génocide dans le contexte du conflit russe-ukrainien a récemment perdu du terrain, étant remplacé par l'idée de la nécessité de procéder à une investigation et par l'idée d'une persécution pénale du crime d'agression auprès d'un tribunal international ou hybride[38].

Conclusion

Le débat sur la définition des actes de génocide est aussi vieux que la définition du crime, ayant débuté fin des années 1940, pendant la rédaction de la Convention sur le Génocide, surtout en ce qui concerne les groupes protégés.

Les allégations de génocides actuellement adressées soit contre la Fédération de la Russie, soit contre l'Ukraine ont actualisé ce vieux débat dans le contexte de ladite guerre hybride, vers les discours politiques et juridiques.

La commission des actes de génocide pendant des conflits armés doit être dûment punie, et les auteurs soumis à un procès équitable auprès d'un tribunal national ou d'un organe judiciaire international.

On pourrait dire que les juristes n'ont pas le monopole des mots comme génocide, viol, agression, etc. Néanmoins, l'utilisation du mot « génocide » dans le contexte des prononcés politiques, sans attention au sens juridique de l'expression et la définition du crime conformément au Droit International, peut avoir des enjeux préoccupants et dangereux, en donnant lieu à l'usage de force armé ou à l'imposition de sanctions juridiques et économiques de façon illégale.

---

[36] M. Bardet, *Le conflit russo-ukrainien* face à la justice pénale internationale : Quelles qualifications pénales pour les crimes commis ? *Journal d'actualité du Droit International et Européen*, (23). (*2023)*.

[37] *Euronews, Murder, Torture and Rape but No Genocide—the UN's Latest Report on Ukraine*, Euronews, 16 March 2023, https://www.euronews.com/2023/03/16/murder-torture-and-rape-but-no-genocide-the-uns-latest-report-onukraine.

[38] L. Arroyo-Zapatero, Criminologie de la guerre et politique criminelle de l'Union européenne. La Revue Européenne du Droit, (1), 15-22. (2023). O. Corten et V. Koutroulis, Tribunal for the crime of aggression against Ukraine-a legal assessment. (2022).

Table des matières

Structures éditoriales du groupe L'Harmattan

L'Harmattan Italie
Via degli Artisti, 15
10124 Torino
harmattan.italia@gmail.com

L'Harmattan Hongrie
Kossuth l. u. 14-16.
1053 Budapest
harmattan@harmattan.hu

L'Harmattan Sénégal
10 VDN SICAP AMITIE 3
BP 45034 Dakar-Fann
direction@senharmattan.com

L'Harmattan Cameroun
Tsinga/Derrière polyclinique FECAFOOT
BP 11486 Yaoundé
Jacques.koukam@harmattan.fr

L'Harmattan Burkina Faso
Villa 281, secteur 23 623, rue 14.32
Ouagadougou
zagbie@outlook.fr

L'Harmattan Guinée
Almamya, rue KA 028 OKB Agency
BP 3470 Conakry
harmattanguinee@yahoo.fr

L'Harmattan RDC
185, avenue Nyangwe
Commune de Lingwala - Kinshasa
matangilamusadila@yahoo.fr

L'Harmattan Congo
219, avenue Nelson Mandela
BP 2874 Brazzaville
deunovmikhael@gmail.com

L'Harmattan Mali
Immeuble Mgr Jean Marie Cissé
Aci Hamadallaye
BP 145 Bamako
syllaka@yahoo.fr

L'Harmattan Togo
Djidjole - Maison Amela
face EPP BATOME
02 BP 20680 Lomé
didieramela11@gmail.com

L'Harmattan Côte d'Ivoire
Résidence Karl - Cité des Arts
Abidjan-Cocody
03 BP 1588 Abidjan
harmattan.ivoire@gmail.com

L'Harmattan Bénin
Rue 604, (Immeuble à l'entrée
de la rue UCAO- Cite de Saint-Jean)
Cotonou
stepcorpus@gmail.com

Nos librairies en France

Librairie internationale
16, rue des Écoles
75005 Paris
librairie.internationale@harmattan.fr
01 40 46 79 11
www.librairieharmattan.com

Librairie des savoirs
21, rue des Écoles
75005 Paris
librairie.sh@harmattan.fr
01 46 34 13 71
www.librairieharmattansh.com

www.ingramcontent.com/pod-product-compliance
Lightning Source LLC
LaVergne TN
LVHW011448061026
849535LV00004BA/996